ORIENS CHRISTIANUS

Hefte für die Kunde des christlichen Orients

Band 69

ORIENS CHRISTIANUS

Hefte für
die Kunde des christlichen Orients

Im Auftrag der Görres-Gesellschaft unter Mitwirkung
von Hubert Kaufhold herausgegeben von Julius Aßfalg

Band 69 · 1985

OTTO HARRASSOWITZ · WIESBADEN

Manuskripte, Besprechungsexemplare und Sonderdrucke werden erbeten an :
Prof. Dr. Julius Aßfalg, Kaulbachstr. 95, 8000 München 40

Gedruckt mit Unterstützung der Görres-Gesellschaft
und der Deutschen Forschungsgemeinschaft

Gesamtherstellung: Imprimerie Orientaliste, Leuven. Printed in Belgium

ISBN 3-447-02532-8

INHALT

ANSCHRIFTEN DER MITARBEITER

Prof. Dr. JULIUS ASSFALG, Kaulbachstr. 95/IV, D-8000 München 40.
Prof. Dr. P. EDMUND BECK OSB, Abtei, D-8354 Metten.
Prof. Dr. Dr. ALEXANDER BÖHLIG, Wolfgang-Stock-Straße 24, D-7400 Tübingen 1.
Prof. Dr. P. WINFRID CRAMER OSB, c/o Kloster Vinnenberg, D-4410 Warendorf 4.
Prof. Dr. HANS DAIBER, Oosterparkstr. 46, NL-2042 AT Zandvoort/Niederlande.
Prof. Dr. SIDNEY H. GRIFFITH, Institute of Christian Oriental Research, The Catholic University of America, Washington, D.C. 20064/USA.
Dr. Dr. HUBERT KAUFHOLD, Brucknerstraße 15, D-8000 München 80.
Prof. Dr. HEINZ KRUSE SJ, Kamishakujii 1-710, Tokyo 177, Japan.
Dozent Dr. MANFRED KROPP, Freiherr-vom-Stein-Straße 30, D-6836 Oftersheim.
Dr. ULRICH MARZOLPH, Orientalisches Seminar, Kerpener Straße 30, D-5000 Köln 41.
MARTIROS MINASSIAN, route de Genève 108, F-74240 Gaillard.
Prof. Dr. KHALIL SAMIR SJ, Piazza S. Maria Maggiore 7, I-00185 Rom.
Dr. MARGOT SCHMIDT, Aumühle 3, D-8078 Eichstätt/Bayern.
Dr.Dr. SIEGBERT UHLIG, Bahnhofstr. 104, D-2000 Norderstedt 1.

ABKÜRZUNGEN

AnBoll	=	Analecta Bollandiana
Bardenhewer	=	O. Bardenhewer, Geschichte der altkirchlichen Literatur, Freiburg i.B., I² 1913, II² 1914, III³ 1923, IV 1924, V 1932.
Baumstark	=	A. Baumstark, Geschichte der syrischen Literatur mit Ausschluß der christlich-palästinensischen Texte (Bonn 1922)
BGL	=	Bibliothek der griechischen Literatur
BHG	=	Bibliotheca Hagiographica Graeca
BHO	=	Bibliotheca Hagiographica Orientalis
BK	=	Bedi Kartlisa. Revue de kartvélologie
BKV²	=	Bibliothek der Kirchenväter, 2. Auflage
BSOAS	=	Bulletin of the School of Oriental and African Studies
BullSocArchCopt	=	Bulletin de la Société d'Archéologie Copte
ByZ	=	Byzantinische Zeitschrift
CChr. SL	=	Corpus Christianorum, Series Latina, Turnhout 1953ff.
ChrOst	=	Der christliche Osten
CSCO	=	Corpus Scriptorum Christianorum Orientalium
CSEL	=	Corpus Scriptorum Ecclesiasticorum Latinorum
DACL	=	Dictionnaire d'archéologie chrétienne et de liturgie
DHGE	=	Dictionnaire d'histoire et de géographie ecclésiastiques
DThC	=	Dictionnaire de théologie catholique
EI	=	The Encyclopaedia of Islam. New Edition
GAL	=	C. Brockelmann, Geschichte der arabischen Literatur I-II (Leiden ²1943-49)
GALS	=	C. Brockelmann, Geschichte der arabischen Literatur — Supplementbände I-III (Leiden 1937-42)
GAS	=	F. Sezgin, Geschichte des arabischen Schrifttums, Leiden 1970ff.
GCS	=	Die griechischen christlichen Schriftsteller der ersten drei Jahrhunderte
Graf	=	G. Graf, Geschichte der christlichen arabischen Literatur I-V = Studi e testi 118 (Città del Vaticano 1944), 132 (1947), 146 (1949), 147 (1951) und 172 (1953).

HO	=	B. Spuler (Hrsg.), Handbuch der Orientalistik
JSSt	=	Journal of Semitic Studies
JThS	=	Journal of Theological Studies
LQF	=	Liturgiegeschichtliche Quellen und Forschungen
LThK	=	Lexikon für Theologie und Kirche (^{2}1957 ff.)
MUSJ	=	Mélanges de l'Université Saint-Joseph (Beyrouth)
OLZ	=	Orientalistische Literaturzeitung
OrChr	=	Oriens Christianus
OrChrA	=	Orientalia Christiana Analecta
OrChrP	=	Orientalia Christiana Periodica
OrSyr	=	L'Orient Syrien
OstkSt	=	Ostkirchliche Studien
PG	=	P. Migne, Patrologia Graeca
PL	=	P. Migne, Patrologia Latina
PO	=	Patrologia Orientalis
POC	=	Proche-Orient Chrétien
PTS	=	Patristische Texte und Studien (Berlin)
RAC	=	Reallexikon für Antike und Christentum
RE	=	Realencyklopädie für protestantische Theologie und Kirche (Leipzig ^{3}1896-1913)
REA	=	Revue des Études Arméniennes
RGG	=	Die Religion in Geschichte und Gegenwart (^{3} 1957 ff.)
ROC	=	Revue de l'Orient Chrétien
RRAL	=	Rendiconti della Reale Accademia dei Lincei
ThLZ	=	Theologische Literaturzeitung
ThWNT	=	G. Kittel † — G. Friedrich (Hrsg.), Theologisches Wörterbuch zum Neuen Testament
TU	=	Texte und Untersuchungen zur Geschichte der altchristlichen Literatur
VigChr	=	Vigiliae Christianae
ZA	=	Zeitschrift für Assyriologie
ZAW	=	Zeitschrift für die alttestamentliche Wissenschaft
ZDMG	=	Zeitschrift der Deutschen Morgenländischen Gesellschaft
ZKG	=	Zeitschrift für Kirchengeschichte
ZNW	=	Zeitschrift für die neutestamentliche Wissenschaft und die Kunde der älteren Kirche
ZSem	=	Zeitschrift für Semitistik und verwandte Gebiete

EDMUND BECK

Grammatisch-syntaktische Studien zur Sprache Ephräms des Syrers (Schluß)

V. ܐܝܬ (*īt* und *lâ īt*/*layt*)

Nöldeke legt in den §§ 301-308 umfassend die Konstruktionsmöglichkeiten dieses ursprünglichen Nomens dar, das an die Stelle eines Partizips tretend durch die Verbindung mit den Pronomina suffixa zu einer Art von Verb wurde. Die Beispiele, die ich dazu aus dem Klassiker der syrischen Sprache, aus Ephräm anführen kann, bringen dazu nichts Neues, sie illustrieren nur die Regeln Nöldekes.

1) Als Sonderfall für die allgemeine Regel, daß *īt* in der Bedeutung »existiert, ist vorhanden« überwiegend nackt steht, nennt Nöldeke in § 303 das *īt dĕ* = est qui (sunt qui). Diese Wendung findet sich oft bei Ephräm. In Hy. de fide 1,8 erscheint sie gleich sechsmal hintereinander in drei Paaren. Es geschieht dies in einer Aufzählung von sich widersprechenden Anschauungen über das Wesen der Seele. Dabei lautet das erste Paar: *īt d-men ītyâ sâ'em lâh* (= *l-nafšâ*) * *w-īt d-men ītyē sagī'ē* = »es gibt einen, der die Seele aus dem (göttlichen) Wesen sein läßt, und es gibt einen, der sie aus vielen Wesen (sein läßt)«, oder kurz gefaßt: »einer läßt die Seele aus dem (einen göttlichen) Wesen sein, ein andrer aus vielen«. Die letztere Ausdrucksweise erscheint syrisch in der 5. Strophe aus dem gleichen Zusammenhang, in dem: *ḥad (gēr) ... wa-ḥrēnâ...*, das hier dreimal steht, parallel zu dem dreifachen: *īt dĕ... w-īt dĕ...* der 8. Strophe. Dieses *īt dĕ* findet sich auch in der 3. Zeile der 6. Strophe in den zwei Siebensilblern: *īt hū d-sawqâ 'âbed lâh* * *w-īt tūb da-dmâ qârē lâh* = »einer macht sie (die Seele) zu einem Lufthauch, ein andrer nennt sie hinwieder das Blut«. Hier schiebt sich im ersten Fall ein hervorhebendes *hū* zwischen *īt* und *dĕ*, im zweiten ein *tūb* = hinwieder, ferner. Das *hū* findet sich zwar nur in einer Handschrift, wird aber, wie man sieht, durch die Silbenzahl des Gliedes gefordert[24].

24 Dieses *hū* ist hier nicht das Personalpronomen, das unverbunden einem *īt* nachfolgen würde, gleichwertig einem *ītaw*, wovon noch die Rede sein wird. Seine Bedeutung geht klar aus Stellen hervor wie die folgende aus dem Prosabrief an Hypatios (Overb. S. 33,3): *īt hū ṣebwâtâ sagī'âtâ* = es gibt (fürwahr) viele Dinge etc.

Ein paar weitere Fälle mit diesem *īt dĕ* hat man in Hy. contra haer. 22,21. Hier hält Ephräm den häretischen Kirchen vor, daß sie Einrichtungen der orthodoxen Kirche übernommen bzw. beibehalten haben. Er beginnt: *rēšē hwaw b-gaw ʿedâtâ* (= Bischöfe gab es in diesen Kirchen) und fährt fort: *w-īt d-qaššīšē w-šammâšē*, wozu offenbar aus dem Vorangehenden das *hwaw* zu ergänzen ist, was dann die wörtliche Übersetzung ergibt: »und es finden sich, die Priester und Diakone waren«, oder freier und kürzer übersetzt: »und einige waren Priester und Diakone«. Zu dieser kurzen Fassung stimmt, was unmittelbar anschließt: *ḥrânē sâfrē w-qârōyē* = »andre (waren) Schriftinterpreten und Leser«. Der Übergang von *īt dĕ* zu *ḥrēnâ* (*ḥrânē*) ist uns oben schon begegnet und wird uns gleich noch einmal begegnen. Die Aufzählung von Gruppen in unsrer 21. Strophe wird noch um ein drittes und letztes Glied erweitert, das wieder mit *īt dĕ* beginnt: *w-īt d-meneh hwâ da-qyâmâ* = »und es findet sich, wer vom Bund (der Ehelosen) war« oder freier: »und auch Mitglieder des Bundes fanden sich«.

In der folgenden Strophe werden weitere Gruppen aufgezählt. Die erste und zweite werden hier mit *īt dĕ* eingeleitet, die dritte mit *wa-ḥrânē* und die vierte kehrt zu dem *īt dĕ* zurück.

Dazu noch drei Stellen mit dem relativischen *dĕ* nach verneintem *īt*, nach *lâ īt* = *layt*. Dabei erscheint überall das Perfekt im Relativsatz, das auch schon in den vorangehenden Beispielen für *īt dĕ* aufgetreten ist. So heißt es in Hy. de fide 6,2: *d-lâ* (Var. *ʾellâ*)[25] *yaldeh d-kasyâ layt da-ḥzây(hī) l-kasyâ*, wörtlich übersetzt: »außer dem Sohn des Unsichtbaren (Gottes) gibt es keinen, der den Unsichtbaren gesehn hat« oder freier: »hat niemand den Unsichtbaren gesehen«.

Ähnlich ist die Lage in den folgenden zwei Sätzen aus Hy. de fide 8,1 und 8,3. Hy. 8,1 beginnt mit den Worten: »O über den Glanz des Moses«, *d-layt da-sfaq d-neḥzēw(hī)*, wörtlich übersetzt: »es gibt keinen, der ihn zu sehen imstande war« oder freier: »den zu sehen keiner imstande war«. Ebenso heißt es im gleichen Zusammenhang in de fide 8,3: *layt da-qreb l-ʿubbâ d-suššēpâ glītâ d-nebṣē zīwâ d-ʿabdâ* = »Keiner näherte sich dem Innern des sichtbaren Schleiers, um den Glanz des Knechtes zu erforschen«.

2) Als zweiten Sonderfall für die allgemeine Regel, daß *īt* in der Bedeutung »existieren« überwiegend nackt steht, führt Nöldeke in § 303 das *īt lĕ* im Sinn von »gehören, Eigentum sein« an. Dafür die folgenden Beispiele aus Ephräm. In Hy. contra haer. 16,23 wendet er sich gegen die bardaisanischen *ītyē*, die ewigen, mythologisch personifizierten Elemente, aus denen Gott als *ītyā rabbâ* die Welt formt, mit den Worten: *w-en ḥērūtâ âf tarʿītâ īt hwâ*

25 Von diesem *d-lâ* = *ellâ* wird in Abschnitt über *dĕ* ausführlich die Rede sein.

l-ītyē, lâ snīqīn hwaw ʿal ʿâbōdâ = »und wenn die *ītyē* Freiheit und Verstand besaßen, bedurften sie keines Schöpfers«. In dem Umstand, daß hier zu den zwei Feminina, die das Subjekt bilden, das perfektivische *īt hwâ* treten kann, erklärt Nöldeke im § 301, nachdem er zuvor zur Verbindung von *īt hwâ* gesagt hat, sie entspreche der Verbindung des Partizips mit *hwâ*: »Dies *hwâ* braucht nothwendig nach Geschlecht und Zahl flectiert zu werden, da *īt* eigentlich ein männliches, im sg. stehendes Substantiv ist«.

Diese Regel ist auch im zweiten Beispiel für unser *īt lĕ* wirksam. Im Brief an Hypatios, im 20. Abschnitt meiner Übersetzung im OrChr 58, S. 95, staunt Ephräm über das Rätsel unsres freien Willens, wie ein und dasselbe sich selber unterwirft und von sich selber unterworfen wird. »Wisse aber *d-hī hâdē ellū hâkanâ lâ hwât, ḥērūtâ mšallaṭtâ la-bnay-nâšâ layt hwâ* = wenn eben dies nicht so wäre, daß dann die Menschen keine selbstherrliche Freiheit hätten.«

Diesen zwei Beispielen mit dem der Regel entsprechenden nackten *īt (layt)* stehen zwei mit *layt* + Possessivpronomen gegenüber. In Hy. de ecclesia 6,2 sagt Ephräm, wieder im Zusammenhang der Frage nach der menschlichen Willensfreiheit: *en laytēh lan ḥērūtâ* (7 Silben) * *l-mân mešta"al ṣebyânan* (7) = »wenn wir keine Freiheit haben, warum wird dann unser Wille verhört (zur Rechenschaft gezogen)«. Wie man sieht, mag hier in der Wahl der Form mit Suffix das Metrum eine Rolle gespielt haben.

Das gleiche *laytēh* erscheint auch in Hy. contra haer. 36,6. Die Strophe spricht davon, daß die Natur Gottes niemals kleiner und größer wird. Sein Kleiner- und Größerwerden geschieht nur im Willen: *hây kēt tawseftâ* (5 Silben) * *d-laytēh la-kyâneh* (5) * *hâwyâ l-ṣebyâneh* (5) = »Jenes Zunehmen also, das seine Natur nicht hat, das hat sein Wille«. Zuerst kann man hier sehen, wie dem negativen *laytēh lĕ* ein positives *hâwyâ (= īt) lĕ* entspricht. Das *laytēh* selber fügt sich in die Fünfzahl der Strophenglieder. Nun erscheint dafür in einer späten liturgischen Handschrift ein *lâ īt*, wo das Pronomen suffixum wegfällt. Es bleibt ja auch so die Fünfzahl des Strophengliedes.

Das *lâ īt* erscheint auch in Hy. de ecclesia 6,21. Hier wird der freie Wille des Menschen mit seinem »Wort«, mit seiner Fähigkeit, sprechen zu können, als Wesensunterschied zum stummen Tier in Verbindung gebracht. Dazu heißt es dann in Str. 21: *lâ l-haw īt mellat pūmâ* * *âf lâ l-hânâ ḥērūtâ* = »jenes (stumme Tier) hat nicht das Wort des Mundes, (und so) auch nicht die Freiheit«. Hervorgehoben sei dazu, wie sich hier *l-haw* zwischen *lâ* und dem nackten *īt* schiebt.

3) Hierher gehört auch ein weiterer Sonderfall, nämlich die Verbindung des *īt* (*layt*) mit dem konjunktionalen *dĕ* + Imperfekt, das einem *īt* mit Infinitiv entspricht. Von letzterem spricht Nöldeke schon in § 286 (Schluß),

wo der Infinitiv ein Sollen, Müssen oder auch Können bedeute. Im Abschnitt über *īt* (§ 306) verweist er darauf zurück und fügt daran zwei Beispiele für das sinnverwandte *īt dĕ*, wobei er im ersten mit »können«, im zweiten mit »sollen« übersetzt. Aus Ephräm habe ich mir dazu die folgenden Fälle notiert. In Hy. de fide 7,10 spricht er von dem domine non sum dignus ut intres sub tectum meum des Centurio von Kapharnaum (Matth. 8,8) und fügt daran die an die Arianer gerichtete Ermahnung: »Jener hielt für zu groß sein Eintreten. Halte du seine Erforschung für zu groß! *d-layt yawmân d-teklē m'allteh glītâ, klī w-yaqqar b'âteh* = Da es heutzutage nicht (mehr) gegeben (möglich) ist, sein (körperlich) sichtbares Eintreten abzuwehren, so wehre ab und halte für zu groß das Erforschen seines (Wesens)!«

In einem ähnlichen antiarianischen Gedankengang heißt es in Hy. de fide 50,3: "Das Erforschen der Geschöpfe ist (schon) zu groß für unseren Verstand. *b'âteh d-bârōyâ da-nsayy(ĕ)kâh lâ īt* = »Daß er die Untersuchung des Schöpfers zu Ende führe, ist unmöglich«.

Ein drittes Beispiel mit *dĕ* + Impf. findet sich auch noch in CNis 42,1, wo der Böse, bedrängt von den Gerechten und Aposteln, die ihm nach ihrem von ihm herbeigeführten Tod noch mehr zusetzen als zuvor, die Klage erhebt: *l-aykâ mekēl īt lī d-e'roq men zadīqē* = »wohin kann ich jetzt noch vor den Gerechten fliehen!«

Für die andre Konstruktion, nämlich für *īt* mit Infinitiv, verfüge ich über mehr Beispiele. Ein doppeltes *īt* dieser Art hat man in Hy. de virginitate 46,21 in dem programmatischen Satz: *d-layt tūb l-me'mad, layt tūb l-meḥṭâ*, wo die Bedeutung der Wendung von »können« zu »sollen« übergeht. Denn der Satz ist offenbar nur so zu übersetzen: »Da man nicht wieder getauft werden kann, soll man nicht wieder sündigen.«

Im rhythmischen Sermo de fide 1,273 f. ist im Zusammenhang von den Wundern des Staubes (der Erde) die Rede, zu denen gehört, daß er gegensätzliche Früchte, bittere und süße, hervorbringt. Dazu die Steigerung: *layt l-methar ba-prīšē d-rab hū tehrā da-ḥlīṭē* = »man muß nicht (nur) staunen über die getrennten; denn größer ist das Wunder der gemischten«. Die getrennten sind dabei die Früchte getrennter Bäume und Pflanzen, die gemischten die Erzeugnisse ein und desselben Baumes wie des Ölbaumes, dessen Früchte süß und dessen Blätter bitter sind.

Aus dem (Prosa)brief an Hypatios sind drei Beispiele für dieses *īt* mit Infinitiv anzuführen. Hier heißt es im 10. Abschnitt[26] nach Erwähnung der Szene mit dem auf dem See wandelnden Petrus, der sich zu fürchten und zu versinken begann: *d-menâh d-hâdē īt l-mē(')laf* = »woraus man lernen kann«. Im 44. Abschnitt des Briefes wendet sich Ephräm gegen

26 Meiner kommentierten Übersetzung in OrChr 58 (1974), S. 87.

den Versuch seiner Manichäer, der Willensfreiheit trotz ihrer Lehre von der naturhaft zwingenden Art ihres Bösen einen begrenzten Spielraum einzuräumen, indem er auffordert, einer von ihnen solle auch nur die Spitze seines kleinen Fingers ins Feuer halten. Wenn hier sein Wille den Zwang des Feuers besiegen kann, so daß es nicht schadet, *īt hū la-mhaymânū da-mṣē mezdkē kyânâh makkyânâ d-bīštâ* = »dann wäre es fürwahr möglich zu glauben, daß die schädigende Natur des Bösen besiegt werden kann«. Das hervorhebende *hū* nach *īt* ist uns schon begegnet. Zuletzt findet sich gegen Ende des Briefes in Overb. p. 58,17 die Wendung: *sagī'ân enēn d-īt 'al hâlēn l-mē(')mar* = »es gibt vieles, was man darüber sagen könnte«.

Ein letztes Beispiel liefert der (Prosa)sermo de Domino Nostro, wo im 44. Abschnitt[27] dem Pharisäer Simon ein Vorwurf daraus gemacht wird, daß er aus dem Benehmen Jesu und der Sünderin (von Luc. 7) nicht zum Glauben an den Herrn kam. Dazu heißt es auf S. 41,20: *mânâ gēr īt hwâ l-mesbar b-bekyâh d-ḥaṭṭâytâ ellâ en d-hânaw mzaddeq ḥaṭṭâyē* = »denn was mußte er bei den Tränen der Sünderin denken, wenn nicht, daß dieser die Sünder rechtfertigt«.

Nöldeke bemerkt in § 286 zu diesem Fall eines *īt* (*layt*) mit Infinitiv, daß dabei das *īt* auch fehlen kann und der bloße Infinitiv mit *lĕ* genügt. Auch dafür kann ein Beispiel aus Ephräm angeführt werden, nämlich Hy. de crucifixione 1,15. Hier heißt es, daß das Wüten des Volkes gegen Gott in der Wüste Gott selber nichts anhaben konnte: »Denn sein Raum ist (zu) hoch und seine Natur (zu) rein; *lâ l-mesbak ṣēd rawmeh w-lâ la-mmâš w-lâ l-mē(')ḥad la-qnōmeh* = man kann nicht anstürmen gegen seine Höhe und nicht ihn selber ertasten und ergreifen«.

4) Hier sei auch noch kurz ein Sonderfall angeführt, den Nöldeke im § 302 mit den Worten vorwegnimmt: »Zuweilen steht *layt*, noch seltner *īt* mit den selbständigen nachfolgenden Personalpronomen«. Für *īt* kann ich kein Beispiel dieser Art aus Ephräm anführen, für *layt* die folgenden vier. In Hy. de fide 5,12 heißt es von der unerklärbaren Nähe und Ferne des göttlichen Wesens (*ītyâ*): *d-qarīb hū lan w-raḥīq*; *w-kad ban hū, layt hū* = »es ist uns nahe und (zugleich) fern; und während es in uns ist, ist es nicht (in uns)«. Hier steht wohl das *layt hū* unter dem Einfluß des vorangehenden *ban hū*.

Das zweite Beispiel findet sich in dem wohl echten Sermo de Ninive et Jona, publiziert als erster Sermo in Sermones II. Hier wird in Z. 1227 von den Vornehmen Ninives in ihrer Erwartung des Untergangs gesagt: *ḥâr(ū) hwaw d-la-mḥâr layt enōn* = »sie erwarteten, daß sie morgen nicht

27 Meiner Ausgabe und Übersetzung in CSCO vol. 270/syr. 116.

(mehr) sein würden«. Ein *laytayhōn* statt des *layt enōn* würde sich auch in die Siebenzahl der metrischen Halbzeile fügen.

Dieses *layt enōn* findet sich auch in den folgenden zwei Stellen aus den Hymnen contra haereses. In Hy. 53,4 zählt Ephräm einige Irrlehren des Bardaisan auf, darunter auch die folgende: *pagrâ d-men bīšâ* (5 Silben) * *da-qyâmteh laytēh* (5) = »der Körper, der vom Bösen (ist), dessen Auferstehung es nicht gibt«. Hier hat man in *laytēh* die Form mit dem Pronomen suffixum. Daß Ephräm auch *layt hī* hätte sagen können, zeigt die zwei Strophen später folgende 7. Strophe (53,7), wo Ephräm gegen die 150 Psalmen des Bardaisan, die dieser in Nachahmung des davidischen Psalters gedichtet hatte, den Vorwurf erhebt, daß er dabei inhaltlich mit seinen *ītyē*, mit seinen ewigen deifizierten Elementen, gegen den Propheten David verstoße. Denn: »David sprach nicht von den *ītyē* wie er«. Denn: »*ītyâ* (= Gott) ist einzig. *šem ītyâ hâkēl* (5 Silben) * *mbaṭṭel šmâhayhōn* (5) * *d-ītyē d-layt enōn* (5) = Der Name *ītyā* macht also hinfällig die Namen der *ītyē*, die es (gar) nicht gibt«. Man sieht, statt des *d-layt enōn* könnte metrisch zum mindesten ebensogut ein *laytayhōn* stehen.

Genau die gleiche Lage ist in Hy. contra haer. 54,8 gegeben, wieder im Zusammenhang der Polemik gegen die *ītyē* des Bardaisan, die hier eine Erfindung genannt werden. »Diese ihre Erfindung ist ein (bloßes) Wort ohne Wirklichkeit und ein Name ohne *qnōmâ*[28]: *šmâhē d-ītayhōn* (5 Silben) * *w-ītyē d-layt enōn* (5) = Namen, die existieren und Wesen, die nicht existieren«. Auch hier würde die Silbenzahl des zweiten metrischen Gliedes für *layt enōn* ein *laytayhōn* erlauben. Umgekehrt wäre aber auch für das *ītayhōn* des ersten Gliedes ein *īt enōn* möglich. Daraus sieht man, wie sehr die Bemerkung Nöldekes zutrifft, daß die Verbindung mit dem selbständigen Personalpronomen mit *īt* noch viel seltener sei als bei *layt*. Bei Ephräm scheint sie überhaupt auszuscheiden. Fragt man nach dem Grund dieses Unterschieds, dann würde ich vermuten, daß im Sprachbewußtsein die nominale Herkunft des reinen *īt* sich besser gehalten hat als in dem kontrahierten *layt*.

5) Nun noch Beispiele zu dem Schwanken zwischen der Form ohne und mit Suffix in den übrigen Fällen, wo auch noch die Bedeutung »existieren, vorhanden sein« gegeben ist. Nöldeke sagt hier, *īt* stehe dabei überwiegend nackt, aber auch mit Suffix. Ich führe im Folgenden Fälle an, in denen voll die Bedeutung des Existierens gegeben ist, wie in Sätzen »Gott existiert« oder »die (unsichtbare) Seele existiert«. Zum Ausdruck der Existenz Gottes verfügt Ephräm über ein Wortspiel dadurch, daß er dem bardaisanischen Plural *ītyē* (= ewige, göttliche Wesen) sein absolut singularisches *ītyâ*, als

28 *qnōmâ* bezeichnet hier, wie man sieht, die reale Existenz des benannten Dinges.

das ὁ ὤν der LXX gedeutet, entgegenstellt. So kann er in dem rhythmischen Sermo de fide 1,115 in einem Irrealis sagen: *ellū īt ītyâ ḥrēnâ* (mit den sieben Silben einer Halbzeile) = »wenn es ein andres (zweites) *ītyâ* geben würde«. Das nackte *īt* fügt sich hier, wie man sieht, in den Siebensilbler, das Grundelement des rhythmischen Sermo.

Das *īt* mit Suffix dagegen erscheint im gleichen Zusammenhang der Existenz Gottes in Sermo de fide 2,161 f., in der folgenden Ganzzeile aus 7 + 7 Silben: *l(ʾ)ī reʿyânâ da-nmūšīw* * *wa-d-ītaw balḥōd argeš* = »es mühte sich der Verstand (des Menschen), ihn (= Gott) zu erforschen; doch nur daß er existiert, nahm er wahr«. Hier scheint die Form mit Suffix auf die Silbenzahl zurückzugehen.

Das Metrum spielt wohl auch in Hy. de fide 55,9 eine Rolle, wo die Strophe aus fünfsilbigen Gliedern besteht. Die Strophe beginnt mit den Worten: »Wer, meine Geliebten, kann ertasten und einfangen * *l-medem d-lâ ītaw* (5 Silben) * = etwas, das nicht existiert«. Darauf folgt: *hâkan ʿsaq wa-ʿṭel* (5) * *d-tebṣē l-haw d-ītaw* (5) = »ebenso schwierig und unmöglich ist es, daß du erforschest jenen, der (schlechthin) ist (= *ītyâ* = Gott)«. In beiden Fällen fügt sich nur die Form mit Suffix in das Metrum.

In der anschließenden Strophe, de fide 55,10, heißt es dann weiter von dem unbegreiflichen Wunder der ewigen Existenz Gottes: »Jenes uranfängliche *ītyâ* * *d-kad layt hwâ medem* (5) * *hū eštkaḥ ītaw* = das, als (noch) nichts existierte, selber (schon) existierend sich vorfand«. Auch hier entspricht das nackte *layt (hwâ)* und das *īt* mit Suffix dem Metrum. Daneben ist wohl auch der Unterschied hervorzuheben, daß in *layt hwâ medem* das Subjekt nachfolgt, während in *hū eštkah ītaw* das Subjekt in dem betonten *hū* vorangeht.

Von der Existenz der Seele spricht Ephräm in Hy. de fide 1,4-13. Daraus wurden schon oben im 1. Abschnitt über *īt dĕ* Strophen zitiert, in denen von den sich widersprechenden Anschauungen über das Wesen der menschlichen Seele die Rede war. Dabei wird auch die radikalste erwähnt, nämlich die Leugnung ihrer Existenz in der ersten Zeile der 5. Strophe mit den Worten: *ḥad gēr meštawdē d-ītēh* (7 Silben) * *wa-ḥrēnâ d-âflâ ītēh* (7) = »einer bekennt, daß sie existiert, ein andrer (behauptet), daß sie nicht existiere«. Aus der Angabe der Silbenzahl der beiden Glieder sieht man, daß das doppelte *ītēh*, die Form mit Suffix, rhythmisch erfordert ist.

In Hy. de fide 1,13 kommt Ephräm auf diese sinnwidrige Leugnung der Existenz der eignen Seele zurück und sagt dazu: *kad hâkēl nafšâ ītēh* (7) * *hī lâh laytēh b-īdaʿtâ* (7) = »während also die Seele (wirklich) existiert, (kann) sie für sich im Wissen nicht existieren«. Auch hier fügen sich die beiden Formen mit Suffix, *laytēh* und *ītēh*, in die Siebenzahl der rythmischen Glieder.

Die Bedeutung des Existierens ist auch noch in den folgenden Beispielen klar gegeben. In Hy. de fide 67 besteht die Strophe aus fünf Viersilblern. Dabei lautet die 19. Strophe: »(Schon) zuvor öffnete er (der Schöpfer) den Schatz seines Erbarmens * *w-gableh l-Adâm* * *kad lâ ītaw* * *men daḥīḥâ* = und formte Adam, während er (noch) nicht da war, aus dem Staub«. Wiederum fügt sich (nur) die Form mit Suffix in die Strophe.

In CNis 69,1 erscheint der gleiche Gedanke wie in de fide 67,19 und wird hier durch einen Blick auf die Auferweckung ergänzt mit den Worten: »Du hast den Staub (zum Körper) geformt zu Beginn in Güte. Und du wirst an ihm dein Geschenk vollenden in Liebe«. Dazu sagt später Strophe 9: *w-en gēr kad layt hwâ* (Var. *lâ ītaw hwâ*), * *d-nehwē ītaw braytây(hī)*, * *hâšâ da-hfak l-ʿafreh* * *bâk netḥaddat haykleh* = »Denn wenn du ihn, da er nicht existierte, erschufst, damit er existiere, jetzt, da er zu seinem Staub zurückgekehrt ist, möge sein Tempel durch dich erneuert werden«. Da hier die Silbenzahl der Strophenzeilen sehr schwankt (die Strophe scheint aus vier sechssilbigen Gliedern zu bestehen), kann sie in der für uns wichtigen Variante von *(kad) lâ ītaw hwâ* anstelle von *(kad) layt hwâ* nicht entscheiden. Gegen das nackte *layt* und für das *lâ ītaw* (mit Suffix) spricht die gleiche Wendung im vorangehenden Zitat, wo es ebenso *kad lâ ītaw* hieß, nur ohne das *hwâ*, das aber dort dem Sinn nach zu ergänzen war. Für dieses *lâ ītaw hwâ* würde auch, wie man nachzählen kann, das (unsichre) Metrum sprechen. Dazu kommt noch das nachfolgende *d-nehwē ītaw*. Zu dieser konjunktivischen Form, die in der Partizipbedeutung des *īt* seine Erklärung findet, sei auf Nöldeke § 305 verwiesen.

Bis jetzt überwog in den angeführten Beispielen nicht die nackte Form, sondern die mit Suffix. Die nackte Form erscheint doppelt in dem kurzen Sätzchen aus dem 24. Abschnitt[29] des Prosabriefes an Hypatios: *ellū layt ḥērūtâ, drâšâ wa-pyâsâ layt hwâ* = »wenn es keine Freiheit gäbe, dann gäbe es (auch) kein Disputieren und kein Überreden«. Das bloße *īt* erscheint auch im 28. Abschnitt[29] des Briefes, wird aber von einer Form mit Suffix abgelöst. Hier heißt es zunächst: *kul mâ d-īt gēr, metdreš kad lâ metbṣē* = »alles was existiert, (kann) erörtert werden ohne erforscht zu werden«. Darauf folgt: *d-netīdaʿ gēr d-ītaw maṣyâ; d-netbṣē dēn d-aykanâ ītaw, lâ meškḥâ* = »denn daß man erkenne, daß es existiere, ist möglich; das Wie aber zu erforschen ist nicht möglich«. Hier hat man also in einem Prosasatz zuerst das bloße *īt* und dann zweimal nacheinander ein *ītaw*.

Einen ähnlichen Übergang von der nackten Form zu der mit Suffix findet sich auch in Hy. de paradiso 2,4. Die Strophe spricht von der bitteren Enttäuschung, welche die Bösen im Jenseits erwartet. Die ersten drei Strophenzeilen bestehend aus zwei Fünfsilblern lauten:

29 Auf S. 39,5 und 41,11 des von Overbeck edierten Textes.

haw d-īt hwâ awbed(ū) * *wa-d-layt hwâ eškaḥ(ū)*
ṭūbē rḥam(ū) wa-praḥ(ū) * *wâyâ snaw wa-mṭâ*
da-sbar(ū) ʿlaw laytaw * *wa-d-lâ bʿaw eškaḥ(ū)*

= »Das was war, haben sie verloren, und was nicht war, haben sie gefunden. Annehmlichkeiten liebten sie, sie sind verflogen; das Wehe haßten sie, es ist gekommen. Worauf sie hofften, es existiert nicht (mehr); und was sie nicht suchten, das haben sie gefunden.« Man sieht: sowohl das *īt hwâ* und *layt hwâ* in der ersten Zeile wie die Form mit Suffix, *laytaw*, in der dritten besagen das Existieren. Sie fügen sich in gleicher Weise in ihre Fünfsilbler. Verschieden ist *laytaw* nicht nur durch das Fehlen das präteritalen *hwâ*, sondern vor allem auch durch seine syntaktische Stellung.

Nun noch zwei Stellen aus Prosaschriften. Pr. Ref. II 10,39ff. steht in einem für Ephräm überraschenden philosophischen Zusammenhang. Er hat offenbar aus einer Polemik griechischer Philosophen gegen Bardaisan, der anscheinend Stoisches mit Platonischem verwechselt hatte, von den ἀσώματα der Stoiker gehört, Größen, die die Stoiker eigentlich, da unkörperlich, als nicht existierend hätten bezeichnen müssen, die sie aber als ein »irgend etwas« auf die unterste Seinsstufe verwiesen. Bei Ephräm wird daraus die antinomische Aussage: sie sind und sind nicht. So sagt er in der zitierten Stelle zu dem ἀσώματον des Raumes: »Schau auf den Raum! Jene Notwendigkeit bewirkt *âf d-nehwē ītaw âf d-nehwē laytaw* = sowohl daß (der Raum) existiert als auch nicht existiert«. Man sieht, wie hier bei dem ausgesprochen philosophischen Begriff des Existierens die Formen mit Suffix erscheinen. Von der Verbindung mit dem Imperfekt von *hwâ* war schon oben bei CNis 69,9 die Rede.

Philosophisch, wenn auch nur populärphilosophisch, sind auch die folgenden Ausführungen des Kommentars zur Genesis[30], wo ebenso durchgängig die Formen mit Suffix auftreten. Hier sagt der Verfasser auf S. 16, daß am ersten Tag zugleich mit Himmel und Erde auch Feuer, Luft und Wasser aus dem Nichts erschaffen wurden. Dafür daß die Schrift das Feuer nicht eigens nannte, wird in S. 16,20ff. folgender Grund angegeben: *(nūrâ) d-ba-ḥrēnâ ītēh hây d-m̄enâh w-lâh laytēh, ʿam haw medem d-ītēh beh etberyat* = »das Feuer, das in einem andren existiert, das aus und für sich (allein) nicht existiert, wurde zusammen mit dem, worin es ist[31], geschaffen«. Man sieht: durchgängig die Form mit Suffix. Das bleibt auch im Folgenden so: *meṭul d-lâ meškḥâ qâd(ĕ)mâ hây d-hī lâh lâ ītēh, l-haw medem da-hwâ lâh ʿelltâ d-tehwē ītēh* = »denn das was nicht für sich selber existiert, kann nicht jenem vorangehen, das für es die Ursache dafür wurde, daß es existiert«.

30 Zitiert nach der Ausgabe Tonneau in CSCO vol. 152/syr. 71.
31 Nach S. 10,16 ist dies *rūḥâ* (die Luft).

6) Nun kurz noch zu den Fällen, wo *īt* reine Kopula ist und dann nach Nöldeke immer mit Suffix steht. Vorausgeschickt sei das Beispiel eines *īt* mit einer Präposition (abgesehen von dem bereits behandeltem *lĕ*), wozu Nöldeke bemerkt, daß hier die Bedeutung allmählich in die der Kopula übergeht. Zur Behandlung des *īt* in dieser Verbindung sagt er, daß die nackte Form noch gerne steht, aber auch schon häufig *īt* mit Suffix. Dazu ein Beispiel aus dem syrischen Diatessaronkommentar. Hier heißt es auf S. 54, 19 (der Ed. Leloir) von den Frauen, die mit Jesus waren: *nešē d-īt hway ʿammeh*, also die nackte Form!

Für das *īt* als reine Kopula habe ich mir nur zwei Stellen notiert, wo es in beiden Fällen der Regel entsprechend mit Suffix steht. So heißt es in Hy. contra haer. 38,8 in einer Polemik gegen Markioniten zu Beginn der Strophe: *d-lâ gēr šamm(ĕ)hū(h)y kē(ʾ)nâ la-Brâ* (8) * *ʿabdē bīšē shed(ū) d-ītayhōn* (8) = »Indem sie den Sohn nicht gerecht nannten, haben sie bezeugt, daß sie böse Knechte sind«. Und in CNis 36,10 sagt der personifizierte Tod von sich selber: *lâ gēr ītay ḥasīr mellē*, wörtlich übersetzt: »denn ich bin nicht der Worte entbehrend = Worte fehlen mir nicht«.

7) Den Abschluß bilde eine Besonderheit der Konstruktion, die Nöldeke in § 308 b seiner Grammatik mit den Worten erwähnt: »Eine sehr seltne und von B(ar) A(li) nr. 650 für alt und roh erklärte Construction ist *īt lĕ* = einfachem *īt*«[32]. Sehr auffällig ist nun, daß dieses *īt lĕ* bei Ephräm sich viermal in den Hymnen contra haer. und zweimal in den Hymnen de ecclesia findet und sonst nirgendwo. Hat er in seinem Spätwerk der Hymnen de fide diese »alte« Konstrktion bewußt vermieden?

Die vier Stellen aus den Hy. contra haer. sind die folgenden. In Hy. 6,22 heißt es entsprechend der Silbenzahl der zu zitierenden 4. und 5. Strophenzeilen der Paradiesesstrophe mit 5 + 2 und 5 + 5 Silben: *w-en dēn l-ḥod ḥelqâ (h)ū* (5) * *īthwâ* (2) * *manū glâ l-nâšâ* (5) * *d-ītaw l-alâhâ* (5) = »Wenn nun allein das (Sternen)schicksal existiert hat, wer hat dann den Menschen geoffenbart, daß Gott existiert«. Man sieht, daß für das wohl hervorhebende *lĕ* vor *alâhâ* kein metrischer Grund zu sehen ist, daß aber umgekehrt das nackte *īt hwâ* durch das zweisilbige Glied gefordert ist, während umgekehrt das gleichbedeutende *ītaw* des letzten Gliedes dem notwendigen Fünfsilbler entspricht.

32 Nöldeke gibt hier keine Erklärung für dieses *lĕ*. Duval erwähnt dazu in Anm. 1 auf S. 323 seiner Grammatik die Auffassung, es handle sich um das *lĕ* des Akkusativs: par analogie de *hwây(hī)*. Ich würde eher an die arabische Beteuerungspartikel *la* denken, von der man Spuren auch im Hebräischen entdeckt hat; vgl. Brockelmann, *Vergleichende Grammatik der semitischen Sprachen* Bd. II § 56 a und b.

Hy. contra haer. 7,1. Die Strophe wendet sich gegen die Annahme der Möglichkeit einer fleischlichen Vermischung der Engel mit Menschentöchtern, zunächst allgemein mit der Feststellung: »Wisse, mein Bruder: alles was Paarung begehrt, hat (Gott) nicht vereinzelt erschaffen; *d-ītēh l-ba(r)t zawgeh* (5) = denn es ist (dann) eine (eheliche) Gefährtin vorhanden«. Auch hier ist das *lĕ* vom Fünfsilbler nicht gefordert. Das *ītēh*, das für ein zu erwartendes bloßes *īt* steht, entspricht dem *ītaw* der vorangehenden Stelle.

Hy. contra haer. 24,10. Hier greift Ephräm in seiner Polemik den Umstand auf, daß Häretiker sich nach ihren Stiftern benennen, wie Arianer und Markioniten. Der Apostel Paulus würde nach 1 Cor. 1,10ff. dagegen einschreiten, wenn er noch leben würde, oder wie Ephräm in der zitierten Stelle sagt: *w-ellū ītaw hwâ yawmân* (7 Silben) * *la-šlīḥâ pagrânâʾīt* (7) = »(und) wenn heute da wäre * der Apostel körperlich«. Man sieht: hier wird das *lĕ*, das vor einem zweiten Schewa zu *la* wird, durch das Metrum gefordert. Dem Metrum entspricht auch das *ītaw* der vorangehenden Zeile, das sich aber auch aufgrund des damit verbundnen Adverbs der Bedeutung einer bloßen Kopula annähert.

Hy. contra haer. 47,1. Hier polemisiert Ephräm gegen die markionitische Lehre vom Scheinleib des Herrn, indem er ihre Eucharistiefeier mit heranzieht und dabei sagt: *aykâ d-ītaw pagrâ d-quštâ* (8 Silben) * *tamân ītaw la-dmâ d-quštâ* (8) = »wo der wahre Körper sich findet, dort findet sich (auch) das wahre Blut«. Die Silbenzahl der zehn Zeilen der hier gegebenen Strophe steht nicht sicher fest. Doch scheint die Übereinstimmung der zitierten zwei letzten Strophenzeilen in der Achtzahl dafür zu sprechen, daß hier der Text in Ordnung ist. Dann ist auch der Gund sowohl für das pleonastische *la* (vor *dmâ*) wie für für das *ītaw* im Metrum zu suchen.

Es bleiben die zwei Beispiele für dieses »alte« *lĕ* nach *īt* aus den Hymnen de ecclesia. Hier beginnt in Hy. 34 die erste Strophe damit, die alttestamentlichen Asylstätten mit der christlichen Buße zu vergleichen und zwar kurz und bündig mit den Worten: *qrītâ quryat bēt gawsâ* (7 Silben) * *ītēh yawmân la-tyâbūtâ* (8) * = »Stadt, Asylstadt ist heutzutage die Buße«. Die Silbenzahl scheint dem Bau der Strophe zu entsprechen, so daß also das *la* vor *tyâbūtâ* darauf zurückgeführt werden könnte. Sachlich hat es offenbar beteuernden Charakter.

Die zweite Stelle, de ecclesia 50,13, gehört zu dem Thema der unausgeglichenen Gnadenlehre Ephräms, das ich noch gesondert behandeln werde. Hier versucht Ephräm in der Frage der Erlangung des Himmelslohnes Gerechtigkeit und Güte Gottes zu koordinieren. Der für uns daraus in Frage kommende Satz lautet: *ītēh l-kēnūtâ* * *d-ellū ḥyâ awsef* * *ītēh l-ṭaybūtâ* * *d-kad lâ plaḥ eškaḥ*, übersetzt mit erklärenden Zusätzen: »Gerechtigkeit ist es; denn wenn (der Fromme) (unendlich lang) gelebt hätte, dann hätte er (seine

Verdienste unendlich) gesteigert. Güte ist es; denn ohne es (wirklich) zu leisten, hat er (den Lohn) gefunden«. Hier ist das »alte und rohe« *lĕ* vor *kēnūtâ* und *ṭaybūtâ* metrisch völlig überflüssig; es soll offenbar die beiden gegensätzlichen Begriffe betont hervorheben.

VI. Die Partikel ܕ (*dĕ*)

Wer sich auch nur ein wenig mit dem Syrischen befaßt hat, kennt die Unmenge von *dĕ*, die jeder syrische Text mit sich führt. Da ist das *dĕ* des Genitivs, das Relativpronomen *dĕ* und das konjunktionale *dĕ*, das so gut wie alle Abhängigkeitsverhältnisse ausdrücken kann. Hier ist es mir daher noch mehr als in den vorangehenden Abschnitten unmöglich, mit meinem Material eine umfassende Darstellung zu bieten. Meine Beispiele beschränken sich auf drei Punkte. Der erste handelt von Fällen, in denen die ursprüngliche demonstrative Bedeutung des *dĕ* noch mitgegeben ist. Das Thema des zweiten ist : *dĕ* = *kad*, und das des dritten : *d-lâ*. Ein Nachtrag wird einige Sonderfälle besprechen.

1) Nöldeke spricht hier im Zusammenhang mit dem genitivischen *dĕ* in §209 seiner Grammatik von »einer größeren Selbständigkeit des *dĕ*, eigentlich eines Demonstrativ-(Relativ-)Pronomens (»der von«). Diese tritt noch mehr hervor, wenn ein Regierendes fehlt : *ʿam d-bēt Herōdes* μετὰ τῶν Ἡρῳδιανῶν (Mth. 22,16 p.) …; *d-bēt Yaʿqōb* »die vom Hause Jacobs«. »Bei Ephräm sind entsprechende Wendungen nicht häufig. So steht neben den seltenen Fällen eines *d-bēt Marqyōn* und *d-bēt Manī* (Markioniten und Manichäer) öfters das bloße *bēt* wie in Hy. contra haer. 50,7, in dem Fünfsilbler : *nemlok l-bēt Manī* = »laßt uns den Anhängern des Mani raten«, wozu parallel in 50,7 ein *l-bēt Marqiōn nemlok* tritt. Ein *dĕ* vor *bēt* würde hier gegen das Metrum verstoßen. Doch auch in den Prose Refutations findet sich ein *d-bēt Marqyōn* nur in II 55,23, während zuvor in II 54,8 und 11 die Form mit der Zugehörigkeitsendung nämlich : *Marqyōnâyē* steht. Noch klarer ist die Lage in dem Passus von II 126ff. Denn hier steht in 126, 34; 137,47 und in 140,20 das *Marqyōnâyē* und nur einmal in 132,31 ein *d-bēt Marqyōn*.

Für ein *d-bēt Manī* könnte man auf I 129,42 verweisen, wo aber wegen einer vorangehenden Textlücke die Funktion des *dĕ* unsicher bleibt, das in Pr. Ref. I 43,32 in dem Satz : *etparsī yulpânâ d-bēt Manī*, wie man sieht, bloße Genitivpartikel ist. Sonst steht auch hier ein dem *marqyōnâyē* entsprechendes *manīnâyē*.

Zu anderen Wendungen dieser Art sei hervorgehoben, daß *d-bēt* auch nur drei oder zwei Personen umfassen kann. So steht in CNis 18,7 für die drei Jünglinge im Feuerofen ein *d-bēt Ḥanânyâ (b-atūnâ)*. Und öfters erscheint für die Stammeltern, für Adam und Eva allein, ein *bēt Adam*. So in Hy. de parad. 15,5, wo es heißt: *ba-ḥṭâhâ aklū(h)y d-bēt Adâm* = »unter einer Sünde aßen sie (= die Frucht des Baumes der Erkenntnis) die (von der) Familie Adams«. Ebenso im gleichen Hymnus in 15,13: »Die Schlange (konnte) sprechen, *d-tetbḥar ednâ d-bēt Adâm* = damit das Ohr der Stammeltern auf die Probe gestellt würde«, wo aber wieder das *dĕ* die bloße Genitivpartikel ist, sodaß also auch hier ein bloßes *bēt Adâm* erscheint.

Nun zu Fällen, für die Nöldeke das bekannte *d-Qesar* = τὰ Καίσαρος von Matth. 22,21 zitiert. Hier folgt auch in analoger Weise ein *d-alâhâ* = τὰ τοῦ θεοῦ = (ea) quae sunt dei. Der letztere Ausdruck kehrt bei Ephräm in einer etwas abgeänderten Bedeutung wieder in CNis 41,14. Hier warnt der (personifizierte) Tod Jesus mit dem folgenden Hinweis auf Moses: *hwâ alâh wa-ʿbad d-alâh* = »er war ein Gott und vollbrachte (Taten) Gottes« (und wurde trotzdem auf dem Berg dem Tod überliefert).

Objekt wie hier ist diese Wendung auch noch in Hy. contra haer. 7,4, wo Ephräm von Mani aussagt: *aššar d-ga(n)bârē w-haymen d-kaldâyē* = »er hielt für wahr das mit den Riesen (d.h. die Deutung der biblische Erzählung von den Riesen als Kindern aus einer geschlechtlichen Verbindung der filii dei = Engel mit den filiae hominum) und er glaubte an die Sache (= Lehre) der Chaldäer« (Astrologie). Objekt ist unsre Wendung auch noch zweimal in CNis 74,17, wo es vom verwegnen, alles wagenden Menschen heißt: *sâʿē ʿal d-arʿâ * w-bâṣē da-šmayâ* = »er macht sich an (die Dinge) der Erde und erforscht die am Himmel«.

In den folgenden Beispielen ist die Wendung nominativisch als Subjekt bzw. Prädikat. Letzteres ist in Hy. c. haer. 21,14 der Fall. Hier spricht Ephräm von seinem Schmerz über die Verirrung der christusliebenden Markioniten und sagt dazu in einem Vergleich: »Wenn wir Kinder im Feuer brennen sehen, *da-bkâtâ hī ḥzāthōn* = »so ist ihr Anblick (Sache) des Weinens«. Die hier erscheinende Kopula *hī* (Femininum) ist von dem nachgestellten Subjekt bestimmt. In den folgenden zwei Fällen, wo unsre Wendung Subjekt ist, wird auch als Kopula *hī* erscheinen, das hier dann auf das femininisch-neutrisch gefaßte *dĕ* geht.

So in CNis 70,7. Hier führt Ephräm als zweites Beispiel für ein stummes Hinnehmen des Todes von Geliebten nach Abraham und seiner Bereitschaft zur Opferung des Isaak Jephte an in der Erfüllung seines Gelübdes mit den folgenden Worten: *wa-d-Naftaḥ tūb tmīhâ hī * pallâḥâ d-qaṭfâh * l-ṭūṭītâ d-beʿlat* = »Und ferner ist die (Tat) des Jephthe staunenswert, des Winzers, der die Traube, die zu reifen begann, pflückte«.

In Hy. de fide 52,12 erscheint zweimal das Femininum in den prädikativen Verba zu unserer Wendung als Subjekt in dem Satz: *beṭlat d-bâṣōyē w-damhaymnē qâmat* = »hinfällig wurde die (Sache) der Forscher (= Arianer) und die (Sache) der (Recht)gläubigen erhob sich«. In Hy. de virg. 44,7 tritt wieder ein kopulatives *hī* auf. Hier sprechen die Strophen 3-8 von Jonas und den Niniviten, wobei Jonas als Vertreter des auserwählten und dann verworfenen Volkes den Niniviten als den zum Glauben an Christus vorausbestimmten Heiden gegenübergestellt wird in den Worten: *kad ṭâb yâʾē a(n)t, d-ṭuhmâk bâk hī; w-kad ṭâb maslēn, gbīthōn b-hōn hī* = »obwohl du (Jonas) trefflich bist, ist (doch) etwas von deinem Geschlecht in dir. Und obwohl (die Niniviten als Heiden) verworfen sind, ist (doch) ihre Erwählung in ihnen«. Man sieht, wie hier zu dem Subjekt: *d-ṭuhmâk* das Prädikat: *bâk hī* tritt.

In Hy. de ecclesia 30,19 dagegen ist unsere Wendung wieder nur Prädikat und zu dem maskulinischen Subjekt erscheint als Kopula ein *hū*. Der Satz lautet: *d-qubbâl ṭaybūtâ hū pursâk da-ḥlâfayn* = »Sache des Dankes ist dein Verfahren für uns = zu unserem Vorteil«. Das Verfahren (*pursâ*) Christi wird anschließend erklärt: »Denn du hast dein Wissen kundgetan, damit wir wachsen sollten. Du hast hinwieder dein Wissen auch verborgen, damit wir reich würden«.

Hierher gehört auch der Satz aus Hy. de fide 23,1: *kulmedem gēr d-lâ šalīṭ, en metmallal, l-Kē(ʾ)nâ d-guddâfâ hū* = »Alles Unerlaubte ist, wenn es ausgesprochen wird, für den gerechten (Gott) Sache der Lästerung«. Das heißt schlechthin »eine Lästerung«. Das *dĕ* ist hier pleonastisch, überflüssig dem Sinn nach und zugleich auch metrisch.

Zuletzt noch ein Beispiel, in dem unsre Wendung wieder wie im ersten das Akkusativobjekt bildet, nämlich Hy. de paradiso 6,14: *nešboq d-īlânē w-nē(ʾ)mar d-zakkâyē* = »lassen wir die Sache mit den Bäumen (des Paradieses) und sprechen wir von den siegreichen (Bewohnern des Paradieses)!« Die Übersetzung übergeht bei der zweiten Wendung (*d-zakkâyē*) das *dĕ*, das auch hier sachlich und metrisch überflüssig ist.

Nun zu dem *dĕ* = is qui, ea quae, und id quod (auch pluralisch), wo also das Korrelativ im Relativpronomen mit eingeschlossen ist, das, wie die Beispiele zeigen werden, ebensogut auch stehen kann. Als erste Stelle sei Hy. de nativitate 17,7 angeführt, weil hier daneben auch noch ein sehr auffälliges Beispiel für die Wendung der vorangehenden Gruppe erscheint. Hier preist Maria ihr göttliches Kind Bedrängten als Retter an mit den Worten:

*d-īt lâh qudšâ * en qanīṭâ * hâ nâṭōreh **
*d-īt lâh ʿawlâ * hâ šâbōqeh * d-īt lâh šē(ʾ)dâ * hâ râdōfeh **
*wa-d-kē(ʾ)bayhōn * hâ ʿâšōbâ * la-tbârayhōn.*

Wörtlich übersetzt: »(Eine) die Keuschheit besitzt, * wenn sie in Furcht ist, siehe ihr (der Keuschheit) Bewahrer! (Eine) die eine Sünde hat, siehe ihr (der Sünde) Verzeiher! (Eine), die einen Dämon hat, siehe sein (des Dämons) Vertreiber! Und die mit ihren Wunden, siehe der Arzt für ihre Wunden!« Der Sinn der auffälligen Wendung in der letzten Strophenzeile: *d-kē(ʾ)bayhōn* wird durch die vorangehenden erhellt. Sie ist gleichbedeutend mit: *d-īt l-hōn kē(ʾ)bē* = »diejenigen, die Wunden haben«. Die Auflösung hat auch vier Silben und wäre daher metrisch ebenfalls möglich. Statt dessen erscheint die offenbar kühne Wendung: *d-kēbayhōn* = die mit ihren Wunden!

Doch nun Beispiele, in denen neben unserem bloßen *dĕ* ein gleichwertiges *haw dĕ* und *man dĕ* steht. Im 13. Hymnus de paradiso schließen die Strophen 3-13 mit einer Doxologie, welche die letzte Strophenzeile von zwei Fünfsilblern füllt. Sie lautet in Strophe 6: *brīk d-allfan da-ntūb * d-nefnē l-pardaysâ* = »Gepriesen sei (jener), der uns lehrte, Buße zu tun, um so ins Paradies zurückzukehren«. Das *dĕ* ohne *haw* nach *brīk* ist metrisch gefordert. Anders in der Doxologie der 8. Strophe, wo umgekehrt das *haw* für die fünf Silben des Gliedes notwendig wird. Sie lautet: *brīk haw (!) d-beh ya(h)b lan* (5) * *pel(ʾ)etâ d-punnâyâ* = »gepriesen sei jener, der uns in ihm (in dem in die Wüste verstoßenen König Nabuchodonosor) ein Vorbild der Rückkehr gab«.

Unmittelbar aufeinander folgen die beiden möglichen Formen in Hy. de virginitate 1,4. Hier heißt es von den zwei die Gebote Gottes verkündenden Größen, von Gesetz und Natur (Schöpfung)[33]: *da-mrad, šâṭū(h)y* (4 Silben) * *w-man d-tâb, ʿaṣbū(h)y* (4) = »den, der sich empörte, haben sie verachtet, doch den, der Buße tat, haben sie geheilt«. Auch hier fügen sich, wie man sieht, die beiden Formen in das Metrum. Im übrigen ist hier der *dĕ*-Satz Akkusativobjekt, während er im vorangehenden Beispiel Subjekt war. Subjekt ist er auch in Hy. de fide 46,2, in dem Satz: *d-mamraḥ w-ʿâʾel ber(ī)* (5 Silben) * *l-aykâ d-layt âʾar* (5) * *mâʾet* = »einer, der es wagt, mein Sohn, einzutreten dort, wo es keine Luft gibt, stirbt«. Dazu sei auch noch der Vokativ angeführt, den man in Hy. c. haer. 21,14 hat: *ō da-ṭʿaw* = »o über die, welche in die Irre gingen!«

In den noch folgenden zwei Beispielen ist unser *dĕ* von einer Präposition abhängig. So in Hy. de fide 32,13, in dem Satz: *zʿart hwayt men d-ītayk* = »(Christus) du wurdest kleiner als das, was (wer) du bist«. In dem zweiten Beispiel hat man wieder beide Formen, die mit und ohne Korrelativ, nebeneinander. Denn in Sermones I 2,1719 heißt es in einer Ausführung darüber, wie gegen die Reihenfolge der natürlichen Geburt Jakob zum Erstgebornen wurde: *mawmâtâ ṣēd haw (!) d-yâheb* (7 Silben) * *w-haymânūtâ ṣēd d-nâseb* (7) = »der Schwur (des Esau in Gen. 25,33) auf seiten dessen, der gibt, * und der Glaube auf seiten (dessen), der empfängt«. Man sieht,

33 Vgl. dazu sachlich auch noch die vorangehende Strophe, de virg. 1,3, die im Abschnitt über *d-lâ* zitiert wird.

daß auch hier die beiden Formen, das *haw dĕ* und das einfache *dĕ* in das siebensilbige Metrum sich fügen.

2) *dĕ* = *kad*

Nöldeke gibt in § 360 seiner Grammatik zu *kad* die Übersetzungen »als, da, indem« und fügt hinzu: »stets temporal, oft mit causaler oder conditionaler Nebenbedeutung«. Wenn die letztere stark hervortritt, wird wohl auch noch ein »wenn« zu »als, da, indem« hinzuzufügen sein. Daß hier überall auch ein bloßes *dĕ* möglich ist, erwähnt Nöldeke nicht. Er sagt nur in § 366 B, daß man *dĕ* sehr häufig auch bei einer losen kausalen Verbindung = »da, indem« verwendet. Von einer konditionalen spricht er nicht. Die folgenden Beispiele aus Ephräm sollen auch diese Möglichkeit belegen.

Zuerst fünf Stellen, in denen die Gleichsetzung von *dĕ* mit *kad* aus den Texten selber hervorgeht. So in Hy. de fide 13,1. Die Strophe lautet: *eṭṭar haymânūt(ī) men zē(ʾ)fâ da-nbaʿ hâšâ * d-kad b-Abâ mawdē, kâfar b-īḥīdeh, * w-da-l-kul rawmīn sbak(ū) dârōšē, * b-merdâ d-quštâ eṭṭar haymânūt(ī)*, wörtlich übersetzt: »Ich will meinen Glauben bewahren vor der Lüge, die jetzt hervorquoll, die, während sie den Vater bekennt, seinen Eingebornen leugnet; und während die Disputierer (= Arianer) gegen alle Höhen anstürmen, will ich in der Burg der Wahrheit meinen Glauben bewahren«. Man sieht, dem Satz: *kad b-Abâ mawdē* entspricht im anschließenden Glied das *da-l-kul rawmin sbak(ū)*!

Lehrreich sind auch die Strophen 7-9 von Hy. de fide 4. Hier wird in Strophe 7 von den Engeln gesagt, daß sie, vor dem Sohn lobsingend, nicht wissen, wo sie ihn schauen sollen. Dabei fällt auch der Satz: *bʿaʾūk l-ʿel b-rawmâ, ḥzaʾūk b-taḥt b-ʿumqâ* = »sie suchten dich oben in der Höhe, sie sahen dich unten in der Tiefe«. Schon diese asyndetische Nebeneinanderstellung der zwei Glieder hat den Sinn eines »während sie dich oben suchten, sahen sie dich unten«. Dies ist auch die Form, in der die nächste Strophe (8) den gleichen Gedanken weiterführt, wobei auf ein erstes *kad* vier gleichbedeutende *dĕ* folgen in den Sätzen: *kad šarrīw d-nebʿōn ḥzâtâk b-gaw brītâ, lâ adrek(ū) b-rehṭē la-mqām ʿal bʿâtâk. Da-ḥzaʾūk b-ʿumqâ, ḥzaʾūk l-ʿel b-rawmâ; da-ḥzaʾūk b-qabrâ, ḥzaʾūk b-gaw gnōnâ; da-ḥzaʾūk mītâ, eškḥūk mnaḥḥmânâ* = »Während (*kad*) sie anfingen, deine Erscheinung in der Schöpfung zu suchen, vermochten sie es nicht, hin und her eilend in der Suche nach dir Fuß zu fassen. Während (*dĕ*) sie dich in der Tiefe sahen, sahen sie dich oben in der Höhe. Während (*dĕ*) sie dich im Grab sahen, sahen sie dich im Brautgemach. Während (*dĕ*) sie dich tot (am Kreuze) sahen, fanden sie dich als Erwecker (der Toten).«

Ein klares mit einem nachfolgenden *kad* gleichbedeutendes *dĕ* bietet auch Hy. contra Julianum 4,19. Der Zusammenhang: ein Erdbeben vereitelte den Versuch der Juden, Jerusalem und den Tempel wieder aufzubauen, den sie mit Erlaubnis des Apostaten unternommen hatten. Dazu sagt nun Ephräm von Julian und seinen Neuheiden als den Mittätern: *saklē w-pakīhē * aḥrbūh d-banyâ hwât * w-hâšâ d-ḥerbat lâh * gâzmīn d-nebnōnâh. * kad mtaqqnâ, saḥfūh, w-kad maḥrbâ, raḥmūh* = »Die Dummen und Törichten haben es (Jerusalem) verwüstet, da (*dĕ*) es gebaut war. Und jetzt, da es verwüstet ist, sind sie daran, es (wieder) aufzubauen. Da (*kad*) es errichtet war, haben sie es zerstört; und da (*kad*) es verödet lag, haben sie es lieb gewonnen.« Hier entspricht das *(aḥrbūh) d-banyâ hwât* genau dem folgenden *kad mtaqqnâ*.

In einem letzten derartigen Beispiel, wo es um ein Zitat aus dem AT geht, liefert der entsprechende Bibeltext den Hinweis auf die Gleichheit des *dĕ* mit einem *kad*. Denn in Hy. de ecclesia 33,7 sagt Ephräm, deutlich zitierend: *ktīb: d-īt leh brâ mârōdâ w-ṣaḥḥī l-abū(h)y, lâ lam neḥḥē* = »Es steht geschrieben: wenn einer einen widerspenstigen Sohn hat und (dieser Sohn) hat seinem Vater geflucht, der soll nicht am Leben bleiben«. Hier könnte man zunächst auch übersetzen: »wer einen widerspenstigen Sohn hat«. Doch das Zitat ist eine Kombination von Deut. 21,18-21 und Ex. 21,17, wobei das *d-īt leh brâ mârōdâ* wohl zweifellos auf das: *w-kad nehwē l-gabrâ brâ mârōdâ* zurückgeht, was die Gleichsetzung des biblischen *kad* mit dem ephrämischen *dĕ* ergibt[34]. Daran sei auch noch eine Stelle gefügt, in der das *dĕ* durch eine andre parallele Aussage Ephräms als gleichbedeutend mit *kad* erwiesen werden kann. Denn in Hy. de fide 10,9 heißt es: *d-Mâran nḥet hwâ leh l-ar'â ṣēd mâyōtē.* Dazu stelle man den folgenden Satz aus dem Prosasermo de Domino Nostro, CSCO vol. 270/syr. 116, S. 36,20f.: *kad dēn (etmakkak hwâ wa-)nḥet men rumrâmeh.*

Ausgehend von solchen Fällen, in denen das *dĕ* in der Bedeutung eines *kad* durch Parallelstellen nachgewiesen werden kann, sollen nun Beispiele folgen, wo Sinn und Zusammenhang dafür sprechen. So hat man in Sermo de fide 6,393-405 sechs aufeinanderfolgende Nominalsätze, in denen *dĕ* deutlich für ein *kad* steht. Ephräm setzt hier polemisch den durch den Arianismus verdorbenen Christen die Integrität der persischen Angreifer mit den Worten gegenüber:

393) *da-plīgīn (ḥ)nan ba-drâšâ * šwēn (e)nōn hânōn ba-qrâbâ.*
395) *da-plīgīn-nan ba-b'âtâ * âwēn hânōn la-šbītâ.*
397) *d-lâ meštam'īnan la-Brâ * hânōn b-rēšhōn meštam'īn.*
399) *d-bâsēnan 'al puqdânâ * ḥarīf tamân puqdânâ.*

34 Zu dem konditionalen Sinn, den hier das *dĕ* = *kad* zum erstenmal hat, werden im Folgenden noch viele Beispiele hinzukommen.

401) *da-m'īsīn ṭeksē hârkâ * zhēn (e)nōn tamân ṭukkâsē. ...*
405) *da-plīgīnnan ḥad 'al ḥad * kulhōn l-ḥad hū meštam'īn.*

= »Während wir gespalten sind durch den (arianischen) Disput, sind jene einig im Kampf. Während wir gespalten sind im Forschen, sind jene einmütig, uns zu plündern. Während wir dem Sohn nicht gehorchen, gehorchen jene ihrem Führer. Während wir das Gesetz verachten, gilt es dort in (voller) Schärfe. Während hier die Ordnungen mit Füßen getreten werden, erstrahlen sie dort (in vollem Glanz) ... Während wir gespalten sind, einer gegen den andern, gehorchen sie alle dem Einen«. Daß dieses sechsmalige *dĕ* die Bedeutung eines *kad* = während hat, steht außer Zweifel. In meiner Übersetzung zur Textausgabe habe ich aus stilistischen Gründen diese *dĕ*-Sätze selbständig gemacht und sie unverbunden dem Nachsatz gegenübergestellt, eine Form, die wir in gleicher Lage auch im Syrischen in Hy. de fide 4,7 angetroffen haben.

Dazu noch die folgenden drei Beispiele aus den Carmina Nisibena. Im ersten, in CNis 31,32 polemisiert Ephräm gegen den Bruderkrieg zwischen den Arianern und Orthodoxen in der Kirche von Haran und gebraucht dabei das Bild: *wa-d-emrē w-dē(')bē * (')wēn (e)nōn b-kewēlâ, * 'erbâ dqar ḥabreh* = »und während Lämmer und Wölfe in der Arche einträchtig waren, stieß (hier in Haran) ein Schaf das andere«.

Ein ähnlich adversativer Sinn wie hier liegt in dem »während« auch in CNis 13,1 vor. Hier heißt es von den drei Bischöfen, die in der Leitung der nisibenischen Kirche aufeinandergefolgt sind: *da-sgī lan eblâ da-trēn, kulleh ḥrâyâ buyyâ(')â hū* = »während groß wurde für uns die Trauer um die zwei (ersten Bischöfe), ist der letzte ganz (unser) Trost«.

Das dritte Beispiel ist insofern wichtig, als hier in dem *dĕ*-Satz nun schon die konditionale Bedeutung die temporale überwiegt, was zu der Übersetzung mit »wenn« führt. In den bisher angeführten Stellen war das nur einmal aufgetaucht, in Hy. de ecclesia 33,7, wo durch das Heranziehen der zitierten Bibelstelle sich das ephrämische *dĕ* mit dem *kad* (= wenn) einer alttestamentlichen Gesetzesbestimmung gleichsetzen ließ. Der damit gegebene iterative Charakter liegt nun auch in CNis 2,8 vor. Hier spricht Ephräm davon, daß die wiederholten Strafgerichte Gottes über Nisibis in den sich ständig wiederholenden Einfällen der Perser nicht die Bekehrung der Stadt bewirkten, zuerst mit den folgenden parataktischen Sätzchen: *par'an w-lâ dḥelnan, * parqan w-lâ bhetnan * ḥāṣan, sgīw nedrē * rappī, sgīw ḥawbē* = »Er vergalt uns und wir fürchteten uns nicht. Er rettete uns und wir schämten uns nicht. Er zog die Zügel an, es mehrten sich die Gebetsversprechungen. Er lockerte (sie), es mehrten sich die Sünden«. Darauf folgt ein fünftes Glied mit den Worten: *d-alṣan, ħwât tanway * d-arwaḥ,* *hwât ṭu'yay* = »da (= wenn) er uns bedrängte, kam es zu einem Bund (mit Gott); da (= wenn) er uns Erleichterung gab, war Vergessenheit (die Folge)«.

Dieses »wenn« hat man auch in den folgenden Stellen. In Hy. contra haer. 6,15 nennt Ephräm die drei göttlichen Personen drei Grenzen (*tḥūmē*), die den Glaubenden gesetzt sind, über die keiner hinausgehen darf und die miteinander aufs engste verbunden sind: *wa-b-ḥad d-'âbar nâš, 'al kulhōn pâsa'* = »und wenn einer (auch nur) eine (einzige) überschreitet, übertritt er alle«.

In Hy. de fide 76,10 heißt es, im Zusammenhang eines Vergleiches von Vater und Sohn mit Baum und Frucht: *wa-d-šarīrīn âf īlânē âf pē(')rayhōn, d-Abâ wa-Brâ kmâ šarīrīn* = »und wenn (schon) (voll) wirklich sind (die Namen der) Bäume und ihrer Früchte, wie sehr sind dann wirklich (die Namen) von Vater und Sohn«.

Um die Auswertung eines Bildes geht es auch in Hy. de fide 37,9, in dem Satz: *d-ebraw la-bnaw marken nešrâ, arken lī Mar(ī) kenfày raḥmayk* = »Wenn (schon) der Adler seine Schwingen zu seinen Jungen herabsenkt (um sie aufzunehmen), (so) senke zu mir herab die Flügel deines Erbarmens!«

Das *kmâ*, das hier im Nachsatz von Hy. de fide 76,10 erschien, findet sich auch in Hy. de ieiunio 7,2, wiederum in einem Bild. Denn die Strophe spricht von einem Adler, der (zu viel) Fleisch frißt und dadurch im Fliegen behindert wird. Daraus zieht der Schlußsatz der Strophe die Folgerung: *d-qalīlâ yâqar beh, kmâ nēqar yaqīrâ d-âkel leh* = »wenn (schon) der leicht (beschwingte Adler) durch (das Fleisch) beschwert wird, wie sehr dann der schwere (Mensch), wenn er es ißt«. Das zweite *dĕ* (in *d-âkel leh*) kann wohl auch rein relativisch verstanden werden. Beim ersten ist das unmöglich.

Den Schluß bilde ein ganz eigenartiger Sonderfall, wo die Verba nach *dĕ* irreale Bedeutung haben. Dabei bleibt es unklar, ob man das *dĕ* relativisch oder gleich *kad* fassen soll. Und auch die so sich ergebenden Übersetzungen befriedigen nicht wegen des Irrealis. Die Stelle findet sich in Hy. de fide 4,14. Hier heißt es im Zusammenhang mit der Unerforschbarkeit des Sohnes: *hâ Mâr(ī) en šlī leh pūmâ men d-nebṣēk, law ṭaybūtâ 'bad hwâ, da-mṣē* (Var: + *hwâ*) *d-nebṣē w-ahmī; mḥīlūteh klâteh* = »Siehe, mein Herr, wenn der Mund es aufgab, dich erforschen (zu wollen), erwies er (damit) keine Gnade, der (oder: indem er) zu erforschen imstande gewesen wäre und davon abgesehen hätte. Seine Schwachheit hinderte ihn (daran)«. Wir würden hier wohl mit Rücksicht auf den Irrealis sagen: »als ob er« oder »wie wenn er«.

Bisher war in allen zitierten Beispielen auf unser *dĕ* ein präteritales Perfekt oder ein präsentisches Partizip bzw. ein präsentischer Nominalsatz gefolgt. Wie steht es nun, wenn hier ein Imperfekt erscheint? Das syrische Imperfekt hat kaum jemals rein präsentische Bedeutung[35], es schließt futurische oder

35 Vgl. Nöldeke, Grammatik § 266.

irgendeine modale Bedeutung in sich. So entspricht das Imperfekt nach *dĕ* oft dem finalen oder konsekutiven lateinischen ut mit Konjunktiv.

Ist daneben auch hier das *dĕ* = *kad* mit temporaler, kausaler oder auch konditionaler Bedeutung möglich? Als Vorbereitung der Beantwortung dieser Frage seien zunächst Beispiele für *kad* mit Imperfekt angeführt.

In Hy. de ecclesia 3 finden sich dafür vier Beispiele nacheinander. Der Hymnus beginnt mit der Aussage, daß alle Menschen ohne Ausnahme in den sittlichen Kampf verstrickt sind, nur der Gegner ist bei den einzelnen verschieden, nämlich die jeweils herrschende verschiedene triebhafte Leidenschaft wie Zorn, Stolz oder Geldgier. Dazu Strophe 2:

*kad nâš kēt nezkē * špâyâ d-mašlam leh*
*hūyū mṣē makkes * l-aynâ d-metrappē*

= »Wenn also einer den Feind besiegt, der ihm zugewiesen wurde[36], der kann jenen anklagen, der schlaff wird«. Da es hier um einen allgemein gültigen Satz geht, kann man das *kad* mit Imperfekt (*nezkē*) mit der alttestamentlichen Gesetzesbestimmung vergleichen, die oben zu Hy. de ecclesia 33,7 herangezogen wurde, nämlich: *w-kad nehwē l-gabrâ brâ mârōdâ*, dem bei Ephräm ein: *d-īt leh brâ mârōdâ* entsprach.

Die gleiche allgemeine Gültigkeit ist auch im zweiten Beispiel aus dem gleichen Hymnus, in de ecclesia 3,5, gegeben, wo es heißt:

kad nâš netqarrab[37] * *qalīl lwât nūrâ,*
*kyânâh mpīs leh * bâh meṭṭʿem ʿuzzâh*

= »Wenn einer sich auch nur ein wenig dem Feuer nähert (nähern sollte), dann belehrt die Natur (des Feuers) über (das Feuer): in ihm (selber) verspürt man seine Kraft«.

Ähnlich ist die Lage auch im dritten Beispiel aus dem gleichen Hymnus, in de ecclesia 3,7. Hier heißt es: *kad gēr b-rēš ḥaṣreh * nâš neṭʿmīw l-yammâ * yâdaʿ d-marīrâ hū * kulleh kmâ d-hâwē* = »Denn wenn einer (auch nur) mit seiner Fingerspitze das Meer verkostet, weiß er, daß es in seiner ganzen Weite bitter ist«.

Im vierten Beispiel, in de ecclesia 3,9, erscheint eine modale Bedeutung des Imperfekts nach einem *kad* in den Worten: *l-Nūḥ gēr kad tessab * hūyū mṣē makkes * l-kulhōn bnay dâreh* = »Denn wenn du Noe (als Beispiel) nehmen willst (oder: solltest), er kann alle seine Zeitgenossen anklagen«. Nimmt man hier die vorangehende Strophe (8) hinzu, dann gibt sie nicht

36 Es ist wohl sicher *špâyâ* zu lesen und nicht *šapyâ*, wie ich es in der Übersetzung zur Edition des Textes getan habe, wodurch mir der Sinn des Strophengliedes unklar blieb.

37 Eine späte liturgische Hs hat dafür das Partizip *metqarrab*, wozu man das eben zitierte *d-īt leh brâ* stellen kann, das für das biblische *w-kad nehwē* eintrat. Das Syrische kennt hier keine festen Regeln.

nur eine sachliche Erklärung, sondern darüber hinaus auch einen Beleg dafür, daß alle vier *kad* der angeführten Zitate konditionalen Sinn haben, indem hier an seiner Stelle ein *en* erscheint. Die Strophe lautet: *lâ teštheq tebqē * l-kulhōn bnay nâšâ * d-en meškḥīn zâkēn * l-Bīšâ b-īgōnâ d-ḥad en* (sic!) *mṣē zâkē * kulhōn mṣēn zâkēn* = »Mühe dich nicht ab, alle Menschen zu prüfen, ob sie den Bösen im Kampf besiegen können! Denn wenn einer siegen kann, können alle siegen«.

Die Gleichheit von *en* und *kad* in unserem Fall einer Verbindung mit einem Imperfekt zeigt klar auch die folgende Stelle aus dem Kommentar zur Genesis, Ed. Tonneau in CSCO vol. 152/syr. 71, S. 14,17ff. Hier heißt es zur Frage, ob in der Erschaffung des Wassers, indirekt erwähnt in dem: spiritus dei ferebatur super aquas (Gen. 1,2), auch schon das Meerwasser miteingeschlossen war: *âf en nehwē dēn d-ʿam brīthōn d-mayâ etbrīw yammē wa-ksēn hwaw b-mayâ da-l-ʿel, âf kad nehwōn yammē marīrīn, mayâ da-l-ʿel menhōn lâ marīrīn hwaw* = »auch wenn es sein sollte, daß mit der Erschaffung des Wassers (auch schon) die Meere erschaffen wurden, und im Wasser mit verborgen waren, selbst wenn (dabei) die Meere bitter (gewesen) sein sollten, das Wasser über ihnen (über dem Firmament) war nicht bitter«. Man sieht: beide Wendungen, sowohl das: *âf en nehwē* wie das: *âf kad nehwōn* haben den gleichen konzessiven Charakter.

Rein futurische Bedeutung hat das Imperfekt nach *kad* in CNis 14,25, wo Ephräm sich einen Schüler der drei nisibenischen Bischöfe nennt und daraus die Bitte für den Tag des Gerichts gewinnt: *kad neḥzōn la-tlītâyâ d-aḥdeh tarʿâ da-gnōneh, tlâtayhōn nebʿōn ʿlay d-tarʿeh qalīl naṣlef lī* = »wenn sie den Dritten (hier gleich Christus) sehen werden, wie er die Tür seines Brautgemaches (vor mir) verschloß, dann mögen die drei für mich bitten, daß er ein wenig seine Tür mir öffne«.

Geht man nun von diesen *kad*-Sätzen mit Imperfekt aus, dann sind ohne weiteres auch ähnliche Sätze mit *dĕ* + Imperfekt zu erwarten. Die folgenden Beispiele aus Ephräm entsprechen dieser Erwartung. Dafür zuerst eine Stelle aus einem wohl sicher echten ephrämischen Sermo, aus Sermones I 2,1221f. Hier ist im Vorangehenden von Miriam, der Schwester des Moses, die Rede. Sie habe zwar mit Recht behauptet, daß Gott mit ihr sprach. Aber ihr Recht wurde verworfen, weil sie es mit Spott gesagt hatte: *d-nâs gēr nmayyeq kē(ʾ)nâʾīt, hī kēnūtâ ʿawlâ hī* = »denn wenn einer gerecht spottet, dann ist sein Recht ein Unrecht«. Man sieht: auch hier steht das *dĕ* + Imperfekt in einer allgemein gültigen Regel.

Das gleiche gilt von Hy. de paradiso 3,11, wo das *d-nâš gēr* wiederkehrt. Hier heißt es im Zusammenhang mit der Öffnung der Augen der Stammeltern: *d-nâš gēr ba-qnōmeh neqnē ḥlīmūtâ w-neddaʿ b-reʿyâneh mânâ hī krīhūtâ, d-qânē l-ʿudrânâ, d-yâdaʿ l-yutrânâ* = »Denn wenn einer an sich selber die

Gesundheit besitzt und (zugleich) in seinem Geist weiß, was Krankheit ist, dann ist das, was er besitzt, hilfreich und was er weiß nützlich«. Neben dem schon behandelten *dĕ* = id quod hat man also hier wieder das *dĕ* + Imperfekt in einem allgemein gültigen Satz. Anschließend wird die Gegenregel ausgesprochen, die für die Stammeltern gegolten hat: *d-nâš dēn b-kurhânâ hwâ rmē w-yâdaʿ b-reʿyâneh mânâ hī ḥlīmūtâ, marʿeh mṭarref leh, maddʿeh mšanneq leh* = »Wenn aber einer in eine Krankheit fiel und (zugleich) in seinem Geist weiß, was Gesundheit ist, dann quält ihn seine Krankheit (und) sein Wissen peinigt ihn«.

Modal-potentialen Sinn scheint das *dĕ* mit Imperfekt in dem folgenden Satz aus dem Prosabrief an Hypatios zu haben. Hier heißt es im 20. Abschnitt[38] (Ed. Overb. 35,24ff.) zu der manichäischen Lehre von guten und bösen Wesensteilchen im Menschen: »Wenn aber (*en dēn*) diese beiden Teilchen in gut und bös sich wandeln können (*maṣyân enēn*), *aykanâ kay neqrē enēn? d-neqrē enēn bīšâtâ, maṣyân enēn l-mehwâ ṭâbâtâ*; *wa-d-neqrē enēn šapīrâtâ, maṣyân enēn l-mehwâ sanyâtâ* = wie sollen wir sie da nennen? Wenn wir sie böse nennen (sollten) (deutsch auch kurz: nennen wir sie böse), sie können (doch) gut werden! Und wenn wir sie schön nennen sollten, sie können häßlich werden!«

Ähnlich gebaut ist auch der folgende Satz aus Pr. Ref. I 36,41ff. Hier hält Ephräm dem angreifbaren und verwundbaren manichäischen Reich des Lichts die Weite und Höhe der Welt des Schöpfers entgegen, der die himmelsstürmenden Erbauer des babylonischen Turms nichts anhaben konnten: »Damit also die Könige auch heute nicht verwegen seien wie damals, setzte er sie in die nicht zu besiegende Schöpfung (*b-gaw brītâ d-lâ mezdakyâ*). *d-nessqūn gēr l-ʿel, rawmē enōn mtīḥē d-lâ metmašḥīn; d-neḥtūn l-taḥt, ʿumqē enōn dḥīlē d-lâ metgaš(ė)šīn*; *d-neʿbrūn l-sawpē, yammē enōn marīrē d-lâ mtaḥḥmīn.* Nimmt man auch hier das dreifache *dĕ* zunächst gleich *kad*, dann wird man übersetzen: »denn wenn sie (die Himmelsstürmer) nach oben hinaufsteigen sollten, dann sind (da) Höhen, die ins Ungemessene sich erstrecken. Sollten sie hinabsteigen, dann sind (da) furchterregende unerforschbare Tiefen. Sollten sie die Enden überschreiten, dann sind (hier) bittre, grenzenlose Meere«. Zu dieser Übersetzung vergleiche man, wie die englischen Herausgeber des Textes die Stelle wiedergeben: for (should they wish) to go upon ... to go down ... to cross the ends. Rein formal sprachlich sind nun hier auch zwei andre Auffassungen des *dĕ* möglich, bei gleichbleibendem Sinn. Die eine wäre, das *dĕ* dem elliptischen lateinischen ut gleichzusetzen in seiner Bedeutung »angenommen daß«, was dann wieder auf ein »auch wenn« hinauskäme. Eine zweite wird durch ein folgendes Beispiel nahegelegt, nämlich

38 Meiner kommentierten Übersetzung in OrChr 58 (1974).

das *dĕ* mit Imperfekt iussivisch zu verstehen, hier etwa im Sinn von: »sie mögen (ruhig) das und das tun«.

In Hy. contra haer. 38,7 sind wieder alle drei Auffassungen in gleicher Weise möglich. Die Strophe lautet: »(Die Markioniten) haben die Worte getilgt, die von der Gerechtigkeit des Sohnes geschrieben stehen, da er (doch) der Sohn des Guten sei (*kad bar Ṭâbâ hū*). Sie konnten aber nicht das ganze Buch tilgen, damit nicht die ganze Schrift verschwinde (*d-lâ nawpē leh kulleh sefrâ*). *d-nasgōn neʿṭōn, hâwēn l-hōn d-lâ ktâb, d-kēnūtâ b-kul mellīn mmazzgâ hī.*« Versteht man zunächst auch hier das *d-nasgōn* im Sinn von *kad nasgōn*, dann ist zu übersetzen: »wenn sie weiterhin tilgen, werden sie (zuletzt) ohne Buch sein. Denn Gerechtigkeit ist allen Worten (der Schrift) beigemischt«. Eine durchaus sinnvolle Übersetzung. Der Sinn ändert sich aber wenig, wenn man das *dĕ* als »daß« versteht, sei es als »angenommen daß« oder auch iussivisch: »daß sie nur« = »mögen sie nur« oder »sie sollen nur«.

Ein eindeutiges iussivischen *dĕ* + Imperfekt unter Ausschluß eines *dĕ* = *kad* finde ich in Hy. de fide 47,6. Hier beginnt die Strophe mit: *d-teddaʿ d-râmūtâ hī ʿellteh d-ḥeryânâ*. Und das muß ein in sich geschlossener Satz sein. Denn die Fortsetzung lautet: *lâ gēr bṣaw hâlēn nbīyē w-zadīqē*. Faßt man hier das einleitende *d-teddaʿ* = »daß du wissest« im Sinn von »wisse«, dann bietet die Selbständigkeit des ersten Satzes keine Schwierigkeit mehr. Der Satz lautet: »Wisse, daß (nur) Hochmut der Anlaß des (arianischen) Streites ist. Denn nicht haben Propheten und Gerechte (das Wesen des Sohnes) untersucht«. Würde man das *d-teddaʿ* rein final verstehen, dann wäre die Selbständigkeit des Satzes nicht zu retten. Ein *dĕ* = *kad* ist inhaltlich ausgeschlossen[39].

Auch in Hy. contra haer. 16,3 beginnt die Strophe mit einem *dĕ* + Imperfekt. Doch hier drängt sich wieder die Gleichsetzung dieses *dĕ* mit *kad* auf. Denn die vorangehenden Strophen 1-2 führen für das Wunder der göttlichen Wesenheit, in der die Geschöpfe sind und zugleich nicht sind, das Bild vom Spiegel an. Dazu einschränkend Strophe 3: *d-naytē ṭupsē men beryâtâ, lâ mawpēn lâh (l-ītūtâ) da-nṣūrūnâh* = »wenn wir (auch) Typen aus der Schöpfung bringen, sie sind nicht fähig (die göttliche Wesenheit) abzubilden«.

Diese Auffassung ist so gut wie sicher in einem dritten und letzten Beispiel die gegebene, wo wieder ein *dĕ* + Imperfekt die Strophe eröffnet, nämlich in Hy. de nativitate 16,3. Denn hier beginnt die vorangehende 2. Strophe, indem die Mutter des Herrn zu ihrem göttlichen Kind spricht: *kad bī šrē hwayt, bī wa-lbar men(ī) šrât rabbūtâk* = »während du in mir gewohnt hast, hat deine (göttliche) Maiestät in und außer mir gewohnt«. Und wenn nun die

39 Die Stelle wird zusammen mit ihrer Fortsetzung im letzten Abschnitt noch einmal erscheinen.

nächste Strophe mit den Worten beginnt: *d-eḥzē ṣalmâk haw barrâyâ daqdâm ʿaynay, ṣalmâk kasyâ ṣīr b-reʿyân(ī)*, so ist offensichtlich das einführende *dĕ* mit dem entsprechenden *kad* der vorangehenden Strophe identisch, woraus sich die Übersetzung ergibt: »Wenn ich dein Bild sehe, jenes äußere, das vor meinen Augen (liegt), ist dein unsichtbares Bild (als Sohn Gottes) geformt in meinem Geist«. Aufgrund des Imperfekts nach *dĕ* ziehe ich die Übersetzung: »(jedesmal) wenn« einem rein temporalen »während« vor. Man vergleiche, wie in Sermo de fide 6,399 bei einem *dĕ* = »während« das Partizip stand in: *d-bâsēnnan ʿal puqdânâ * ḥarīf tamân puqdânâ.*

Zuletzt sei noch Hy. contra haer. 34,2 angeführt. Hier geht Ephräm von der Kritik der Markioniten an den Schwächen des Schöpfergottes aus, die in den Anthropomorphismen des AT erscheinen, und die nach Ephräm notwendig mit seinem Sichherablassen zu den staubgebornen Menschen verbunden sind. Gott war hier nach Strophe 2 vor die Wahl gestellt: »Es sah also der Barmherzige, daß beides Schwierig(keiten) (mit sich bringe): *d-nē(ʾ)tē b-haw ʿuzzeh, īdaʿ d-makkē lan, w-nē(ʾ)te*[40] *b-demwâtan, īdaʿ d-marrâḥē mšarrēn l-mehmas beh* = für den Fall, daß (= wenn) er mit jener seiner (göttlichen) Macht kommen sollte, wußte er, daß sie uns schadet, und (für den Fall, daß) er in unseren Bildern komme, wußte er, daß die verwegenen (Markioniten) anfangen werden, sich auf ihn zu stürzen«.

Um kurz diesen Abschnitt zusammenzufassen: aufgrund der aus Ephräm gebrachten Beispiele steht wohl fest, daß das einfache *dĕ* in dem dreifachen Sinn eines *kad* stehen kann, nämlich temporal, kausal und auch konditional. Das gilt auch für das *dĕ* mit folgendem Imperfekt. Nur sind hier mehr als bei den anderen Tempora die vielen anderen Bedeutungsmöglichkeiten dieser Partikel im Auge zu behalten.

3) *d-lâ*

Der Thesaurus Syriacus bringt unter *lâ* einen eignen Abschnitt für die Verbindung *d-lâ*. Dabei gibt er nach einer kurzen Erwähnung der relativischen Bedeutung des *dĕ* (qui, quae, quod non) und der konjunktionalen (ut non, ne, neforte) ohne die Erwähnung der Bedeutungsmöglichkeit eines *d-lâ* gleich *kad lâ*, zuletzt noch ein *d-lâ* = sine, wo dann die Beispiele zeigen, daß hier ein bloßes Nomen folgt, häufig im status absolutus, nur einmal verbunden mit einer Präposition (*d-lâ b-īdaʿtâ*). Wir werden darüber hinaus sehen, daß auch ein isoliertes selbständiges Personalpronomen möglich ist.

40 Zweifellos ist wohl hier das in *d-nētē* vorangehende *dĕ* zu ergänzen, also: *wa-d-nētē*. Wir werden gleich im Folgenden einen zweiten ganz ähnlichen Fall noch antreffen; vgl. Anm. 42.

Eine Vorstufe dieser Verwendung des *d-lâ* ist wohl in Sätzen zu sehen, die durch ein *d-lâ* = *kad lâ* eingeleitet, mit einem »ohne daß« zu übersetzen sind. Dafür zwei Beispiele: In Pr. Ref. I 90,42 - 91,1 wendet sich Ephräm gegen die manichäische Lehre vom Baumeister des Lichts, der für die Finsternis der Endzeit einen Kerker baut, mit der Schwieirgkeit, daß dann die Finsternis ein Geschöpf sein müßte und nicht ein dem Licht ebenbürtiges *ītyâ* (= göttliches Wesen). Dann: *ītyā l-ītyâ da-nsayyek lâ mṣē, d-lâ âf hū estayyak leh b-haw bar zawgeh d-estayyak* = »Denn ein *ītyâ* kann ein (andres) *ītyâ* nicht begrenzen (einschließen), ohne daß es auch selber durch jenen seinen Genossen, der begrenzt wurde, begrenzt würde.«

Hierher gehört auch die folgende Stelle aus dem Prosasermo de Domino Nostro im 44. Abschnitt[41], wo die Szene mit Jesus und der Sünderin im Hause des Pharisäers Simon (Luc. 7) folgendermaßen geschildert wird: »Ein staunenswertes Wunder war zu sehen im Haus des Pharisäers: *a(n)ttâ ḥaṭṭâytâ kad yâtbâ w-bâkyâ, d-lâ hây d-bâkyâ âmrâ meṭul mânâ bâkyâ w-lâ*[42] *haw d-yâtbâ hwât lwât reglaw âmar lâh, d-mânâ bâkyat(ī)* = »die Sünderin, sitzend und weinend, ohne daß jene Weinende sagt, warum sie weine, und (ohne daß) jener, zu dessen Füßen sie saß, sagt: warum weinst du?«.

Solche *d-lâ* Sätze können einen Hinweis darauf geben, daß auch das *d-lâ* mit bloßem Nomen durch eine Ergänzung zu erklären ist. Dabei kann das *dĕ* konjunktionale oder relativische Bedeutung haben. Die letztere drängt sich in den folgenden zwei Beispielen auf, die ein *d-lâ raḥmē* einem *mlē raḥmē* gegenüberstellen. So heißt es in Hy. de paradiso 1,12 im Zusammenhang mit dem Reichen von Luc. 16,24, der Abraham um Erbarmen bittet: *w-Abrâm, mlē raḥmē, d-ʿal Sodom ʿbad raḥmē, tamân d-lâ raḥmē ʿal haw d-lâ raḥḥem* = »Doch Abraham, der mitleidsvolle, der Sodom gegenüber Mitleid übte, ist dort ohne Mitleid jenem gegenüber, der kein Mitleid kannte«. Ergänzt man hier zu dem prädikativen *d-lâ raḥmē* ein *leh*, dann hätte man als Ausgangsbedeutung: er ist dort einer, der kein Mitleid hat.

Die gleiche Gegenüberstellung von *mlē raḥmē* und *d-lâ raḥmē* kehrt in CNis 29,10 wieder. Hier ist von der gehässigen Feindschaft der arianischen Edessener gegen ihren orthodoxen Bischof Barses die Rede. Dabei läßt Ephräm die Kirche von Edessa von ihren Kindern sprechen: *b-gabrâ da-mlē raḥmē hwaw Mâr(ī) d-lâ raḥmē* = »gegen den Mann voll Mitleid wurden sie ohne Mitleid (mitleidslos)«. Ergänzt man auch hier zu *d-lâ raḥmē* ein *l-hōn*, dann erklärt sich das »ohne Mitleid« als entstanden aus: »sie wurden zu (Leuten), die kein Mitleid haben«.

41 Meiner Edition in CSCO vol. 270/syr. 116, S. 42,8-10.

42 Nach Anm. 40 ist auch hier das in *d-lâ* vorangehende *dĕ* dem Sinn nach zu wiederholen, also: *wa-d-lâ*.

Klar tritt eine relativische Bedeutung des *dĕ* in einem *d-lâ* + Nomen in Hy. de virg. 1,3 zu Tage, weil es hier parallel zu einem bloßen *dĕ* mit Nomen als Akkusativobjekt erscheint. Hier sagt Ephräm: »Siehe, den Menschen klagen an die Schrift (*ktâbâ*), die belehrt, und die Natur (*kyânâ* = Schöpfung), die verkündet: *sīm ʿawleh bēt trēn, d-en hū d-maḥṭē la-d-lâ nâmōs, nakkseh kyânâ, w-en hū d-maḥṭē la-d-nâmōsâ, nkawwneh ktâbâ* = »seine (des Menschen) Untat ist zwischen beide gestellt, damit, wenn sie (die Untat = die Sünde) einen ohne Gesetz sündigen läßt, die Natur ihn anklage, und wenn sie einen mit dem Gesetz sündigen läßt, die Schrift ihn zurechtweise«[43]. Hier fordert das dem *dĕ* vorgesetzte zum Akkusativzeichen gewordene *lĕ* (*la*) sicher im zweiten Fall, in *la-d-nâmōsâ*, jenes relativische *dĕ*, in dem das korrelativische Demonstrativ mit eingeschlossen ist und von dem schon ausführlich die Rede war. Man kann dann genitivisch »der des Gesetzes« oder »der mit dem Gesetz« sagen, oder mit Ergänzung eines *leh*: »der, welcher das Gesetz besitzt«. Analog ergibt sich dann für das vorangehende zu unserem augenblicklichen Thema gehörige: *la-d-lâ nâmōs* die Deutung, hart formuliert: »der des Nichtgesetzes« oder mit Ergänzung eines *leh* auch hier: »der, welcher das Gesetz nicht hat«.

Hier seien noch zwei Beispiele angeführt, wo wenigstens im ersten durch eine ähnlich gebaute Wendung eine relativische Bedeutung unseres *dĕ* mehr oder minder bewiesen werden kann. In Hy. de fide 23,13 sagt Ephräm zur trinitarischen Frage: »Daß der Vater der erste ist, *hâdē d-lâ ḥeryânâ hī*. Daß der Sohn der zweite ist, *hâdē d-lâ pullâgâ hī*«. Hier wird man die beiden syrisch belassenen Sätzchen ohne weiteres mit »das ist ohne Streit« bzw. »das ist ohne Zweifel« übersetzen. Für ihre grammatische Analyse bietet sich das folgende gleich gebaute kleine Sätzchen aus Pr. Ref. I 41,44f. an. Hier folgt auf den Vordersatz: »Wenn nämlich die Finsternis, wie sie (die Manichäer) sagen, ihren eignen Raum hat, *hâde d-ʿaṭlâ hī la-mhaymânū* = »so ist dies etwas, was schwer zu glauben (ist)«[44]. Das ergibt für unser: *hâdē d-lâ ḥeryânâ (pullâgâ) hī* die Auflösung: »dies ist etwas, was kein Streit (Zweifel) ist«.

Weniger klar ist die Lage in der folgenden Stelle aus dem Kommentar zur Genesis (Ed. Tonneau in CSCO vol. 152/syr. 71, S. 103,15), wo die Brüder Josephs zu ihrem Vater, der sich sträubt, Benjamin mit ihnen nach Ägypten ziehen zu lassen, sagen: »Hab Erbarmen mit (dem gefangen zurückgehaltenen) Simeon ... *w-hwī d-lâ brâk zʿōrâ qalīl yawmâtâ* = und sei einige Tage ohne deinen jüngsten Sohn!« Eine relativische Fassung des *de (lâ)* stößt hier auf die Schwierigkeit des Pronomen suffixum der 2. Person. Ein *d-lâ* = *kad lâ*

43 Vgl. Anm. 33.
44 Diese Stelle wird zusammen mit ihrer Fortsetzung als erstes Beispiel des letzten Abschnitts noch einmal zur Sprache kommen.

würde die Ergänzung fordern: (ohne daß dein Sohn) bei dir ist, an sich wohl nicht undenkbar.

Lehrreich sind nun in unserem Zusammenhang die beiden folgenden Beispiele, in denen auf *d-lâ* ein Nomen mit Präposition folgt. Hier ist in Hy. de fide 69,7 die vorangehende Strophe mit heranzuziehen, weil in ihr der präpositionale Ausdruck zunächst positiv erscheint. Sie lautet: »Im Glauben wie auf einem Schiff segle in seinen (Gottes) Schriften (*rdī ba-ktâbaw*) als Seemann zwischen den Häfen!« Darauf folgt Strophe 7: *d-lâ ba-ktâbaw * lâ terdē beh * d-asgī lmē(ʾ)naw* = »ohne in seinen Schriften (zu segeln), segle nicht in ihm (= im Meer der Gottheit), der seine Häfen zahlreich gemacht hat«. Die sich aufgrund der Präposition aufdrängende Ergänzung »(ohne) zu segeln« führt von selber zu einer Gleichsetzung des *d-lâ* mit *kad lâ* in der Bedeutung »ohne daß«.

Das zweite Beispiel ist überaus lehrreich. Denn hier erscheint zunächst neben der Form mit Präposition + Nomen gleichwertig damit die mit dem bloßen Nomen und dann an dritter Stelle die Umformung zu einem ganzen Satz, was wir bis jetzt immer nur theoretisch vorgenommen haben. In Pr. Ref. I 96, 14ff. erhebt Ephräm einen Einwand gegen die manichäische Lehre vom Angriff der Finsternis gegen das Reich des Lichts für den Fall, daß ein gewaltiger Abgrund beide Reiche trennt mit den Worten: *aykanâ ʿbar ḥešokâ l-atreh d-Ṭâbâ d-lâ men gešrâ* = »wie schritt hinüber die Finsternis zum Reich des Guten (Lichtgottes) ohne von einer Brücke aus (hinüberzuschreiten)«. Die Ergänzung wird durch die Präposition *men* nahegelegt. In 96,24 folgt als ein möglicher Einwand von Manichäern: *w-en nē(ʾ)mrūn da-d-lâ gešrâ ʿâbar* = »und wenn sie sagen (sollten), (die Finsternis) schreite ohne Brücke hinüber«. Hier scheint durch das Verschwinden der Präposition *men* unser *d-lâ* mit der bloßen Präposition »ohne« identisch zu werden. Aber unser Ausdruck erscheint anschließend noch einmal mit einer aufschlußreichen Abänderung. Ephräm zieht nämlich hier aus der Behauptung, der Abgrund könne ohne Brücke überschritten werden, die Folgerung, daß dann dies für beide Seiten gelte und daß in diesem Fall die Vertreter beider Reiche rein geistig sein müßten. Dabei beginnt er in 96,28 mit den Worten: *en gēr ʿâbrīn trayhōn gabbē ḥad ṣēd ḥad d-layt gešrâ* = »wenn aber beide Parteien, die eine zur andren, hinüberkommen, ohne daß ein Brücke vorhanden ist«. Man sieht: das *d-lâ gešrâ* ist gleichbedeutend mit: *d-layt gešrâ*!

Daß bei der Auslassung einer im Zusammenhang erscheinenden Präposition die Übersetzung mit einem bloßen »ohne« die gegebene wird, das zeigt auch Hy. de azymis 20,11. Hier ist von Moses die Rede, der nach Ex. 17,11 aus der Ferne durch das Christussymbol der ausgebreiteten Hände den Sieg über die Feinde errang. Daß es »aus der Ferne« geschah, beweise, daß es dabei nicht um die Kraft der Arme geht. Dazu Strophe 11: *nṣaḥ kēt nbīyâ* * *b-râzaw da-Brâ.* * *Kmâ neʿbed Bukrâ* * *d-lâ īdayâ* = »Es siegte also der Prophet mit den Symbolen des Sohnes. Wie sehr wird dann der Erstgeborne ohne Hände wirken«. Nach dem *b-râzaw* hätte man ein *d-lâ b-īdayâ* erwarten können, das ja auch metrisch möglich wäre. Dieses *b-īdayâ* ergäbe die Auflösung: wie sehr wird dann der Eingeborne wirken, ohne mit den Händen zu wirken. Diese umständliche Auflösung kommt offenbar bei dem einfachen *d-lâ īdayâ* nicht mehr zur Geltung, das durch ein bloßes »ohne die Hände« wiederzugeben ist.

Das gleiche *d-lâ īdayâ* hat man auch zusammen mit drei weiteren Wendungen der gleichen Art in CNis 3,2, wo es vom göttlichen Wesen (*ītyâ*) heißt: *šâmaʿ d-lâ (ʾ)ednē* * *mmallel d-lâ pūmâ* * *ʿâbed d-lâ īdē (!)* * *w-ḥâzē d-lâ ʿaynē* = »es hört ohne Ohren, es spricht ohne Mund, es schafft ohne Hände und sieht ohne Augen«.

Zuletzt zwei Beispiele für den vom Thesaurus Syriacus nicht angeführten Fall, daß nämlich anstelle des Nomens nach *d-lâ* das selbständige Personalpronomen *hū* und *hī* erscheint. Ein *d-lâ hī* hat man in Hy. contra haer. 29,14. Hier bringt Ephräm in den vorangehenden Strophen Schwierigkeiten vor gegen die Auffassung, daß sündhafte Träume und Handlungen im Schlaf von Satan stammen. Dabei sagt er zuletzt: *šladâ hwât nafšâ w-pagrâ ḥyâ d-lâ hī* = »die Seele ist (wäre) zu einem Leichnam geworden und der Körper hat (hätte) ohne sie gelebt«. Die gegebene Übersetzung des kurzen *d-lâ* ist auch hier das einfache »ohne«. Seine Erklärung erhält man, wenn man nach dem Muster von Pr. Ref. I 96,28 das *lâ* durch ein *layt* ersetzt, also: *d-layt hī* = »ohne daß sie (die Seele) existierte«.

Das zweite Beispiel mit einem *d-lâ hū* findet sich im Sermo de fide 1,151/4, wo Ephräm zu der Beziehung von Schöpfer und Geschöpf sagt: *ṭawrâ hū rabbâ ba-mṣaʿtâ* * *bēt bârōyâ la-brītâ* * *lâ hwâ d-lâ ʿâbar ṣēdēh* * *d-lâ hū gēr âflâ ītēh* = »Ein gewaltiger Abstand ist in der Mitte zwischen Schöpfer und Geschöpf. Nicht daß er (der Schöpfer) nicht hinüberkäme zu ihm (dem Geschöpf); denn ohne ihn würde es nicht existieren«. Der ursprüngliche Sinn des *d-lâ* in diesem *d-lâ hū* ist offenbar ein konditional gefärbtes *kad lâ*, was zu der erklärenden Übersetzung führt: denn wenn er nicht (wäre), würde es nicht existieren. Man kann diese erklärende Übersetzung hier für überflüssig halten. Notwendig wird sie in dem folgenden letzten Beispiel für unser *d-lâ*, wo die sonst übliche und mögliche Übersetzung mit »ohne« einen falschen Sinn ergibt.

Es geht um den folgenden Satz aus Hy. de fide 6,2: *d-lâ yaldeh d-Kasyâ layt da-ḥzây l-Kasyâ*. Übersetzt man hier: »ohne den Sohn des Unsichtbaren gibt es keinen, der den Unsichtbaren gesehen hat«, dann würde das den Gedanken nahelegen, daß mit dem Sohn der Vater gesehen werden kann. Davon ist aber hier nicht die Rede. Den Beweis liefert die Bibelstelle, die zugrunde liegt, Jo. 6,46: Non quia Patrem vidit quisquam, nisi is qui est a Deo, hic vidit Patrem, was die VS so syrisch wiedergibt: *lâ hwâ meṭul da-ḥzâ nâš l-Abâ ellâ (!) man da-lwât alâhâ ītaw, haw ḥzâ l-Abâ.* Das johanneische »nicht daß den Vater jemand gesehen hätte außer der Sohn« ist zweifellos auch der Inhalt unseres Zitates aus de fide 6,2. Sein *d-lâ (yaldeh)* entspricht dem *ellâ* bei Johannes. Es muß daher mit »außer« übersetzt werden: »außer dem Sohn gibt es keinen, der den Unsichtbaren (= den Vater) gesehen hätte«. Nun findet sich dieses *ellâ* sogar als Variante in der Ephrämstelle. Es darf aber nicht als die einzig richtige Lesart angesehen werden. Denn es steht in der weniger verlässigen Hs A, während die weitaus bessere Hs B zusammen mit der Hs C unser *d-lâ* bieten. Daß das *d-lâ* auch gleichbedeutend mit einem *ellâ* »außer« sein kann, findet seine Erklärung, wenn man für das *d-lâ* das konditionale *kad lâ* einsetzt: = wenn nicht = außer[45]. Man vergleiche dazu als Gegenprobe die Lage in Hebr. 12,14, wo sich in einem verwandten Zusammenhang das »ohne« findet, das in unserer Stelle in eine falsche Richtung weisen würde, und wo im Syrischen dafür ein *bel'âd* erscheint. Der Vers lautet nach der Vulgata zitiert: sequimini ... sanctimoniam, sine qua (οὗ χωρίς) nemo videbit deum. Dafür hat die Peš: *ha(r)ṭ(ū) bâtar qadīšūtâ d-bel'âdēh* (sic!) *nâš l-Mâran lâ ḥâzē*[46].

Das letzte Beispiel zeigt somit, daß nicht alle *d-lâ* mit Nomen ohne weiteres mit »ohne« übersetzt werden können.

4) Einzelheiten

Mit den hier gebotenen drei Einzelthemen zu dem syrischen *dē* ist natürlich in keiner Weise eine erschöpfende Darstellung dieser Partikel mit seiner schier unbegrenzten Bedeutungsweite gegeben. Was noch folgt, sind nur mehr ein paar Einzelheiten, die mit dem öfters sehr lockeren Satzbau Ephräms zusammenhängen.

Als Beispiel für eine schwer zu erklärende Periode mit mehreren *dē* sei Pr. Ref. I 41,40 - 42,2 zitiert, eine Stelle, deren erster Teil schon oben angeführt und erklärt wurde. Er muß hier wiederholt werden: *en gēr atrâ d-nafšeh īt hwâ leh l-ḥešōkâ a(y)k d-âmrin, hâdē d-'aṭlâ hī la-mhaymânū.* Daß hier *hâdē d-'aṭlâ hī* ... selbständiger Nachsatz sein kann und nicht als Einschub zu betrachten ist (vgl. die englische Übersetzung zum Text: — this

45 Ich ging in meiner Übersetzung zur Textedition von dem *ellâ* der Hs A aus, habe aber trotzdem mit einem »wenn nicht« die falsche Deutung vertreten.

46 Bei Ephräm findet sich dieses *bel'âd* in Sermo de fide 1,41 ff., wo es von den himmlischen Heerscharen heißt, daß sie alle unter dem Befehl des Sohnes stehen. Dazu wird gesagt: *lâ mṣēn ḥâzēn leh l-Abâ bel'âd (!) bukrâ pâqōdâ* = »sie können (ja auch) nicht den Vater sehen ohne den Eingebornen, den Befehlenden«.

is a statement which is difficult to believe —), geht, wie gezeigt, aus der parallelen Wendung von Hy. de fide 23,13 hervor, wo es heißt: *d-Abâ qadmâyâ hū, hâdē d-lâ ḥeryânâ hī*, wo zweifellos *hâdē d-lâ ḥeryânâ hī* den Nachsatz bildet. Der erste Teil des Zitats ist daher zu übersetzen: »Denn wenn die Finsternis, wie sie (die Manichäer) sagen, einen eignen Raum besaß, dann ist dies etwas, was schwer zu glauben ist« oder kurz »dann ist dies schwer zu glauben«. Daran schließt unmittelbar: *d-ʿaṭlâ dēn menâh, d-ḥallef lam (!) ḥešokâ atrâ da-kyâneh w-raḥḥem saqūblâ da-kyâneh.* Hier ist es nicht nötig, zu dem einleitenden *dē* das vorangehende *hâdē* zu ergänzen. Das *dē* kann ja aus sich selber die Bedeutung »(das) was« haben. Und das hier fehlende *hī* ist leicht zu ergänzen. Also: »Was aber (noch) schwerer ist (zu glauben) als das«. Der Inhalt des »was« wird ohne jede (Subjekt und Prädikat) verbindende Kopula, also in der Form eines reinen Nominalsatzes durch ein direktes Zitat gegeben, klar als Zitat gekennzeichnet durch das *lam*. Das einleitende *dē* ist dementsprechend ein ὅτι recitativum. Um das abrupt einsetzende Zitat mit dem Vorangehenden zu verbinden, drängt sich von selber die Ergänzung auf: »ist ihr Wort (ihre Behauptung)«. Das ergibt die Übersetzung: »Was aber (noch) schwerer (zu glauben) ist als das, (ist ihre Behauptung): die Finsternis hat den Raum ihrer Natur gewechselt und den ihrer Natur gegensätzlichen (Raum) liebgewonnen«. Eine voll befriedigende Auflösung der komplizierten Periode.

Schwierigkeit bereiten auch die beiden *dē* in Hy. de fide 47, 6. Strophe, 3. Zeile. Die erste Zeile dieser Strophe: *d-teddaʿ d-râmūtâ hī ʿellteh d-ḥeryânâk* ist schon zitiert und erklärt worden, indem das völlig neu einsetzende *d-teddaʿ* iussivisch als: daß du wissest = wisse gedeutet wurde. Daraus ergab sich die Übersetzung: »Wisse, daß Hochmut der Anlaß deines (eines Arianers) Streites ist!« Der darauf folgende, die 2. Strophenzeile füllende Satz: *lâ gēr bṣaw hâlēn * nbīyē w-zadīqē* = »Denn nicht haben diese Dinge die Propheten und die Gerechten (des Alten Bundes) untersucht«, bedarf keiner Erklärung. Sehr auffällig ist dagegen die Konstruktion des anschließenden Satzes, der die 3. Strophenzeile ausfüllt: *šlīḥē d-lâ ʿaqqeb(ū) * akbar d-hedyōṭīn.* Auch das muß ein in sich geschlossener selbständiger Satz sein. Denn die nächste (4.) Strophenzeile mit 5 + 2 Silben setzt völlig neu ein mit: *Mūšē mkaʿʿar lâk * d-etrdī **, mit der Fortsetzung des Satzes in der 5. Zeile: *wa-šlaḥ šdâ meneh * ḥekmtâ d-Meṣrâyē.*

Nun zur Erklärung der dritten Zeile. In dem *šlīḥē dē* des Anfangs wird man zunächst in dem nachgestellten *dē* das Relativpronomen vermuten. Doch kann sehr wohl das *šlīḥē* betont aus dem Satz heraus und an die Spitze gestellt worden sein; die normale Stellung wäre dann: *da-šlīḥē lâ ʿaqqeb(ū).* Das ergibt dann die Übersetzung: »Daß die Apostel nicht forschten«, was sich viel besser in den Zusammenhang fügt. Das damit ausgedrückte Faktum wird durch den zweiten *dĕ*-Satz begründet; sein *dĕ* ist gleich »weil«: »vielleicht weil sie ungebildet waren«. Daß dabei die beiden *dĕ*-Sätze völlig unverbunden aneinandergereiht werden, ist eine Härte, die durch eine Ergänzung zu beheben ist: »Daß die Apostel nicht geforscht haben, (geschah) vielleicht (deshalb), weil sie ungebildet waren«, ein Satz der voll und ganz in den Zusammenhang sich einfügt, vor allem auch, wenn man den anschließenden Satz hinzunimmt, der das damit gemachte Zugeständnis behebt mit den Worten: »Moses tadelt dich, der gebildet war und die Weisheit der Ägypter von sich wegwarf«.

Es sollen noch drei Zitate folgen, in denen die Stellung bzw. eine Verdoppelung des *dĕ* sehr auffällig ist. In Hy. de fide 75,21-24 fordert Ephräm die menschliche Dreiheit von Geist (*re'yânâ*) Seele (*nafšâ*) und Körper (*pagrâ*) auf, sich zu ihrem Schöpfer emporzuschwingen. Dabei lautet die Aufforderung an die Seele in Strophe 23: *w-âf hī nafšâ * tūb tetparras * da-b-kul pursīn * aykan temṭē * ṣēd Rūḥ qudšâ* = »Und auch die Seele möge ihrerseits nachsinnen, wie sie mit allen Mitteln gelangen (könne) zum Heiligen Geist«. Man sieht, meine Übersetzung hat das *aykan* vorgezogen und unmittelbar mit dem *dĕ* zu einem *d-aykan* verbunden. Denn ein *d-aykan* steht oft für ein bloßes *aykan* in abhängigen Fragesätzen zur Unterstreichung der Abhängigkeit. Warum wurde es hier von *dĕ* getrennt und nachgestellt, so daß der Eindruck einer kaum möglichen Doppelkonstruktion entsteht? Um das *b-kul pursīn* betont zwischen *dĕ* und *aykan* zu schieben?

Eine auffällige Wiederholung eines konjunktionalen *dĕ* hat man in Hy. de paradiso 14,6. Die Strophe beginnt: »Sehr geehrt war Moses in Ägypten, und Sohn des Pharao wurde er genannt, nahm es aber nicht an«. Darauf folgt die dritte Strophenzeile mit den zwei Fünfsilblern: *gbē leh d-b-ulṣânâ * âf râ'yâ d-nehwē* = »Er zog es vor, in Bedrängnis (zu leben und) auch (nur) ein Hirte zu sein«. Durch die Ergänzungen habe ich versucht, der sonderbaren Wiederholung des normal zu Beginn des abhängigen Satzes stehenden *dĕ* vor dem an den Schluß gerückten Verb einen Sinn abzugewinnen.

Im letzten Beispiel, in CNis 7,1, hat man eine ähnlich auffällige Wiederholung eines relativischen *dĕ* in dem Satz: *rugzâ etâ d-nek(')ē * b-ya'nē da-b-gaw šaynâ * d(!)-safsar(ū) 'lab(ū) wa-ḥṭaf(ū)* = »Das Zorngericht kam, um die Habgierigen zu tadeln, die im Frieden feilschten, übervorteilten und raubten«. Man sieht, die Übersetzung hat das zweite *dĕ* nach *da-b-gaw šaynâ* übergangen. Ein Grund für diese überflüssige, ja störende Wiederholung ist schwer zu sehen. Metrisch ist sie überflüssig. Man kann höchstens den Umstand hervorheben, daß mit *d-safsar(ū)* ein neues Strophenglied beginnt, wie die strophische Gliederung zeigt, die im Zitat mitangegeben wurde. Sachlich könnte man das *da-b-gaw šaynâ* durch eine Ergänzung verselbständigen, etwa: »Das Zorngericht kam, um die Habgierigen zu tadeln, die im Frieden (ihr Unwesen trieben), die feilschten ...«. Hier könnte man dann auch das zweite *dĕ* konjunktional fassen und mit »indem« übersetzen.

Um mit einer kurzen allgemeinen Erwägung den Abschnitt über das syrische *dĕ* abzuschließen: seine Vieldeutigkeit mußte zwangsläufig nicht selten zu Unklarheiten der syntaktischen Struktur führen und seine Häufigkeit zu überflüssigen ja sinnstörenden *dĕ*, vor allem auch in der handschriftlichen Überlieferung. Dem Syrischen fehlt eine klare Syntax, wie wir sie aus den klassischen Sprachen kennen oder auch aus dem von den Grammatikern regulierten klassischen Arabisch. Die syrische Grammatik ist erst im Zeitalter des Verfalls und des Aussterbens der Sprache entstanden und konnte so keine normative und konstruktive Funktion mehr übernehmen.

HEINZ KRUSE S.J.

Zwei Geist-Epiklesen der syrischen Thomasakten

Wo die Forschung sich um die Ursprünge der eucharistischen Epiklese bemüht, werden oft auch einige epiklesenartige Stellen der Thomasakten (TA) mit erwähnt, aber meist nur, um sie als belanglos wieder abzutun. So heißt es z.B. im *Epiklesis*-Artikel des *RAC* (V,588; J. Laager): »Ein Einfluss des antiken Zaubers auf die Ausbildung der eucharistischen Epiklesis ist ausgeschlossen... *Anders verhält es sich* freilich bei Weiheformularen über Öl und Wasser, beim Exorcismus oder *bei deutlich aussenstehenden Epiklesen*, wie die ganz antik anmutende ὄνομα-Jesu-Epiklese in den Thomasakten 49f; das apokryphe Schrifttum steht auch in dieser Beziehung *dem Heidentum näher*« (Hervorhebung von mir). Ein Beweis für das Heidentum dieser Epiklese wird allerdings nicht erbracht[1].

Es ist wahr, diesen Autoren geht es vor allem um die dogmatische Bewertung der Epiklese im Gegensatz zum Einsetzungsbericht. Sie beschränken daher ihr Material auf liturgische (Anaphora-)Texte, die den Verlauf der eucharistischen Handlung möglichst vollständig enthalten. Gelegentliche Bruchstücke in nicht-liturgischen Texten (also etwa in einem Roman wie den TA) werden nicht herangezogen, weil sie nicht die Gewähr geben, wirklich in der Liturgie verwendet worden zu sein[2]. Nun ist aber bekannt, das gerade in der frühesten Zeit die in der Liturgie verwendeten Texte keineswegs festlagen. Innerhalb eines vorgegebenen Rahmens gewisser Themen war dem Zelebranten große Freiheit belassen[3]. Daß der Wortlaut nicht festlag, besagt freilich nicht, daß er improvisiert wurde. Gerade die ältesten

1 J. Laager unterscheidet drei Haupttypen von liturgischer Epiklese: Namen-E., Geist-E., Logos-E. Von der zweiten heißt es Sp. 590: »Interessant ist es, daß der Hl. Geist nicht direkt angerufen, sondern von Gott-Vater erbeten wird. Dies dürfte übrigens auf ein hohes Alter der Geist-E. hinweisen«. Diese (nicht unmittelbar evidente) Konsequenz wird nicht weiter geklärt.

2 Vgl. Dinesen, P., Die Epiklese im Rahmen altkirchlicher Liturgien, in: *Studia Theologica* 16/1962, 42-107: »Bei der Untersuchung werden nur *liturgische Texte* benützt« (S. 43). B. Botte, L'Epiclèse dans les liturgies syriennes orientales, in: *Sacris erudiri* 6/1954, 48-72 erwähnt die TA ebenfalls nicht.

3 Schriftlich fixierte Texte wurden wohl zunächst nur für besonders feierliche liturgische Handlungen, wie die Bischofsweihe, oder als magistrale Muster zum Zwecke der Vereinheitlichung hergestellt; vgl. die *Traditio Apostolica* des Hippolyt (nach B.Dix um 215 entstanden), B. Botte, *La Tradition Apostolique de Saint Hippolyte*, *LQF* 39 (1963).

Reste, die uns zufällig überliefert sind, machen den Eindruck einer sorgfältigen Komposition aus biblischen Anspielungen und traditionellen Wendungen in symbolgeladener Kunstprosa (vgl. etwa Melitons Pascha-»Homilie«, die eher ein Hymnus zu nennen ist).

Wenn wir im folgenden aus den Gebeten der TA die beiden Geistepiklesen der Kapitel 27 und 50 auswählen, um sie auf Sinn und Herkunft hin zu untersuchen, so geschieht das weniger, um die Anfänge der Epiklese zu erhellen, als darum, die oft behauptete häretische (gnostische) Herkunft gerade dieser Stücke in Frage zu stellen. Die TA sind in der ersten Hälfte des 3. Jahrhunderts (um 220, also noch vor dem Auftreten Manis nach 240) entstanden und auf syrisch abgefaßt[4]. Die TA werden zu den Apokryphen gezählt, aber wenn man darunter bewußte Nachahmungen *biblischer* Bücher versteht, die den Eindruck erwecken sollen, zur Zeit der Apostel oder gar von Aposteln verfaßt zu sein, so trifft diese Bezeichnung für die TA nicht zu. Die Gattung ist hier eher die eines katechetisch geschichtlichen Romans, der zwar nach Möglichkeit das alte Milieu wiedergibt, aber doch durchblicken läßt, daß viele Einzelheiten auf Phantasie beruhen. Auf die zahlreichen in den TA enthaltenen Gebete und liturgischen Handlungen bezogen heißt das, daß sich der Verfasser wohl bemüht hat, die ältesten ihm bekannten Formen zu verwenden, die (nach seiner Meinung) der Apostel wohl gebraucht haben könnte (also nicht einfach selbstverfaßte oder zu seiner Zeit gebräuchliche), daß aber auch seine Phantasie ergänzend dazu beigetragen haben mag[5].

Dabei zeigt die erhaltene syrische Fassung Erweiterungen und Änderungen im Sinne einer späteren kirchlichen Rechtgläubigkeit, während die griechische Übersetzung im allgemeinen kürzer und altertümlicher ist. Aber auch sie ist keine genaue Wiedergabe des Originals; sie enthält sowohl gnostische (manichäische) wie rechtgläubige Zusätze und Eingriffe. Diese komplizierte überlieferungsgeschichtliche Lage läßt sich nicht immer mit Sicherheit durchschauen. Im allgemeinen wird man sagen können, daß dort, wo Syr. und Gr. übereinstimmen, eine sehr frühe (aber vielleicht schon glossierte) Textfassung vorliegt, und daß bei Abweichungen dem Gr. der Vorrang gebührt,

4 Die Vorwürfe beziehen sich oft auf die TA als Ganzes, besonders aber auf die beiden darin enthaltenen Hymnen und unsre Epiklesen; vgl. G. Bornkamm, *Mythos und Legende in den apokryphen Thomas-Akten*, FRLANT 49 (1933); zu unserm Thema S. 89-103 »Die Epiklesen«. Zu den TA (Textausgaben und Literatur) siehe: A.F.J. Klijn, *The Acts of Thomas* (Supplements to Novum Testamentum, vol. V) Leiden 1962.

5 Leider geben die erhaltenen syr. Handschriften die originale Fassung nicht mehr getreu wieder. Das zeigt der Vergleich mit der gr. Übersetzung, die dem Urtext an vielen Stellen offensichtlich näher steht. Die Abweichungen sind besonders auffällig in den Texten der Epiklesen, die uns interessieren, und erfordern eine textkritische Erarbeitung der Originalfassung.

soweit nicht die Abweichung typisch manichäischer Herkunft ist (vgl. I,8). Das Sonderbare ist, daß die sicher manichäisch redigierte gr. Fassung zuweilen ganz unmanichäische Elemente geduldet hat (z.B. die Wassertaufe). Hier zeigt sich der Unterschied einer unbekümmert synkretistischen Aufnahmebereitschaft des Manichäismus von der exklusiv-orthodoxen Tendenz zur Abstoßung häretischer Elemente, bis zur Korrektur (Milderung) traditioneller, aber anstößig gewordener, archaischer Elemente.

Außer den hier zu untersuchenden Geist-Epiklesen finden sich in den TA eine Menge epiklesenartiger Gebete, die aber nicht direkt an den Heiligen Geist gerichtet sind[6] und darum nicht in den von uns gesteckten Rahmen fallen; auf Parallelen soll hingewiesen werden. Im Unterschied zu den sonstigen Epiklesen liturgischer Texte[7] wird hier der Hl. Geist direkt (und zwar meist unter einem bildlich verhüllenden Synonym) angerufen und zu kommen aufgefordert, während die später üblichen Epiklesen den Hl. Geist von Gott erbitten, also unpersönlich behandeln, z.B. in der 5. Mystagogischen Katechese (»Cyrill«, um 400): »Dann rufen wir Gott an, den Hl. Geist auf die vorliegenden (Elemente) zu senden, damit er das Brot zum Leib Christi, den Wein aber zum Blut Christi machen möge« (*Prex Euch.* S. 208).

I. *Die erste Geist-Epiklese der TA (Kap. 27)*

Syr. Text	*Griech. Übersetzung*
1. *tâ, šmâ ḳaddîšâ da-mšîḥâ,*	1. ἐλθέ, τὸ ἅγιον ὄνομα τοῦ χριστοῦ τὸ ὑπὲρ πᾶν ὄνομα,
2. *tâ, ḥaylâ da-ḥnānâ d-menn rawmâ,*	2. ἐλθέ, ἡ δύναμις τοῦ ὑψίστου καὶ ἡ εὐσπλαγχνία ἡ τελεία,
3. *tāw, raḥmê mšallmānê*	3. ἐλθέ, τὸ χάρισμα τὸ ὕψιστον,
4. *tāy, mawhabtâ mrayyamtâ,*	4. ἐλθέ, ἡ μήτηρ ἡ εὔσπλαγχνος
5. *tāy, šawtāpûtâ d-bûrktâ,*	5. ἐλθέ, ἡ κοινωνία τοῦ ἄρρενος
6. *tāy, galyat rā`zê ksayyâ,*	6. ἐλθέ, ἡ τὰ μυστήρια ἀποκαλύπτουσα τὰ ἀπόκρυφα,
7. *tāy, emmâ d-šab'â bâtîn* *da-b-baytâ da-tmānyâ* *hwâ nyāḥek(y),*	7. ἐλθέ, ἡ μήτηρ τῶν ἑπτὰ οἴκων, ἵνα ἡ ἀνάπαυσίς σου εἰς τὸν ὄγδοον οἶκον γένηται,

6 Z.B. in Kap. 39.60f.80.133. An zwei Stellen wird das Salböl apostrophiert (Kap. 121.157), was imgrunde auf eine Geist-Epiklese hinauskommt. Dort ist aber Jesus derjenige, der die Salbung wirksam macht.

7 Vgl. *Prex Eucharistica*, edd. Hänggi-Pahl (Fribourg 1968), oder Dinesen, aaO. (Anm. 2). Die scheinbare Ausnahme im «*Testamentum D.N. Jesu Christi*», ed. I.E. Rahmani (Mainz 1899), S. 43 beruht auf Fehlübersetzung, die in *Prex Eucharistica*, S. 221, korrigiert ist.

8. *tâ, îzgaddâ d-tarʿûtâ d-ʾabû(h)y*
w-ʾeštāwtap ʿamm tarʿyāthôn
d-hālên ʿlaymê,

9. *tāy, rûḥâ d-ḳûdšâ w-dakkāy*
kôlyāthôn w-lebbāwāthôn
w-ʾaʿmed ennôn
b-šem abbâ wa-brâ w-rûḥâ d-ḳûdšâ.

8. ἐλθέ, ὁ πρεσβύτερος τῶν πέντε μελῶν,
νοὸς, ἐπινοίας, φρονήσεως,
ἐνθυμήσεως, λογισμοῦ,
κοινώνησον μετὰ τούτων τῶν νεωτέρων,

9. ἐλθὲ, τὸ ἅγιον πνεῦμα, καὶ καθάρισον
τοὺς νεφροὺς αὐτῶν καὶ τῆν καρδίαν,
καὶ ἐπισφράγισον αὐτοὺς
εἰς τὸ ὄνομα πατρὸς καὶ υἱοῦ
καὶ ἁγίου πνεύματος.

Der erste Text steht im Zusammenhang einer Taufhandlung (syr. *maʿmôdîtâ*), die nachts in einem Badehaus (*ballānâ*) stattfindet. Der Gr. retuschiert hier (in Kap. 25 übersah er *loutron*) die ursprüngliche Aussage durch Weglassen all dessen, was an die Wassertaufe erinnert (manichäische Tendenz) und läßt nur die (prä-baptismale) Ölbesiegelung und die Eucharistie-Feier am Morgen übrig[8]. Daß der Hl. Geist angerufen wird, ist trotz der Verschlüsselung besonders im Syr. deutlich spürbar an den femininen Verbalformen (*tāy* usw.). Für den syrisch sprechenden Christen war es ganz natürlich und ohne Einfluß einer alten semitischen Muttergöttin von biblischen Grundlagen her verständlich, daß der Hl. Geist als Mutter bezeichnet werden konnte, obwohl diese Bezeichnung in der Bibel nicht vorkommt. Das Wort *rûḥâ* (Wind, Geist) ist der Form nach maskulin, aber sachlich (aus unbekannten Gründen, wie gr. *hodos* oder lat. *manus*) feminin. Die einzige Stelle, wo der Geist Gottes in der Hl. Schrift direkt (mit Imperativ) angeredet wird, ist Ez 37,9: »Weissage, Menschensohn, und sprich zum Geist: So hat Gott, der Herr, gesprochen: Komm, o Geist, von den vier Winden herbei und hauche diese Gefallenen an, daß sie wieder lebendig werden!« Wie Eva die Mutter alles Lebendigen war (*ēmm koll ḥayy*), so ist der Geist Gottes im Verein mit dem Wassersakrament (Ez 36,25-27; Joh 3,5; »Wasser« ist hebr. wie syr. maskulin) die Mutter aller Wiedergeborenen aus dem Wasser und dem Geist. Es kann kaum zweifelhaft sein, daß Ez 37,9 bei der Formulierung dieser Geistepiklese bestimmend mitgewirkt hat[9]. Danach sind aber alle andern Anrufungen zu

8 Der Sinn der verschiedenen liturgischen Handlungen wird in Kap. 25 sehr klar angegeben: »Nimm den König und seinen Bruder an, vereinige sie mit deiner Herde: (1) salbe sie und (2) reinige sie von ihrem Aussatz (= Sünde) und (3) bewahre sie vor den Wölfen und (4) weide (nähre) sie auf deinen Wiesen und (5) tränke sie aus deiner Quelle ...« Der Gr. vertauscht die Reihenfolge von (1) und (2). I. de la Potterie will darin die einzige Ausnahme von der sonst üblichen Reihenfolge erblicken, vgl. L'onction du chrétien par la foi, in: *Biblica* 40/1959, 12-69 (S. 59, Anm. 1), übersieht aber, daß der Syr. hier das Original bewahrt hat. Ob (3) eine *post*baptismale Salbung andeutet, scheint mir zweifelhaft.

9 Nicht der Maranatha-Ruf, wie bisweilen vermutet wird, z.B. Dinesen, aaO. S. 75-80. Der Sinn dieses Rufes kann schwerlich »Komm, unser Herr!« sein, auch in 1 Kor 16,22 nicht. »Komm, unser Herr!« heißt auf syrisch wie auf aramäisch *tâ, māran*! in dieser Reihenfolge, während aramäisch *māranâ, tâ* (falls es dies Pluralsuffix gegeben hätte) wahrscheinlich zu gr. *ho kyrios hēmōn, erkhou* geworden wäre (vgl. Ps 8,2.10 LXX).

beurteilen, die grammatisch (sg. oder plur.) maskulin sind : es sind Synonyme für den Hl. Geist. Das gilt gleich von der ersten Anrufung :

I,1 : »Komm, heiliger Name Christi!« Gr. fügt unpassend hinzu : »der über allen Namen steht«, was wörtlich aus Phil 2,9 entlehnt ist. Es kann nicht fraglich sein, daß dieser Zusatz sekundär ist (weshalb sollte Syr. ihn ausgelassen haben?); aber weshalb es (in manichäischen Kreisen?) eingefügt wurde, bleibt unklar. Denn angerufen ist nicht etwa der Name *Jesu* oder der in Phil 2,9 gemeinte Name *Kyrios*, auch nicht Jesus oder Christus in Person, wie oft vorausgesetzt wird (vgl. Klijn, aaO. 213), sondern das Chrisma (syr. *mšîḥûtâ*), die Salbung, die genau so wie in 1 Joh 2,27 personifiziert als Chiffre für den Hl. Geist eintritt : »Seine (Jesu) Salbung belehrt euch über alles« (vgl. Joh 14,26)[10]. Die scheinbare Namenepiklese ist also nur eine Verhüllung für eine Geist-Epiklese; denn Ziel und Zweck dieser Epiklese ist die formelle Sinngebung der gleichzeitig vollzogenen sakramentalen Handlung der materiellen Ölsalbung, die in der Ostkirche von jeher eng mit der Taufe verbunden war. Ebenso ist der Hl. Geist gemeint mit den Anrufungen, die in Kap. 132 mit der Ölsalbung verbunden werden : »Preis dir, Frucht der Barmherzigkeit! Preis dir, o Name Christi! Preis dir, verborgene Kraft, die in Christus wohnt!« Schon das Wort für »Öl« (*mešḥâ*) erinnerte den Syrer an den Christus-Namen (*mšîḥâ*). Wo der Verfasser eine Namen-*Jesu* Anrufung beabsichtigt, verwendet er den Namen Jesu (oder Synonyme dafür), vgl. Kap. 49.157.

I,2 : Genau so ist die zweite Anrufung, die im Gr. lautet : »Komm, o Kraft des Allerhöchsten!« nur ein weiteres Synonym für den Hl. Geist und ebenfalls wörtlich dem N.T. entnommen (Luk 1,35; vgl. Luk 24,49; Apg 8,10) : »Heiliger Geist wird über dich kommen und Kraft des Höchsten wird dich überschatten« (daß Lukas mit beidem dasselbe meint, ist wahrscheinlich). Der Syr. hat dafür eine erweiterte und etwas abweichende Form : »Komm, o Kraft der Güte (Milde), die aus der Höhe stammt« (*tâ, ḥaylâ da-ḥnānâ d-menn rawmâ*). Da »Güte« keine gr. Entsprechung hat, dürfte es späterer Zusatz sein. Warum der Gr. *menn rawmâ* (»aus der Höhe«) mit *hypsistou* wiedergibt (das sonst einem syr. *d-ʿellāyâ* oder *da-mrayymâ* entspricht), ist undurchsichtig. Vielleicht hieß es ursprünglich *d-rāmâ* (»des Hohen« = Gott, wie II,1 und 5b), was dem Gr. etwas näherkäme, oder wahrscheinlicher, man

10 Das Bemühen von I. de la Potterie, aaO. (Anm. 8), in 2 Kor 1,21-22 und 1 Joh 2,20.27 die »Salbung« als präbaptismale Katechese und als »Wahrheit« zu deuten, wogegen die postbaptismale Salbung den Hl. Geist mitteile, überzeugt nicht. Noch Ephraem kennt keine postbaptismale Salbung, vgl. Epiph. III,1 »Empfangen wird sie (die Herde) aus dem Öl, geboren wird sie aus dem Wasser«.

vertauschte die Epitheta der 2. und 4. Anrufung, s.u. Um »Kraft« wird oft gebetet, ohne daß immer der Hl. Geist angerufen ist, z.B. Kap. 52 »Laß deine siegreiche Kraft kommen, o Jesus« (beim Taufwasser; vgl. 121 beim Öl; 132 zur Taufe; 157 zum Öl; 133 zur Eucharistie). Der Zusatz des Gr. »und die vollkommene Barmherzigkeit« entspricht der 3. Anrufung des Syr. so genau, daß anzunehmen ist, der Gr. habe das »Komm« davor absichtlich ausgelassen (etwa, um die Zahl der Anrufungen auf neun zu halten, obwohl er eine überzählige hat, s.u.).

I,3: Der Syr. hat hier also wohl das Ursprüngliche bewahrt: »Komm, o vollkommene Barmherzigkeit!« Obwohl das Wort »Barmherzigkeit« (*raḥmê*) im Syr. abstrakter Plural ist (und entsprechend die Verbform), ist der Hl. Geist gemeint. Die biblische Grundlage ist nicht so klar wie in den ersten beiden Anrufungen. Klijn (aaO. 214) möchte aus Kap. 10 beweisen, daß Christus gemeint sei. Dort wird Jesus angeredet als »vollkommener Sohn der vollkommenen Barmherzigkeit«, und diese Anrede wird in ähnlicher Form öfters verwendet[11]. Genau genommen ist aber Jesus dort nicht identifiziert mit der Barmherzigkeit, sondern er ist der »*Sohn* der Barmherzigkeit« (was wohl nicht als Semitismus, »barmherziger Sohn«, gemeint ist), und so würde »Barmherzigkeit« den Vater meinen[12]. An sich ist »Barmherzigkeit« ein allen göttlichen Personen gemeinsames Attribut, und es kommt auf den Zusammenhang an, von wem es ausgesagt wird. Es hat aber eine gewisse Affinität zum Hl. Geist als »mütterliches« Gefühl (der Sg. *raḥmâ* ist der Mutterschoß, ähnlich gr. *splankhna*) und dürfte aus diesem Grunde in den Zusammenhang der Epiklese gezogen worden sein. Tatsächlich hat der Gr. als 4. Anrufung »o barmherzige Mutter« (*mētēr ewsplankhos*), der im Syr. nichts entspricht (obwohl der Syr. gegen das Mutter-Epitheton an sich keine Abneigung zeigt, vgl. I,7). Es handelt sich also beim Gr. wohl nur um eine Dublette von Gr. I,2b.

Abgesehen von dieser inneren Beziehung zum Hl. Geist könnten auch nahestehende biblische Texte zur Wahl des Epithetons beigetragen haben. Vielleicht hat der Dichter (so muß man hier schon statt Verfasser sagen) an eine andere Stelle desselben ersten Kapitels von Lukas gedacht, nachdem

11 Kap. 39 und 156: »Sohn der vollkommenen Barmherzigkeit«; 122: »Preis der Barmherzigkeit, die gesandt wurde von der Barmherzigkeit«; vgl. 48: »Stimme, die ihren Aufgang nahm (*dnaḥ*) aus der vollkommenen Barmherzigkeit.« An all diesen Stellen wird Jesus angeredet, aber nicht in sakramentalem Zusammenhang (Epiklese).

12 Daß an diesen Stellen an den Hl. Geist gedacht sein könnte, daß also Jesus hier als Sohn des Hl. Geistes hingestellt würde, ist sehr unwahrscheinlich. Der Hl. Geist ist nie Mutter im innertrinitarischen Sinne, sondern (abgesehen von der Gnosis) immer nur im Sinne der heilsökonomischen Trinitätslehre.

er aus Luk 1,35 die vorige Anrufung genommen hatte, nämlich an 1,78: »Durch das herzliche Erbarmen (*splankhna eleous*) unsres Gottes, durch das uns der Aufgang aus der Höhe erschienen ist«, und dies ebenfalls auf den Hl. Geist bezogen. Oder er hat sich von Phil 2,1 anregen lassen, wo eine Reihe »mütterlicher Gefühle« mit dem Geist assoziiert werden: »Wenn es in Christus eine Tröstung gibt, wenn Mutmachen aus Liebe, wenn Gemeinschaft des *Geistes*, wenn Barmherzigkeit und Mitleid (*splankhna kay oyktirmoy*) so erfüllt meine Freude ...«. Daß diese Barmherzigkeit »vollendet« genannt wird, könnte darauf hinweisen, daß das Sakrament der Ölsalbung die Vollendung der Taufe ist[13].

Es ist aber durchaus auch möglich, daß Gr. I,2b die Dublette ist und Gr. I,4 das Ursprüngliche bewahrt hat. Da die syr. Fassung der Anrufung in der zweiten Epiklese (II,1) ebenfalls vorkommt, empfiehlt es sich, hier mit dieser Annahme zu rechnen, um keine Möglichkeit auszuschließen, also *tāy, emmâ d-raḥmê mšallmānê*, »Komm, o Mutter der vollkommenen Barmherzigkeit!« Zum Mutter-Titel vgl. unten zu II,6.

I,4: Der 4. Anrufung des Syr. entspricht ziemlich genau die dritte des Gr.: »Komm, o erhabene Gabe!« Der Hl. Geist ist die »Gabe« schlechthin. Für die Apg scheint besonders *dōrea* (nicht *dōron*) schon fester Terminus zu sein, vgl. Apg 2,38; 8,20; 10,45; 11,17. Aber auch synonyme Ausdrücke weisen in dieselbe Richtung: *doma* (Luk 11,13), *didonay* (Joh 14,16). Dagegen bleibt *kharisma* auf die *Gaben* des Hl. Geistes beschränkt und wird nie vom Geist selbst ausgesagt[14]. Syr. *mawhabtâ* entspricht sprachlich *dōrea*, wird aber auch regelmäßig für *kharisma* verwendet.

Das ungewöhnliche part. pass. pa. fem. (*mrayyamtâ*, bei Brockelmann, Lex. nicht verzeichnet) erregt nun aber Verdacht, denn die Zusammenstellung »erhabene Gabe« begegnet nicht (höchstens »himmlische Gabe«, wenn Hbr 6,4 damit den Hl. Geist meint). Man erwartet eher »Gabe des Allerhöchsten« oder »Gabe aus der Höhe«, wofür Jak 1,17 die Grundlage bilden könnte: »Jede gute Gabe (*dosis*) und jedes vollkommene Geschenk (*dōrēma teleyon*) kommt herab von oben, vom Vater der Lichter«. Zwei Zweifel wären mit einem Schlage gelöst, wenn wir annehmen dürften, daß die Epitheta von I,2 und I,4 vertauscht wurden und die ursprüngliche Fassung im Syr. gelautet hätte:

13 Im Syr. wird die Firmung »Erfüllung« (*šûmlāyâ*) genannt, was zwar sprachlich von »Vollendung« (*šalmûtâ*) fernzuhalten ist, aber leicht damit assoziiert wird. Vgl. J.B. Umberg, Confirmatione baptismus »perficitur«, in: *EphLov* 1/1924, 505-517.

14 Im lateinischen Westen entspricht *donum* (»donum Dei altissimi«), aber auch *munus* (»septiformis munere«); vgl. die Baptisterium-Inschrift »Aeternumque datur casto baptismate munus« (erwähnt von Dölger, aaO. (Anm. 21) S. 157, Anm. 9.

I,2 *ḥaylâ da-mrayymâ*, »Kraft des Allerhöchsten«, und
I,4 *mawhabtâ d-menn rawmâ*, »Gabe aus der Höhe«.

Diese Lösung empfiehlt sich durch ihre Einfachheit als wahrscheinlich.

I,5 : Syr. und Gr. stimmen überein in dem Abstraktum »Gemeinschaft, Teilnahme«, aber statt des auffallenden gr. *arrenos* »des Männlichen« hat der Syr. ein blasses »des Segens«[15]. Ohne Zweifel hat der Syr. das anstößige Original mildern wollen, nicht weil es ihm »gnostisch« vorgekommen wäre, sondern weil es ihm zu derb schien und vielleicht auch später nicht mehr verständlich war. Gr. *arrēn* »männlich« ist nicht ganz dasselbe wie *anēr* »Mann«, es betont stärker den Geschlechtsunterschied vom Weiblichen. Es ist daher nicht angängig, zur Erklärung ohne weiteres den paulinischen Ausdruck *anēr teleyos* (Eph 3,14) oder gar seine gnostische Verzerrung heranzuziehen[16]. Dennoch ist sicherlich Christus gemeint, und zwar als Bräutigam (nicht etwa Gott, der »Vater des Lebens«). Die biblische Grundlage scheint Is 66,7b zu sein : »Bevor Wehen über sie (Sion) kamen, ist sie eines Knaben genesen (wörtlich : hat sie ein Männliches, hebr. *zākār*, syr. *dekrâ*, entschlüpfen lassen). Eine individuell-messianische Deutung der Stelle liegt in Apk 12,13 vor : »Der Drache verfolgte die Frau, die den Männlichen (*ton arsena*) geboren hatte«.

Der Grund, den Hl. Geist mit diesem sonderbaren Titel auszustatten, wird erst klar, wenn wir ihn als Ellipse oder Kurzform auffassen für »was die Teilnahme an dem Männlichen bewirkt (verwirklicht)«. Die Taufe (Jesu oder der Gläubigen) wurde in der syrischen Kirche aufgefaßt als Verlöbnis der Kirche mit Christus als ihrem Bräutigam. »Hodie caelesti sponso juncta est Ecclesia« ist ein alter Ausruf am Epiphaniefest, der diesen Gedanken festgehalten hat[17]. Der Hl. Geist ist dabei die Mutter, die ihre Tochter, die Kirche, hervorbringt und Christus zuführt; sie verschafft ihr dadurch »Teilnahme am Männlichen«. Dazu noch unten, zu II,6.

I,6 : »Komm, Offenbarerin verborgener Geheimnisse!« Syr. und Gr. stimmen vollkommen überein, so daß kein Zweifel an der Echtheit des Textes möglich ist. Bisher waren die erwählten Titel durch ihre eigene grammatische Form bestimmend für Zahl und Geschlecht der Verbform »Komm!« Hier

15 Syr. *bûrktâ*, wohl kaum in der Bedeutung »hostia«, die Lex. 96b registriert, (SK 91,5), denn diese Bedeutung ist sekundär (kontextbedingt) und paßt nicht zur *Tauf*epiklese. Anderseits vgl. Gen 22,13 Syr »Widder« = *dekrâ*.

16 Vgl. A. Orbe, *La teologia del Espiritu Santo* = Estudios Valentinianos vol. IV, (AnGreg 158, 1966), S. 487 ff.

17 H. Frank, Hodie coelesti sponso iuncta est Ecclesia. Ein Beitrag zur Geschichte und Idee des Epiphaniefestes, in : *Festschrift für O. Casel*, 1951, S. 192-226.

wird nun erstmalig klar, daß die *rûḥâ* (der Geist) dahintersteht und das Geschlecht bestimmt (»Offenbarerin« ist im Syr. Partizip). Die Beziehung zur Taufe dürfte die sein, daß die »mystagogische« Einweihung in das Eucharistie-Geheimnis erst nach der Taufe erfolgte, die Geist-Taufe also Vorbedingung der Einweihung war. Anderseits ist der Geist auch als Träger der Prophetie und Offenbarung Vermittler dieser Einweihung.

I,7P: »Komm, o Mutter der sieben Häuser!« Man hat in dieser gewiß sonderbaren Anrufung den gnostischen Mythos wiederfinden wollen, nach dem die gefallene Weisheit (Sophia, Achamot) durch die sieben Planetensphären herabstieg[18]. Anderseits erinnert die gr. Fassung der Fortsetzung (»damit das achte Haus deine Ruhestätte werde«) an den Mythos der wohnungsuchenden Weisheit, die schließlich in Israel ihre Heimstatt findet: »Bei allen suchte ich eine Ruhestätte und in wessen Erbteil ich weilen könnte...« (Sir 24,7-8). Aber die gr. Übersetzung ist fehlerhaft. Finalsätze werden im Syr. zwar oft durch bloßes Dalath (ohne *meṭṭul*) eingeleitet, verlangen aber im Verb das Imperfekt. Der überlieferte syr. Text muß übersetzt werden: »deren Ruhe (stätte von jeher) im achten Hause war«. A. Orbe findet in Prov 9,1 den biblischen Ausgangspunkt[19], aber auch für ihn ist die Epiklese gnostischer Herkunft. Prov. 9,1 »Die Weisheit, *ḥokmût*, baute ihr Haus, sie grub ihre sieben Säulen aus (dem Steinbruch)« weiß jedoch nur von *einem* Haus, und was immer diese sieben Säulen bedeuten mögen, man kann daraus nicht gut sieben Häuser machen. Vor allem aber vermißt man bei all diesen Ableitungen die Beziehung zum Kontext: Es soll doch eine Anrufung des Hl. Geistes sein, die Taufe wirksam werden zu lassen. Da der Syr. das Wort »Mutter« beibehalten hat (während ihm »männlich« zu stark war), kann man nicht gut annehmen, daß er darin die gnostische Muttergöttin erblickte. Die »Mutter« ist, wie gesagt, die ältere orthodox syrische Bezeichnung für den Hl. Geist. Die sieben Häuser sind offenbar nicht für ihn bestimmt, da er ja schon seine Wohnung im achten Hause hat, sondern von ihm für die Täuflinge mütterlich vorgesehen.

Man kann natürlich mit Recht gegen den Zusatz sagen, daß er wie eine schulmeisterlich prosaische Glosse zu einem hochpoetischen Ausruf wirkt. Die Urfassung zeigte bisher nur sehr kurze Anrufe (5-7 Silben). Aber er ist eine alte (vor der gr. Übersetzung liegende) und — richtige Glosse.

18 So etwa R. Murray, *Symbols of Church and Kingdom*, A Study in Early Syriac Tradition, 1975. »The seven houses are the planetary spheres through which Sophia descends; the eighth, the ogdoad, is the place of rest above them, which is the same as the heavenly bridechamber«, pg. 317.

19 Orbe, aaO. (Anm. 16), pg. 105, Anm. 4. Er verweist auf den Valentinianer Theodot, der ebenfalls diese Stelle zitiert und auf Sophia, seinen »zweiten Demiurgen«, bezieht (Clemens Al., Exc. Theod. 47,1); aber damit hört die Geistesverwandtschaft auch schon auf.

Durch die Taufe gewährt der Hl. Geist Bürgerrecht und Zutritt zum himmlischen Jerusalem (Hbr 12,22-24). Nach alter, jüdisch-christlicher und allgemein antiker Anschauung gab es sieben Himmel[20] und darüber (also im achten Himmel) thronte Gott, also auch der Hl. Geist. Die Oktav (gr. *ogdoas*) ist vor allem die Vollendung; hier hat auch das »Brautgemach« seinen Platz. Die Taufe impliziert die Zulassung zum Brautgemach, und darum wurden die alten Baptisterien oft oktagonal gebaut[21]. Die Epiklese nennt nur die Siebenzahl, weil mit der himmlischen Siebenzahl die Acht der Vollendung hinreichend angedeutet ist; vgl. Joh 14,2 »Im Hause meines Vaters sind viele Wohnungen«.

I,8: Syr. »Komm, Gesandter des Wohlwollens seines Vaters und tritt in Gemeinschaft mit dem Willen dieser jungen Leute«. Das Suffix von »Vater« würde voraussetzen, daß mit dem Gesandten Jesus gemeint ist. Zwar wird der Titel (syr. *îzgaddâ*, ein Lehnwort aus dem Babylonischen, Lex. 9) auch für Jesus verwendet[22], aber hier fordert der Zusammenhang (vgl. I,7 und 9) die Beziehung zum Hl. Geist, der mit gleichem Recht Gesandter genannt werden kann, weil er vom Vater ausgesendet wird (Joh 14,26; 15,26; 16,7; 1 Ptr 1,12).

Der Gr. weicht stark vom Syr. ab; nur Anfang und Schluß stimmen überein[23]. »Gesandter der fünf Glieder«, mit Aufzählung von fünf geistigen

20 Vgl. Strack-B. III, 532f; hier haben auch die Planetensphären ihren Platz, aber sie gehören zum antiken Weltbild auch außerhalb der Mythologie.

21 Die patristischen Belege findet man bei F.J. Dölger, Das Oktogon und die Symbolik der Achtzahl, in: *Antike und Christentum* IV,1934, S. 153-187 (bes. 172-183). Etwa die Inschrift eines Baptisteriums in Milano: »Octogonus fons est munere dignus eo« (munus = Hl. Geist), S. 155. »Die Taufe, die Geburt aus dem Mutterleib des Wassers, ist das Auftauchen zur Achtheit«, S. 179. Dölger meint, daß »mit großer Wahrscheinlichkeit die religiöse Mystik der Achtzahl dem philosophischen System der Pythagoräer entlehnt ist«, S. 181, was schwerlich zutrifft. C. Schmidt, *Gespräche Jesu mit seinen Jüngern* (1919) meint, anknüpfend an eine Stelle der koptischen Epistola Apostolorum (»Ich [Jesus] bin geworden in der Achtheit, welches ist die κυριακή«, S. 61 und 274-285), daß bei diesem Thema sich »Gnostiker wie Großkirchler auf gleichem Boden bewegen« (S. 284). Vgl. Clemens Al., Strom. VII 10 (57,5): »Er (der Gläubige) geht nach der letzten Stufe, die im Fleisch zu erreichen ist ... immer weiter und eilt durch die heilige Siebenheit zum väterlichen Hof, zur wahren Wohnstätte des Herrn (κυριακὴ μονή)«; sowie Exc. Theod. 63: »Die Ruhe der Pneumatiker findet statt am Tag des Herrn, in der Achtheit, die κυριακή heißt, bei der Mutter ...«.

22 Vgl. TA Kap. 10 »Du warst der Gesandte, der von der Höhe gesandt wurde (Gr. + und bis in den Hades hinabkam)«; Ephraem, Nativ. 8,1 »Gesegnet sei der Gesandte, der tiefen Frieden bringend kam«; Aphraat, Dem. XIV, 597 »Wie der Apostel sagt, wurde er der Gesandte der Versöhnung und versöhnte uns mit dem Vater«. Dazu noch Murray, aaO. S. 173. Das erklärt zwar das Suffix des jetzigen Syr., schließt aber nicht aus, daß der Titel auch auf den Hl. Geist ausgedehnt werden konnte, wie andere Titel auch.

23 Die Lesung πρεσβύτερος wird Schreibfehler für πρεσβευτής sein. Ob der mit dem Gr. (bis auf »mit dem Willen«) übereinstimmende Schluß echt ist, läßt sich nicht entscheiden. Er könnte auf die Situation hinweisender Zusatz sein, würde aber passender hinter der letzten Anrufung stehen.

Fähigkeiten, ist ganz deutlich gnostisch-manichäischen Ursprungs; es hat weder Beziehungen zum Kontext noch irgendwelche biblischen Grundlagen. Die Bezeichnung »Glieder« (gr. *melē*; syr.-pers. *haddāmâ*?) für die fünf Fähigkeiten des Geistes und ihre Identifizierungen ist typisch manichäisch, ebenso die Vorliebe für die »Fünf«[24]. Wir haben hier also zum ersten Mal einen deutlichen Beweis für eine manichäische Überarbeitung der gr. Übersetzung, denn eine umgekehrte syr. Korrektur ist ausgeschlossen. »Gesandter des Wohlwollens des Vaters« (ohne »seines«) ist ein sehr passender Titel des Hl. Geistes bei der Taufe, besonders wenn man bedenkt, daß die Stimme des Vaters bei Jesu Taufe vom »Wohlwollen« spricht: »an dem ich mein Wohlgefallen habe«[25].

I,9: »Komm, Hl. Geist und reinige ihre Nieren und Herzen, und taufe sie im Namen des Vaters und des Sohnes und des Heiligen Geistes«. Syr. und Gr. stimmen völlig überein, denn wenn der Gr. statt »taufe« »besiegele« (*sphragison*) sagt, gebraucht er nur ein Synonym, das Salbung und Wassertaufe einschließt. Die Anrufung löst also am Schluß passend die vorhergehenden Kryptogramme mit einem Schlage auf und fügt die Beziehung zur Situation hinzu: »Komm, Hl. Geist und taufe/besiegele ...«.

Damit können wir als Ergebnis unserer Prüfung folgende Urfassung der ersten Epiklese als wahrscheinlich ansetzen:

1. *tâ, šmâ ḳaddîšâ da-mšîḥâ,*	1. Komm, heiliger Name Christi!
2. *tâ, ḥaylâ da-mrayymâ,*	2. Komm, o Kraft des Allerhöchsten!
3. *tāy, emmâ d-raḥmê mšallmānê,*	3. Komm, Mutter der vollkommenen Barmherzigkeit!
4. *tāy, mawhabtâ d-menn rawmâ,*	4. Komm, o Gabe aus der Höhe!
5. *tāy, šawtāpûtâ d-dekrâ,*	5. Komm, Gemeinschaft des Männlichen!
6. *tāy, galyat rā'zê ksayyâ,*	6. Komm, Offenbarerin verborgener Geheimnisse!
7. *tāy, emmâ d-šab'â bātîn,*	7. Komm, Mutter der sieben Häuser!
8. *tâ, îzgaddâ d-tar'ûtâ d-'abbâ,*	8. Komm, Gesandter des väterlichen Wohlwollens!
9. *tāy, rûḥâ d-ḳûdšâ* *w-'eštāwtap 'amm hālên 'laymê* *w-dakkāy kôlyāthôn w-ḻebbāwāthôn.*	9. Komm, Heiliger Geist, und teile dich diesen jungen Leuten mit und reinige ihre Nieren und Herzen!

* * *

24 Vgl. das Verzeichnis bei A. Böhlig, Gnosis III (1980), S. 395f.

25 Syr. *r'ê* = Hebr. *rāṣâ* (die Peš. gebraucht das synonyme *ṣbâ*) Mk 1,11 par Is 42,1. Zur (Grund-)Bedeutung »Wohlwollen« für das davon abgeleitete *tar'ûtâ* vgl. Payne-Smith, *Compendious Syriac Dictionary*, S. 621b »agreement, goodwill, benevolence«.

II. *Die zweite Geist-Epiklese der Thomas-Akten (Kap. 50)*

Syr. Text	*Griech. Übersetzung*
tāy, mawhabteh d-rāmâ,	
1. *tāw, raḥmê mšallmānê,*	1. ἐλθέ, τὰ σπλάγχνα τὰ τέλεια,
2. *tāy, rûḥâ ḳaddîštâ*	2. ἐλθέ, ἡ κοινωνία τοῦ ἄρρενος,
3. *tāy, galyat rā`zaw(hy) da-bḥîrâ ba-nbîyê,*	3. ἐλθέ, ἡ ἐπισταμένη τὰ μυστήρια τοῦ ἐπιλέκτου,
4. *tāy, msabbrat ba-šlîḥaw(hy) agônaw(hy) d-`atlîṭan zakkayâ,*	4. ἐλθέ, ἡ κοινωνοῦσα ἐν πᾶσι τοῖς ἄθλοις τοῦ γενναίου ἀθλητοῦ,
tāy, sîmtāh d-rabbûtâ,	
tāy, ḥabbîbat raḥmaw(hy) d-´ellāyâ,	
5. *tāy, šattîḳtâ mgallyat rā`zaw(hy) d-rāmâ,*	5. ἐλθέ, ἡ ἡσυχία ἡ ἀποκαλύπτουσα τὰ μεγαλεῖα τοῦ παντὸς μεγέθους,
6. *tāy, m'mall'lānîtâ d-kasyātâ wa-mḥawwyat ´bādaw(hy) d-`alāhan,*	6. ἐλθέ, ἡ τὰ ἀπόκρυφα ἐκφαίνουσα καὶ τὰ ἀπόρρητα φανερὰ καθιστῶσα, ἡ ἱερὰ περιστερὰ ἡ τοὺς διδύμους γεννῶσα,
7. *tāy, yāhbat ḥayyê b-kasyûtāh wa-glîtâ b-sû´rānêh,*	7. ἐλθέ, ἡ ἀπόκρυφος μήτηρ,
8. *tāy, yāhbat ḥaddûtâ wa-nyāḥâ l-kullhôn aylên d-nāḳpîn lāh,*	8. ἐλθέ, ἡ φανερὰ ἐν τοῖς πράξεσιν αὐτῆς καὶ παρέχουσα χαρὰν καὶ ἀνάπαυσιν τοῖς συνημμένοις αὐτῇ,
tāy, ḥayleh d-`abbâ w-ḥekmteh da-brâ, d-ḥad a(n)ttôn b-kull,	
9. *tāy, w-`eštawtap(y) ´amman b-hādê ewkaresṭyâ d-´ābdînnan, wa-b-hānâ ḳûrbānâ da-mḳarrbînnan, wa-b-hānâ dûkrānâ d-´ābdînnan.*	9. ἐλθέ, καὶ κοίνωνησον ἡμῖν ἐν ταύτῃ τῇ εὐχαριστίᾳ ἣν ποιοῦμεν ἐπὶ τῷ ὀνόματί σου καὶ τῇ ἀγάπῃ ᾗ συνήγμεθα ἐπὶ τῇ κλήσει σου.

Zunächst fällt auf, daß die gr. Fassung weniger Anrufungen zählt als die syrische, im Verhältnis 9:13. Wie es bei liturgischen Texten normal ist, haben wir eher mit Zufügungen als mit Auslassungen zu rechnen. Die Neunzahl empfiehlt sich auch dadurch, daß sie mit der ersten Epiklese übereinstimmt: Bei solchen feierlichen Formeln achtete man auf Zahl und Symmetrie. Die überzähligen Titel, die keine gr. Entsprechung haben, werden daher als sekundäre Erweiterungen zu gelten haben. Das gilt gleich für die erste Anrufung des Syr.: »Komm, o Gabe des Erhabenen!« (*rāmâ*, wohl fehlerhaft für *rawmâ* oder *menn rawmâ* »aus der Höhe«, denn *ramâ* ist kein geläufiger Gottestitel). Die Herkunft dieses Titels ist klar: Es ist derselbe wie in I,4 und von dort übernommen.

II,1: Der erste Titel des Gr. hat eine genaue syr. Entsprechung; er ist schon von 1,3 her bekannt. Solche Wiederholung der gleichen Titel scheint anzudeuten, daß die Auswahl an Titeln nicht allzu groß gewesen sein muß.

II,2: Die zweite Anrufung des Gr. ist die gleiche wie in I,5, aber ihre (absichtlich korrigierende) syr. Entsprechung hat, anders als bei der ersten Epiklese, auf alle Ähnlichkeiten mit dem Urtext verzichtet und die ganze Chiffre (richtig) aufgelöst. Eine solche Auflösung gehört besser, wie wir bei der ersten Epiklese sahen, ans Ende.

II,3: Die nächste Anrufung zeigt große Ähnlichkeit mit I,6. Wenn der Gr. *epistamenē* (wissend) statt *apokalypsousa* sagt, so ist das wohl nur ein Flüchtigkeitsfehler des Übersetzers: Es kommt auf die Mitteilung, nicht auf das Wissen des Geheimnisses an. Aber statt der Tautologie »*verborgene* Geheimnisse« bringt diese Anrufung einen Sinnzuwachs: »Geheimnisse des Auserwählten« (gr. *epilektou* ist Schreibfehler für *eklektou*). Der Syr. fügt (glossierend) hinzu »unter den Propheten«, was im Gr. fehlt. Der Auserwählte ist natürlich Jesus (vgl. Joh 1,34; Luk 23,35), dessen Lehren (Geheimnisse) der Hl. Geist den Jüngern später in Erinnerung bringen sollte (Joh 14,26).

Dennoch ist es zweifelhaft, ob der Dichter primär an diese Stelle gedacht hat. Die Johannes-Stelle verspricht die Geistbelehrung nur den Jüngern, die Jesus gesehen und gehört haben. Die Anrufung ist aber allgemein für spätere Täuflinge berechnet. Eher ist daher wohl an das Pfingstereignis zu denken, wo die mit dem Hl. Geist Getauften zu beredten Zeugen Jesu wurden.

II,4: Die gr. Fassung lautet: »Komm, o Teilnehmerin an allen Kämpfen des edlen Kämpfers!« Das ist reichlich dunkel, empfiehlt sich aber gerade dadurch, denn die Tendenz dieser Anrufungen geht nun einmal auf verhüllende Andeutung. Der Syr. hat statt dessen »Mitteilerin«, und das dürfte dem Hl. Geist besser entsprechen. Der Wortstamm *SBR* wird gr. oft mit *ewangelizeyn* wiedergegeben, also »die frohe Botschaft verkünden«. Hinter dem stat. constr. ist (grammatisch unmöglich, Nöldeke KSGr. 208A) die Glosse »seinen Aposteln« eingeschoben. Dem gr. *gennayos* entspricht syr. *zakkāyâ*, was zwar auch »rein, edel« heißen kann, sehr oft aber auch »siegreich«, und diese Bedeutung drängt sich hier auf. Jedenfalls heißt *agôn* nicht soviel wie »Leiden«, was an sich besser zu einer eucharistischen Epiklese passen würde.

Daß der »siegreiche Kämpfer« Jesus ist, dürfte klar sein. Der Syr. verwendet dabei das gr. Fremdwort *athlētēs*, das in der gr. Bibel nicht vorkommt (nur im 4. Makkabäerbuch 6,10 wird Eleazar mit *gennayos athlētēs* bezeichnet). In der »Logos-Epiklese« des Kap. 39 wird Jesus als »unser wahrer Athlet, der nicht verwundet werden kann, und unser heiliger Feldherr (*rabb ḥaylâ*), der nicht besiegt werden kann« angerufen; vgl. Ephraem, Parad. 12,6 wo Jesus ebenfalls »der Athlet, der nicht unterliegt« genannt wird. Möglicherweise steht dahinter Hbr 12,1-3, wo Jesus als »Vorkämpfer« (*arkhēgos* scheint diese Nuance zu haben) geschildert wird und auch das Wort *agōn* vorkommt (»Laufen wir den uns bevorstehenden *Wettkampf*«)[26], Oder ist an den »Keltertreter« von Is 63,1-6 gedacht?

Aber was soll es heißen, daß der Hl. Geist die Kämpfe Jesu als Frohbotschaft *verkündet*, und zwar mit Bezug auf die Taufe? Näher läge für uns die Idee, daß die Taufsalbung (»ad robur«) uns für künftige Kämpfe rüsten solle, aber dieser Gedanke scheint im syrischen Osten nicht geläufig zu sein. Vielleicht soll der Hl. Geist die Gläubigen belehren und anregen, dem siegreichen Vorkämpfer Jesus auf seinem Leidensweg zu folgen und sie so auf den Kampf (mit dem Teufel) vorbereiten (vgl. etwa Apg 9,16; 20,23). Anderseits ist eine »gnostische« Ableitung (trotz Theod. 58, s. Anm. 26) nicht möglich.

Hierauf folgen im Syr. zwei Anrufungen ohne gr. Entsprechung: »Komm, o Schatz der Größe (oder Majestät)« hat weder biblische (oder gnostische) Anknüpfungspunkte, noch sakramentale Beziehungen. Klijn weist auf 2 Kor 4,7 und Kol 2,3 hin, aber das dort vorkommende gr. *thēsawros* (»Wir tragen diesen Schatz in irdischen Gefässen«, »In ihm (Christus) liegen alle Schätze der Weisheit und Erkenntnis verborgen«) bezieht sich schwerlich auf den Hl. Geist. Möglicherweise ist gr. II,5b eine Art Entsprechung, die an die falsche Stelle geraten ist (»die Großtaten der ganzen Größe«).

Nicht viel anders ist es mit »Komm, o Geliebte der Barmherzigkeit (oder: des Mitleids) des Allerhöchsten« bestellt. Dies kann sich nicht auf Jesus beziehen, von dem gesagt wird, daß er »der geliebte Sohn« ist (Mk 1,11; 9,7; 12,6 par), denn das Partizip ist feminin. Der Hl. Geist anderseits ist zwar (nach Augustinus) die Liebe, mit der Vater und Sohn sich lieben, aber als Objekt der Liebe tritt er nicht hervor. Diese beiden Anrufungen sind also wenig passende nichtssagende und späte Auffüllsel.

II,5: Im ersten Teil entspricht sich Syr. und Gr. ziemlich genau. Der Anruf scheint daher echt: »Komm, beredtes Schweigen!« (wörtlich: offenbarende Schweigerin). Das Objekt des Offenbarens wurde vermißt und vom Gr. (»das Große aller Größe«) anders ergänzt als vom Syr. (»die Geheimnisse des Erhabenen«). Indem der gr. Übersetzer die »Schweigerin« nicht mit *sigē*, sondern mit *hēsykhia* wiedergibt, zeigt er, daß ihm nicht bewußt war, das gnostische Theologumenon der (primordialen) *sigē* vor sich zu haben[27].

26 Vgl. Murray, aaO. S. 198, Anm. 3. Die Griechen selbst sagen statt *athlētēs* lieber *agōnistēs*, z.B. Clemens Al., Protrept. 110,3 *gbēsios agōnistēs*; Exc. Theod. 58,1 *ho megas agōnistēs*.

27 Vgl. Bornkamm, aaO. (Anm. 4) S. 91f.; A. Orbe, Estudios Valentinianos I,1 (1958), S. 62-67; IV, S. 14.19.40 (Anm. 16), 144.199. — Der Ausdruck *sigē* entstammt der valentinianischen Gnosis. Das göttliche Schweigen war sozusagen die Vorstufe zum göttlichen Wort und konnte leicht als dessen Mutter vorgestellt werden. Daß es auch orthodox verstanden

Noch ferner liegt dieser Begriff dem Syr., der nicht ein Abstraktum, sondern ein Adjektiv verwendet. Diese Anrufung (deren stat. constr. bei Weglassung des Objekts zum stat. emph. *mgallîtâ* verändert werden muß) braucht nicht als Dublette zu II,3 aufgefaßt zu werden, da die Beziehung zu Jesus ermangelt. Vielleicht dachte der Dichter an Stellen wie Röm 8,26, wo der Geist bei Gott für uns eintritt »mit unaussprechlichen Seufzern« (*stenagmoys alalētoys*, also »stummen Seufzern«), oder auch an Ps 19,4-5.

II,6: Die nächste Anrufung bietet größere Schwierigkeiten. Wenn wir zunächst das Syr. vornehmen, stoßen wir auf eine doppelte (parallele) Anrede: »Komm, o Gesprächige der verborgenen Dinge, du Darlegerin der Werke unseres Gottes!« Das Bauprinzip ist anders als bei den bisherigen Anrufungen, die aus einer einzigen kurzen Anrede bestanden. Inhaltlich berühren sich die Titel so sehr mit II,3 und 5 (der Hl. Geist als Offenbarungsprinzip), daß man von einer Dublette sprechen kann und muß. Sie war wohl gedacht als Ausweich-Text für das, was ursprünglich dastand und was heute nur noch im Gr. erhalten ist (s.u.). Diesem syr. Parallelvers entspricht die gr. Übersetzung: »Komm, Darlegerin der verborgenen Dinge, die die Geheimnisse offenbar macht!« Diese Dublette lag also schon dem gr. Übersetzer vor.

Dann aber folgt im Gr. der ursprüngliche Text (vielleicht aus einer anderen syr. HS) mit einer unerhörten Prägnanz, die die Kommentatoren in Verlegenheit bringt: »(ohne »Komm!«) Heilige Taube, die Zwillingsjunge hervorbringt!« Daß dies die echte Fassung ist, läßt sich kaum leugnen, und zwar werden es im Syr. wohl nur drei Wörter gewesen sein: *yônâ ḳaddîštâ mat'emtâ*[28], so daß der determinierende Artikel des Gr. (*tous neossous*) fortfällt. Mit der Begründung, daß die Taube das Attribut der syrischen Muttergöttin gewesen sei, sucht Bornkamm, aaO. (Anm. 4) S. 91, die Bezeichnung ins Gnostische umzubiegen, aber die gnostischen Texte kennen kein solches Attribut für ihre »Weisheit« oder »Mutter des Lebens«. Die Taube war auch kein jüdisches Symbol für den Hl. Geist, wie S. Schechter meinte[29]. Dazu ist sie erst geworden durch die christliche Tradition von der Taufe Christi. Trotzdem sind wir berechtigt zu fragen, wie es zu diesem Symbolismus kam, denn die Taube war sicherlich nicht nur ein willkürliches Zeichen der Ver-

werden konnte, zeigt Ignatios von Antiochien (Eph 15,1): »Besser ist schweigen und sein, als reden und nicht sein. Lehren ist gut, wenn man tut, was man sagt. Einer ist der Lehrer, der sprach und »Es ward«, und was er schweigend tat, ist des Vaters würdig«. Das geht also auf den Sohn, nicht auf den Hl. Geist.

28 Der Ausdruck »Zwillinge gebärend« (hebr. *mat'îmôt*, syr. *mat'mān*) kommt zweimal (als Dublette) im AT vor (HL 4,2; 6,6), beidesmal als Epitheton von »(Mutter-)Schafen« (hebr. *rāḥēl*, *ḳṣûbâ*), und diese wieder als Bildwort für die paarweis angeordneten Zähne der Braut. Dies ist wichtig für den Kontext unserer Anrufung.

29 Vgl. L.E. Keck, The Spirit and the Dove, in: *NTSt* 17, 1971, S. 50, Anm. 5.

abredung (wie Joh 1,33) oder ein Orakeltier. Gemeint ist sicher auch nicht, daß der Ausdruck »wie eine Taube« lediglich auf die Art der Herabkunft des Hl. Geistes zu beziehen wäre[30]. Sowohl die altkirchliche Tradition als noch mehr die des Ostens haben einmütig die Taubenerscheinung als reale verstanden (wobei offen bleiben kann, ob sie nur nach Art prophetischer Vision als psychische Realität von Jesus und Johannes allein gesehen wurde). Dennoch dürfen wir uns nicht mit dem Faktum begnügen, sondern haben nach seinem Sinn zu fragen.

Hatte die Taube für den antiken Juden gar keine symbolische Bedeutung? Durchaus. Sie war das Symbol der Braut, sowohl profan als religiös, und der Ausgangspunkt für die religiöse Verwendung war wahrscheinlich nicht erst das (allegorisch verstandene) Hohelied (HL 2,14; 5,2; 6,9), sondern die viel ältere Brautsymbolik, die in dem altertümlichen Ps 68 eine Spur hinterlassen hat. Dort (68,14) ist mit der geschmückten Taube sehr wahrscheinlich Israel, die geschmückte Braut Jahwes, gemeint (vgl. Ez 16,13; Is 61,10)[31]. Das hat A. Feuillet richtig gespürt und überzeugend dargestellt[32].

Nun war sicherlich die Taubenerscheinung bei der Taufe Jesu keine Erscheinung der (alten oder neuen) Kirche[33], sondern des Hl. Geistes, und je länger je mehr wird die Taube zum Symbol des Geistes. Der älteren Zeit waren aber die Zusammenhänge noch klarer. Eine beharrliche Tradition, die im Osten ihren Ursprung hat, sah mit der Taufe Jesu die Geburt der Kirche, seine Begegnung mit der Kirche als seiner Braut und ihre Vermählung mit

30 So Keck aaO. 67: »One should understand it in a general way as a folk-comparison between the gentle flight of a dove and the way in which the Spirit came to Jesus«. So würde ein moderner Autor wohl denken.

31 Daß gerade die Taube zum Symbol der Braut wurde, ist unschwer zu verstehen. Der antike Mensch wünschte sich eine Braut so zutraulich, anhänglich, arglos, friedfertig und treu wie eine Taube, die bekanntlich streng monogam ist. »Die Taube ist nach allgemeiner Anschauung keusch und bleibt dem einmal erwählten Partner auf Lebenszeit fest verbunden«, H. Greeven, in: ThWNT, VI, 65, 19 (*peristera*). Schließlich darf man wohl auch fragen, warum die syrische Göttin Astarte/Ištar gerade die Taube zum Symbol hatte: Doch wohl nicht so sehr als »Muttergöttin« (da wäre die Henne wohl passender gewesen), sondern als Braut und Gattin des Tammuz. — Vgl. Tertullian, adv. Valent. 3 »Nostrae columbae domus«, und dazu die Ausführungen im gleichnamigen Artikel von F.J. Dölger in *AntChr* II 41-56 (»Columba« ist im Zusammenhang kaum etwas anderes als »Kirche«, S. 47.)

32 A. Feuillet, Le symbolisme de la colombe dans les récits évangéliques du baptême, in: *RechScRel* 46/1958,524-544. »Le choix de ce symbole pourrait même être destiné à suggérer que la manifestation de l'esprit n'a pour but que (!) la fondation de l'Église, et nullement la transformation intérieure de Jésus«, S. 538. Dagegen verständnislos Greeven: »Eine Heranziehung der Taube als Bild für das Volk Israel ... ist daneben nicht nötig und wohl auch untunlich«, aaO. S. 68, Anm. 64. Die Monographie von F. Sühling, *Die Taube als religiöses Symbol im christlichen Altertum* (1930) war mir leider nicht zugänglich.

33 Oder gab es auch diese Deutung in der syrischen Tradition? Man könnte OS 24,1 in diesem Sinne besser verstehen: »Die Taube flatterte über dem Haupt unseres Herrn Christus, denn er war ihr Haupt«. Er ist das Haupt der Kirche, nicht des Hl. Geistes.

dem Bräutigam Christus geheimnisvoll verknüpft und ausgedrückt, obwohl natürlich in Wirklichkeit von Kirche noch keine Rede sein konnte[34]. Aber dadurch, daß Jesus durch seine Taufe die von Ezechiel angekündigte Geist-Ära inaugurierte, war im Prinzip die Kirche (aus dem Wasser und dem Hl. Geist) geboren. Johannes als der Brautführer (Joh 3,29) freut sich, daß der Bräutigam die Braut heimführt. Auch das ist kein blasser Vergleich.

Aber hier durchkreuzen sich zwei Auffassungen. Nach der einen war die Kirche nur *eine*, präexistierend seit vor der Schöpfung und identisch mit dem »wahren Israel«[35]. Nach der anderen gab es zwei parallele Kirchen, die Gemeinde Israels und die der Heiden. Noch Aphraat schreibt ganz unbeschwert: »Jesus vermählte sich zwei Königstöchtern, der Kirche des Volkes (*knûšat ʿammâ*, d.h. Israels) und der Kirche der Völker (*knûšat ʿammê*, d.h. der Heiden)[36]. Beide stammen vom Hl. Geist, denn wie er mütterlich über den Fluten des Jordan schwebte, um die Kirche des Neuen Bundes zu gebären, so schwebte er einst über dem Urmeer (Gen 1,2), um daraus die Welt (im Hinblick auf Israel!) hervorgehen zu lassen.

Für den Syrer war die Kirche nicht so sehr, wie im Westen, die Mutter der Gläubigen, sondern Tochter des Hl. Geistes und Braut Christi. Nach der zweiten eben skizzierten Auffassung, die die ältere zu sein scheint, mußte der Hl. Geist zwei Töchter haben, und da sich Mutter und Töchter ähnlich sein müssen, übertrug sich der Symbolismus der Taube leicht von der Kirche auf den Hl. Geist.

Damit wären wir bei dem so prägnanten Bild der zwillingsgebärenden Taube angelangt. Auf dieselbe Spur führen uns von Ephraem angeprangerte Zitate aus Bardaisans Liedern (Haer. 55,3-4): »Zwei Töchter gebar sie (der Hl. Geist als Mutter), die eine, die 'Schmach des Festlandes', die andere, das 'Abbild des Wassers'«, wenn auch Klijn den Zusammenhang abstreitet[37]. Leider

34 Vgl. H. Engberding, Die Kirche als Braut in der ostsyrischen Literatur, in: *OrChrP* 3/1937, 5-44 (bes. S. 12-13); und H. Frank, aaO. (Anm. 16). Frank führt dies (S. 205f) auf Ephraem zurück, besonders auf dessen Epiphanie-Hymne XIV (bei E. Beck, CSCO 187, S. 201-206 entspricht dessen Sogita V), die allerdings nicht sicher von Ephraem stammt. — Der Gedanke »Natalis capitis natalis est corporis« (Leo *PL* 54, 213) spielt im Osten keine Rolle.

35 Vgl. J. Beumer, Die altchristliche Idee einer präexistierenden Kirche und ihre theologische Auswertung, in: *WissWeish* 9/1942,13-22.

36 Dem. XXI, 965,2-5; vgl. Murray, aaO. S. 136. Dazu paßt, daß Aphraat noch ohne Bedenken von der Mutterschaft des Hl. Geistes spricht: »Wer ist es, der Vater und Mutter verläßt um ein Weib zu nehmen? Der Sinn ist dieser: Solange ein Mann noch kein Weib genommen hat, liebt und verehrt er Gott, seinen Vater, und seine Mutter, den Hl. Geist. Wenn er aber geheiratet hat, läßt er die beiden eben Genannten, seinen Vater und seine Mutter, im Stich«, Dem. XVIII, 840,8-15; vgl. Murray, aaO. S. 143.

37 Zu diesen Bardaisan-Zitaten habe ich mich bei anderer Gelegenheit eingehender geäußert. Andre gnostische Ableitungen der Tauben-Anrufung beruhen meist nur auf dem Stichwort

sagt uns Ephraem nichts über den Kontext Bardaisans. Aber der Name der zweiten Tochter, »Abbild des Wassers« deutet die Taufe an. Diese Beziehung zur Taufe ist in den TA klarer, denn die Anrufung dient der Vorbereitung auf die Taufe.

II,7: Das gr. »Komm, verborgene Mutter!« würde auf syr. *tāy, emmâ ksîtâ* führen, also im Vergleich zu den vorausgehenden Anrufungen allzu kurz (4 Silben) und inhaltlich dürftig und unbestimmt. Der Syr. drückt deutlicher die Beziehung zur Taufe aus: »Lebenspenderin in (ihrer) Verborgenheit«. Sachlich besteht kein Unterschied. Man könnte annehmen, daß dem Syr. das Prädikat »Mutter« nicht gefiel und er darum eine Umschreibung einführte. Aber wenn die Epiklese aus denselben Kreisen stammt wie die erste (vgl. I,3.7), was anzunehmen ist, so kann von einer Abneigung gegen den Muttertitel des Hl. Geistes nicht die Rede sein. Umgekehrt würde ein gnostischer Übersetzer den ihm vertrauten Muttertitel einer Umschreibung vorgezogen haben[38]. Alles in allem empfiehlt sich das Syr. als ursprünglich.

Dabei soll nicht übersehen werden, daß der Titel »Lebensspender«, der hier durch seine weibliche Form eindeutig auf den Hl. Geist bezogen ist, in den TA sonst ein geläufiger Titel für Christus ist, wenn auch in einer etwas abweichenden Form[39]. Allgemein kann man sagen, daß etwa die Hälfte der Titel unserer Epiklesen auch für Christus verwendet wird[40], ohne daß eine Identifizierung von Geist und Logos (Christus) anzunehmen wäre.

»Zwilling« der Wortkonkordanzen und sind zu phantasievoll, als daß es sich lohnte, darauf einzugehen; vgl. Orbe, aaO. IV, S. 105-110.

38 Dies scheint auch in Kap. 133 der Fall zu sein, wo Syr. und Gr. stark voneinander abweichen. Gr.: »Wir rufen über dir den Namen der Mutter an, des unaussprechlichen Geheimnisses der verborgenen Herrschaften und Gewalten; wir rufen über dir den Namen Jesu an«. Syr.: »Wir rufen über dir den Namen des Vaters an, wir rufen über dir den Namen des Sohnes an, wir rufen über dir den Namen des Geistes an, den erhabenen Namen, der vor allen verborgen ist«. Es läßt sich nicht beweisen, daß die Erwähnung der »Mutter« hier ursprünglich ist. Ephraem hat aus dem Mißbrauch, den die Manichäer damit trieben, die Konsequenz gezogen, und vermeidet den Mutter-Titel. Statt dessen ist jetzt die *Taufe* die Mutter, Epiph. 13,1. Wenn in Epiph. 11,1 die Kirche als »Tochter mit doppelter Krone geschmückt« erscheint (das Wort Kirche kommt freilich in dem ganzen Lied nicht vor), so dürfte das auch noch eine Reminiszenz an die »zwillingsgebärende Taube« sein.

39 Vgl. Klijn, aaO. S. 184, wo er 9 Stellen anführt, wenn auch in einer etwas abweichenden Form, mit dem Adjektiv *maḥyānâ* »belebend«; auch das part. af. *maḥḥê* »lebendig machend« (Kap. 42) oder *ʿelltâ d-ḥayyê* »Ursache des Lebens« (Kap. 48) kommt vor. Klijn (= Wright) übersetzt meist »Giver of life«.

40 Z.B. »Kraft« (*ḥaylâ*), Kap. 10; »der Barmherzige« (*mraḥḥmānâ*), Kap. 34; »Offenbarer verborgener Geheimnisse« (*mgallyānâ d-rāʿzê ksayyâ*), Kap. 10; »Gesandter« (*îzgaddâ*), Kap. 10; »du Schweigender« (*šattîḳâ*), Kap. 39; »du Verbergener, aber sichtbar in deinen Werken« (*kasyâ d-ba-ʿbādaw(hy) metḥzê*), Kap. 39; »Freudenbringer« (*mḥaddyānâ*), Kap. 53.

Die syr. Fassung von II,7 hat aber noch einen Zusatz: »und Offenkundige in ihren Heimsuchungen (oder: Taten)«, die hier keine gr. Entsprechung hat. Eine solche findet sich aber in der folgenden Anrufung des Gr., die überladen wirkt. Mit großer Wahrscheinlichkeit lauten daher die beiden nächsten Anrufungen:

II,8 *tāy, glîtâ b-sû'rānêh,* »Komm, du Offenkundige in ihren Taten!«
9 *tāy, rûḥâ ḳaddîštâ, yāhbat ḥaddûtâ wa-nyāḥâ l-'aylên d-nâḳpîn lāh,* »Komm, Heiliger Geist, Spenderin von Freude und Frieden denen, die ihr anhängen!«

Dies entspräche (abgesehen von der direkten Anrede des Hl. Geistes, die wir aus Syr. II,2 übernehmen, s.o.), genau der einen gr. Anrufung, die wir mit »8« bezeichnet haben. Dabei steht II,8 im bewußten Gegensatz zu II,7: »Verborgen in der Spendung des Geist-Lebens, offenbar in den Geist-Wirkungen«[41]. Beides wird ganz von selbst auf die Taufe und ihre Wirkungen bezogen. Die 9. Anrufung ist, wie bei der ersten Epiklese, länger als die vorausgehenden und nimmt abschließend auf die Anwesenden Bezug. Es fragt sich daher, ob damit die Epiklese nicht abgeschlossen war, denn auch die erste hatte nur neun Glieder.

Die nun im Syr. noch folgenden zwei Anrufungen dürften daher nachträglich angefügt sein. Die erste, weil sie keine gr. Entsprechung hat: »Komm, Kraft des Vaters und Weisheit des Sohnes, die ihr in allem eins seid!«. Sie macht den Eindruck einer späten trinitarischen Schlußdoxologie. Die zweite dürfte angefügt sein, weil sie aus der Form fällt (ohne Vokativ) und inhaltlich sich an Christus wendet und auf die Eucharistie (Kommunion) ausgerichtet ist, während bisher alles dem Hl. Geist (und der Taufe) galt: »Komm und pflege Gemeinschaft mit uns in dieser Eucharistie, die wir vollziehen, in diesem Opfer, das wir darbringen, und in diesem Gedächtnis, das wir feiern«. Das Gr. weicht am Schluß stark ab, zielt aber auch deutlich auf die Eucharistie.

Was ist hier geschehen? Während die Epiklese des Kap. 27 im Zusammenhang einer Tauffeier stand, ist der Verfasser in Kap. 49-50 im Begriff, eine Eucharistiefeier zu schildern. In Kap. 49 hatte er ein an Christus gerichtetes Gebet begonnen, das man Namen-Jesu-Epiklese nennen kann, weil darin die Worte vorkommen: »Wir wagen deinen heiligen Namen anzurufen: Komm und pflege Gemeinschaft mit uns!«[42]. Dies erinnerte ihn an

41 Vgl. die Früchte des Geistes in Gal 5,22. Das syr. *sû'rānâ*, das eigentlich »Heimsuchung« bedeutet, muß hier die Nuance »Äusserung, Wirkung« haben, wie aus wiederholten Applikationen desselben Gegensatzes auf Christus hervorgeht: *a(n)tt hû da-ksayt b-kullhôn 'bādayk w-metîda' b-sû'rānayhôn*: »Du bist verborgen in allen deinen Taten, aber erkannt in ihren Wirkungen« (Kap. 10). *ô ksayâ d-ba-'bādaw(hy) metḥzê* »O Verborgener, der in seinen Taten erkannt wird!«, Kap. 39. Die Ursache ist verborgen, die Wirkung erkennbar. Anders Klijn S. 185.

42 Syr. *mamraḥînnan wa-mḳarrbînnan w-ḳārênnan la-šmāk ḳaddîšâ*, Gr.: *tolmômen ... epikalesthay sou to hagion onoma: elthe kay koynōson hēmin.* Dies scheint der ursprüngliche Text zu sein. Der jetzige Syr. dehnt das Gebet noch weiter aus, läßt aber dafür die »*elthe*-« Bitte aus.

eine Serie ähnlicher, sehr alter »Komm!«-Anrufungen, und diese fügte er hinzu, unbekümmert darum, daß sie sich an den Hl. Geist richten. Am Schluß von Kap. 50 knüpft er wieder an seine unterbrochene Jesus-Epiklese an und beendet sie mit seinen eigenen Worten. Es versteht sich, daß der Verfasser der Erzählung den Gebeten des Apostels Thomas einen möglichst archaischen Anstrich geben wollte und daher bemüht war, das älteste anzubringen, was ihm an Gebeten bekannt war. Die beiden Geist-Epiklesen machen gerade diesen Eindruck und passen auch am besten in die Zeit eines Aberkios, Meliton von Sardes, Hermas, mit ihrem ausdruckstarken, symbolfreudigen Stil[43]. Daß der Verfasser dafür Anleihen bei den Gnostikern gemacht hätte, ist undenkbar. Auch diese Geist-Epiklese wird darum ursprünglich mit der Eucharistie nichts zu tun gehabt haben, sondern zur Taufe gehören.

Wenn wir die erarbeitete Urfassung zusammenfassen, ergibt sich für die zweite Epiklese folgender Bestand:

1. *tāw, raḥmê mšallmānê,*	1. Komm, vollendete Barmherzigkeit!
2. *tāy, šawtapûtâ d-dekrâ,*	2. Komm, Teilnahme am Männlichen!
3. *tāy, galyat rā`zaw(hy) da-bḥîrâ,*	3. Komm, Offenbarerin der Geheimnisse des Auserwählten!
4. *tāy, msabbrat agônaw(hy) d-`atlîṭan,*	4. Komm, Verkünderin der Kämpfe unseres Helden!
5. *tāy, šattîḳtâ mgallîtâ,*	5. Komm, beredtes Schweigen!
6. *tāy, yônâ ḳaddîštâ mat`emtâ,*	6. Komm, zwillingsgebärende heilige Taube!
7. *tāy, yāhbat ḥayyê b-kasyûtāh,*	7. Komm, Geberin des Lebens in (ihrer) Verborgenheit!
8. *tāy, glîtâ b-šû´rānêh,*	8. Komm, du in deinen Wirkungen Offenbare!
9. *tāy, rûḥâ ḳaddîštâ,* *yāhbat ḥaddûtâ wa-nyāḥâ* *l-'aylên d-nāḳpîn lāh.*	9. Komm, Heiliger Geist, Geberin von Freude und Frieden für jene, die ihr ergeben sind!

* * *

Rückblickend ergeben sich folgende Schlußfolgerungen. Wenn wir unter Epiklese im engsten Sinne eine (an Gott bzw. den Hl. Geist gerichtete) Bitte verstehen, die *eucharistischen* Elemente wirksam werden zu lassen, so sind die obigen Anrufungen keine Epiklese. Eher könnte man die in den TA enthaltenen (Namen-) Jesus-Anrufungen bei der Eucharistiefeier (Kap. 49f.133.158) so nennen. Dabei ist in Kap. 49 eine direkte Anrufung Jesu mit der Bitte zu kommen erhalten, während die Epiklesen der »liturgischen« Eucharistie-Texte

43 »Ein Beispiel für die echt hellenistisch ekstatische Dichtungsart dieser Stücke ist die prachtvolle Epiklese der Thomasakten« (Kap. 50), meint C. Schneider in *Geistesgeschichte des antiken Christantums* II, (1954), S. 185. Wieso sie *hellenistisch* ist, wird nicht erklärt.

sich stets an den Vater richten, mit der Bitte, durch den Hl. Geist die Konsekration zu bewirken oder sonstwie die Elemente wirksam werden zu lassen. Die direkte Anrede der beteiligten göttlichen Personen dürfte die ältere oder wenigstens spezifisch östlich-semitische Form sein.

Im weiteren Sinne paßt jedoch die Bezeichnung Epiklese sehr gut zu unseren Texten (als »Tauf-Epiklesen«). Denn ihr Sinn ist die äußere, formelle Sinngebung und Wirksammachung der materiellen Handlung eines Sakraments, in diesem Falle, der Taufe. Der Hl. Geist wird dabei, mehr als bei den späteren Epiklesen, als Person behandelt (angeredet, angerufen, gebeten, usw.). Die Häufung der Vokative gehört zum alten Gebetsstil und wird auch außerhalb der »Epiklesen« in den TA häufig verwendet. Man mag sie Litaneien nennen, aber sie sind keine »Beschwörungen« oder Zauberformeln, wie Bornkamm insinuiert[44], sondern inständige Bitten einer kindlichen Frömmigkeit. Ebenso gehört ihr symbolisch-verhüllendes Pathos zum alten Erbe syrischer Liturgie und Theologie. Dem gegenüber machen die nüchternen Formen des lateinischen Ritus den Eindruck steifer Gesetzesparagraphen.

Gnostischer Einfluß beschränkt sich auf die griechische Übersetzung. Manichäischer Einfluß ist bereits durch das Alter der TA ausgeschlossen. Dabei sind unsre beiden Geistepiklesen (ähnlich wie die beiden Hymnen in Kap. 6-7 und 108-113) sehr wahrscheinlich *älter* als ihr Kontext und dürften bis in die Mitte des zweiten Jahrhunderts zurückgehen. Sie bezeugen ein Salbungssakrament vor der Wassertaufe, wobei aber Salbung (Besiegelung) und Taufe als Einheit gesehen werden. Erst spätere Spekulation ist auf die logische Priorität der Taufe aufmerksam geworden.

44 AaO. S. 90. »Sie haben keinen andern Sinn, als durch die zwingende Gewalt der monotonen liturgischen Formeln die Epiphanie der Muttergottheit beim Sakrament zu bewirken«.

HUBERT KAUFHOLD

Über die Entstehung der syrischen Texte zum islamischen Recht

Das grundlegende und noch immer unentbehrliche Werk über die ostsyrische (nestorianische) Literatur ist Band III,1 der »Bibliotheca Orientalis Clementino-Vaticana« von Joseph Simonius Assemani (Rom 1725). Der Verfasser druckt darin nicht nur den unschätzbaren syrischen »Bücherkatalog« des ʿAḇdīšōʿ bar Brīḵā von Nisibis (vollendet kurz vor dessen Tod im Jahre 1318 n.Chr.[1]) mit lateinischer Übersetzung ab, sondern er reichert auch die knappen Angaben des ʿAḇdīšōʿ über die Schriftsteller und Werke durch Hinweise auf andere Quellen an und ordnet ihnen bestimmte Texte und Handschriften der vatikanischen Bibliothek zu. Wegen des Fehlens von Vorarbeiten und angesichts des gewaltigen Stoffes konnte es nicht ausbleiben, daß er manchmal nicht das Richtige getroffen hat. Aus dem Bereich der Rechtsliteratur sei hingewiesen auf die unzutreffende Gleichsetzung des Metropoliten ʿAḇdīšōʿ bar Bahrīz aus dem 9. Jhdt. mit einem in den historischen Quellen erwähnten Metropoliten ʿAḇdīšōʿ, der im 11. Jhdt. lebte (S. 173, Anm. 5)[2], und auf seine ebenfalls unrichtige Identifizierung des Metropoliten Elias von Damaskus, des Verfassers eines arabischen Nomokanons, mit dem Metropoliten Elias al-Ǧauharī von Jerusalem (S. 513ff.)[3].

Diesen beiden Beispielen läßt sich ein drittes hinzufügen, bei dem eine wohl irrige Meinung Assemanis ebenfalls bis in unsere Zeit Anerkennung fand. ʿAḇdīšōʿ schreibt im Bücherkatalog, daß Johannes bar Aḇgārē — nestorianischer Katholikos von 900 bis 905 n.Chr. — unter anderem

1 Weil darin bereits der 1315/6 n.Chr. entstandene »Ordo iudiciorum« (s. I.-M. Vosté, Ordo iudiciorum ecclesiasticorum, Vatikanstadt 1940, 13) berücksichtigt ist; so schon Baumstark 325, Fußn. 2. Eine englische Übersetzung des Bücherkatalogs bietet G.P. Badger, The Nestorians and their Rituals, vol. II, London 1852, 361-379. Die Ausgabe des syrischen Textes von J.E.Y. de Kelaita, Mosul 1924, ist mir nicht zugänglich.

2 Vgl. H. Kaufhold, Die Rechtssammlung des Gabriel von Baṣra, Berlin 1976, 46-49.

3 Vgl. H. Kaufhold, Nochmals zur Datierung der Kanonessammlung des Elias von Damaskus, in: OrChr 68, 1984, 214-7, insbesondere 215f.; J. M. Fiey, Les insaisissables nestoriens de Damas, in: After Chalcedon. Studies in Theology and Church History, offered to Professor Albert Van Roey, ed. C. Laga - J.A. Munitiz - L. Van Rompay, Leuven 1985, 167-180 (hier: 173ff.).

»Rechtsentscheidungen und Erbteilungen« verfaßte. In einer Fußnote dazu verweist Assemani (S. 254, Anm. 1) auf die Handschrift Vat. arab. 36 (jetzt: 153)[4], und zwar auf einen arabisch verfaßten Text mit der Überschrift: »*Collectanea de Haereditatibus juxta placitum Mosulmanorum, auctore quodam philopono:* nimirum Joanne Isae«. Assemani beruft sich dabei auf eine Stelle aus der Patriarchengeschichte des Mārī ibn Sulaimān (Mitte des 12. Jhdts.), wonach Johannes bar Abgārē (oder: bar ʿĪsā[5]) Vorschriften erließ und »in ea quidem parte, quae Haereditates spectat, Mosulmanorum legibus canones accomodavit«[6]. Einen Zeugen für die syrische Fassung des Textes gibt er nicht an.

Umgekehrt verweist Anton Baumstark in seiner »Geschichte der syrischen Literatur«[7] bei der Erbrechtsschrift des Johannes bar Abgārē nicht auf den arabischen Text der Hs. Vat. arab. 153, sondern auf die syrische Hs. Cambridge Add. 2023, in der — und hier stützt sich Baumstark auf den Katalog von Wright[8] — einem »Patriarchen Jôḥannàn« ein Werk über »Erbteilungen nach den kirchlichen Kanones« beigelegt wird, das »in 107 von 121 sämtlich dem bürgerlichen Rechte gewidmeten Abschnitten speziell das Eherecht (es muß — wie bei Wright — heißen: Erbrecht)« behandelt. Baumstark hat nicht übersehen, daß es sich um eine westsyrische Handschrift handelt: das Werk des (Nestorianers) Johannes bar Abgārē lasse sich »mit Sicherheit in jakobitischer Überlieferung wiedererkennen«.

Der von Assemani herangezogene Text ist eine arabische Bearbeitung des von Baumstark erwähnten, genauer: des zweiten Teils davon (vgl. die Übersicht unten S. 67)[9]. Beide meinen also das gleiche Werk. Auf eine weitere,

4 Beschreibung: Assemani, Bibliotheca Orientalis II (Rom 1721) 507 (XXXVI); A. Mai, Scriptorum Veterum Nova Collectio, tom. IV (Rom 1831), 286-91 (Cod. 153). Die Hs. enthält den Nomokanon des Ibn aṭ-Ṭaiyib; Ausgabe: W. Hoenerbach - O. Spies, Ibn at-Ṭaiyib. Fiqh an-Naṣrānīya, Louvain 1956/7 (CSCO 161, 162, 167, 168). Unser Text findet sich in Teil II am Ende (S. 189-191 bzw. 190-192).

5 Vgl. Baumstark 235; Graf II 151.

6 Nach der Übersetzung von H. Gismondi, Maris Amri et Slibae de Patriarchis Nestorianorum Commentaria, Pars prior, Rom 1899, 78: »porro cum iis synodum celebravit de rebus tum ad religionem tum ad civilem gubernationem pertinentes: in iis autem quae circa haereditates sanxit canones ad leges mosleminorum accomodavit (wa-qāriba fīmā faraḍahū min al-mawārīt farāʾida ʾl-muslimīn)« (arabischer Text S. 88). Assemani hielt nicht Mārī, sondern den zwei Jahrhunderte jüngeren ʿAmr ibn Mattā für den Verfasser; zu dieser Verwechslung s. Graf II 201f.

7 S. 235.

8 W. Wright, A Catalogue of the Syriac Manuscripts preserved in the Library of the University of Cambridge, vol. II, Cambridge 1901, 601.

9 Vgl. H. Kaufhold, Syrische Texte zum islamischen Recht, München 1971, 37f., 46.

syrische Handschrift machte 1930 Carlo Alfonso Nallino[10] aufmerksam: Brit. Mus. Add. 18,295[11]; darin stimmt der Text vom Umfang her etwa mit der arabischen Fassung überein, ein Verfasser wird nicht angegeben.

Unter Benutzung der genannten und einer weiteren syrischen Handschrift (Brit. Mus. Add. 18,715[12], in der ebenfalls ein Verfassername fehlt) habe ich den Text 1971 herausgegeben[13]. Trotz mancher Bedenken folgte ich damals der herkömmlichen Meinung[14] und hielt es für durchaus möglich, daß wir mit dem zweiten Teil tatsächlich ein Werk des Johannes bar Aḇgārē in den Händen haben[15].

Nachdem Arthur Vööbus in seinem Buch »Syrische Kanonessammlungen I« auf einen weiteren Textzeugen im Orient hingewiesen hatte, in dem auch kein Verfasser genannt ist, nämlich die Hs. 8/11 des syrisch-orthodoxen Patriarchats in Damaskus[16], und ich Zugang dazu erhalten hatte, konnte ich 1975 einige Ergänzungen zu meiner Ausgabe veröffentlichen[17]: mehrere Verbesserungen und zwei kurze, bis dahin unbekannte Textstücke, von denen zumindest eines als eigener erbrechtlicher Traktat angesehen werden kann. Weil bereits der von mir herausgegebene Text aus zwei etwa den gleichen Inhalt abdeckenden Teilen besteht, erschien es mir unwahrscheinlich, daß alle drei vom selben Verfasser stammten sollten[18]; die Verfasserfrage war noch schwieriger geworden.

Die 1975/6 erschienenen Bände «Synodicon in the West Syrian Tradition» von Vööbus[19], in denen er die Hs. Damaskus 8/11 nachgedruckt[20] und übersetzt hat, brachte für die Ermittlung des Verfassers keinen Fortschritt. Vööbus merkte lediglich an, daß die Zuschreibung an Johannes bar Aḇgārē

10 Sul libro siro-romano e sul presunto diritto siriaco, in: Studi in onore di P. Bonfante, Mailand 1930, 248, 255 (= Raccolta di scritti editi e inediti, vol. IV, Rom 1942, 568, 576f.).

11 W. Wright, Catalogue of Syriac Manuscripts in the British Museum, part III, London 1872, 1183f. (MII).

12 Ebda., part I, London 1870, 18-20 (XXXII).

13 Syrische Texte zum islamischen Recht, München 1971.

14 Vgl. neben den genannten Autoren (Assemani, Baumstark, Nallino) noch J. Dauvillier, Dictionnaire de Droit Canonique, vol. III, Paris 1938/1942, Sp. 350; Graf II 152. Die sonstigen syrischen Literaturgeschichten gehen auf diese Frage nicht ein.

15 AaO 92-98.

16 Louvain 1970 (CSCO 307, 317), S. 497. Vgl. auch Vööbus, Discovery of Very Important Manuscript Sources for the Syro-Roman Lawbook, Stockholm 1971, 24-6. Den Inhalt der Hs. hatte bereits I.E. Barṣaum angegeben (Al-Lu'lu' al-manṯūr ..., Homs 1943; S. 117f. des 2. Nachdrucks Bagdad 1976). Vgl. auch schon J. Mounayer, Les synodes syriens Jacobites, Beyrouth 1964, 14-6.

17 Islamisches Erbrecht in christlich-syrischer Überlieferung, in: OrChr 59, 1975, 19-35.

18 Ebda. 34f.

19 Louvain 1975/6 (CSCO 367, 368, 375, 376).

20 Die Ausgabe ist leider unbefriedigend, weil andere Hss. nur sehr selten herangezogen werden, auch dort, wo die Hs. Dam. 8/11 Lücken hat. Ein photographischer Nachdruck der Hs. würde die gleichen Dienste leisten. Vööbus' Verfahren ist umso erstaunlicher, als er sonst auf die Benutzung aller erreichbaren Hss. (zu Recht!) großen Wert legt.

»is in the light of the total evidence which has emerged in new discoveries, a mistake«[21].

Auch ein weiteres, ausschließlich den in Rede stehenden Texten gewidmetes dünnes Bändchen von Vööbus, das als Erscheinungsdatum 1975 angibt[22], brachte nicht, was der Autor verkündete: »A flood of light has been thrown on this genre of legal records«[23]. Nach einer kurzen Beschreibung von drei neuen Handschriften (Damaskus 8/11; Mardin, Metropolie der syrisch-orthodoxen Kirche 316 [= 326] und 323)[24] druckt Vööbus zunächst einen Teil seiner Übersetzung aus dem »Synodicon« nochmals ab[25]. Dann folgen ziemlich allgemeine Bemerkungen, die weder die Textgestalt in den verschiedenen Handschriften erhellen noch inhaltlich oder sonst nennenswert weiterführen[26]. Was die Verfasserfrage anbelangt, beschränkt er sich auf die Feststellung, daß mein »reasoning for the authorship of Johannān bar Abgārē is premature and really cannot enlighten us«[27].

Diese Zurückhaltung ist umso unverständlicher, als Vööbus nicht nur die von ihm in diesem Zusammenhang genannten Handschriften Mardin Orth. 323 (eine Abschrift der Hs. Dam. 8/11)[28] und 316 (= 326) zugänglich waren,

21 Ebda. II (Übersetzung) S. 68f., Fußn. 11. Die Einleitung (Teil I — Übersetzung — S. 23f.) ist unergiebig.

22 Important New Manuscript Sources for the Islamic Law in Syriac, Stockholm.

23 Ebda. 34.

24 Sie geht nicht wesentlich über die Beschreibung der Hss. in dem ebenfalls nur bescheidenen Heftchen »Discovery of Very Important Manuscript Sources... (s. oben Fußn. 16) hinaus. Die von Vööbus unter der Nummer 316 geführte Hs. trägt nach meiner Kenntnis die Nummer 326. Wie ich auf einer vom Institut für Römisches Recht und Antike Rechtsgeschichte der Universität Wien und der Kommission für Antike Rechtsgeschichte der Österreichischen Akademie der Wissenschaften veranstalteten Forschungsreise, die im August/September 1984 unter Leitung von Herrn Professor Dr. Walter Selb, Wien, stattfand, an Ort und Stelle feststellen konnte, enthält die Hs. 316 in Wirklichkeit den Nomokanon des Barhebraeus (in Karšūnī). Allerdings ist die Nummer 326 doppelt vergeben, nämlich noch für eine Karšūnī-Hs. aus dem Jahre 1669 mit verschiedenen Texten (erwähnt bei Vööbus, Kanonessammlungen 423). Für die Großzügigkeit und Herzlichkeit, mit der in Mardin der syrisch-orthodoxe Patriarchalvikar Rabban Ǧibrā'īl Allāf unseren Wünschen entgegenkam, gebührt ihm ganz besonderer Dank.

25 S. 21-26 = Synodicon II (Übersetzung) S. 92-97.

26 So bringt Vööbus' Anmerkung zu den §§169 und 170 meiner Ausgabe (Vööbus 31f.) nichts Neues, weil zwar meine Hs. C unvollständig ist, aber die von Vööbus herangezogenen ausführlicheren Stellen der Hs. Dam. 8/11 sich auch schon in der Version D meiner Ausgabe finden; der Begriff *»maula«* taucht ebenfalls schon in meiner Edition auf (D §170; vgl. auch meine Erläuterung S. 219). Die beiden Versionen stehen in meiner Ausgabe nebeneinander, so daß dies Vööbus nicht entgangen sein kann. Gleichwohl erweckt er den Eindruck, als ob die von ihm entdeckten Hss. auch an diesen Stellen einen wesentlichen sachlichen Fortschritt brächten Unbestrittenermaßen ist der Text der Hs. Dam. 8/11 teilweise besser: auf die entsprechenden Stellen habe ich in meinen Ergänzungen zu der Ausgabe (s. oben Fußn. 17) auch selbst hingewiesen.

27 AoO 14. Vööbus scheint übersehen zu haben, daß es sich um die bis dahin unbestrittene Meinung handelte und ich gerade erhebliche Zweifel daran geäußert habe.

28 Vööbus (Kanonessammlungen 464) nennt als weitere Abschrift die Hs. Midyat Melk. 11. Sie war mir nicht zugänglich. Über den Verbleib der Hss. des verstorbenen Chorbischofs

die beide keinen Verfasser angeben, sondern zumindest noch zwei weitere syrische Handschriften mit unseren Texten, die etwas zur Herkunft beitragen können: die Handschriften Mardin Orth. 325 (15./16. Jhdt.) und 324 (ganz jungen Datums)[29]. In der ersteren lautet die Überschrift: »Wir schreiben ein Buch, gesammelt aus vielen Büchern, das gesammelt hat BRṢWMDRYGWS. Erstens: Über die Teilung der Erbschaft nach der Ordnung und Überlieferung, welche die heilige Kirche bewahrt, die (= plur.) gesammelt und geordnet haben Mār Ignatios und Mār Johannes, und aus den Büchern der Könige, und ein anderes aus dem Buch der Leitung der griechischen Könige; und alle Könige und alle Gelehrten und alle Lehrer stimmen dieser Anordnung zu, und (zwar) jetzt in dieser unserer Zeit«[30]. Wenn mit Ignatios und Johannes zwei Patriarchen gemeint sind, können es nur westsyrische sein, weil es einen nestorianischen Katholikos namens Ignatios nicht gegeben hat. Auf die Textgestalt dieser und der beiden folgenden Handschriften gehe ich am Schluß noch ein.

In der mit der soeben genannten Handschrift nahe verwandten Hs. Mard. Orth. 324, die aus der Feder des Metropoliten Johannes Dolabani von Mardin († 1969) stammt[31], ist die Überschrift leicht gestrafft: »Wir schreiben aus dem Buch der Erbschaft. Erstens: Nach der Ordnung und Überlieferung, welche die heilige Kirche bewahrt, die (= plur.) gesammelt und geordnet haben Mār Ignatios und Mār Johannes aus den Büchern der Könige, und ein anderes aus (dem Buch) der Leitung der griechischen Könige, und alle Könige und Lehrer stimmen dieser Anordnung zu, und (zwar) jetzt in dieser Zeit«.

Auch die Vööbus wohl nicht bekannte Hs. Istanbul Mart Maryam 164 enthält unsere Texte (fol. 50^r-54^r)[32]; sie sind dort folgendermaßen über-

Melki war in Midyat nichts Sicheres zu erfahren. Später bezeichnete Vööbus die Hs. als eine Abschrift der Hs. Mardin Orth. 323 (Synodicon II — Übersetzung — S. 7, Fußn. 33), selbst wieder eine Kopie der Damaszener Handschrift.

29 Im Kolophon der Hs. Mard. Orth. 325 sind nur die beiden ersten Ziffern des Datums zu lesen: 18.. der Griechen. Erwähnt und zitiert ist diese Hs. bei Vööbus, Kanonessammlungen 410, 433f.; Synodicon I (Übersetzung) 24, Fußn. 174. Die Hs. Mardin Orth. 324 wird erwähnt und zitiert von Vööbus, Kanonessammlungen 429ff. u.ö.

30 Wer sich hinter dem Namen BRṢWMDRYGWS verbirgt, ist mir unbekannt. Es klingt so, als ob es derjenige ist, der die Texte der Hs. zusammengestellt hat. Zu Beginn steht unser islamisch-rechtlicher Text (fol. 1^v-6^r), dann folgen Auszüge aus dem Nomokanon des Barhebraeus (»Buch der Leitung«), fol. 6^r-12^v, anschließend ganz unterschiedliche Materialien.

31 Laut dem handschriftlichen Katalog. Ein Kolophon ist nicht vorhanden. S. 130-135 enthält die syrischen Texte zum islamischen Recht, S. 135-136 den stark verkürzten Auszug aus dem Nomokanon des Barhebraeus.

32 Vööbus zitiert nur die Hs. Istanbul 7 (Kanonessammlungen 236, 246). Anläßlich der oben (Fußn. 24) erwähnten Reise haben uns in Istanbul (und darüber hinaus) besonders die syrisch-orthodoxen Chorbischöfe Aziz Günel und Gabriel Aydin viele Wege geebnet; für

schrieben: »Teilung der Erbschaft nach der Ordnung des Herrn (oder: königlichen [mārānāyā] Ordnung?) und der Überlieferung, welche die heilige Kirche bewahrt, die gesammelt, erlassen und geordnet haben Mār Johannes und Mār Ignatios, Patriarch von Antiocheia in Syrien«. Gemeint sein könnten die westsyrischen Patriarchen Johannes III. (846-873) und sein Nachfolger Ignatios I. (878-883), die auch sonst durch den Erlaß von Rechtsbestimmungen hervorgetreten sind: unter Johannes fanden in den Jahren 846 und 869 sowie unter Ignatios 878 Synoden statt, auf denen Kanones erlassen wurden[33]. Der Text stimmt mit Mard. Orth. 325 weitgehend überein.

Inwieweit diese Angaben über die Verfasser zutreffen, wird im folgenden zu erörtern sein.

Prüfen wir zunächst noch einmal die Argumente für und gegen eine Verfasserschaft des Johannes bar Abgārē. Sämtliche bekannten Handschriften in syrischer Sprache sind westsyrisch-jakobitischer Herkunft. Soweit in ihnen ein »Patriarch Johannes« als Verfasser angegeben wird, ist aber nicht von vornherein auszuschließen, daß damit auch ein nestorianischer Katholikos gemeint sein könnte, weil Zitate ostsyrischer Autoren in westsyrischen Quellen tatsächlich vorkommen. In einigen Sammelhandschriften der westsyrischen Rechtsliteratur ist sogar ein ganzer Text, nämlich die Kanones der Synode des Isaak (410 n.Chr.), aufgenommen worden[34]. Man würde aber einen Hinweis auf die Zugehörigkeit zu einer anderen Kirche erwarten[35]. Schon die bloße Angabe »Patriarch Johannes« läßt deshalb weit eher auf ein Oberhaupt der eigenen, jakobitischen Kirche schließen. Eindeutig sind die Hss. Mard. Orth. 325 und 324 sowie Istanbul 164, wonach die Texte von Mār Johannes und Mār Ignatios (bzw. in umgekehrter Reihenfolge) verfaßt worden seien. Hiermit können keine nestorianischen Katholikoi und wohl auch keine nestorianischen Bischöfe gemeint sein, zumal die Istanbuler Handschrift den Zusatz »Patriarch von Antiocheia« enthält.

Es ist allerdings nicht ausgeschlossen, daß auch — bisher unbekannte — ostsyrische Handschriften vorhanden sind oder doch wenigstens vorhanden

ihre tatkräftige und wirksame Hilfe sei ihnen und Herrn Pfarrer Emanuel Aydin (Wien), der uns begleitete, auch an dieser Stelle herzlich gedankt.

33 Mounayer aaO (Fußn. 16) 72-75; Vööbus, Kanonessammlungen 47-63; ders., Synodicon II 34-57 (Text) und 37-61 (Übersetzung).

34 Vööbus, Kanonessammlungen 490-2. Entgegen den Ausführungen von Vööbus erscheint der Text auch in der Hs. Dam. 8/11, wenn auch nur fragmentarisch, vgl. Vööbus, Synodicon I 198f. (Text) und 186f. (Übersetzung); nach Vööbus' Inhaltsverzeichnis: »The Canons of Anonymous Origin«.

35 So werden in der Hs. Cambridge Add. 2023 Timotheos und Īšō'barnūn als »Patriarchen des Ostens« angezeigt (W. Wright, Catalogue 604). Barhebraeus bezeichnet sie in seinem Nomokanon (VIII 3) als »Katholikos der Nestorianer« (A. Mai, Scriptorum Veterum Nova Collectio, tom. X, Rom 1838, 67; Ed. P. Bedjan, Nomocanon Gregorii Barhebraei, Paris-Leipzig 1898, 128).

waren. Immerhin findet sich bei den Nestorianern die erwähnte arabische Übersetzung. Ihr folgt in der Hs. Vat. arab. 153 die arabische Übersetzung einer der beiden Versionen des Rechtsbuches des ʿAbdīšōʿ bar Bahrīz nebst Anhang mit besonderen Fällen[36]. Der syrische Text wiederum dieser Version (gleichfalls samt Anhang) ist in der Hs. Par. syr. 354 (früher Séert 91) überliefert, allerdings wie die beiden genannten arabischen Texte auch nur bruchstückhaft[37]. Es kann deshalb gut sein, daß diesem syrischen Fragment der syrische Text unseres islamischen Erbrechtes voraufging.

Die arabische Übersetzung der islamisch-rechtlichen Schrift in der Hs. Vat. arab. 153 dürfte ursprünglich anonym gewesen sein: In der Überschrift wird der Text auf einen nicht näher bezeichneten »Liebhaber der Mühe« (φιλόπονος; Hoenerbach-Spies: »Jünger der Askese«) zurückgeführt. Der Name »Yūḥannā ibn al-Aʿraǧ« (= Johannes bar Aḇgārē) steht nur am Rand[38]. In dem oben schon zitierten Hinweis von Assemani ist der Titel des Werkes bloß bis zu den Wörtern »auctore quodam philopono« kursiv gesetzt und damit als Zitat gekennzeichnet, nicht mehr aber das folgende »nimirum Joanne Isae«. Von dem Randvermerk in der Hs. Vat. arab. 153 sagt Assemani nichts. Ich halte es für möglich, daß er überhaupt erst von seiner Hand stammt[39]. Dann wird auch die syrische Vorlage für die arabische Übersetzung anonym gewesen sein. Ein weiterer Hinweis für die Anonymität wird sich im folgenden noch ergeben (s. unten S. 64).

Auch wenn man davon ausgeht, daß unser Erbrecht bei den Nestorianern in syrischer Sprache greifbar war, würde damit jeder Hinweis auf Johannes bar Aḇgārē in den Handschriften selbst entfallen.

Soweit der eingangs erwähnte ʿAḇdīšōʿ bar Brīḵā in seinem Bücherkatalog und in seinen beiden Rechtswerken sowie der ebenfalls nestorianische Metropolit Gīwargīs (Georg) von Arbela in seinem Erbrechtstraktat Johannes (bar Aḇgārē) als Verfasser oder als Quelle nennen, wird damit — wie ich kürzlich zu zeigen versucht habe[40] — ein anderes Werk gemeint sein, nämlich die auf dieser Seite oben angesprochene Fassung von ʿAḇdīšōʿ bar Bahrīzʾ Erbrecht, weil sie auch in der Sammlung des Katholikos Elias I. (11. Jhdt.) mehrfach unter dem Namen »Johannes« zitiert wird. Diese Fassung stammt wahrscheinlich nicht von Johannes bar Aḇgārē, sondern lief nur später unter

36 Hoenerbach-Spies aaO (Fußn. 4) II 191-9 bzw. 192-200 (nach dem Textabbruch; der Anfang ist nicht erhalten.

37 Hrsg. und übers. von W. Selb, ʿAḇdīšōʿ Bar Bahrīz, Wien 1970, 171-207.

38 Vgl. Hoenerbach-Spies aaO II 189 bzw. 190.

39 Das spräche für Grafs Annahme (II 175), es handele sich um eine »jüngere Randbemerkung«, während Nallino (Raccolta IV 577, n. 1) der Meinung war, sie stamme vom Schreiber der Handschrift.

40 Ein weiteres Rechtsbuch der Nestorianer — das Erbrecht des Johannes? in: Gedächtnisschrift für Wolfgang Kunkel, hrsg. von D. Nörr und D. Simon, Frankfurt am Main 1984, 103-116.

seinem Namen um, so daß die Zuschreibung hier für uns ohne Bedeutung ist. Außerdem könnte Johannes natürlich auch zusätzlich als Urheber der islamischen Texte in Frage kommen.

An dieser Stelle müssen wir noch einmal auf die Patriarchengeschichte des Mārī zurückkommen, die für Assemanis Zuordnung des Textes wohl maßgeblich war. Danach wären auf der Synode des Johannes bar Aḇgārē im Jahre 900 n.Chr. wirklich erbrechtliche Bestimmungen erlassen worden, die etwas mit islamischem Recht zu tun hatten. Wie hoch ist der geschichtliche Wert dieses Berichts einzuschätzen? Er könnte auf einer älteren Quelle beruhen, die unmittelbare Kenntnis von den Vorgängen auf der Synode hatte, und müßte dann wohl als verläßlich angesehen werden. Gegen diese Möglichkeit spricht, daß der zwei Jahrhunderte jüngere ʿAmr ibn Mattā, der ebenfalls eine arabische Geschichte der nestorianischen Katholikoi verfaßte und dieselben historischen Vorlagen verwendete[41], nur berichtet, Johannes bar Aḇgārē habe auf seiner Synode »canones de iudiciis (qāwānīn fi 'l-aḥkām)« erlassen, vom Erbrecht oder einer Annäherung an das islamische Recht ist keine Rede[42]. Dieser Einwand ist freilich nicht zwingend, weil ʿAmr die Quellen teilweise kürzte und es ihm auf nähere Einzelheiten vielleicht nicht ankam. Sofern wir davon ausgehen, daß Mārīs Darstellung zutrifft, wäre zu fragen, ob die Erlasse der Synode mit unseren islamisch-rechtlichen Texten gleichzusetzen sind. Wie die Synodalentscheidungen aussahen, erfahren wir nur andeutungsweise: die Bischöfe hätten sich mit religiösen und weltlichen Fragen befaßt, dann hebt Mārī das Erbrecht noch besonders hervor (s. oben Fußn. 6). Die erhaltenen und Johannes bar Aḇgārē zugeschriebenen Kanones, die jedenfalls teilweise sicher auf einer Synode erlassen wurden, behandeln keine zivilrechtlichen Dinge[43]. Nach Mārīs Angaben würde man eher einen Text erwarten, der sowohl kirchliche wie weltliche Angelegenheiten regelt. Das trifft für unser islamisch-rechtliches Erbrecht ebenfalls nicht zu. Wie bereits erwähnt, besteht es außerdem aus mehreren Traktaten, die — jeder für sich — das Gebiet mehr oder weniger eingehend behandeln. Es ist nicht recht einzusehen, weshalb die Synode, die doch wohl praktikable Regelungen treffen wollte, sich nicht mit einem einzigen begnügt haben sollte. Auch wenn die islamisch-rechtlichen Texte inhaltlich nicht schlecht mit dem Bericht bei Mārī übereinstimmen — ungeachtet der Tatsache, daß man eigentlich nicht mehr von einer »Annäherung« an islamisches Recht sprechen kann, sondern eher von einer Übername —, läßt sich deshalb kaum mit Bestimmtheit sagen,

41 Graf II 217.

42 Gismondi aaO (Fußn. 6), Pars altera, Rom 1897, 48 (arabischer Text: S. 83).

43 Teilweise hrsgg. und übersetzt: Assemani BO III,1 238-254; Hoenerbach-Spies aaO I 210-218 bzw. 202-211. Vgl. Baumstark 235; Graf II 152. Sie werden im Nomokanon des ʿAḇdīšōʿ bar Brīḵā häufig zitiert.

daß Mārī unsere Texte im Auge hatte. Es wäre auch denkbar, daß die Entscheidungen, von denen er berichtet, nicht erhalten und vielleicht schon früh verlorengegangen sind.

Von der Übernahme islamischen Rechts erfahren wir aus anderen Quellen, soweit ich sehe, nichts. Insbesondere berichtet ʿAḇdīšōʿ bar Brīḵā nirgendwo etwas davon; das ist, wenn er von Johannes (bar Aḇgārē) spricht, nicht erstaunlich, weil er ihn ja vermutlich nur für den Urheber einer der beiden Fassungen von ʿAḇdīšōʿ bar Bahrīzʾ Erbrecht hielt. Merkwürdigerweise schreibt er aber auch sonst nichts davon. Aus dem Schweigen dieses guten Kenners der syrischen Literatur muß man wohl schließen, daß ihm — zu Beginn des 14. Jhdts. — die islamisch-rechtlichen Texte gar nicht bekannt waren, jedenfalls nicht als Bestandteil der nestorianischen kirchlichen Literatur[44]. Sie werden auch weder in einer der systematischen Rechtssammlungen zitiert noch in der umfangreichsten, wohl aus dem 14. Jhdt. stammenden Sammelhandschrift mit juristischen Werken, der Hs. Notre-Dame des Semences 169[45], überliefert. Wir können deshalb nicht von der Hand weisen, daß noch weitere Werke vorhanden waren, die heute verschwunden sind und von denen auch die anderen juristischen Quellen schweigen. Wir müssen die Angaben in der Chronik also nicht unbedingt auf unsere Texte beziehen.

Nun ist allerdings nicht zu bestreiten, daß unsere Texte bei den Ostsyrern zumindest in arabischer Übersetzung vorhanden waren, und dieser Übersetzung wird wohl eine nestorianische Vorlage in syrischer Sprache zugrundegelegen haben. Es läßt sich damit noch an eine andere Möglichkeit denken: Mārīs Bericht über die Synode könnte auch darauf beruhen, daß er (oder der Verfasser der von ihm benutzten Quelle) unsere islamisch-rechtlichen Texte kannte, sei es in syrischer Sprache oder arabischer Übersetzung, und sie für ein Werk des Johannes bar Aḇgārē und seiner Synodalen hielt. Wir müssen uns an dieser Stelle noch einmal die Hs. Paris syr. 354 in Erinnerung rufen, von deren Beziehungen zur Hs. Vat. arab. 153 schon die Rede war. Der einschlägige, auf das Jahr 1224 n.Chr. datierte Teil der Pariser Handschrift (fol. 138-147) hat mit ihrem sonstigen Inhalt nichts zu tun, sondern rührt von einer anderen Handschrift her und ist nur beigebunden; er enthält am Schluß (fol. 147^{r}) die Namen der auf der Synode des Johannes bar Aḇgārē anwesenden Bischöfe[46]. Warum die Liste dort erscheint, ist nicht angegeben. Ihr geht ein Bruchstück der besagten Fassung von ʿAḇdīšōʿ bar Bahrīzʾ

44 Sein Bücherkatalog will nur »kirchliche« Bücher umfassen (Assemani aaO 3f.) und behandelt auch lediglich die in seiner Kirche anerkannten Schriften.

45 Vgl. W. Selb, Orientalisches Kirchenrecht I: Die Geschichte des Kirchenrechts der Nestorianer, Wien 1981, 59-64, 179.

46 F. Nau, Notices des manuscrits syriaques..., in: Revue de l'Orient Chrétien 16, Paris 1911, 308-310.

Erbrecht vorauf und man kann aufgrund des Vergleichs mit der Hs. Vat. arab. 153 — wie schon erwähnt — vermuten, daß auch der syrische Text unseres islamischen Erbrechts vorangestellt war. Es ist also wohl so, daß in dieser syrischen Handschrift — aus welchem Grund auch immer — eine zumindest räumliche Beziehung zwischen dem vermutlich anonymen islamischen Erbrecht und der Synode des Johannes bestand (in der Hs. Vat. arab. 153 fehlt die Liste der Synodalen). Wenn Mārī (oder seine Vorlage) eine solche Handschrift kannte und er deshalb die Texte mit Johannes bar Aḇgārē in Verbindung brachte, wäre es erklärlich, wie der Bericht über die Synode mit den genauen Angaben über die Annäherung an islamisches Recht in die historische Quelle gelangte. Sie verlöre damit aber gleichzeitig ihren eigenständigen geschichtlichen Wert. Zusammengefaßt: Mārī wäre aufgrund des Inhalts des Textes, für dessen Verfasser er Johannes bar Aḇgārē hielt, zu dem Ergebnis gekommen, daß dieser Anleihen beim islamischen Recht gemacht habe, und später hätte Assemani anhand von Mārīs Bericht Johannes bar Aḇgārē als Verfasser des islamisch-rechtlichen Traktats der Hs. Vat. arab. 153 identifiziert.

Wie es zu der vermuteten Zusammenstellung der beiden unterschiedlichen Rechtstexte mit der Bischofsliste in der syrischen Handschrift, aus der fol. 138-147 der Hs. Paris syr. 354 stammen, gekommen ist, läßt sich ohne weitere Quellen wohl nicht feststellen[47]. Auch wenn die Annahme richtig ist, daß sie in der Handschrift dicht beieinander standen, kann das nicht als Beweis für die Verfasserschaft des Johannes bar Aḇgārē gelten. Angesichts der vielen Unsicherheiten muß auch offenbleiben, wie verläßlich die Angabe Mārīs in der Patriarchengeschichte ist und welche Schlüsse man daraus ziehen kann.

Auf die Frage, ob Johannes bar Aḇgārē als Verfasser in Betracht kommt, bin ich trotz der scheinbar eindeutigen Verfasserangaben in den westsyrischen Handschriften ausführlich eingegangen, weil auch dort die Verfasserfrage — wie jetzt zu zeigen ist — nicht geklärt werden kann.

Es erweckt bereits Verdacht, daß bei den Westsyrern die Texte teils anonym überliefert sind, einmal einem Patriarchen Johannes und schließlich sogar »Mār Johannes und Mār Ignatios« beigelegt werden. Wie soll man sich die Abfassung durch zwei Patriarchen vorstellen? Wenig vertrauenswürdig wirkt auch die Überschrift in den Hss. Mard. Orth. 325 und 324 sowie Istanbul 164, wonach das Erbrecht — was gewiß falsch ist — auf kirchlicher Überlieferung beruhen soll. Merkwürdig ist ferner, daß die Hs. Dam. 8/11 (geschrieben

47 Die Zusammenstellung kann, wie ich an anderer Stelle (Ein weiteres Rechtsbuch der Nestorianer — s. oben Fußn. 40 — S. 113f.) ausgeführt habe, auch dafür verantwortlich sein, daß die betreffende Fassung des Erbrechts des ʿAḇdīšōʿ bar Bahrīz dem Johannes bar Aḇgārē zugeschrieben wurde, obwohl meines Erachtens dieser Katholikos in Wirklichkeit nichts damit zu tun hat.

1204 n.Chr.), die sowohl echte Kanones des Johannes und Ignatios (s. oben Fußn. 33) wie auch islamisch-rechtliche Texte enthält, letztere anonym überliefert, also von einer Verfasserschaft der genannten Patriarchen offensichtlich nichts weiß. Mir sind keine sonstigen Quellen bekannt, welche die zweifelhaften Angaben der Überschriften stützen würden[48]. Es fällt auch auf, daß einige Handschriften erst mit dem zweiten Text (ab §51 meiner Ausgabe) einsetzen. Wichtig erscheint mir dabei folgende Beobachtung: in diesen Handschriften — und nur in ihnen! — wird zutreffend angegeben, daß islamisches Recht (»Recht der Araber«) zugrundeliege, und ein Verfassername nicht genannt; in denjenigen Handschriften dagegen, die Verfasser angeben, fehlt der richtige Hinweis auf islamisches Recht[49]. Dieser Befund bestätigt übrigens meine oben geäußerte Annahme, daß die arabische Übersetzung in der Hs. Vat. arab. 153 ursprünglich anonym war und der Randvermerk ein späterer Zusatz ist, weil auch sie erst mit dem zweiten Text beginnt und ein Hinweis auf den islamischen Ursprung vorhanden ist.

Man könnte sich nun die Entwicklung so vorstellen: Der zweite, anonyme Text (möglicherweise schon zusammen mit den ihm folgenden, vgl. die Übersicht unten S. 67) wurde von einem Unbekannten aus einer islamisch-arabischen Vorlage ins Syrische übertragen. Danach stellte jemand eine ähnliche, ebenfalls islamisch-rechtliche Abhandlung (§§ 1-50 meiner Ausgabe) voran. Allenfalls dieser Text könnte, wenn man die Nennung der Namen überhaupt ernst nimmt, von Johannes und Ignatios stammen, oder vielleicht sogar nur die Zusammenstellung der Texte.

Es sei noch eine weitere Beobachtung angeschlossen: In der Überschrift der Hs. Mard. Orth. 325[50] (s. oben S. 58) werden zuerst die kirchliche Überlieferung sowie Ignatios und Johannes genannt, dann die »Bücher der Könige« und schließlich noch ein »Buch der Leitung der griechischen Könige«. Die Überschrift ist weder voll verständlich noch trifft sie ganz zu. Nach den islamisch-rechtlichen Texten folgen in der Handschrift erbrechtliche Auszüge aus dem Nomokanon (»Buch der Leitung«) des Barhebraeus, und zwar beginnend mit dem Intestaterbrecht, für das Barhebraeus (Kap. 10, Abschnitt 1)[51] und ebenso auch der Auszug Kaiser Konstantin als Gewährsmann angegen. Damit wird klar, worauf die Formulierung »Buch der Leitung

48 Barhebraeus zitiert in seinem Nomokanon zwar Kanones der Patriarchen Johannes und Ignatios, nicht aber die islamrechtlichen Texte.

49 Eine Ausnahme macht nur die Hs. Brit. Mus. Add. 18,715, die weder einen Verfasser nennt noch etwas von islamischem Recht sagt. Es handelt sich bei ihr jedoch um eine stark gekürzte Fassung, bei der auch die Namen weggelassen worden sein dürften.

50 Die Hs. Mard. Orth. 324 kann hier unberücksichtigt bleiben, weil der Schreiber den Text erkennbar geglättet hat.

51 Mai aaO 88bff.; Bedjan aaO 175ff.

der griechischen Könige« anspielt. Es ist aber merkwürdig, daß die Angabe eben doch falsch ist. Derjenige, der den Text aus dem Nomokanon entnommen hat, hätte kaum eine solche Überschrift wählen können. Es sieht eher so aus, als ob sie ein Späterer, der den Auszug bereits vorfand, so formuliert hat. Es kommt hinzu, daß für die in der Überschrift angegebenen »Bücher der Könige« kein entsprechender Text in der Handschrift vorhanden ist. Die Zusammenstellung von Johannes, Ignatios, den Büchern der Könige und den griechischen Könige erinnert ein wenig an die Einleitung des zweiten Teils der Hs. Dam. 8/11, wo es heißt: »... beginnen wir zu schreiben das Buch, in dem alle neuen Kanones dieser anderen Patriarchen enthalten sind, nämlich des Gīwargīs, des Kyriakos — zwei Texte —, des Dionysios, des Johannes, des Ignatios, und alle Gesetze, Entscheidungen, Vorschriften, Erbschaft(sbestimmung)en usw. der griechischen Könige, sowie alle Entscheidungen, Gesetze, Vorschriften, (Bestimmungen über) Erbschaften, Freilassung von Sklaven, allen Erwerb usw. der arabischen Könige, unter deren Herrschaft die Gläubigen dienen und deren Gesetze sie annehmen ...«[52]. In der Damaszener Handschrift folgen auch wirklich die genannten Stücke: die Kanones der aufgezählten westsyrischen Patriarchen, die islamischrechtlichen Texte (ab §51 meiner Ausgabe), die »Sententiae Syriacae«[53] und das Syrisch-römische Rechtsbuch. In der Hs. Mard. Orth. 325 ist das nicht der Fall. Es sieht so aus, als ob dort jemand nachträglich eine Einleitung hinzuerfunden und sich dabei an den eben zitierten Text gehalten hat.

Die Ähnlichkeit zwischen den beiden Stellen verleitet zu einem weiteren Erklärungsversuch für die Nennung der Namen. Wenn einerseits in einer Sammlung wie der Hs. Dam. 8/11 dem anonymen islamischen Rechtswerk Texte jakobitischer Patriarchen voraufgehen, andererseits Handschriften entstanden, in denen dem anonymen Text ein anderer (§§1-50 meiner Edition) vorangestellt war, könnte der vorangestellte aufgrund irgendeines Umstandes für das Werk von Patriarchen gehalten worden sein, und dann natürlich der an letzter Stelle stehenden, nämlich Johannes und Ignatios. Gleichzeitig oder später wäre dann der Hinweis auf islamisches Recht zu Beginn des zweiten Textes, der im christlichen Bereich vielleicht irgendwann anstößig wirkte, getilgt worden.

Ich bin mir bewußt, daß ich mich mit solchen Überlegungen auf sehr unsicherem Boden bewege und wohl auch mehrere Stufen der Textgeschichte

52 Vööbus, Synodicon II 1 (Text und Übersetzung).

53 So bezeichnet von W. Selb in: Zeitschrift der Savigny-Stiftung für Rechtsgeschichte, Romanistische Abteilung, Bd. 85, Weimar 1968, 400-403. Es handelt sich um einen dem römischen Recht zugehörigen, noch nicht näher untersuchten Text. Er hat mit dem seit langem bekannten Syrisch-römischen Rechtsbuch nichts zu tun, worauf bereits Selb hinwies; vgl. auch meine Besprechung zu Vööbus' »Very Important Manuscript Sources ...« (oben Fußn. 16) in OrChr 59, 1975, 189.

voraussetzen muß. Aber ganz zufällig scheint mir der Anklang der Überschrift in der Hs. Mard. Orth. 325 an die Einleitung des zweiten Teils in der Hs. Dam. 8/11 nicht zu sein.

In der Hs. Istanbul 164 ist die Überschrift kürzer als in der Mardiner Handschrift, dafür sind die beiden Patriarchennamen noch in der — sofern Johannes III. und Ignatios I. gemeint sind — richtigen zeitlichen Reihenfolge. Eine weitere Stufe würde die Hs. Cambridge Add. 2023 darstellen, die nur noch den Patriarchen Johannes nennt, möglicherweise weil dem Schreiber die Abfassung durch zwei Patriarchen nicht geheuer war.

Nach allem halte ich es für am wahrscheinlichsten, daß vorhandene islamische Erbrechtstraktate von einer oder mehreren Personen ins Syrische übertragen wurden, deren Namen — vielleicht weil es sich eben nur um Übersetzungen handelte — nicht angegeben werden. Jedenfalls kann ein Beweis für die Urheberschaft einer bestimmten Person nicht geführt werden. Es hat den Anschein, daß die Übersetzung innerhalb der westsyrischen Kirche erfolgte, wo sich die Texte in mehreren unterschiedlichen Fassungen finden. Der zweite der Texte läßt sich aber auch bei den Ostsyrern belegen. Zur Verwirrung trägt bei, daß in beiden Kirchen islamisches Erbrecht mit einem Patriarchen Johannes in Verbindung gebracht wird. Ob das Zufall ist oder ob die Zuschreibung in der einen Kirche zu einer falschen Identifizierung in der anderen führte, möchte ich nicht entscheiden.

Abschließend sei angemerkt, daß uns die islamische Rechtsgeschichte auch nicht weiterhilft. Aus der Frühzeit des Islam scheint nur das Kitāb al-Farā'iḍ des Sufyān at̲-T̲aurī (gestorben 778 n.Chr.) erhalten zu sein[54]. Es ist mit unseren Texten nicht zu vergleichen und scheidet als Vorlage aus. Die sonstigen vorhandenen monographischen Darstellungen des islamischen Erbrechts stammen aus einer hier nicht mehr interessierenden späteren Zeit[55]. Einen Hinweis auf die islamische Vorlage könnte eine Stelle bieten, die nur

54 Hrsg. und kommentiert von H.-P. Raddatz in: Die Welt des Islams, N.S., Bd. 13, Leiden 1971, 26-78.

55 Ebda. 30, unter Hinweis auf J. Schacht, An Introduction to Islamic Law, Oxford 1964, 264. Vgl. auch F. Sezgin, Geschichte des arabischen Schrifttums, Band I, Leiden 1967, 399ff.

1 Dam. 8/11 ist abgedruckt bei Vööbus, Synodicon III 64-91. Die Hs. Midyat Melki 11 (s. oben Fußn. 28), die mir nicht zugänglich war, dürfte als Abschrift in diese Gruppe gehören.

2 Vermutlich stammt die Randbemerkung von späterer Hand (s. oben S. 60).

3 Die Hs. enthält nur eine stark gekürzte Fassung.

4 Der Text bricht in § 79 (nach der Zählung meiner Ausgabe) ab.

5 Der Text endet mit § 55 (nach der Zählung meiner Ausgabe).

6 Vgl. meine Ausgabe in OrChr 59 (1975) 25-29; Vööbus, Synodicon II 86-88.

7 Vgl. meine Ausgabe ebda. 31-34; Vööbus ebda. 89-91.

Übersicht über die Handschriften, die Texte zum islamischen Recht enthalten

	Brit. Libr. Add. 18,295	a) Dam. 8/11[1] b) Mard. 323 c) Mard. 326	Vat. arab. 153	Cambr. Add. 2023	Brit. Libr. Add. 18,715	a) Mard. 325 b) Mard. 324	Istanbul 164
Sigle in meiner Ausgabe	B	—	A	C	D	—	—
Alter der Hs.	1603	a) 1204 b) ca. 1960 c) 1661	14. Jh.	13. Jh.	16./17. Jh.	a) 15./16. Jh. b) ca. 1960	16./17. Jh.
Verfasser laut Hs.	—	—	Randbem.[2]: Johannes b. Abḡārē	Patriarch Johannes	—[3]	Ignatios u. Johannes	Johannes u. Ignatios, Patr. von Antiocheia
Hinweis auf islam. Recht	ja	ja	ja	nein	nein	nein	nein
Textbestand:							
Erster Text (§§ 1-50)	nein	nein	nein	ja	ja	ja	ja
Zweiter Text (§§ 51-163)	ja	ja	ja[4]	ja	ja	ja[5]	ja[5]
Schlußvermerk	ja	nein	?	ja	nein	nein	nein
§§ 164-186	nein	ja	?	ja	ja	nein	nein
Dritter Text (»Erbschaften der Araber«)[6]	nein	ja	?	nein	nein	nein	nein
»Berechnung der Erbschaften der Araber«[7]	nein	ja	?	nein	nein	nein	nein

Fußnoten: s. Seite 66.

in der Hs. Mard. Orth. 325 überliefert ist (nach §26; s. unten). Dort heißt es, daß die Halbgeschwister mütterlicherseits im »Buch der Erbschaft« erwähnt werden; dann scheint ein Zitat daraus zu folgen. Die arabische Vorlage, die hiernach nicht einfach übersetzt, sondern zumindest durch redaktionelle Bemerkungen erweitert wurde, könnte daher den Titel »Kitāb al-mīrāṯ« getragen haben.

Bemerkungen zu den neu aufgefundenen Handschriften

1) Erster Text (§§ 1-50 meiner Ausgabe)

Die drei Handschriften Istanbul 164 sowie Mardin 325 und 324 stellen gegenüber der Hs. Cambridge Add. 2023 eine eigene Version dar, die zwar inhaltlich kaum einmal abweicht, aber häufig anders formuliert ist. Ein gemeinsamer Text ließe sich schwer herstellen, die beiden Fassungen könnten bloß nebeneinandergestellt werden. Die einzelnen Bestimmungen und Beispielsfälle bestehen im wesentlichen nur aus Verwandtschaftsbezeichnungen, der Angabe der Erbteile und wenigen verbindenen Verben, so daß nicht ersichtlich ist, warum dieser literarisch alles andere als anspruchsvolle Text auch noch überarbeitet wurde. Man könnte daran denken, daß es sich um zwei selbständige syrische Übersetzungen eines arabischen Werkes handelt, aber dafür scheinen mir die Übereinstimmungen doch wieder zu groß zu sein. Beim zweiten Text (§§ 51-163) weichen übrigens die Versionen (auch B und C) in gleicher Weise voneinander ab (s. unten).

Die Hss. Istanbul 164, Mardin 325 und 324 gehen zweifellos auf eine gemeinsame Vorlage zurück und stimmen ziemlich wörtlich miteinander überein. Der Schreiber der für Mardin 325 und 324 vorauszusetzenden Vorlage hat den Text teilweise geglättet und verderbte Textstellen ausgelassen oder ergänzt. Er beschränkt sich, vor allem gegen Ende, auf die reinen Beispielsfälle und läßt allgemeinere Zwischenbemerkungen weg; manchmal bietet er gegenüber Istanbul 164 auch bessere Lesarten. An einigen Stellen ist zweifelhaft, ob tatsächlich Text fehlt oder in Istanbul 164 nachträgliche Zusätze enthalten sind. Die moderne Hs. Mardin 324 stimmt weitestgehend mit Mardin 325 überein, ist aber vielleicht doch keine Abschrift, weil der Text an einigen Stellen besser ist (was aber auch auf Verbesserungen des Schreibers zurückgehen kann). In ihr fehlen einige weitere Abschnitte.

Der Text insbesondere der Hs. Istanbul 164 ist zum Teil vollständiger und besser als derjenige der Hs. Cambridge Add. 2023, enthält aber andererseits auch Fehler und Lücken, die in letzterer nicht erscheinen. Manche Textverderbnisse sind allen Handschriften gemeinsam.

Die Hs. Brit. Libr. Add. 18,715 ist eine Kurzfassung, die weder von C abhängig sein kann, weil sie zum Teil vollständiger und besser ist, noch von Istanbul 164/Mardin 325, weil sie zwar in manchen Lesungen mit diesen Handschriften, vom Textbestand her aber viel eher mit der Handschrift in Cambridge übereinstimmt. Sie dürfte auf einer dritten, bisher nicht bekannten Version beruhen.

Weil eine vollständige Edition der drei neuen Handschriften nichts wesentlich Neues bringen würde, soll zunächst ihr Textbestand kurz angegeben werden, wobei ich mich an die Zählung meiner Ausgabe halte und die Zusätze durch das Zeichen + kennzeichne (angegeben werden nur längere Passagen, insbesondere neue Beispielsfälle). Die drei Handschriften enthalten keine Zählung.

1) Istanbul 164: §§ 1-5g, + , 5h, + , 6, 7, + , 8-10, + , 11, + , 12-19, + , 20-21, + , 22, + , 23, 24, + , 25, + , 26, + , + , 27a-31, + , 47, 48.
2) Mardin 325: §§ 1-5c, 6, + nach 7, 8-10, + , 11, + , 12-13, 15-19, + , 20-21, + , 22, + , 23, 24, + , 25, + , 26, + , 27a-31, + , 47, 48.
3) Mardin 324: wie Mardin 325, es fehlen zusätzlich: + nach 19, 20, + nach 25, 28, 29, 31, + vor 47, 48.

Die angegebenen Zusätze der neuen Handschriften lauten wie folgt (nach der Hs. Istanbul 164):

§ 5a: »Und wisse, daß neben dem Vater weder die Brüder noch die Schwestern erben, denn wenn ein Mann stirbt und den Vater hinterläßt, beerbt ihn sein Vater; wenn er (noch) eine Mutter hat, erbt sie neben ihm. Wenn der Verstorbene Brüder hinterläßt, erben sie neben seinem Vater nichts, solange er lebt. Und auch der Vatersvater erbt neben seinem Vater nichts«. Der Wortlaut ist ausführlicher als bei C und D, aber etwas umständlich und deshalb vielleicht nicht ursprünglich.

Nach § 5g: »Und dies wisse, daß neben dem Sohn des Halbbruders väterlicherseits weder der Onkel noch der Sohn des Onkels erbt«.

Nach § 5h: »Und ferner wisse, daß neben dem Sohn des vollbürtigen Bruders des Vaters weder der Halbbruder väterlicherseits des Vaters noch der Sohn dessen, der nicht vollbürtiger (Bruder des Vaters) ist, erbt«.

Diese beiden Bestimmungen fügen sich nahtlos in § 5 ein.

Nach § 7: »Eine Frau, die stirbt und ihren Mann, ihre Eltern, Söhne und Töchter hinterläßt. Die Erbschaft wird in zwölf Teile geteilt. Ihr Mann erbt ein Viertel — drei Teile — und ihre Eltern erben vier Teile. Und die fünf Teile, die übrigbleiben, erben ihre Kinder, jeder Mann soviel wie zwei Frauen«. Dieser Fall ist im Abschnitt »Erbschaft der (Ehe-)Frau« (§§ 7-10) fehl am Platz. Sachlich läßt er sich aber mit dem islamischen Erbrecht wohl in Einklang bringen, weil neben Abkömmlingen Vater und Mutter jeweils Anspruch auf ein Sechstel haben (vgl. meine Ausgabe S. 62-64; im Text wird nicht gesagt, ob im Verhältnis der beiden zueinander der Vater doppelt soviel wie die Mutter bekommt). Der Fall taucht an anderer Stelle nicht auf.

Nach § 10: »Ein Mann stirbt und hinterläßt Frau, vollbürtige Brüder, und [Halbbrüder und] Halbschwestern väterlicherseits. Die Frau bekommt ein Viertel, den Rest die vollbürtigen Brüder und die Halbbrüder und -schwestern väterlicherseits erben nichts«. Der Fall ist sachlich richtig gelöst. Der letzte Satz von § 10 der Version C (in meiner Ausgabe) ist in Wirklichkeit der letzte Satz des Zusatzes nach § 10. Der Text dazwischen ist wegen eines Homoioteleuton ausgefallen. Meine Konjektur in § 10 (Fußnote 3) ist gegenstandslos.

Nach § 11: »Und wisse, daß Töchter, (auch) wenn es zehn sind, nicht mehr als zwei Drittel erben«. Der Satz ist zwar richtig, aber nach dem Voranstehenden ganz überflüssig und wohl nicht ursprünglich. Die Hs. Istanbul 164 (nur sie) fährt fort: »Und das andere Drittel gehört dem von der Familie, dem die Erbschaft gebührt«.

Nach § 19: »Wisse, daß wenn kein männlicher Sohnessohn da ist, seine Schwester neben ihrer Tante (= Tochter des Erblassers) nichts erbt. Achte gut darauf«. Der Satz trifft zu, doch erweckt die merkwürdige Formulierung Bedenken gegen seine Ursprünglichkeit.

Nach §21: »Ein Mann stirbt und hinterläßt einen Sohnessohn, eine Sohnestochter und einen Sohn eines Sohnessohns. Der Sohnessohn und seine Schwester erbt die ganze Erbschaft, ein Mann soviel wie zwei Frauen, und die anderen gehen ohne Erbschaft leer aus«. Gegen den Fall und seine Lösung ist nichts einzuwenden.

Nach §22: »Ein Mann stirbt und hinterläßt Söhne und Töchter. Jeder Mann erbt soviel wie zwei Frauen«. Diese Regel wird — auf Kinder bezogen — sonst in unseren Texten nirgendwo ausgesprochen (vgl. meine Ausgabe S. 61 unter »Tochter« am Ende) und könnte hierher gehören.

Nach § 24: »Ein Mann stirbt und hinterläßt einen vollbürtigen Bruder und einen Halbbruder mütterlicherseits. Der vollbürtige Bruder erbt die ganze Erbschaft und der andere bleibt ohne Erbschaft«. Die Regelung findet sich sonst nur in § 5e — in allgemeiner Form — und paßt in den Zusammenhang.

Nach §25: »Ein Mann stirbt und hinterläßt zwei Brüder und zwei Schwestern. Es erben die Brüder und Schwestern die ganze Erbschaft, jeder Mann soviel wie zwei Frauen«.

§26 (bisher nur in der Version D überliefert): »Ein Mann stirbt und hinterläßt *eine* Tochter und eine Schwester. Die Tochter bekommt die Hälfte und die Schwester die Hälfte, denn eine Tochter bekommt nicht mehr als die Hälfte und auch nicht weniger als die Hälfte«.

Nach §26: »Ein Mann stirbt und hinterläßt drei Töchter und vier Schwestern. Die drei Töchter bekommen zwei Drittel und die vier Schwestern ein Drittel. Diese Erbschaft wird in sechsunddreißig Teile geteilt. Die Schwestern bekommen zwölf und die Töchter vierundzwanzig Teile.

Ferner: Die Erbschaft der Halbbrüder und -schwestern mütterlicherseits. Wisse, daß Halbbrüder und -schwestern mütterlicherseits zur nahen Verwandtschaft gehören. Und ihrer wird auch Erwähnung getan im Buch der Erbschaft, indem es folgendes sagt: ... (es schließt sich §27a an, in gegen Ende erweiterter Form).«

Die vorstehenden Bestimmungen entsprechen dem islamischen Recht und fügen sich, wie insbesondere die Überschrift zeigt, gut in den Zusammenhang ein. Der erste Halbsatz von §27a der Version D in meiner Ausgabe stimmt mit einem Teil des vorstehenden Zusatzes nach §26 überein, ist also an der betreffenden Stelle in der Ausgabe zu streichen.

§27b lautet in den Hss. Istanbul 164 und Mardin 325: »Und wisse, daß diese Halbbrüder mütterlicherseits, nachdem derjenige, der stirbt, einem Beliebigen wenig oder viel vermacht hat, von seiner ... (*rḥlh*?; vielleicht ist zu lesen: *dīleh* »von dem Seinigen«) erben; und ebenso wird die Schuld bezahlt«. Der Schreiber der Hs. Mardin 324 hat den Text offenbar ebenfalls nicht ganz verstanden und schreibt: »Wenn derjenige, der stirbt, letztwillig verfügt und sagt, daß den Halbbrüdern mütterlicherseits (die Erbschaft?) gegeben werde, soll auch alles ihnen gehören«.

§30 (bisher nur durch die Version D überliefert): »Ein Mann stirbt und hinterläßt einen Halbbruder und eine Halbschwester mütterlicherseits und den Sohn eines vollbürtigen Bruders. Der Halbbruder und die Halbschwester mütterlicherseits bekommen ein Drittel und der Sohn des vollbürtigen Bruders die zwei Drittel«.

Vor §47: »Wisse: wenn in der Erbschaft... (?; Mardin 325: ein Erbe) ist, nehmen sie (zuerst) ihre Erbschaft; und der Großvater kann danach sehen: wenn ein Drittel von dem, was übrigbleibt, für ihn besser und mehr ist als ein Sechstel der ganzen Erbschaft, wird es ihm gegeben; er kann von diesen beiden Arten (= Berechnungsmöglichkeiten) diejenige wählen, die er will. Und die Anwendung dieser (Regeln) ist folgende«. Der Text kann nicht in Ordnung sein, entspricht aber inhaltlich dem islamischen Recht: Wenn Quotenerben vorhanden sind, kann der Großvater von den beiden genannten Berechnungsweisen die ihm günstigere wählen (vgl. meine Ausgabe S. 74).

2) Zweiter Text (§§51-163 meiner Ausgabe)

Hier ergeben sich keine neuen Erkenntnisse. Die Hs. Istanbul 164 endet bereits mit §55 und fährt mit einem ganz anderen, nichtjuristischen Text fort. Mardin 325 enthält nur die §§53-55 und Mardin 324 überhaupt nur §54 (umgestellt und in verkürzter Form); in beiden folgen Auszüge aus dem Nomokanon des Barhebraeus.

Soweit die Hss. Istanbul 164 und Mardin 325/324 die Texte überliefern, bieten sie eine vierte Textversion, die sich von derjenigen der Handschriften B, C und D meiner Ausgabe durchaus unterscheidet. Es läßt sich nicht sagen, welcher von den beiden längeren Fassungen (Hss. B und C) sie nähersteht. D ist auch in diesem Abschnitt nur eine Kurzfassung.

Die Hs. Mardin Orth. 326 (s. oben S. 57) setzt erst mit dem zweiten Text ein und stimmt auch sonst sehr genau mit der bereits bekannten Hs. Dam. 8/11 überein. Neben einer Reihe eigener Sonderfehler bietet sie an einigen wenigen Stellen einen besseren Text, so daß sie keine Abschrift von Dam. 8/11 sein dürfte. Diese beiden Handschriften bilden eine Gruppe mit der Hs. Brit. Libr. Add. 18,295 (Hs. B meiner Ausgabe), auf deren enge Verwandtschaft mit der Damaszener Handschrift ich bereits früher hingewiesen habe (OrChr 59, 1975, 19f.). Die Hs. Mardin Orth. 323 ist nur eine Abschrift von Dam. 8/11, so daß auf sie nicht näher eingegangen werden muß.

3) Bei den §§164-186 meiner Ausgabe ist in der Hs. Dam. 8/11 (und den Hss. Mardin 323 und 326) die Reihenfolge gegenüber C und D verändert. Auch hierüber habe ich schon berichtet (ebda. 21).

4) Die weiteren Texte (»Erbschaft der Araber« und »Berechnung der Erbschaften der Araber«) sind nach der Hs. Dam. 8/11 veröffentlicht worden (s. oben S. 66, Fußn. 6 und 7). Die Hss. Mardin 323 und 326 zeigen keine Abweichungen.

HANS DAIBER

Ein vergessener syrischer Text: Bar Zoʿbī über die Teile der Philosophie

Es ist den Fachgelehrten bisher entgangen [1], daß auch die Literatur-Fakultät der Universität Bagdad unter ihren arabischen Handschriftenschätzen mindestens 18 syrische Handschriften besitzt. Diese stammen wohl aus dem Besitz der Familie ʿAuwād. Bis zur Aufhebung des Maʿhad ad-Dirāsāt al-Islāmīya al-ʿUlyā im Jahre 1969 befanden sie sich in diesem Institut. Sie wurden sehr unzureichend beschrieben in einem 1968 von Ṣāliḥ Aḥmad al-ʿAlī in Bagdad zusammengestellten hektographierten Verzeichnis mit dem Titel *al-Maḫṭūṭāt al-ʿarabīya fī Maʿhad ad-Dirāsāt al-Islāmīya l-ʿUlyā* [2]. Die syrischen Texte sind überwiegend liturgischen und erbaulichen Inhaltes; eine Handschrift enthält die Psalmen Davids [3]. Besonderes Interesse verdient die nicht paginierte und undatierte Sammelhandschrift Nr. 258; sie ist überwiegend philosophischen Inhaltes und enthält der Reihe nach folgende Texte:

1) Barhebraeus' Philosophiekompendium *K̇ṯāḇā das̈wāḏ sōfīyā* [4].
2) *Puššāqā ḏaš̈māhē ʿasqē*: Eine Erklärung schwieriger philosophischer Termini.
3) *Memrā ḏ̈ʿal pulgē ḏ̈fīlāsōfīyā*: Eine 31 Seiten umfassende Abhandlung über die Teile der Philosophie in siebensilbigem Metrum. Über den Text werde ich hier ausführlich berichten.
4) Yōḥannān Bar Zoʿbīs Abhandlung über vier Grundprobleme der Philosophie, gleichfalls in siebensilbigem Metrum (60 Seiten). Dieser von ANTON BAUMSTARK [5] nach zwei Handschriften genannte Text geht über den Anfang der Philosophie; ferner behandelt er die Frage, was die Philosophie ist, wozu sie ist und wie sie ist. Wie eine vorläufige Überprüfung zeigt, knüpft

1 Vgl. z.B. W.F. MACOMBER: *New Finds of Syriac Manuscripts in the Middle East.* — In: 17. Deutscher Orientalistentag vom 21. bis 27. Juli 1968 in Würzburg. Vorträge. T. 2, hrsg. v. WOLFGANG VOIGT. Wiesbaden 1969 (= ZDMG. Supplementa. 1), S. 473-482.

2 Nämlich unter den Nummern 85; 233; 258; 288; 289; 295; 297; 300; 301; 302; 303; 313; 314; 319; 339; 341; 349; 356.

3 Nr. 349.

4 Mit Übersetzung und Kommentar hrsg. v. HERMAN F. JANSSENS: *L'entretien de la sagesse.* Liège-Paris 1937. = Bibliothèque de la Faculté de Philosophie et Lettres de l'Université de Liège, fasc. LXXV.

5 *Geschichte der syrischen Literatur* (abgek. GSL), Bonn 1922, S. 311⁴.

Bar Zoʿbī hier an Aristoteles, *Analytica posteriora* II 1 (εἰ ἔστι; τί ἐστι; ὁποῖον τί ἐστι; διά τί ἐστι) an und folgt der Erörterung in den *Prolegomena*[6] des christlichen Theologen und Philosophen David (5. Jh.)[7].

5) Als letzter Traktat steht in der Bagdader Handschrift ein Auszug aus einem syrisch-arabischen Lexikon, welches sich zuweilen auf Bar Bahlūls Lexikon stützt[8].

Von den genannten Texten befinden sich die Nummern 1 bis 4 in derselben Reihenfolge in der 1698 bis 1713 geschriebenen syrischen Sammelhandschrift India Office Library Nr. 9[9], und zwar auf den Folia 60r-100v (= Nr. 13-16). Beide Handschriften sind in einem nestorianischen Schriftduktus geschrieben, wie er in der Neuzeit seit dem 17./18. Jahrhundert üblich ist. Vergleicht man beide miteinander an Hand des Textes Nr. 3 über die Teile der Philosophie[10] und zieht man hierzu die dritte, 1735 n.Chr. geschriebene und von BAUMSTARK[11] als einzige genannte Hs. Berlin 92 (Sachau 306), fol. 120v-124r heran, ergibt sich folgendes: Die gemeinsame Reihenfolge der Handschriften Bagdad und India Office Library ist nicht zufällig, sondern rührt von einer gemeinsamen Vorlage her; dies zeigen gemeinsame, z.T. fehlerhafte Abweichungen und Auslassungen gegenüber der Berliner Hs. Hierbei ist einerseits in der Bagdader Hs. eine große Lücke[12], welche sich nach den beiden anderen Hss. ergänzen läßt; vermutlich ist hier ein ganzes Blatt ausgefallen. — Andererseits läßt die Bagdader Hs. einen Satz aus[13], welcher in der Hs. der India Office Library[14] am Rande nachgetragen worden und in der Berliner Hs.[15] vorhanden ist. Somit können die beiden Hss. in Bagdad und India Office Library nicht voneinander abgeschrieben sein, sondern vielmehr von einer gemeinsamen Vorlage, die qualitativ nicht immer an die Berliner Hs. heranreicht. Dennoch sind beide für die Herstellung des Textes über die Teile der Philosophie unentbehrlich. Denn die Berliner Hs. ist an zahlreichen Stellen — vermutlich infolge Wassereinwirkung — nicht mehr lesbar.

6 Ed. ADOLFUS BUSSE, Berolini 1904 = Commentaria in Aristotelem Graeca (abgek. CAG) XVIII/2, S. 1,15 ff. — Über Inhalt und Aufbau informiert L. G. WESTERINK: *Anonymous Prolegomena to Platonic Philosophy*. Amsterdam 1962, S. XXIX f.

7 Das wenige, was wir über ihn wissen, hat WESTERINK (s. vor. An.) S. XXIII f. zusammengestellt.

8 Der Auszug beginnt mit einer Erklärung des Wortes ἀπολογία, wozu man Bar Bahlūl, *Lexicon syriacum* ed. RUBENS DUVAL I, Paris 1901, S. 250, ult. vergleiche.

9 S. die Beschreibung von GIUSEPPE FURLANI, *Il manoscritto siriaco 9 dell' India Office*. — In: Rivista degli studi orientali 10, Roma 1923-4 (S. 315-320), S. 316 f.

10 = India Office Library 9, fol. 83v-89r.

11 GSL (s.o. Anm. 5) S. 311[10].

12 Zwischen den Seiten 13 und 14.

13 S. 15, ult.

14 Fol. 86v.

15 Fol. 122r, ult.

Nun zum Text über die Teile der Philosophie: BAUMSTARK ist in seiner Arbeit über die »*Syrische(n) Commentare zur* ΕΙΣΑΓΩΓΗ *des Porphyrios*«[16] nicht näher auf ihn eingegangen; er nennt ihn innerhalb einer Aufzählung von späteren Nachahmungen eines durch 'Anān-Īšō' um 645 verfaßten Werkes über ὅροι und διαιρέσεις, d.h. über Definitionen und Teile der Philosophie[17]. Ausgangstext sei Porphyrius' Einleitung (Isagoge) in die aristotelische Logik. Hierbei nimmt BAUMSTARK an[18], daß eine anonyme griechische Isagoge nach der Übersetzung des Athanasius von Balad sowie der verlorene Isagoge-Kommentar des Ammonius-Schülers Johannes Philoponus herangezogen worden seien. Ferner nehmen BAUMSTARK und in seiner Nachfolge GIUSEPPE FURLANI[19], GERHARD RICHTER[20] und PAUL MORAUX[21] an, daß derselbe Kommentar des Johannes Philoponus im Isagoge-Kommentar seines Zeitgenossen, nämlich des Stephanus Alexandrinus benutzt worden sei; über Stephanus habe Johannes Philoponus' Kommentar Eingang gefunden in ein Ende des 7./Beginn des 8. Jahrhunderts verfaßtes syrisches Logikkompendium. Dieses sei im 12. Jh. von Severus Bar Šakkū in seinem Buch der Dialoge verwendet worden.

Obwohl BAUMSTARK sich hierbei auf mehrere syrische Texte beruft, welche er zum ersten Mal in Text und Übersetzung vorlegt, ist seine Beweisführung mit vielen Unsicherheiten behaftet. Wir wissen z.B. nichts über einen Kommentar des Stephanus Alexandrinus zu Porphyrius' Isagoge[22], geschweige denn ist uns das syrische Kompendium erhalten, welches BAUMSTARK als Zwischenglied zwischen Stephanus und Severus annimmt. Auch die Existenz eines von Johannes Philoponus verfaßten und später ins Arabische übersetzten Kommentars zur Isagoge läßt sich bislang nur vermuten[23]. Hier kann nur ein neuer Text weiterhelfen.

16 = *Aristoteles bei den Syrern vom V.-VIII. Jahrhundert. Syrische Texte.* Hrsg., übers. und untersucht. I. Leipzig 1900, S. 131ff.

17 BAUMSTARK, *Aristoteles* (s. vor. Anm.) S. 212f. — Zum philosophiegeschichtlichen Hintergrund der hier vorgenommenen Einteilung der Begriffe s. den Artikel *Dihairesis* in: Historisches Wörterbuch der Philosophie II, Darmstadt 1972.

18 Man vergleiche das Stemma bei BAUMSTARK, *Aristoteles* (s. Anm. 16) S. 219.

19 *Il libro delle definizioni e divisioni di Michele l'Interprete.* Roma 1926 (= Atti della Reale Accademia dei Lincei. Anno 323. Serie 6. Memorie delle classe di scienze morali, storiche e filologiche II), S. 152 (Stemma).

20 *Die Dialektik des Johannes von Damaskos.* Ettal 1964 (= Studia Patristica et Byzantina. 10), S. 17 (Stemma).

21 *Der Aristotelismus bei den Griechen.* I. Berlin, New York 1973, S. 129-131.

22 Wir hören nur von einem Kommentar zu Aristoteles' *De interpretatione* (hrsg. v. MICHAEL HAYDUCK in CAG XVIII/3, Berolini 1885) und zu Aristoteles' *Categoriae*: vgl. HERMANN USENER, *Kleine Schriften* III, Leipzig-Berlin 1914, S. 247-322, bes. 254; RAYMOND VANCOURT, *Les derniers commentateurs Alexandriens d'Aristote: L'école d'Olympiodore. Etienne d'Alexandrie.* Lille 1941, S. 34ff. Die bei VANCOURT S. 40-42 mitgeteilten Definitionen des Stephanus weisen keine nähere Übereinstimmung zum syrischen Text auf.

23 Vgl. BAUMSTARK, *Aristoteles* (s.o. Anm. 16) S. 171ff.; 173ff. und (zu Stephanus) S. 186ff.

In diesem Zusammenhang erscheint der syrische Text über die Teile der Philosophie als besonders wichtig. Er hätte es eigentlich bereits für Baumstark sowie für Furlani sein müssen; FURLANI hatte, BAUMSTARKs Stephanus-Johannes-Philoponus-Quellenhypothese weiterführend, auf Grund der Parallelen zwischen Johannes Damascenus (*Dialectica*) und Severus Bar Šakkū angenommen[24], daß auch Johannes Damascenus über eine anonyme Zwischenquelle dieselben Traditionen aus den Isagoge-Kommentatoren der Ammonius-Schule bewahrt habe, die man für den verlorenen Isagoge-Kommentar des Stephanus annehmen könne — nämlich Traditionen des Johannes Philoponus und des David. — Auch FURLANI hat hier die Bedeutung des syrischen Textes über die Teile der Philosophie nicht erkannt; er beschränkt sich auf eine kurze Übersicht über die einzelnen Themen[25]; wie BAUMSTARK[26] hält er den Text für ein spätes Produkt, das höchstwahrscheinlich Bar Zoʿbī zum Verfasser habe[27].

Indessen nennt keine der drei Hss. Bar Zoʿbī. Die Tatsache, daß der Text in siebensilbigem Metrum geschrieben ist, beweist m.E. nicht stringent Bar Zoʿbīs Verfasserschaft. Auch eine Analyse des Inhaltes und ein Vergleich mit anderen Schriften des Bar Zoʿbī[28] hilft hier vorläufig nicht weiter; ebensowenig ein Vergleich mit Bar Zoʿbīs Schüler[29] Severus Bar Šakkū; Barhebraeus zufolge[30] soll Severus sich bei Bar Zoʿbī »das erste Buch der Logik« (*k'ṯāḇā qaḏmāyā ḏām'līlūṯā*) angeeignet haben, wobei man hier an eine Einleitung in die Logik nach Art der Prolegomena-Literatur denken kann. Vergleicht man jedoch das von JULIUS RUSKA[31] herausgegebene und übersetzte Kapitel über den Ursprung der Namen der sieben griechischen Philosophenschulen mit dem entsprechenden Abschnitt bei Bar Zoʿbī[32], kann man keinerlei Abhängigkeit feststellen. Es zeigt sich im Gegenteil, daß unser

24 *Il libro delle definizioni* (s. o. Anm. 19) S. 150f.

25 *Il libro* (s. o. Anm. 19) S. 8.

26 GSL (s. o. Anm. 5) S. 311: »... die wenigstens mit großer Wahrscheinlichkeit für J(ōḥannān Bar Zoʿbī) in Anspruch genommen werden können«.

27 FURLANI (s. o. Anm. 19) S. 8: »... non mi sembra che si possa negare che il suo autore è Giovanni bar Zoʿbī«.

28 Vgl. Bar Zoʿbīs Abhandlung in siebensilbigem Metrum über den Unterschied von Natur und Hypostase sowie von Person und Antlitz, hrsg. u. übers. v. G. FURLANI (*Yoḥannān Bar Zoʿbī sulla differenza tra natura, ipostasi, persona e faccia*) in Rivista degli studi orientali 12, 1929, S. 272-285.

29 Vgl. hierzu JULIUS RUSKA: *Studien zu Severus bar Šakkū's »Buch der Dialoge«*. — In: ZA 12, 1897 (S. 8-41; 145-161), S. 24; BAUMSTARK, *Aristoteles* S. 211.

30 Vgl. Text und Übersetzung bei RUSKA, l.c.

31 *Studien* (s.o.Anm. 29) S. 149-153; einen verbesserten syrischen Text bietet G. FURLANI: *Frammenti di una versione siriaca del commento di Pseudo-Olimpiodoro alle Categorie d'Aristotele* (= *Contributi alla storia della filosofia greca in oriente. Testi siriaci.* III). — In: Rivista degli studi orientali 7, 1916-18 (S. 131-163), S. 148f.

32 Hs. Bagdad S. 7f. (Kp. 12).

syrischer Dihairesistext[33] die auch bei Severus nachwirkende griechische Tradition getreuer bewahrt hat. Diese griechische Tradition ist von fünf Kommentaren zu Aristoteles' *Categoriae* festgehalten worden[34]; ein genauer Vergleich mit deren Verfassern, nämlich Ammonius[35], Philoponus[36], Olympiodorus[37], Elias[38] und Simplicius[39] ergibt überraschenderweise, daß der syrische Dihairesistext am meisten Ammonius' Kategorienkommentar[40] gleicht. Das ist kein Zufall; denn Ammonius' Kategorienkommentar erscheint zum Teil wörtlich wiedergegeben auch in den Passagen[41] über die Teile der Quantität (*k ̇māyūṯā* = ποσόν), des Verhältnisses zwischen zwei verschiedenen Dingen, der Qualität (*aynāyūṯā* = ποιόν), der Kategorien »Wo« und »Wann«, der an ein Subjekt gebundenen Qualifikationen[42], der Kategorien des Handelns (pt. *'āḇeḏ* = ποιεῖν), des Unterschiedes (*šuḥlāfā* = διαφορά); ferner in den Kapiteln über die verschiedenen Arten von Hyle, Eidos, Spezies, Akzidens; über die Gemeinsamkeiten von Genus, Eidos, Spezies und Akzidens sowie über die contraria. Diese Exzerpte aus Ammonius' Kategorienkommentar werden ohne bestimmtes System ergänzt mit zum Teil um neue Beispiele erweiterten Zitaten oder Zusammenfassungen aus Porphyrius' Kategorienkommentar[43] und aus Aristoteles' *Categoriae*; ferner aus Porphyrius' *Isagoge*[44] und Ammonius' Kommentar zur *Isagoge*[45]. In einigen Fällen werden hierbei Beispiele genannt, welche allein in Johannes Damascenus' *Dialectica*[46] auftauchen.

Welche Schlußfolgerungen können wir daraus ziehen? Meines Erachtens keine andere als die, welche GERHARD RICHTER[47] in seiner Untersuchung der Quellen von Johannes Damascenus' *Dialectica* gezogen hat: Johannes

33 Ebenso übrigens ein Scholion in der Pariser Hs. 161, fol. 8v (übersetzt bei ERNEST RENAN: *De philosophia peripatetica apud Syros*. Parisiis 1852, S. 47); ferner (im Wortlaut fast identisch mit unserem Text und in genau derselben Reihenfolge!) die Hs. Sachau 116, fol. 7r: s. die Edition von FURLANI, *Frammenti* (s. o. Anm. 31) S. 147.

34 Man vergleiche die Inhaltsübersicht der Kapitel über die Philosophenschulen bei WESTERINK (s.o. Anm. 6) S. XXVI.

35 Ed. A. BUSSE in CAG IV/4, 1895, S. 1ff.

36 Ed. BUSSE in CAG 13/1, 1898, S. 1ff.

37 Ed. BUSSE in CAG 12/1, 1902, S. 1ff.

38 Ed. BUSSE in CAG 18/1, 1900, S. 1ff.

39 Ed. CAROLUS KALBFLEISCH in CAG 8, 1907, S. 1ff.

40 Vgl. ed. BUSSE in CAG IV/4, S. 1,13-3,19.

41 Hs. Bagdad S. 13ff. (= Hs. Berlin fol. 122r, 2ff.) bis zum Schluß.

42 τὸ ἔν τινι. Bei dem Syrer ungenau wiedergegeben mit *īṯ* »Sein«.

43 Ed. BUSSE in CAG IV/1, 1887.

44 Ed. BUSSE (s. vor. Anm.); engl. Übers v. EDWARD W. WARREN (Toronto, Ontario 1975).

45 Ed. BUSSE in CAG IV/3, 1891.

46 Griech. Text in PG 94, Paris 1864, Sp. 523-675.

47 *Dialektik* (s.o. Anm. 20) S. 18. Vgl. die ebda S. 18f. genannten Beispiele von solchen Textsammlungen hellenistisch-byzantinischer Zeit; zu einem weiteren, von MORAUX herausgegebenen Beispiel s. u. Anm. 56.

Damascenus habe nicht selbst aus verschiedenen Quellen kompiliert, sondern eine verlorene Textsammlung benutzt, in welcher bereits mehrere Quellen verbunden erscheinen. Hierfür spricht in unserem Fall die Tatsache, daß nahezu der gesamte syrische Text auf griechische Quellen zurückführbar ist. Kein Syrer wird sich die Arbeit gemacht haben, aus so vielen verschiedenen griechischen Quellen das vorliegende Werk zusammenzuschreiben. Er hat im Gegenteil eine verlorene griechische Textsammlung benutzt und wohl teilweise zusammengekürzt, welche Porphyrius- und Ammoniustexte enthält[48] und worin einige zusätzliche, bei Johannes Damascenus bewahrte Interpretamente und Beispiele aufgenommen waren. Die überaus große Nähe zu den genannten Texten von Porphyrius und Ammonius macht die Annahme eines Zwischengliedes, z.B. Stephanus Alexandrinus, unwahrscheinlich. Zudem überwiegt Ammonius' Kommentar zu Porphyrius' *Isagoge* auch in den einleitenden Kapiteln des syrischen Textes über die Zweiteilung der Philosophie und über deren Unterabteilungen. Lediglich in den Kapiteln über die Tugenden der Seele und über das μεσότης-Prinzip wird auf Aristoteles' Nikomachische Ethik zurückgegriffen; hierbei folgt der syrische Text in der Zuordnung der Tugenden zu den drei platonischen Seelenteilen λογιστικόν, θυμικόν und ἐπιθυμητικόν einem platonischen Interpretament, das auch in den ps.-aristotelischen *Divisiones Aristoteleae*[49] oder in Pseudo-Elias' Vorlesungen über Porphyrius' *Isagoge*[50] festgehalten worden ist. Neuplatonisches Kolorit verrät die einmal[51] nachweisbare Wiedergabe von ἄγγελος[52] mit »Engel des Lichtes«; auf eine christliche Provenienz der vom Syrer reproduzierten griechischen Textsammlung weist das mit Johannes Damascenus[53] gemeinsame Beispiel der dem Genus nach vorhandenen Verwandtschaft zwischen Israel und Israeliten; ferner der Hinweis auf den gemeinsamen Gebrauch des Terminus »Mäßigkeit« bzw. »Sittsamkeit« (*k ̇nīḵūṯā*) durch »Heiden« (*barrāyē*) — d.h. griechischen Philosophen — und »Kirchenanhängern« (b ̇nay ʿedtā)[54]. Allerdings könnte letzteres auch auf das Konto des Syrers gehen. Doch dessen Eigenleistung scheint nach dem bisherigen Befund dermaßen gering zu sein, daß man sich fragen muß, ob er etwas anderes getan hat, als seine Vorlage in ein siebensilbiges Metrum zu bringen.

48 Hierbei sollte man bedenken, daß Porphyrius' Isagoge in den griechischen Handschriften z.T. zusammen mit dem Kommentar des Ammonius am Rande überliefert wird; ein Beispiel nennt L.G. WESTERINK, *Pseudo-Elias* (*Pseudo-David*): *Lectures on Porphyry's Isagoge*, Amsterdam 1967, S. IX.

49 Ed. HERMANN MUTSCHMANN (Lipsiae 1907) S. 17 b2ff.

50 Hrsg. u. übers. v. L.G. WESTERINK (s.o. Anm. 48) Kp. 14,16.

51 Hs. Bagdad, Kp. 18.

52 Ammonius, *In Porphyrii Isagogen sive V voces*, CAG IV/3, S. 100,14.

53 *Dialectica* (s.o. Anm. 46) Sp. 557 C.

54 Hs. Bagdad S. 4f.

Eine Ausnahme scheint hier das Kapitel über das Genus und seine drei Teile zu sein: der syrische Text nennt hier das einzige Mal seine Quelle, nämlich Porphyrius; er folgt in den Exzerpten aus dessen *Isagoge* an einigen wenigen, recht bruchstückhaften Stellen der 644/5 n.Chr. angefertigten syrischen Übersetzung des Athanasius von Balad[55]. Allerdings werden Beispiele gebracht, welche nur bei Johannes Damascenus belegbar sind; ferner folgt auf das Porphyrius-Exzerpt eine Vierteilung der Verwandtschaft dem Genus nach, welche nur in einem von PAUL MORAUX[56] herausgegebenen anonymen byzantinischen Kurzkommentar zu Porphyrius' *Isagoge* nachweisbar ist. Es scheint demnach, daß auch hier nicht ein syrischer Kompilator verschiedene syrische Übersetzungen verbunden hat; man sollte hinsichtlich der Berührungen mit Athanasius' Isagoge-Übersetzung mit der Möglichkeit rechnen, daß ein syrischer Übersetzer während seiner Arbeit an der griechischen Textsammlung die alte Isagoge-Übersetzung des Athanasius herangezogen hat. Offensichtlich hat er dies nicht regelmäßig getan; denn der syrische Text beruht z.B. in dem Abschnitt über die Zweiteilung des Lautes in ἄσημος und σημαντικός[57] auf Porphyrius' *Isagoge* (und Ammonius' Kommentar), ohne dabei Athanasius von Balads Porphyrius-Übersetzung[58] zu folgen. Mit diesen Beobachtungen müssen wir uns vorläufig begnügen; denn Athanasius' Übersetzung ist nur zum Teil[59] herausgegeben und die des Sergius von Reš'ainā[60] überhaupt noch nicht[61].

Fassen wir zusammen: Die Quellenanalyse unseres syrischen Dihairesistextes kann als Vorlage die Übersetzung einer verlorenen griechisch-christlichen Textsammlung wahrscheinlich machen, welche mehrere griechische Quellen kombiniert hat. Hierbei weist nichts auf Johannes Philoponus oder

55 Vgl. die Teiledition von ARON FREIMANN (*Die Isagoge des Porphyrius in den syrischen Übersetzungen.* Diss. Berlin 1897) S. 28f. zu Porphyrius, *Isagoge* ed. BUSSE 1,18-2,13.

56 *Ein unedierter Kurzkommentar zu Porphyrios' Isagoge.* — In: Zeitschrift für Papyrologie und Epigraphik 35, Bonn 1979 (S. 55-98), Kp. II 74-78; IV 138-140.

57 Hs. Bagdad Kp. 16f.

58 Vgl. ed. FREIMANN (s.o. Anm. 55) S. 29 zu Porphyrius, *Isagoge* ed. BUSSE 2,17-22.

59 Von FREIMANN (s.o. Anm. 55) auf den Seiten 27-32 seiner Dissertation (= griech. Text ed. BUSSE 1-4,20); als weitere Hs. müßte neben den von FREIMANN genannten Hss. noch Escorial 652 herangezogen werden; vgl. BAUMSTARK, *Aristoteles* (s. o. Anm. 16) S. 137-139.

60 Vgl. zu dieser FREIMANN S. 8; BAUMSTARK, GSL S. 168[9].

61 Dazu kann herangezogen werden: die nach Athanasius' syrischer Version angefertigte arabische Übersetzung des Abū 'Uṯmān ad-Dimašqī, welche AḤMAD FU'ĀD AL-AHWĀNĪ und 'ABDARRAḤMĀN BADAWĪ (in: *Manṭiq Arisṭū* III S. 1021-1068) im Jahre 1952 in Kairo nach der Hs. Paris 2346 herausgegeben haben (2. arab. Hs.: Brit. Mus. Supp. 721/III, fol. 143r-158); ferner der Kommentar des Abū l-Farağ aṭ-Ṭayyib (enthält auch den Porphyriustext), den KWAME GYEKYE herausgegeben (*Commentary on Porphyry's Eisagoge.* Beyrouth 1975) und bis auf einige Stücke ganz übersetzt hat (*Arabic Logic.* Albany 1979). Gyekyes Bücher geben in der Einleitung eine Übersicht über die syrisch-arabischen Übersetzungen und Bearbeitungen der Isagoge.

Stephanus Alexandrinus. Die Frage drängt sich auf, ob BAUMSTARK und FURLANI die Bedeutung des Johannes Philoponus und des Stephanus Alexandrinus nicht generell überschätzt haben[62]. Wie unser Text zeigt, kann entgegen BAUMSTARK[63] Ammonius nicht mehr als Quelle der syrischen Dihairesisliteratur ausgeschlossen werden; er hat den Syrern in einer verlorenen griechischen Textsammlung vorgelegen, welche weitere griechische Quellen verarbeitet hatte.

Diese griechische Textsammlung scheint früh ins Syrische übersetzt worden zu sein. Denn eine verwandte Textsammlung hat bereits dem 897 n.Chr. verstorbenen Historiker Ya'qūbī[64] vorgelegen: die von ihm gegebene Inhaltsübersicht der Aristoteles zugeschriebenen »Einleitung in die Wissenschaft der Philosophie« bzw. »Isagoge« entpuppt sich zu unserer großen Überraschung als ein dürftiger Auszug aus einer Dihairesis-Schrift, welche dem syrischen Text bis in die Beispiele hinein ähnlich sieht. Hiermit bietet Ya'qūbī einen terminus ante quem für die Entstehungszeit der syrisch-arabischen Übersetzungen von griechischen Textsammlungen bzw. Kompendien über die Teile der Philosophie. Der 950 verstorbene Philosoph Fārābī ließ sich dadurch zu einer philosophischen Einleitungsschrift inspirieren, nämlich zu seiner *Risāla fī-mā yanbaġī an yuqaddam qabla ta'allum al-falsafa*: diese enthält entsprechend der von uns nachgewiesenen griechisch-syrischen Tradition ein Kapitel über den siebenfachen Ursprung der Namen der griechischen Philosophenschulen[65]. Auch hier gibt es keine überzeugenden Anhaltspunkte für BAUMSTARKs einseitige Beschränkung auf Philoponus und Stephanus Alexandrinus. Man hat Ammonius besser gekannt als bisher angenommen worden ist — und zwar aus griechischen Textsammlungen, welche im Syrischen fortgelebt haben.

62 Hier müßte die von BAUMSTARK, *Aristoteles* (s.o. Anm. 16) nicht genannte Hs. Paris 248, fol. 63r-65v konsultiert werden, welche nach KHALIL GEORR (*Les Catégories d'Aristote dans leurs versions syro-arabes*. Beyrouth 1948) S. 202f. einen Auszug aus Johannes Philoponus' Kommentar zu Porphyrius' *Isagoge* enthalten soll.

63 *Aristoteles* (s.o.Anm. 16) S. 166f.

64 *Historiae* ed. M.TH. HOUTSMA I (Leiden 1893/²1969) S. 144/Übers. M. KLAMROTH (*Ueber die Auszüge aus griechischen Schriftstellern bei al-Ja'qūbī*) in: ZDMG 41, 1887, S. 420-422.

65 Vgl. die Ausgabe von FRIEDRICH DIETERICI (*Alfārābī's philosophische Abhandlungen*, Leiden 1890) S. 49f. und dazu die überlieferungsgeschichtliche Analyse (u.a. Vergleich mit einem ähnlichen Abschnitt bei Ibn al-Qifṭī und in Ḥunains *Nawādir al-falāsifa*) von M. GRIGNASCHI: *Al-Fārābī et »l'épître sur les connaissances à acquérir avant d'entreprendre l'étude de la philosophie«*. — In: Türkiyat Mecmuası 15, Istanbul 1968, S. 175-210. — Entgegen BAUMSTARK, *Aristoteles* S. 189 (vgl. S. 157) ist hier die Übereinstimmung mit Severus Bar Šakkū gering; unhaltbar ist daher BAUMSTARKs These (l.c.), Severus habe eine von Fārābī aus dem Syrischen ins Arabische übertragene Gesamtversion benutzt.

ULRICH MARZOLPH

Die Quelle der Ergötzlichen Erzählungen des Bar Hebräus*

1. Grīgōr Abū l-Farağ Bar ʿEḇrāyā, in der westlichen Literatur allgemein bekannt in der latinisierten Namensform als Bar Hebräus, war von 1264 bis zu seinem Tode im Jahre 1286 Maphrian, d.h. Stellvertreter des Patriarchen und als solcher zweithöchster Würdenträger der jakobitischen Kirche. Er ist in die Literaturgeschichte eingegangen als einer der vielseitigsten und fruchtbarsten Schriftsteller syrischer Sprache. Die von seinem Bruder Bar Ṣawmā erhaltene Liste der von ihm verfaßten Bücher zählt mehr als dreißig Titel. Seine vorzüglichen Sprachkenntnisse ermöglichten es ihm, auch auf Arabisch zu schreiben, ebenso wie er viel aus arabischen Quellen schöpfte. Dies teils so sehr, daß Anton Baumstark ihm in der maßgeblichen syrischen Literaturgeschichte eine »nicht selten den Charakter sklavischer Abhängigkeit oder bloßer Übersetzertätigkeit annehmende Arbeitsweise«[1] unterstellen konnte. Neben Werken theologischer, historischer und profanwissenschaftlicher Natur verfaßte Bar Hebräus auch »das im syrischen Schrifttum singulär dastehende Buch der ergötzlichen Erzählungen«[2].

* Mein Dank gilt allen Kollegen, die durch wissenschaftlichen Rat und Unterstützung das Zustandekommen dieser Arbeit gefördert haben. Insbesondere danken möchte ich den Herren Prof. A. Spitaler und Prof. R. Degen, beide München, sowie Prof. F. Sezgin, Frankfurt, die durch die selbstlose Bereitstellung ihrer Materialien die vorliegenden Ergebnisse erst ermöglichten. Herrn Prof. W. Diem bin ich für einige beim Lesen einer Korrektur angebrachte Verbesserungen, sowie den Herren F. Kaltz und J. Smiatek für ihre Hilfe beim Verständnis des Syrischen, dessen ich nicht mächtig bin, zu Dank verpflichtet.

1 Baumstark 313.

2 Degen, R.: Barhebräus. In: Enzyklopädie des Märchens 1. Berlin, New York 1979, Spalte 1238-1242, hier 1240.

Dieses Buch, Gegenstand der vorliegenden Abhandlung, ist der westlichen Wissenschaft seit dem 18. Jh. bekannt. Seine enge Verwandtschaft mit der arabischen Literatur und ein in ihm stark vertretener Einfluß derselben sind spätestens seit der Edition (und engl. Übers.) des gesamten Textes durch E.A. Wallis Budge 1897[3] pauschal anerkannt. So allgemein die Übereinstimmung der Sekundärliteratur hierzu ist, so wenig wurde es bislang für nötig befunden, die quellenmäßigen Abhängigkeiten des Buches einer intensiven Untersuchung zu unterziehen. So wird es durch die im folgenden vorgelegten Ergebnisse unumgänglich, fast alle bisherigen Aussagen zur Quellengeschichte der Ergötzlichen Erzählungen grundlegend zu revidieren. Wurde bisher als schriftstellerische Leistung gewürdigt, daß Bar Hebräus die Geschichten »aus den verschiedensten Werken und Literaturen gesammelt und geordnet«[4] habe, so wird hier der Nachweis geführt, daß dies keineswegs der Fall ist. Vielmehr hat er im wesentlichen aus einer einzigen arabischen Vorlage direkt exzerpiert und übersetzt. Daß diese Tatsache so lange verborgen bleiben konnte, hat natürlich zum einen als Ursache, daß die arabische Quelle in Ermangelung einer Textedition nur wenig bekannt war. Zum anderen bleibt es allerdings das unbestreitbare — wenn auch so noch nie gewürdigte — Verdienst des Bar Hebräus, die Assimilation an einen christlich-syrischen Kontext in so hervorragender Art und Weise vollzogen zu haben, daß die Übersetzung als solche bislang nicht nachgewiesen werden konnte, geschweige denn überhaupt vermutet wurde.

2. Die hier anzuzeigende Quelle der Ergötzlichen Erzählungen — d.h. korrekt: die Quelle für den überwiegenden Teil (ca. 80%) der Erzählungen von 18 der insgesamt 20 Kapitel (s. Tabelle S. 111) — ist das *Kitāb Naṯr ad-durr*/»Prosaperlen« des Abū Sa'd (Sa'īd) Manṣūr b. al-Ḥusayn (Ḥasan) al-Ābī (gest. ca. 421/1030). Dieser Autor ist nach wie vor so wenig bekannt — die Encyclopaedia of Islam erwähnt ihn weder im Haupt- noch im Ergänzungsband, der jüngst erschienene Beitrag in der Encyclopaedia Iranica[5] stützt sich auf die lückenhaften Erkenntnisse Brockelmanns[6] und übersieht Wesentliches —, daß es notwendig erscheint, Autor und Werk hier kurz vorzustellen.

3 Budge, E.A. Wallis: The Laughable Stories collected by Mar Gregory John Bar-Hebraeus... The Syriac Text Edited with an English Translation. London 1897. — Die englische Übersetzung ist auch separat veröffentlicht: Oriental Wit and Wisdom, or the »Laughable Stories« collected by Mar Gregory John Bar-Hebraeus ... Translated from the Syriac. London 1899.

4 Aßfalg, J.: Kṯāḇā ḏ-ṯunnāyē mḡaḥḥḵānē. In: Kindlers Literatur Lexikon (dtv) 13, Frankfurt/M. 1974, 5404f., hier 5404.

5 Mazzaoui, M.M.: Ābī, Abū Sa'd. In: Encyclopaedia Iranica 1, fasc. 2, London 1982, 217f.

6 Brockelmann, C.: Geschichte der Arabischen Literatur (GAL). 2., den Supplementbänden angepasste Aufl. Leiden 1937-1942, 1943-1949, GAL 1/351, S 1/593.

Eine umfassende Zusammenstellung der bisherigen Kenntnisse zu Ābī findet sich in der 1983 erschienenen Edition des 7. Bandes des *K. Naṯr ad-durr* von ʿUṯmān Būǧānmī[7] (Othman Boughanmi), welche direkt auf seiner Münchener Dissertation vom Jahre 1963[8] beruht. Die dort angeführten spärlichen Angaben der Quellen berichten zu Ābī einzig, daß er Kontakte zu aṣ-Ṣāḥib b. ʿAbbād (gest. 385/995), dem am Buyidenhof einflußreichen Minister des Faḫr ad-dawla, unterhielt und — wohl durch dessen Protektion — selbst für kurze Zeit den Posten eines Ministers innehatte. Das erwähnte Schülerverhältnis zu dem berühmten *šaiḫ aṭ-ṭāʾifa* Abū Ǧaʿfar at-Ṭūsī (gest. 459/1067) legt es nahe, Ābī ebenfalls als Anhänger der Schia zu betrachten. Als solcher wird er demgemäß auch in der neueren schiitischen biographischen Literatur angeführt[9]. Von Ābīs Werken nennen die Quellen eine Geschichte der Stadt Ray/*Tārīḫ ar-Ray*[10] sowie ein *K. al-Uns wal-ʿurs*/»Geselligkeit und Heirat«, beide nicht erhalten. Ebenfalls verloren ist sein Hauptwerk, ein voluminöses Opus mit dem Titel *Nuzhat al-adīb*/»Unterhaltung des Gebildeten«, aus dem nach seiner eigenen Aussage das *K. Naṯr ad-durr* einen Auszug — allerdings immer noch beeindruckenden Umfangs — darstellt. Dessen einzige bekannte vollständige Handschrift ist Ms. Istanbul, Köprülü 1403 (undatiert, ca. Ende 7./13. Jh.)[11]. Dieses ist als Mikrofilm Dār al-kutub, fann al-adab 4428 Grundlage der Kairoer Textedition von Muhammad ʿAlī Qarna und ʿAlī Muḥammad al-Biǧāwī[12].

Das *K. Naṯr ad-durr* ist ein enzyklopädisches Werk[13], vergleichbar in etwa mit Ibn Qutaybas *ʿUyūn al-aḫbār* oder dem *K. al-ʿIqd (al-farīd)* des Ibn ʿAbdrabbih. Gegen diese und ähnliche später geschriebene Werke, wie Nuwayrīs *Nihāyat al-arab* oder Ibšīhīs *Mustaṭraf* grenzt es sich jedoch scharf ab durch seine einzigartige Kompaktheit: Es verzichtet rigoros auf die in der ursprünglichen ausführlicheren Fassung enthaltenen Dichtungen und weit-

7 al-Ābī, Abū Saʿd Manṣūr b. al-Ḥusayn: Naṯr ad-durr. ʿArḍ wa-taqdīm kull al-maǧallāt as-sabʿa lil-kitāb ṯumma taḥqīq al-muǧallad as-sābiʿ wa-muqāranatuhū mauḍūʿiyyan bil-muʾallafāt al-uḫrā min nawʿih. lid-Dr. ʿUṯmān Būǧānmī. Tunis 1983, 11-17.

8 Boughanmi, O.: Studien über al-Ābī und sein Werk Naṯr ad-durr. Phil. Diss. München 1963, 1-8.

9 al-Amīn, M.: Aʿyān aš-šīʿa 48, Beirut 1960, 106f., Nr. 11013.

10 Die wenigen hieraus durch Zitat in anderen Werken erhaltenen Stellen sind angeführt bei Karīmān, Ḥusayn: Ray-i bāstān. Bd. 1, 2. Teheran 1345/1966, 1349/1970, s. Index s.v.

11 Die Bände 3-6 (fol. 116[b]-363[a]) und 7, Kap. 22 bis Schluß (fol. 409[b]-417[a]) liegen mir vor als Xeroxkopie vom Mikr. 540 des Institutes für Geschichte der arabisch-islamischen Wissenschaften, Frankfurt.

12 Bisher (1985) erschienen: Bd. 1 (1980), 2 (1981), 3 (1984).

13 Zum Thema der arabischen Enzyklopädien zuletzt: Kilpatrick, H.: A genre in classical Arabic literature: the adab encyclopedia. In: Hillenbrand, R. (ed.): Union Européenne des Arabisants et Islamisants. 10th Congress. Edinburgh 9-16 September 1980. Proceedings. Edinburg 1981, 34-42. — Ābīs Werk ist bislang in diesem Zusammenhang noch nicht diskutiert worden.

schweifigen Geschichten sowie — nebenbei bemerkt — auf Überliefererketten und jegliche persönliche Anmerkung des Autors (Ausnahme: Vorspann der einzelnen Bände). In dieser auf das Wesentliche beschränkten Form befolgt es eine streng systematische Zuordung der einzelnen Erzählungen zu bestimmten, klar umrissenen und erstaunlich detaillierten Kapiteln. Ein ähnlich kompaktes Konzept findet sich in späterer Zeit höchstens noch in den drei Anekdotensammlungen des Ibn al-Ǧauzī (gest. 597/1200), *Aḫbār al-Aḏkiyā'*/»Die Schlauen«, *Aḫbār al-Ḥamqā wal-muġaffalīn*/»Dumme und Einfältige« und *Aḫbār aẓ-Ẓirāf wal-mutamāǧinīn*/»Geistreiche und Spaßvögel«[14], in denen im übrigen viel aus Ābī geschöpft wird. — So enthält das *K. Naṯr ad-durr* bis auf unbedeutende Ausnahmen ausschließlich knapp gehaltene Erzählungen historischen Charakters (*kalām NN*), Anekdoten, Schwänke, Witze (*nawādir*), prägnante Aussprüche (*nukat*), weise Maximen (*ḥikam*) sowie schmückendes Beiwerk verwandter Kategorien. Das Werk ist unterteilt in sieben Bände (*fuṣūl*) mit divergierender Anzahl von Kapiteln (*abwāb*): Bd. 1 (5 Kap.), 2 (10), 3 (13), 4 (11), 5 (22), 6 (16), 7 (26). Zusammen dürften die insgesamt 103 Kapitel nach einer groben Schätzung ca. 7000-8000 einzelne Nachrichten enthalten.

Ein dem Gesamtwerk zugrunde liegender Plan ist nicht offensichtlich, wenn auch bestimmte Schwerpunkte erkennbar sind: Bd. 1 ist hauptsächlich der Frühzeit des Islam und religiösen Inhalten gewidmet, Bd. 4 beschäftigt sich schwerpunktmäßig mit Frauen, Bd. 6 mit den vorislamischen Arabern und Beduinen. Insgesamt fällt auf, daß die einzelnen Bände in sich einem gewissen Niveaugefälle unterliegen: Sie beginnen jeweils mit relativ anspruchsvoller historischer Thematik, neigen sich dann den populären *nawādir* zu und enden teils auf ausgesprochen vulgärer Ebene (Bd. 6, Kap. 16: *nawādir aḍ-ḍurāṭ wal-fasā'*).

3. Ābīs Werk ist, wenn es auch in seiner Kompaktheit eine ungeheure Intensität aufweist, einfach gesagt doch nichts weiter als eine systematische Zusammenstellung von Erzählungen aus unterschiedlichen, teils mündlichen, größtenteils aber wohl schriftlich fixierten Quellen. Als solche steht es voll im Rahmen der akzeptierten Norm der arabischen *adab*-Literatur, die ihrem Wesen nach kompilatorischen Charakters ist: Einmal festgelegte stereotype Inhalte werden unter wechselnden Vorzeichen immer neu arrangiert. Insofern liegt es in der Natur der Sache, daß sich ein Großteil des bei Ābī verarbeiteten Materials sowohl in früheren als auch späteren Werken der gleichen

14 Maßgebliche Textausgaben: Aḫbār al-Aḏkiyā'. ed. M.M. al-Ḫūlī. Kairo 1970. Aḫbār al-Ḥamqā. ed. K. al-Muẓaffar. an-Naǧaf 1386/1966. Aḫbār aẓ-Ẓirāf. ed. M. Baḥr al-'ulūm. an-Naǧaf 1386/1967.

Literaturgattung wiederfindet. — Als ein syrisches Erzeugnis eben dieser Tradition sah man bisher auch die Ergötzlichen Erzählungen des Bar Hebräus an.

Der Herausgeber des syrischen Textes, offensichtlich mit der arabischen Literatur nur vage vertraut, stellte sich vor, daß Bar Hebräus »while his mind was closely occupied with history and philosophy and with the writing of works on grammar and other difficult subjects... found time to jot down notes of the ... sayings and narratives which he came across during his perusal of the literatures of the Jews and Greeks, Arabs and Persians, Indians and Syrians«[15]. Demgegenüber hielt René Basset, einer der Pioniere auf dem Gebiet der Erforschung der *adab*-Literatur, zumindest fest, daß die auch von Budge schon angemerkte Übereinstimmung mit arabischen Quellen relativ weit geht. In seiner ausführlichen Rezension zur Textausgabe bemerkt er nach einer kurzen repräsentativen Aufzählung von *adab*-Werken: »La plupart des maximes et des anecdotes citées par Bar Hebraeus se retrouvent dans ces divers ouvrages«[16]. Von einer detaillierten Überprüfung der Parallelen versprach man sich jedoch anscheinend nie lohnenswerte Ergebnisse, obwohl sie auch schon ohne Kenntniss des *K. Naṯr ad-durr* hätte zeigen können, wie direkt die Abhängigkeiten der Ergötzlichen Erzählungen von arabischen Vorlagen sind. Aufgrund dessen konnte bis in die neueste Sekundärliteratur das Pauschalurteil einer geistigen Verwandtschaft mit der *adab*-Literatur bestehen bleiben sowie die Vorstellung, daß Bar Hebräus seine Erzählungen »aus sehr verschiedenen Literaturen und Sprachen zusammengetragen«[17] habe.

Die Konkordanztabellen am Schluß dieser Abhandlung belegen zur Genüge, daß Bar Hebräus bei der Abfassung seiner Ergötzlichen Erzählungen direkt aus dem *K. Naṯr ad-durr* des Ābī exzerpiert und übersetzt hat. Die übereinstimmende Reihenfolge der sich entsprechenden Erzählungen in beiden Werken läßt keinen anderen Schluß zu. Sie beschränkt sich nicht nur auf einzelne Abschnitte oder Kapitel, was noch der Vermutung Raum ließe, Bar Hebräus habe u. U. direkt aus den auch von Ābī benutzten Quellen geschöpft (vgl. u. S. 89 zu Kap. 11), sondern ist — mit begründbaren Lücken — durchgängig aufzuzeigen. Kleinere Unregelmäßigkeiten hierbei sind zum Teil zurückzuführen auf Divergenzen der Reihenfolge der Erzählungen in der von Budge publizierten Form, wie ein Vergleich mit der arabischen Übersetzung des syrischen Textes ergibt. Die bloße Tatsache, daß

15 Budge viii.

16 Basset, R.: CR zu Budge. In: Revue des Traditions Populaires 12 (1897) 345-348, hier 345; auch in: Mélanges Africaines et Orientaux. Paris 1915, 317-324, hier 318.

17 Degen Sp. 1240f.

die Ergötzlichen Erzählungen direkt auf dem *K. Naṯr ad-durr* beruhen, bedarf somit keiner weiteren Erläuterung.

Das Buch des Bar Hebräus enthält in der von E.A. Wallis Budge edierten Fassung insgesamt 727 Erzählungen (übrigens nicht, wie einige Male fälschlich angeführt, 772[18]). Im folgenden sollen zuerst die Vorlagen der einzelnen Kapitel vorgestellt und der jeweilige Grad der Abhängigkeit besprochen werden. Anschließend wird an prägnanten Beispielen die Art und Weise der Textredaktion des Bar Hebräus aufgezeigt, die maßgeblich dafür verantwortlich ist, daß seine Übersetzung bisher nicht als solche erkannt wurde.

Im folgenden bedeuten die Abkürzungen:
EE: syrisches Original der Ergötzlichen Erzählungen;
Naṯr: *K. Naṯr ad-durr*, Bd. 3 bzw. 7;
Karš.: Die in syrischer Schrift (Karšūnī) geschriebene arabische Übersetzung des syrischen Originals (s.u. S. 100).

Kap. **1**: Nützliche Sprüche von griechischen Philosophen[19]. Beruht auf Naṯr 7, Kap. 2: *nawādir wa-nukat lil-falāsifa*. Eine einzige Erzählung (Nr. 61) kann ich in Naṯr nicht nachweisen. EE Nr. 8 ist nach EE Nr. 17 einzuordnen, wie durch die übereinstimmende Reihenfolge bei Naṯr und Karš. belegt.

Kap. **2**: Nützliche Sprüche von persischen Weisen. Vorlage: Naṯr 7, Kap. 3: *ḥikam wa-nawādir lil-furs*. Alle 40 Erzählungen von EE finden Entsprechungen in Naṯr.

Kap. **3**: Nützliche Sprüche von indischen Weisen. Vorlage: Naṯr 7, Kap. 11: *ḥikam wa-nawādir lil-hind*. Naṯr bietet Entsprechungen für EE Nr. 1, 3-10 (108, 110-117). Da das Kapitel bei Naṯr fast ausschließlich auf *Kalīla wa-Dimna* beruht, ist zu vermuten, daß auch die weiteren Erzählungen dieses Kapitels in EE, die keine Entsprechung in Naṯr finden, aus der gleichen Quelle geschöpft sind. Das überaus populäre Werk war Bar Hebräus sicherlich bekannt und sprachlich zugänglich, entweder in der arabischen Übersetzung des Ibn al-Muqaffaʿ (gest. ca. 139/756) oder in der auf ihr basierenden jüngeren Übertragung ins Syrische aus dem 10./11. Jh.[20]. Ein entsprechender Nachweis wird hier nicht geführt.

Kap. **4**: Nützliche Sprüche von jüdischen (hebräischen) Weisen. Beruht auf Naṯr 7, Kap. 1: *nukat min kalām al-anbiyāʾ (ʿalayhim as-salām) wa-Luqmān al-ḥakīm*. Hier scheint Bar Hebräus aus einer weiteren, unabhängigen Quelle

18 Cheikho, L. (Šaiḫū, L.): al-Aḥādīṯ al-muṭriba li-bn al-ʿIbrī. In: al-Machreq (al-Mašriq) 20 (1922) 709-717, 767-779, hier 710 o.; (hiernach?) Degen Sp. 1240; Samir, K.: Bar Hebraeus, le »Dafʿ al-Hamm« et les »Contes Amusants«. In: OrChr 64 (1980) 136-160, hier 157.

19 Die Titelüberschriften zitiere ich hier und im folgenden nach der Übersetzung von Degen.

20 Kurze Übersichten hierzu in EI[1] 2/744ff. und inhaltsgleich EI[2] 4/503ff. (C. Brockelmann); KLL (dtv) 12/5211 (J. Aßfalg).

geschöpft zu haben. Naṯr bietet nur Entsprechnungen für EE Nr. 2-7, 9-16 (127-132, 134-141). Die bei EE im folgenden angeführten Weisheitssprüche entsprechen ihrem Wesen nach durchaus den bei Naṯr aufzufindenden; weitere inhaltliche Übereinstimmungen lassen sich jedoch nicht aufzeigen. Es fällt auf, daß Bar Hebräus aus der insgesamt 87 Nummern umfassenden Vorlage nur 14 Erzählungen für sein wiederum 48 Nummern enthaltendes Kapitel ausgewählt hat. Die Prozentzahl der verwerteten Erzählungen liegt mit 16,1% an zweitniedrigster Stelle; sie bewegt sich sonst meist deutlich über 30%. Da das Kapitel — wie aus der Überschrift bei Naṯr eher als aus der Fassung bei EE zu schließen — durchweg Erzählungen und Weisheitssprüche von vorchristlichen Propheten und Weisen enthält, wäre es naheliegend, weitere christliche Quellen als zusätzliche Vorlage zu vermuten.

Kap. **5**: Nützliche Sprüche von christlichen Einsiedlern. Hierzu hat Budge den Nachweis geführt, daß sich das Kapitel im Wesentlichen auf die syrische Übersetzung der *Historia lausiaca* des Palladius (verfaßt ca. 419 n.Chr.)[21] stützt. Er zitiert in den Fußnoten des Kapitels ausführlich die Vorlagen zu 20 der insgesamt 38 Erzählungen: Nr. 176, 177, 179, 181, 183-185, 189-192, 194-198, 200, 202, 203, 207, 209. Der weitere Verweis auf die anonymen *Apophthegmata patrum* wird allerdings nur pauschal angeführt, ein systematischer Vergleich fehlt. Es fällt auf, daß die Erzählungen in EE nicht Entsprechungen fortlaufender Reihenfolge in der *Historia lausiaca* finden. Da dies aber in denjenigen Kapiteln, denen Naṯr zugrunde liegt, konsequent angewandtes Kompositionsprinzip ist, wäre zu fragen, ob nicht unter Umständen aus einem seinerseits selbst auf dem Urtext beruhenden Zwischenglied zitiert wird, bzw. zumindest welche Bearbeitung der *Historia lausiaca* die Vorlage des Bar Hebräus war. Diese Frage wäre von der aramaistischen Forschung zu beantworten.

Kap. **6**: Nützliche Sprüche von muslimischen Königen und ihren Weisen. Dies ist eines von insgesamt drei Kapiteln (noch EE Kap. 15, 16), die Bar Hebräus aus dem Stoff mehrerer Kapitel der Vorlage zusammengestellt hat. Zugrunde liegen hier Naṯr 3, Kap. 1-5: *kalām Muʿāwiya b. abī Sufyān wa-waladihī, kalām Marwān b. al-Ḥakam wa-waladihī fī l-ḫulafāʾ, kalām al-ḫulafāʾ min Banī Hāšim, kalām ǧamāʿa min Banī Umayya, nukat li-āl az-Zubayr.* Die darin enthaltenen insgesamt fast 700 Einzelerzählungen sind nur zu 5,4%, also äußerst sporadisch, verwertet. Nur zu 2 der 40 Erzählungen — EE Nr. 20 (231) und 38 (249) — bietet Naṯr keine Entsprechung.

Die von Bar Hebräus namentlich nicht genannten Herrscher und anderen berühmten Persönlichkeiten sind im einzelnen: Omayyaden(kalifen): Nr. 1-4

21 S. Pauly/Wissowa: Realencyclopädie der Classischen Altertumswissenschaft (RCA), 36,2, Stuttgart 1949, Sp. 203-207, Nr. 5.

(212-215): Muʿāwiya b. abī Sufyān (1.: reg. 41/661-60/680); 5, 7 (216, 218): Yazīd b. Muʿāwiya (2.: 60/680-63/683); 6 (217): Muʿāwiya b. abī Sufyān und ʿAmr b. al-ʿĀṣ (gest. ca. 42/663); 8 (219): ʿAbdalmalik b. Marwān (5.: 65/685-86/705); 9, 10 (220, 221): al-Walīd b. Yazīd (6.: 86/705-96/715); 11 (222): Maslama b. ʿAbdalmalik (gest. ca. 120/737); 12 (223): Marwān b. Muḥammad b. Marwān (14.: 127/744-132/750); 13 (224): Marwān b. Muḥammad al-Ǧaʿdī (?); ʿAbbāsiden(kalifen): Nr. 14 (225): as-Saffāḥ (1.: 132/749-136/754); 15 (226): al-Manṣūr (2.: 136/754-158/775); 16, 19, 21, 22 (227, 230, 233, 234): al-Mahdī (3.: 158/775-169/785); 17, 18 (228, 229): ar-Rašīd (5.: 170/786-193/809); 23 (234): al-Amīn (6.: 193/809-198/813); 24, 25, 27 (235, 236, 238): al-Maʾmūn (7.: 198/813-218/833); 26 (237): ʿAbbās b. al-Maʾmūn (gest. 223/838); 28, 29 (239, 240): al-Muʿtaṣim (8.: 218/833-227/842); 30 (241): al-Mutawakkil (10.: 232/847-247/861); 31 (242): al-Muntaṣir (11.: 247/861-248/862); berühmte Omayyaden: Nr. 32, 35 (243, 246): Saʿīd b. al-ʿĀṣ (gest. 59/679); 33 (244): ʿAmr b. Saʿīd (al-Ašdaq; gest. 70/689) bei Muʿāwiya; 34, 36 (245, 247): ʿUtba b. abī Sufyān (gest. 44/664); 37 (248): Abū Sufyān (gest. 32/653); Kap. Āl az-Zubayr: Nr. 40 (251): ʿAbdallāh b. az-Zubayr (gest. 73/692) bei einer Klientin des Muʿāwiya.

Hiervon ist die bekannte Anekdote von Hārūn ar-Rašīd und seinen beiden Söhnen al-Amīn und al-Maʾmūn (Nr. 17/228) von Budge richtig als solche erkannt, wobei er allerdings seine Quelle nicht nennt.

Die Reihenfolge der Erzählungen bei EE ist an einer Stelle augenscheinlich durcheinandergekommen: Nr. 17, 18 (228, 229) sollten, wie aus der Reihenfolge in Naṯr zu schließen, erst nach 22 (233) folgen; jedoch bringt auch Karš. die falsche Reihenfolge.

Kap. **7**: Nützliche Sprüche von Lehrern und Gelehrten. Entspricht vollständig Naṯr 7, Kap. 5: *nukat min kalām al-udabāʾ wal-ʿulamāʾ*.

Kap. **8**: Nützliche Sprüche von arabischen Asketen und Ältesten. Vorlage: Naṯr 7, Kap. 4: *mawāʿiẓ wa-nukat liz-zuhhād*. 3 von insgesamt 54 Erzählungen lassen sich in Naṯr so nicht nachweisen: Nr. 11, 24, 32 (281, 294, 302).

Kap. **9**: Erzählungen von Ärzten. Dieses Kapitel beruht augenscheinlich nur zu einem Teil (25 von 44 Erzählungen) auf Naṯr 7, Kap. 25: *nawādir al-aṭibbāʾ*. Die Lücke in den Übereinstimmungen steht nicht, wie etwa in Kap. 4, am Ende des Kapitels, sondern hier nach den ersten 6 Erzählungen. Die Vermutung einer vom Herausgeber eventuell übersehenen Lücke in dem der Edition zugrunde liegenden Manuskript Köprülü 1403 läßt sich bei nochmaliger Überprüfung der Handschrift nicht bestätigen. Das betreffende Kapitel steht fol. 413[a]/-2-414[a] vollständig. Welche andere Quelle hier von Bar Hebräus herangezogen worden sein mag, läßt sich nicht sagen.

Die Reihenfolge in EE ist an drei Stellen im Vergleich zu Naṯr gestört, davon allerdings nur zweimal durch Karš. bestätigt: Nr. 1 (325) folgt in Naṯr nach Nr. 6 (330), allerdings wie EE auch Karš. Übereinstimmend bei Naṯr und Karš. folgt Nr. 20 (344) nach 28 (352) und die dort stehende Nr. 29 (353) nach 33 (357).

Kap. **10**: Ausgewählte Erzählungen über das Sprechen von Tieren. Entspricht vollständig Naṯr 7, Kap. 14: *amṯāl wa-nawādir ʿalā alsinat al-bahāʾim.*

Kap. **11**: Erzählungen von denjenigen, deren Träume und Wahrsagungen eintrafen. 20 von insgesamt 27 Erzählungen sind zurückzuführen auf Entsprechungen in Naṯr 7, Kap. 12: *fī r-ruʾyā wal-faʾl waz-zaǧr wal-ʿiyāfa wal-awhām.* Am Schluß des Kapitels stehen Nr. 21-27 (406-412) 7 Erzählungen, die aus anderer Quelle ergänzt sind[22].

Kap. **12**: Erzählungen von Reichen und Freigebigen. Entspricht bis auf 2 von insgesamt 16 Erzählungen — Nr. 1 (413) und 16 (428) — vollständig der Vorlage in Naṯr 7, Kap. 7: *nawādir fī l-ǧūd was-saḫāʾ wa-maḥāsin al-aḫlāq.*

Kap. **13**: Erzählungen von Geizigen. Beruht bis auf eine Erzählung am Schluß des Kapitels — Nr. 40 (468) — vollständig auf Naṯr 3, Kap. 11: *nawādir al-buḫalāʾ.* Eine Unregelmäßigkeit in der Reihenfolge bei EE läßt sich durch den Vergleich mit Naṯr und Karš. korrigieren: Nr. 15 (443) sollte erst nach 16 (444) folgen.

Die am Schluß des Kapitels stehende Erzählung ist eine stark gekürzte Fassung der in der arabischen Literatur häufig zitierten Geschichte von Hind (bint an-Nuʿmān?) und ihrem ersten Gatten, dem für seine Grausamkeit bekannten Statthalter al-Haǧǧāǧ b. Yūsuf (gest. 95/714). Sie ist jedem Studenten des Arabischen vertraut durch ihre Aufnahme in die von R. Brünnow und A. Fischer zusammengestellte Arabische Chrestomathie aus Prosaschriftstellern[23], wo sie nach der *Tasliyat al-ḫawāṭir* des Šākir al-Batlūnī steht. Die Erzählung — übrigens von sehr umstrittener Historizität, wie René Basset in den Anmerkungen zu seiner Übersetzung[24] ausführt — ist aller Voraussicht nach auch in *Naṯr ad-durr* enthalten, etwa in Bd. 4, Kap. 2: *nukat min kalām sāʾir nisāʾ al-ʿarab wa-ǧawābātihinna al-mustaḥsana* oder Bd. 5, Kap. 2: *kalām al-Haǧǧāǧ.* Warum Bar Hebräus die Geschichte ausgerechnet dem Kapitel über die Geizigen zugeordnet hat, ist nicht recht

22 Eine Entsprechung zu Nr. 25 (410) mit dem berühmten Traumdeuter Ibn Sīrīn (gest. 110/728) als Protagonisten gibt A. Schimmel: Die orientalische Katze. Köln 1983, 89 in Übersetzung (ohne Quelle).

23 ⁹Leipzig 1966, 17-21, Nr. 15; ⁶Wiesbaden 1984.

24 Basset, R.: Mille et un Contes, Récits & Légendes Arabes. 2: Contes sur les Femmes et l'Amour. Contes Divers. Paris 1926, 116-119, Nr. 50.
Ausführlich hierzu handelt später A. Fischer: Allerlei Bemerkungen zu meiner »Arabischen Chrestomathie«. In: ZDMG 94 (1940), 313-331, hier 316-331, vor allem 327f. Zu den 317f. genannten Versionen der Erzählung wäre vorläufig nur zu ergänzen *ʿUyūn* 2/209/13 und Kurzerwähnungen der Pointe bei *Bayān* 1/292/8 sowie *Naṯr* 3/57/-3. S. noch H. u. S. Grotzfeld: Die Erzählungen aus »Tausendundeiner Nacht«. Darmstadt 1984, 91.

einsichtig. Wenn er hier auch, um den Kontext wahren zu können, auf den angeblichen Geiz des ersten Gatten anspielt, so hat in der ursprünglichen Fassung die Abneigung der Hind gegen al-Haǧǧāǧ doch nicht im geringsten materielle Gründe.

Kap. **14**: Erzählungen von Handwerkern, die verachtete Berufe ausüben. Entspricht vollständig Naṯr 7, Kap. 19: *nawādir li-aṣḥāb al-mihan waṣ-ṣināʿāt al-ḫasīsa*. In diesem Kapitel findet sich der einzige Fall, daß zwei selbständige Erzählungen aus Naṯr in EE zu einer einzigen zusammengefaßt sind: Nr. 7 (475). In EE und Karš. steht übereinstimmend am Schluß des Kapitels Nr. 18 (486), die nach der Entsprechung in Naṯr am Anfang des Kapitels nach Nr. 1 (469) folgen sollte.

Kap. **15**: Ergötzliche Erzählungen von Mimen und Komikern. Dies ist unbestreitbar das in Bezug auf seine Zusammenstellung interessanteste Kapitel der EE, nicht zuletzt deshalb, weil es in der überschwenglichen Präsentation von Josef Horovitz so völlig mißverstanden wurde. Dies bedarf einer ausführlichen Erläuterung.

In seinen 1905 erschienenen *Spuren griechischer Mimen im Orient*[25] stellt Horovitz S. 55-76 vor: Ein syrischer Philogelos — womit er eben das hier zu besprechende Kap. 15 der EE meint. Vorweg sei hierzu in Erinnerung gerufen: Das Büchlein mit Namen Philogelos[26] ist ein Produkt unbekannter griechischer Autoren, vermutlich des 5. Jh.s n.Chr. Es enthält insgesamt 265 kurze Schwänke und Witze, nach Sachgruppen geordnet (u.a.: Geizhälse, Narren, Witzbolde, Faule, Gefräßige, etc.), ganz so, wie man es später in der arabischen *adab*-Literatur antrifft. Seinen außerordentlichen Wert im Rahmen der griechischen Literatur gewinnt es durch die Tatsache, daß es die einzige in dieser kompakten Form erhaltene Schwanksammlung in griechischer Sprache ist. Die Forschung war sich lange Zeit nicht einig darüber, ob das Büchlein etwa als Handbuch eines Schauspielers gelten könne, bzw. ob die darin enthaltenen Schwänke — in der Formulierung von Horovitz — in Bezug auf die »mimische Veranschaulichung der betreffenden Szene«[27] zusammengestellt seien und somit ein »mimischer Ursprung des Philogelos« zu vermuten sei. Diese Frage ließ sich keineswegs so rasch klären, wie Horovitz es in leicht euphorischer Anlehnung an die Thesen von Wilhelm Reich (s.u.)

25 Horovitz, J.: Spuren griechischer Mimen im Orient. Berlin 1905.

26 Maßgebliche Textedition von Thierfelder, A.: Philogelos. Der Lachfreund. von Hierokles und Philagrios. Griechisch-deutsch mit Einleitungen und Kommentar. München 1968. Auf dieser Ausgabe beruht auch die deutsche Übersetzung Philogelos. oder Lachen in der Antike. Hrsg. und übers, von G. Löwe. Hanau [o. J.] (Lizenz der Ausg. Leipzig 1981 unter dem Titel: Philogelos oder der Lach-Fan). Zum Thema: Thierfelder, A.: Philogelos. In: RCA (s. Anm. 21) S 11, Stuttgart 1968, Sp. 1062-1068.

27 Dieses und die folgenden Zitate s. Horovitz 55-62.

gesehen haben mochte und wird heute von kompetenter Seite entschieden negativ beantwortet. Somit verliert die Hypothese, EE Kap. 15 als »syrischen Philogelos« zu betrachten, schon ihre Grundlage.

Horovitz vermutete weiter, daß »Barhebraeus eine Sammlung von Anekdoten benutzt hat, wohl selbst schon in syrischer Übersetzung, welche auf ein spätgriechisches Seitenstück zum Philogelos zurückgeht«. Während er selbst in Frage stellt, ob »der Ausdruck 'mīmsē' [in der Kapitelüberschrift] den mimischen Ursprung der Geschichten schon ohne weiteres ... verbürgen« könne, sieht er ihn vollends bestätigt durch die Tatsache, daß zugleich das im Syrischen seltene Wort 'qōmiqē' angeführt wird, auf welches »Barhebraeus sicher nicht verfallen [wäre], wenn er es nicht in seiner ursprünglichen griechischen Vorlage gefunden hätte«. Ein zweites, ebenso gewichtiges Argument ist für ihn die Tatsache, daß »für Barhebraeus kein Grund vorgelegen [hätte], diesen Stoff [der Kapitel 15 und 16] auf zwei Kapitel zu verteilen, wenn ihm nicht für jedes eine andere Quelle vorgelegen hätte«. — Man sieht, wie auch ein großer Gelehrter allzu leicht der Versuchung erliegen kann, seine eigenen unbewiesenen Vermutungen durch weitere, letztlich ebensowenig haltbare Hypothesen stützen zu wollen. Zur Entlastung sei angeführt, daß der Verfasser diese Veröffentlichung »nur als Parergon« ansah, »das unter dem frischen Eindruck des kurz vorher erschienenen Buches über den griechischen Mimos von Hermann Reich geschrieben worden ist«[28]. Festzuhalten bleibt, daß EE Kap. 15 im Gegenteil alles andere als ein »syrischer Philogelos« ist.

Das gesamte Kapitel ist nämlich zusammengestellt aus dem Stoff von Erzählungen, die in der Vorlage auf 6 einzelne Kapitel verteilt sind: Naṯr 7, Kap. 16: *nawādir Abī l-ʿIbar*, 17: *nawādir Abī l-ʿAnbas*, 20: *nawādir Ibn abī ʿAtīq*; Naṯr 3, Kap. 7: *nawādir Muzabbid*, 8: *nawādir Abī l-Ḥāriṯ Ǧummayn*, 9: *nawādir al-Ǧammāz*. Die Vorlage des Kapitels bei EE war also keineswegs eine einheitliche Quelle, erst recht keine griechische! Die genannten Personen sind allesamt mehr oder weniger qualifiziert als Spaßmacher und »intellektuelle Narren« (im Gegensatz zu den in EE Kap. 16 angeführten meist namenlosen »dummen Narren«) bekannt. Geschichten von ihnen sind in der entsprechenden arabischen Literatur Legion.

Es bleibt die Frage, ob Bar Hebräus mit der Kapitelüberschrift bewußt auf die griechische Tradition der Mimen und Komiker anspielen wollte. Obwohl mir als des Syrischen nicht Mächtigem nur bescheidene Mittel zur Überprüfung zur Verfügung stehen, möchte ich dies entschieden verneinen. Zwar übersetzt bereits L. Morales[29], der einige Geschichten der EE nach der Vatikan-Handschrift aus dem 14. Jh. bringt, »Mimen und Schauspieler»,

28 Goitein, S.D.F.: Josef Horovitz. In: Der Islam 22 (1935) 122-127, hier 126.

29 Morales, L.: Aus dem Buche der »ergötzenden Erzählungen« des Bar Hebräus. In: ZDMG 40 (1886), 410-456, hier 418.

analog später E.A. Wallis Budge »actors and comedians«. Andererseits verweist ausgerechnet Horovitz darauf, daß das »griechische μῖμος ... früh ins Syrische übergegangen [ist], wo es, wie begreiflich, bald die Bedeutung 'Spaßmacher' angenommen hat«. Er führt zudem an, daß »gerade Barhebraeus ... das Wort auch in dieser Bedeutung gern anzuwenden [scheint]«[30]. In diesem Sinne ist es allem Anschein nach auch hier von Bar Hebräus gemeint. Er kannte ja die Funktion der verwerteten Geschichten und wußte auf jeden Fall anhand seiner Vorlage richtig einzuschätzen, daß es sich bei den genannten Spaßmachern nicht um den griechischen Mimen vergleichbare Figuren handelte. Die arabischen Übersetzungen der EE, welche weiteren Aufschluß zu dieser Frage liefern könnten, hatten offenbar Schwierigkeiten, die syrischen Termini adäquat wiederzugeben, da dem Arabischen keine direkt entsprechenden Vokabeln zur Verfügung stehen. Karš. fol. 106ª/8f. übersetzt die Kapitelüberschrift mit *ḥik(ā)y(ā)tu qawmin muṭribīna ẓurafā('a) mutamasḫirīna*/»Erzählungen von Sängern (?), Geistreichen und Spaßmachern«, bzw. — in engerer Anlehnung an das Original und mit Unterstellung eines auch an anderer Stelle von Karš. belegten falschen syntaktischen Verständnisses — »Spaßige Erzählungen von Sängern (?) und Geistreichen«. Die von Cheikho publizierte arabische Übersetzung hat nur *aḥādīṯ aẓ-ẓurafā'*/ »Geschichten von Geistreichen«.

Übrigens ließ sich auch vor detaillierter Kenntnis des Inhaltes des dritten Bandes von Naṯr anhand von Sekundärquellen relativ exakt erschließen, daß die EE Nr. 497-532 auf den Kapiteln in Naṯr 3 zu Muzabbid (,Abū l-Ḥāriṯ Ǧummayn) und al-Ǧammāz beruhen mußten; daß entsprechende Kapitel in diesem Band enthalten sind, hatte bereits 1960 A.B. Chalidov[31] in der Beschreibung des Leningrader Manuskriptes mitgeteilt. Einige, bei weitem nicht erschöpfende Belege seien hierzu angeführt[32]:

30 Beide Zitate Horovitz 60.

31 Chalidov, A.B.: Antologija al-Ābī v rukopisi Instituta Vostokovedenija Akademii Nauk SSR. In: Issledovanija po istorii kul'tury narodov Vostoka. Sbornik v čest' Akademika I.A. Orbeli. Moskau 1960, 487-491, hier 491.

32 Hier und im folgenden zitierte Werke und Ausgaben:
Rosenthal = Rosenthal, F.: Humor in Early Islam. Leiden 1956.
Baṣā'ir = at-Tawḥīdī, Abū Ḥayyān: al-Baṣā'ir wad-daḫā'ir. ed. I. al-Kīlānī. 1-4 in 6. Damaskus 1964-1966.
Maḥāsin = al-Bayhaqī, Ibrāhīm b. M.: K. al-Maḥāsin wal-masāwī. ed. F. Schwally. Giessen 1902.
Muḥāḍarāt = ar-Rāġib al-Iṣfahānī, al-Ḥusayn b. M.: K. Muḥāḍarāt al-udabā' wamuḥāwarāt aš-šu'arā' wal-bulaġā'. 1-4. Beirut 1961.
Basset s. Anm. 24; Aḏkiyā', Ẓirāf, Ḥamqā s. Anm. 13.
al-Asad wal-ġawwāṣ = Sayyid, R. (ed.): al-Asad wal-ġawwāṣ. Beirut 1978. S. auch die deutsche Übers. unter dem Titel Löwe und Schakal, übertr. von G. Rotter. Tübingen 1980, 33 und mein CR hierzu in Fabula 25 (1984) 362-366.
Ǧam' = al-Ḥusrī, Ibrāhīm b. 'Alī: Ǧam' al-ǧawāhir fī l-mulaḥ wan-nawādir. ed. 'A.M. al-Biǧāwī. Kairo 1372/1953.

Muzabbid: Nr. 12 (498): vgl. Rosenthal 121f., Nr. 135; 13 (499): *Baṣā'ir* 2/641f.; 14 (500): *Maḥāsin* 642, *Baṣā'ir* 4/156, *Muḥāḍarāt* 3/241; 16 (502): *Baṣā'ir* 1/218; 17 (503): *Baṣā'ir* 3/84, s. Basset 2/115, Nr. 49, vgl. *Aḏkiyā'* 85; 18 (504): *Baṣā'ir* 3/280; 19 (505): *Baṣā'ir* 4/170, *Muḥāḍarāt* 3/262, auch *Naṯr* 2/152 u. 220; 21 (507): *Aḏkiyā'* 143; 27 (513): vgl. *Baṣā'ir* 3/615; 28 (514): *al-Asad wal-ġawwās* 49; 33 (519): *Ẓirāf* 134, Rosenthal 94, Nr. 89. Einige Erzählungen finden sich in der Muzabbid-Biographie in Kutubīs biographischem Lexikon[33] sowie im Kapitel Muzabbid des anonymen *Nuzhat al-udabā'* (17. Jh.)[34]. Der Großteil der Erzählungen ist separat zu nämlichem Protagonisten zusammengefasst in einer der obskur-populären Schriften des Mīlāwī: *Itḥāf al-mutawaddid bi-nawādir Muzabbid*[35]/ etwa »Beschenkung des Befreundeten mit Geschichten von M.« (enthält die Nr. 497-500, 502-507, 509, 511, 512, 514, 517-519, 521).

Abū l-Ḥāriṯ Ǧummayn: Hierzu kann ich vorerst nur nachweisen: Nr. 38 (524)/ Ǧam' 77. Dort ist der Name — wie häufiger in den Quellen — falsch geschrieben *(ḥmyr)*.

Al-Ǧammāz: Nr. 40-45 (526-531) finden sich in der entsprechenden Biographie bei Ṣafadī[36]. An weiteren Verweisen seien genannt: Nr. 40 (526): *Ǧam'* 114, *Ẓirāf* 134f.; 41 (527): *Muḥāḍarāt* 2/664; 42 (528): *Rabī'* 4/281, *Muḥāḍarāt* 3/215, s. auch *Wafayāt al-a'yān* 7/70; 43 (529): *Ǧam'* 161, dort anonym, so ebenfalls die Übers. bei Kabbani 70, Nr. 84; 44 (530): *Rabī'* 4/94, *Muḥāḍarāt* 1/22 (aš-Ša'bī), *Aḏkiyā'* 149, *Ẓirāf* 78; 46 (532): vgl. *Muḥāḍarāt* 2/439 (3 Versionen), 2/702, 3/31.

Rabī' = az-Zamaḫšarī, Maḥmūd b. 'Umar: Rabī' al-abrār fīmā yasurr al-ḫawāṭir wal-afkār. ed. S. Nu'aymī. 1-4. Bagdad 1976-1982.

Wafayāt al-a'yān = Ibn Ḫallikān: K. Wafayāt al-a'yān wa-anbā' abnā' az-zamān. ed. I. 'Abbās. 1-8. Beirut 1398/1978.

Kabbani = Kabbani, S.: Altarabische Eseleien. Humor aus dem frühen Islam. Herrenalb 1965.

33 al-Kutubī, M. b. Šākir: Fawāt al-wafayāt. ed. I. 'Abbās. 1-5. Beirut o.J. [1973], hier 4/131-134, Nr. 522.

34 S. Flügel, G.: Einige bisher wenig oder garnicht bekannte arabische und türkische Handschriften. In: ZDMG 14 (1860), 527-546, hier 534-538. Die dort vorgestellte Handschrift, jetzt British Museum Or. 1357, liegt mir als Mikrofilm vor.

35 S. Nemoy, L.: Arabic Manuscripts in the Yale University Library. New Haven/Conn. 1956, 129, Nr. 1204. Das dort kurz vorgestellte Ms. Landberg 258, fol. 82ᵇ-95ᵇ, mir vorliegend, sowie die Autorenkartei führen als Verfasser an: al-Mīlāwī, Yūsuf b. al-Wakīl (fl. 1689). Dieser ist augenscheinlich identisch mit dem von Brockelmann, GAL S 2/414, Nr. 13 a genannten Autor; vgl. ebenda 637f., Nr. 9b. Das Ms. Yale L-258 enthält zwei weitere Schriften desselben Autors zu ähnlich populären Gestalten: fol. 56ᵇ-82ᵃ: aṭ-Ṭirāz al-muhaḏḏab fī nawādir Aš'ab; fol. 96ᵃ-103ᵃ: Iršād man naḥā ilā nawādir Ǧuḥā (selbige im Ms. BM Or. 6646 dem Ǧalāladdīn as-Suyūṭī [gest. 911/1505] zugeschrieben). S. hierzu F. Rosenthal in JAOS 83 (1963) 453, Nr. 2.

36 aṣ-Ṣafadī, Ṣalāḥaddīn Ḫalīl b. Aibak: K. al-Wāfī bil-wafayāt. 4, ed. S. Dedering. Wiesbaden 1959, 291-293, Nr. 1822.

Es wäre Aufgabe der Textedition gewesen, Nachweise dieser Art möglichst vollständig zu Rate zu ziehen und anzuführen, wie es bei der Edition des 7. Bandes von Naṯr durch Boughanmi in vorbildlicher Weise (wenn auch auf den Stand der Dissertation von 1963 beschränkt) geschehen ist. Dies kann hier nur unvollständig nachgeholt werden.

Kap. **16**: Erzählungen von Einfältigen und Narren. Auch dieses Kapitel der EE beruht auf mehr als einem Kapitel der Vorlage. Die Sachlage ist hierbei allerdings etwas komplizierter als bei dem soeben besprochenen Kap. 15 EE, da auch die Textedition anhand zweier Handschriften noch Lücken aufweist. Insofern kann hier auch ein Beitrag dazu geleistet werden, den Inhalt der entsprechenden Seiten zu rekonstruieren. Die Vorlage für EE Kap. 16 sind Naṯr 7, Kap. 22: *nawādir al-ḥamqā wal-muġaffalīn* und Kap. 23: *nawādir Ibn al-Ǧaṣṣāṣ*[37]. Die Textedition verweist auf Lücken nach Naṯr 7/230, Nr. 33 sowie am Schluß von Kap. 22: von Nr. 136 sind nur die ersten drei Wörter erhalten. Kap. 23 fehlt nach Aussage des Herausgebers in beiden konsultierten Handschriften ganz.

Versucht man, die Sachlage exakt zu eruieren, so macht sich insbesondere an diesem Punkt eine Schwäche der Edition bemerkbar, die auch den Herausgeber selbst daran gehindert hat, eine zwangsläufige Folgerung richtig als solche zu erkennen. Der Textedition fehlt nämlich — wie heute allgemein üblich — die Anführung der Seiten- bzw. Foliazählung.

Das Ms. Köprülü 1403, Grundlage der Edition, weist beide Zählungen auf. Hierbei entsprechen — bezüglich der hier betroffenen Stellen — S. 817/fol. 409^{b} (Anfang Kap. 22), 818/410^{a}, 819/410^{b}, etc. Boughanmi, der sich bei der Beschreibung der Handschrift nur an der Seitenzählung orientiert, führt zu der ersten der beiden von ihm angemerkten Lücken an: »Nach S. 819 in Kapitel XXII fehlen vermutlich 8 Seiten, wie ein Vergleich mit Handschrift R [= Ra'īs al-Kuttāb 930] nahelegt. Diese Blätter sind schon vor dem Eintrag der Seitenzählung verlorengegangen, wie die Aufeinanderfolge von 819 und 820 beweist, bei der die Lücke übersehen worden ist«[38]. Dies ist zweifelsohne der Tendenz, wenn auch nicht unbedingt der Quantität nach richtig. Allerdings muß folgendes festgehalten werden: Wenn nach S. 819 (also exclusive) einige Blätter fehlen, dann bedeutet dies, daß die ungerade Zahl die b-Seite eines folio bezeichnet, die a-Seite hingegegen mit einer geraden Zahl versehen sein muß. Unter Beachtung dieses einfachen Grundsatzes ist die folgende Erläuterung zur zweiten Lücke unverständlich. Dazu heißt es: Sie »ist zwischen S. 20 [d.h. 820, wiederum exclusive] und S. 25 [825], wo 2 Blätter verlorengegangen sind«.

37 Naṯr 7/48: nawādir Abī l-Ǧaṣṣāṣ, 7/307: nawādir Ibn abī l-Ǧaṣṣāṣ. Richtig Ibn al-Ǧaṣṣāṣ wird bestätigt durch Ṣafadī und Kutubī (s. u.).

38 Dieses und das folgende Zitat Boughanmi 43.

Verdeutlicht man sich die Konsequenz dieser Aussage, so wird klar, daß an dieser Stelle keine Blätter der Handschrift gefehlt haben, sondern daß vielmehr der der Edition zugrundeliegende Mikrofilm der Handschrift unvollständig gewesen sein muß, d.h. die Photographien der aufgeschlagenen Doppelseiten fol. $411^{b}/412^{a}$ und $412^{b}/413^{a}$ fehlten. Dies wird mit letzter Klarheit durch den mir zugänglichen vollständigen Mikrofilm erwiesen, der die betreffenden Photographien enthält und exakt die angemerkte Lücke füllt. Somit enthält er auch das ganze in der Edition fehlende Kap. 23 zu Ibn al-Ǧaṣṣāṣ in ganzer Länge. Das zur Kollation herangezogene zweite Manuskript konnte Boughanmi bei der Klärung dieser Frage nicht behilflich sein, da es an der entsprechenden Stelle ebenfalls eine Lücke aufweise.

Die erste Lücke ist in unterschiedlichem Maße gleichfalls in beiden Manuskripten vertreten. Im Ms. Köprülü 1403 ist die Lücke zwischen fol. 410^{b} = Naṯr 7/230, Nr. 33a (s. Anm.) und 411^{a} = Naṯr 7/240/-3, Wort 7, Nr. 126. Die dort ausgefallenen Erzählungen ließen sich allerdings nur zum Teil durch die zweite Handschrift ergänzen, denn auch diese weist »bis zur ersten Hälfte von Kapitel XXII«[39] eine Lücke auf, die mit Naṯr 7/230, Nr. 34 beendet ist. Das genaue Ausmaß dieser Lücke läßt sich durch den Vergleich mit EE relativ eng eingrenzen. Betrachtet man nämlich die Liste der Entsprechungen dieses Kapitels, so fällt auf, daß gerade nach EE Nr. 18 (550) eine Lücke ist, also genau an der Stelle, an der auch der Text in der Ed. von Naṯr eine Unterbrechung aufweist. Später werden mit EE Nr. 32 (564) die Entsprechungen wieder aufgenommen, und zwar in dem in etwa auch sonst durchschnittlich eingehaltenen Abstand. Es ist also zu folgern, daß die Erzählungen EE Nr. 19 (551) bis inclusive 31 (563) zu den in Naṯr fehlenden gehören müssen. Berücksichtigt man weiterhin, daß Bar Hebräus — gezählt unter Außerachtlassung der Lücke — von 136 Nummern der Vorlage 77 minus 13 der Lücke = 64 Nummern verwertet hat, also knapp 50%, bzw. jede zweite Erzählung, so läßt sich ziemlich genau eine Lücke in Naṯr rekonstruieren, die kaum mehr als 30 Nummern umfassen dürfte.

(Nachtrag: Durch einen glücklichen Zufall konnte ich mittlerweile auch die zweite von Būġānmī seiner Edition von Naṯr 7 zugrunde gelegte Handschrift (Ms. Reisülküttab 930, unten zitiert als Naṯr R 7) einsehen. Mit dieser ist ihm ganz offensichtlich der gleiche Fehler unterlaufen wie oben besprochen: Das Manuskript enthält augenscheinlich nur eine kleine Lücke, es fehlt nur ein einziges Blatt, fol. 19, das bei falscher Sortierung der Blätter 19-51 vor Eintragung der Blattzählung verlorengegangen zu sein scheint. Dies hat der Herausgeber richtig erkannt und beschrieben. Die zwei weiteren von ihm angemerkten großen Lücken »zwischen Blatt 51b und 179b, am Ende des

39 Boughanmi 45.

Kapitels III bis zur ersten Hälfte von Kapitel XX, wo 128 Blätter verlorengegangen sind«, sowie »zwischen Blatt 192a and 196b« beruhen jedoch schlicht auf einem lückenhaften Mikrofilm, die Handschrift selbst ist hier vollständig.

Ließen sich vorher nur einige Parallelstellen zu EE in der arabischen Literatur belegen, so kann jetzt durch Vergleich mit dieser zweiten Handschrift die Liste der Entsprechungen — wie vermutet — lückenlos weitergeführt werden: EE Nr. 17 (549): *Naṯr* R 7/177 a/6; 18 (550): R 7/176 b/6; 19 (551): R 7/177 a/-3, *Naṯr* 4/229 b/9, *Baṣā'ir* 4/86, *Ḥamqā* 133; 20 (552): R 7/177 a/-2, *Ḥamqā* 29, Kabbani 66, Nr. 74; 21 (553): R 7/177 b/3, *'Iqd* 6/154, *'Uyūn* 2/57; 22 (554): R 7/177 b/6; 23 (555): R 7/177 b/-4; 24 (556): R 7/177b/-1, *Ḥamqā* 165 (in der Übers. Budge muß es statt »oranges« richtig »Flöhe« heißen); 25 (557): R 7/178 a/2, *Ḥamqā* 91; 26 (558): R 7/178 a/4, *Ḥamqā* 165; 27 (559): R 7/178 a/6, *Ḥamqā* 165; 28 (560): R 7/178 b/-5, *Baṣā'ir* 1/145; 29 (561): R 7/178b/-2, *Baṣā'ir* 1/145, *Ḥamqā* 40; 30 (562): R 7/179 a/1, *Baṣā'ir* 1/145; 31 (563): R 7/179a/6, *Baṣā'ir* 1/146. Der nach *Naṯr* R 7 zu ergänzende Text hat an dieser Stelle insgesamt 25 Erzählungen. Somit ist die sonst vertretene Quote der bei EE verwerteten Erzählungen auch hier in etwa eingehalten: 25 Nr. in *Naṯr* R 7 zu 15 Entsprechungen in EE = 60%.

— Die Angaben der Tabellen S. 111 und 124 sind im Hinblick auf diesen Nachtrag ergänzt bzw. korrigiert.)

Ansonsten lassen sich in diesem ersten Teil des Kapitels 4 Erzählungen — Nr. 9 (541), 44 (576), 46, 47 (578, 579) — so nicht in Naṯr belegen. Dies mag unter Umständen auch auf eine divergierende und vielleicht unvollständige Überlieferung der Handschriften sowohl von EE als auch Naṯr zurückzuführen sein. Darauf deutet z.B. hin, daß Nr. 9 (541), zu dem Naṯr keine Entsprechung bietet, auch in Karš. fehlt, also nicht zwingend zum ursprünglichen Text der EE gehört zu haben scheint.

Am Schluß von Naṯr 7, Kap. 22 fehlt in der Edition nur der Text einer einzigen Erzählung. Bereits die einzig angeführten ersten drei Wörter dieser Nr. 136, im Ms. Köprülü auf fol. 411ª/-1, legten eine Entsprechung der Erzählung mit EE Nr. 77 (609) nahe. Sie wird bestätigt durch den Rest der Geschichte, welcher fol. 411ᵇ/1-3 steht. Hiermit endet das betreffende Kapitel. Es fehlt also nicht »ein großer Teil von Kapitel XXII«[40].

Der zweite Abschnitt von EE Kap. 16 — Nr. 78 (610) — 88 (620) — hat das Kap. 23 zu Ibn al-Ǧaṣṣāṣ aus Naṯr 7 zur Vorlage. Dieses fehlt zwar in der

40 Boughanmi 43.

Edition vollständig, ist aber — wie ausgeführt — im Ms. Köprülü enthalten. Dort finden sich Entsprechungen zu 8 der insgesamt 11 am Schluß dieses Kapitels von EE stehenden Erzählungen, und zwar — in dieser Reihenfolge — zu Nr. 78, 79 (610, 611), 83 (615), 85-88 (617-620), 80 (612). Bereits vor Kenntnis dieser Tatsache ließ sich durch Vergleich mit der Sekundärliteratur weitgehend erschließen, daß das in der Edition ausgefallene Kapitel diese Erzählungen enthalten mußte. Ṣafadīs Biographie von Ibn al-Ǧaṣṣāṣ bringt die gleichen Parallelen wie Naṯr 7, mit Ausnahme der Entsprechung zu Nr. 86 (618). Sie ist somit leicht ausführlicher als der Text bei Kutubī, wo auch die Entsprechung zu Nr. 80 (612) fehlt[41]. Einige weitere Belege aus der Literatur: Nr. 78 (610): *Ḥamqā* 37, *Baṣā'ir* 4/82; 83 (615): *Ǧam'* 350, *Ḥamqā* 37; 85 (617): *Ḥamqā* 37f., *Baṣā'ir* 4/82 (wo fälschlich Ibn Ǧarrāda gelesen); 88 (620): *Ḥamqā* 38.

Die Erzählung EE Nr. 80 (612) muß — wie übereinstimmend durch Naṯr und Karš. belegt — am Schluß des Kapitels nach Nr. 88 (620) stehen. Drei Erzählungen finden so keine Entsprechung in Naṯr: Nr. 81, 82 (613, 614), 84 (616).

Kap. **17**: Erzählungen von Mondsüchtigen und Besessenen. Beruht auf Naṯr 3, Kap. 10: *nawādir al-maǧānīn*. Bereits 1912 hatte Paul Loosen in seiner Studie zum *K. 'Uqalā' al-maǧānīn* des Naisābūrī (gest. 406/1015)[42] darauf hingewiesen, daß sich »viele Parallelen [hierzu] ... auch in den Laughable Stories des Bar Hebraeus [finden]«. Als Beispiel führt er allerdings nur Nr. 623 = EE Kap. 17, Nr. 3 an. Eine Reihe weiterer Entsprechungen zwischen EE und verschiedenen Werken der *adab*-Literatur habe ich in meiner Studie zu Buhlūl[43] angemerkt (s. Index: Bar Hebraeus). Aus dort zitierten Verweisen ließ sich bereits vermuten, daß ein in Naṯr enthaltenes Kapitel »Verrückte« viele Entsprechungen zu EE enthalten müsse, wenn auch noch nicht zu erahnen war, daß das entsprechende Kapitel direkte Vorlage von EE Kap. 17 ist. — Nur 2 der insgesamt 32 Erzählungen finden keine Entsprechung in Naṯr: Nr. 1 (621) und 14 (634).

Kap. **18**: Erzählungen von Dieben und Räubern. Entspricht vollständig Naṯr 7, Kap. 21: *nawādir al-luṣūṣ wa-liman suriqa lahū šay'*.

Kap. **19**: Erzählungen von wundersamen Begebenheiten. Beruht für 10 der insgesamt 11 Erzählungen auf Naṯr 7, Kap. 26: *ittifāqāt 'aǧība fī l-ǧidd wal-hazl*. Die Geschichte EE Nr. 2 (668), für die Naṯr keine Entsprechung

41 S. Ṣafadī (wie Anm. 36) 12, ed. R. 'Abdattawwāb. Wiesbaden 1979, 386-391, Nr. 367; Kutubī (wie Anm. 33) 1/372-376, Nr. 135.

42 Loosen, Paul: Die Weisen Narren des Naisābūrī. Phil. Diss. Bonn 1912, gedruckt Strassburg 1912. Auch: Zeitschrift für Assyriologie und verwandte Gebiete 27 (1912), 184-229.

43 Der Weise Narr Buhlūl. Wiesbaden 1983.

bietet, zitiert Bar Hebräus nach »a certain Hebrew book«. Es ist durchaus glaubwürdig, daß er eine solche Quelle zur Ergänzung des Kapitels herangezogen hat.

Kap. **20**: Erzählungen von physiognomischen Merkmalen, die Weise verfaßten. — Wenn die verschiedenen Bände von Naṯr auch mehrere Kapitel mit unzähligen Weisheitssprüchen und ähnlichem Material enthalten, so läßt sich derartiges doch nirgends nachweisen. Insofern werden hier, ähnlich wie für EE Kap. 5, andere Quellen zugrundeliegen. In diesem Zusammenhang ist hinzuweisen auf eine kurze Abhandlung, die Giuseppe Furlani 1929 veröffentlichte, mit dem Titel »Die Physiognomik des Barhebräus in syrischer Sprache. I«[44]. In ihr stellt er unter Verweis auf EE, Kap. 20 den die Physiognomik betreffenden Abschnitt aus Bar Hebräus' *Kṯāḇā ḏ-ḥēwaṯ ḥeḵmṯā*/ »Buch des Rahmes der Weisheit«, auch *Kṯāḇā ḏ-ḥeḵmaṯ ḥeḵmāṯā*/»Buch der Weisheit der Weisheiten« genannt, in syrischer Textedition und deutscher Übersetzung vor. Eingangs bemerkt er: »Die Quellen, aus denen unser Schriftsteller geschöpft hat, waren natürlich alle arabisch. Und zwar hat er für die beiden Bearbeitungen der Physiognomik aus zwei oder mehreren verschiedenen Quellen geschöpft«[45]. Des weiteren stellt er in Aussicht, daß er »im zweiten Teil dieser Arbeit... die Quellen der Physiognomik und die physiognomischen Lehren selbst des Barhebräus prüfen und mit Hilfe der griechischen und arabischen Physiognomiker zu erklären versuchen [werde]«. — Dieser angekündigte zweite Teil ist, soweit ich es überblicke, nie erschienen. Insofern sind wir in Ermangelung einer exakten Quellenuntersuchung nach wie vor auf Vermutungen angewiesen.

Sicher scheint, daß Bar Hebräus das Werk der berühmten griechischen Physiognomikers Polemon, nach dem schon Ǧāḥiẓ (gest. 255/868) zitierte[46], kannte. Er selbst erwähnt ihn nämlich in dem von Furlani edierten Abschnitt[47]. Ob er allerdings direkt aus dem heute verlorenen griechischen Urtext schöpfte, oder ob ihm eine arabische oder gegebenenfalls sogar syrische Übersetzung desselben vorlag, läßt sich vorerst nicht entscheiden. Moriz Steinschneider führt hierzu in seiner Übersicht über *Die arabischen Übersetzungen aus dem Griechischen* mit Verweis auf Jourdain an, daß das Werk des Polemon »nach Bar-Hebraeus... syrisch übersetzt«[48] wurde. Die

44 In: ZSem 7 (1929), 1-16.

45 Zitate Furlani 2 und 3.

46 S. Sezgin, F.: Geschichte des Arabischen Schrifttums. 3: Medizin — Pharmazie — Zoologie — Tierheilkunde. Leiden 1970, 352f., 373.

47 Furlani 10, Zeile 21: »In Betreff der Frauen sagt Philemon [!] ...«; der syrische Text hat an dieser Stelle 3, Zeile 8: »pīlīmūn«. Gemeint ist augenscheinlich Polemon, zu dessen physiognomischem Werk s. RCA (wie Anm. 21) 21,2 Stuttgart 1952, Spalte 1345-1348.

48 Steinschneider, M.: Die arabischen Übersetzungen aus dem Griechischen. Repr. Graz 1960, 108 (146) in § 84.

Stelle, auf die Steinschneider sich bezieht, steht in Jourdains *Recherches critiques sur l'âge et l'origine des traductions latines d'Aristote*[49]. Dort folgt die Bemerkung der auch in der arabischen Literatur weit verbreiteten Anekdote von Hippokrates und Polemon. Ersterer erwidert auf das physiognomische Gutachten des Polemon, er sehe aus wie ein von Verlangen beherrschter Mensch, dies sei richtig, seine natürliche Veranlagung sei so — aber er halte sie unter Kontrolle[50]. Jourdain merkt hierzu an: »La même anecdote est rapportée par Hadjy-Kalfa [d.i. Ḥāğğī Ḫalīfa] et Abul-Faradj [d.i. Bar Hebräus], qui nous apprend que le traité de Philémon [richtig: Polemon] existait encore de son temps, traduits en syriaque«[51]. Mir ist unklar, aus welchem Werk des Bar Hebräus Jourdain seine Kenntnis bezieht, denn das Geschichtswerk, dem das einzige sonst bei Jourdain stehende Zitat nach Bar Hebräus mit Quellenangabe[52] entnommen ist, enthält nichts derartiges. Vielleicht bietet die angekündigte Arbeit von Nicole Zeegers-Vander Vorst über *Gnomologies de 'philosophes' grecs conservées en syriaque*[53] neue Aufschlüsse hierzu. — Da auch die syrischen Literaturgeschichten keine syrische Übersetzung des Polemon erwähnen, möchte ich mich hier vorläufig dem vagen Urteil René Bassets anschliessen, daß »ce dernier chapitre est en grande partie emprunté au grec«[54].

Die Ergebnisse zur Quellengeschichte der Ergötzlichen Erzählungen lassen sich also wie folgt zusammenfassen:

18 von 20 Kapiteln der EE beruhen zum Großteil direkt auf Vorlagen des *K. Naṯr ad-durr*. Hierbei entspricht die Mehrzahl der Kapitel (1, 2, 6, 7, 10, 12-19) bis auf minimale zahlenmäßige Abweichungen vollständig der Quelle. In den weiteren Kapiteln (3, 4, 9, 11) scheint der aus Naṯr geschöpfte Stoff aus anderen noch nicht nachgewiesenen Quellen ergänzt zu sein. Die restlichen zwei Kapitel (5, 20) sind unabhängig von Naṯr: Kap. 5 schöpft aus syrisch-christlichen Quellen, Kap. 20 beruht vermutlich auf griechischer Vorlage, aus der Bar Hebräus entweder direkt oder vermittels einer arabischen (oder syrischen) Übersetzung schöpfte.

49 Jourdain, A.: Recherches critiques sur l'âge et l'origine des traductions latines d'Aristote ... nouvelle éd. revue et augmentée par Charles Jourdain. Paris 1843.

50 S. Gutas, D.: Greek Wisdom Literature in Arabic Translation. A Study of the Graeco-Arabic Gnomologia. New Haven/Conn. 1975, 111 u. 326 f., Sokrates Nr. 48.

51 Jourdain (wie Anm. 49) 345.

52 Jourdain (wie Anm. 49) 80. Als Quelle des dortigen Zitates ist angegeben: Specimen historiae Arabum, sive Gregorii Abul Farajii Malatiensis, De origine & moribus Arabum succinta narratio, ... Opera & studio Eduardi Pocockii [= Pococke, E.] Oxoniae 1650.

53 S.OrChr 64 (1980) 224.

54 Basset (wie Anm. 16), hier 348.

4. Es existieren zumindest drei Handschriften, die arabische Übersetzungen des syrischen Textes der EE darstellen[55]. Eine von ihnen, von Louis Cheikho (Šaiḫū) 1922 publiziert[56], läßt sich zumindest in Hinsicht auf die in ihr getroffene Auswahl der Erzählungen gegen die beiden anderen abgrenzen. Sie enthält insgesamt 202 Erzählungen, also nur wenig mehr als ein Viertel des Originals, wobei ganze Kapitel ausgelassen sind. Hierbei muß berücksichtigt werden, daß der Herausgeber selbst Eingriffe in den Text zugibt, dergestalt, daß er einige, von ihm als nebensächlich betrachtete Geschichten ausgelassen habe. Die exakte Anzahl der Erzählungen dieser Version läßt sich also nicht mehr feststellen. Allerdings stimmt genau genommen wiederum nicht, »daß die Sprüche und Erzählungen der Kap. 5, 11, 19 und 20 völlig fehlen«[57]. Eine Erzählung aus EE Kap. 11 steht nämlich hier in Kap. 12: *aḥādīṯ li-arbāb aṣ-ṣanā'i'*. Dies ist die schon von Cheikho als solche übersehene Geschichte EE Kap. 11, Nr. 13 (398)[58]. — Ansonsten weist diese Übersetzung noch ungelöste Fragen auf betreffs Entstehungszeit und Autor. Da das Original, nach dem Samir Khalil kürzlich geforscht hat[59], nicht mehr aufzufinden ist, wird man sich — bis zum Auffinden einer eventuell existierenden weiteren Handschrift dieser Version — hierzu mit der vagen Aussage Cheikhos begnügen müssen, daß das ihm vorliegende Manuskript (1922) »ca. 300 Jahre alt«[60] sei, also in etwa dem 17. Jh. entstamme. Autor der Übersetzung ist sicherlich nicht Bar Hebräus selbst gewesen, wie Cheikho vermutet. Dies belegen die im folgenden erörterten Faktoren. — Ein Vergleich der Wortlautes der Übersetzung mit dem anderen vorliegenden arabischen Text ergibt zwar in vielen Fällen wortwörtliche Übereinstimmung. Der Wortlaut differiert andererseit jedoch auch an entscheidenden Stellen, so daß dieser Text nicht ohne weiteres etwa als Auszug aus der in Karšūnī geschriebenen arabischen Übersetzung aufgefaßt werden kann.

Von dieser zweiten arabischen Übersetzung, im Vorangegangenen als Karš. zitiert, existieren zwei Exemplare. Eines von ihnen war bereits Georg Graf, dem Verfasser der Geschichte der christlichen arabischen Literatur[61], bekannt. Es befindet sich in der Bibliothèque nationale Paris als Ms. Syr. 274. Hiervon liegt mir ein Mikrofilm vor. Als Abschreiber der Handschrift zeichnet ein gewisser Mūsā Bāsim Ḫūrī, genannt Ḥāṭūm. Die Abschrift ist datiert ܐܠܦܐ ܨܦܐ = 1981 seleukidischer Ära = 1670 n. Chr.

55 Insofern zu korrigieren die Bemerkung von Segal, J.B.: Ibn al-'Ibrī. In: EI^2 3/804f, hier 805a: »...; a translation into Arabic appears not to have survived«.
56 S. Anm. 18.
57 Degen Sp. 1241 nach Cheikho 709 u.; ebenso Samir 157.
58 Cheikho 774, Zeile 4-7.
59 Samir 155f., Anm. 69.
60 Cheikho 709, Zeile 9.
61 Graf 2/280, Nr. 14.

Das Verdienst, auf die zweite Handschrift dieser Fassung hingewiesen zu haben, gebührt Samir Khalil, der damit gleichzeitig in seinem vor einigen Jahren erschienenen Aufsatz »*Bar Hebraeus, le 'Daf' al-Hamm' et les 'Contes Amusants'*«[62] die Entschlüsselung des Übersetzers mitliefern konnte. Diese zweite Karšūnī-Handschrift befindet sich als Nr. 410 in der Sammlung des Patriarchen Ignatius Ephräm II. Raḥmānī (1898-1929), welche heute im Kloster Šarfa im Libanon aufbewahrt wird[63]. Nach den von Samir angeführten Angaben ist die Handschrift autograph, als Übersetzer zeichnet ein gut bekannter syrischer Priester namens Yūḥannā Ibn al-Ġurayr aš-Šāmī az-Zurbābī, der auch andere syrische Werke des Bar Hebräus ins Arabische übersetzte. Die Handschrift ist datiert 6. Dezember 1657.

Dies ist unzweifelhaft eine großartige Entdeckung. Führt sie doch zum ersten Mal und unumstößlich den Nachweis, daß nicht, wie lange vermutet, Bar Hebräus selbst die arabische Übersetzung seiner EE anfertigte. Dies belegt im übrigen unabhängig davon und unter Außerachtlassung der Frage der zeitlichen Entstehung der Übersetzung die hier aufgezeigte Tatsache, daß die EE ihrerseits auf arabischer Vorlage beruhen: Denn welcher plausible Grund hätte Bar Hebräus dazu bewegen sollen, einen soeben von ihm selbst aus dem Arabischen ins Syrische übersetzten Text in leicht anderer Form wiederum ins Arabische rückzuübersetzen?

Die Probleme der Abhängigkeiten der verschiedenen Versionen untereinander werden durch die Entschlüsselung des Übersetzers allerdings nicht entscheidend berührt. Samir stützt sich bei seinen Aussagen einzig auf den von ihm eingesehenen handschriftlichen Katalog der Sammlung Raḥmānī; weder das dortige Manuskript noch die Handschrift Paris Syr. 274 scheint er direkt konsultiert zu haben. So folgert er: »Dans ces deux manuscrits, comme dans l'original syriaque, l'ouvrage est divisé en 20 chapitres. De par la longueur du texte arabe, on peut supposer que ce n'est pas un abrégé de l'original syriaque«[64]. Endgültige Aussagen hierzu lassen sich erst bei einem Vergleich beider Handschriften treffen.

In Bezug auf das Pariser Manuskript kann hier vorerst folgendes festgehalten werden: Die Übersetzung ist im wesentlichen vollständig. Die Reihenfolge der Erzählungen weicht, wie im Vorhergehenden bereits teilweise angemerkt, an 8 Stellen von EE ab; hierin stimmt sie in einigen Fällen mit

62 In: OrChr 64 (1980), 136-160, hier 152f.

63 S. Nasrallah, J.: Catalogue des manuscrits du Liban. 1: Harissa/Libanon 1958, 20, Nr. 2. Wenngleich durch Vermittlung des Beiruter Orient-Institutes die freundliche Genehmigung zur Anfertigung eines Mikrofilmes dieser bedeutenden Handschrift bereits seit Mitte 1984 vorliegt, hat der Bürgerkrieg im Libanon dies seither verhindert. Ein Vergleich dieser mit der zweiten Karšūnī-Handschrift wird sicher weitere Erkenntnisse bringen.

64 Samir 152.

Na$\underline{t}$r überein und repräsentiert somit wahrscheinlich die ursprüngliche Reihenfolge:

fol. 6^{b}	: Nr. 17, 8, 18 (wie Na$\underline{t}$r)
36^{a}	: Nr. 212, 214, 213, 215 (wie Na$\underline{t}$r)
62^{a}	: Nr. 352, 344, 354 (wie Na$\underline{t}$r)
63^{a-b}	: Nr. 357, 454, 358 (wie Na$\underline{t}$r)
91^{b}-92^{a}	: Nr. 442, 444, 443, 445 (Na$\underline{t}$r: 442, 441, 444, 443, 445)
117^{b}-118^{a}	: Nr. 532, 545, 533 (so nicht in Na$\underline{t}$r)
132^{b}-133^{a}	: Nr. 620, 612, 613, 621 (Na$\underline{t}$r: 620, 612, 621; 613 hat keine Entsprechung)
160^{a-b}	: Nr. 695, 697, 696, 698 (ohne Entsprechung in Na$\underline{t}$r)

Im Vergleich mit EE fehlen 9 Erzählungen: Nr. 19, 100, 240, 506, 541, 692, 724, 726, 727. Hiervon fehlt nur eine — Nr. 541 — auch in Na$\underline{t}$r; drei — Nr. 724, 726, 727 — stehen allerdings auch nicht in dem älteren der beiden Manuskripte, welche der syrischen Textedition zugrunde liegen, India Office Ms. 9.

Drei Erzählungen hat Karš. zusätzlich zu EE, von denen wiederum eine ihre Entsprechung in Na$\underline{t}$r hat und somit zur ursprünglichen Textfassung gehören dürfte: fol. 130^{a}, nach Nr. 606 (= Na$\underline{t}$r 7/240, Nr. 123); fol. 161^{a-b}, nach Nr. 704; fol. 161^{b}, nach Nr. 706.

Man sieht, daß ein Vergleich der verschiedenen Fassungen untereinander viel zur Rekonstruktion der ursprünglichen Textgestalt betragen kann. Das Autograph Raḥmānī 410 ist hierfür natürlich von primärer Bedeutung. Eine exakte Gegenüberstellung hätte allerdings auszugehen von den ältesten erhaltenen Handschriften des syrischen Originals, einer Vatikanhandschrift sowie einem zweiten in Šarfa aufbewahrten Manuskript, beide ca. 14. Jh.[65].

Die Übersetzung von Karš. ist, soweit sich dies durch einen Vergleich mit der oft recht vagen und teils auch schlicht falschen Übersetzung von Budge feststellen läßt, eng und getreu am Wortlaut des Originals orientiert. Kleine grammatische Ungereimtheiten lassen Rückschlüsse zu auf keine allzu intime Vertrautheit des Übersetzers (oder Abschreibers?) mit dem klassischen Arabisch: So wird vor allem das geschriebene End-Alif mit Nunation, Kennzeichen des indet. masc. Acc., zwar auch korrekt angewandt, sonst aber unterschiedslos auch bei indet. masc. sing. Nom. und Gen. angefügt: *fī yawman* [!] *mina l-ayyām* (fol. 19^{b}/2, 45^{a}/-5, 97^{a}/-2, 155^{a}/10 u.a.); *qāla*

65 Auf eine spätestens im 15. Jh. geschriebene Handschrift verweist ʿĪwāṣ, Zakkā: Ibn al-ʿIbrī. In: Maǧallat al-Maǧmaʿ al-ʿilmī al-ʿirāqī. Hay'at al-luġa as-suryāniyya. 5 (1979-1980) 5-41 (1-37), hier 41 (37). Im dortigen Abschnitt zu den EE sind jedoch offenbar syrische und karšūnī-Mss. durcheinander zitiert, so daß der Verweis auf eine alte syrische Handschrift in Šarfa anhand der dortigen Angaben überprüft werden müßte.

wāḥidan [!] *mina š-šuʿarāʾi lammā daḫala ilā wāḥidan* [!] *mina l-wulāt* (fol. 86ᵇ/6ff.); *ʿinda wāḥidan* [!] *mina l-mulūk* (fol. 65ᵇ/7f.). Einige Stellen der Handschrift verraten, daß der Abschreiber zumindest der arabischen Schrift mächtig war, wenn sie nicht sogar die normalerweise von ihm geschriebene Schrift darstellte. So stehen insgesamt viermal unvermittelt — zweimal mit Wechsel mitten im Satz — arabische Schriftzüge zwischen syrischen: fol. 19ᵇ/-5: *tamma l-bābu ṯ-ṯānī*; fol. 22ᵇ/-6: *naǧaza l-bābu ṯ-ṯāliṯu bi-ʿawni l-bārī taʿālā*; fol. 166ᵃ/-6: *bi-ḥamd*; fol. 166ᵃ/-1 (nach 166ᵃ/-2: *wa-lir-rabb* in syr. Schrift) *al-maǧdu wa-ʿalaynā raḥmatuhū ilā l-abadi āmīn.*

5. Die von Bar Hebräus angewandten Prinzipien der Textredaktion sind von Budge im Zusammenhang mit der von ihm aufgezeigten Quelle von Kap. 5 der EE skizziert worden[66]: Bar Hebräus hat kurze Vorlagen in entsprechend knapper Form übernommen, oft aber die Vorlage verkürzt und kondensiert, sowie die meisten der ursprünglich enthaltenen Namen eliminiert. In einigen wenigen Fällen hat er hingegen die ursprünglich knappe Vorlage in ausführlicherer Form mit zusätzlichen Erläuterungen oder Umschreibungen wiedergegeben. Dieses Redaktionsprinzip ist — wie von Budge ganz richtig vermutet — durchgängig angewandt; insofern ist den angeführten Grundsätzen auch in Bezug auf Naṯr als Vorlage der Übertragung nichts hinzuzufügen.

Diesem formalen Prinzip steht ein inhaltliches beiseite, welches ich als die eigentliche schriftstellerische Leistung des Bar Hebräus bezeichnen möchte. Diese beruht ja — wie im vorangegangenen Abschnitt 3 zur Genüge demonstriert — keineswegs zu einem solch hohen Grad auf der eigenständigen Sammlung von verstreuten Erzählungen, wie bisher vermutet. Wenn die EE also zum überwiegenden Teil auch direkt aus dem Arabischen übersetzt sind und man ihre Zusammenstellung nur zu einem geringen Teil als Verdienst des Autors betrachten kann, so muß doch die Art der Übertragung gesondert gewürdigt werden: Schließlich hatte sich Bar Hebräus die Aufgabe gestellt, sein Buch für einen vornehmlich syrisch-sprachigen, also christlichen Leserkreis zu schreiben, benutzte als Vorlage hierfür jedoch einen arabischen Text mit teils eindeutig islamischen Inhalten oder Anspielungen. So erscheint es verständlich, daß ihm daran gelegen sein mußte, den Grad der direkten Abhängigkeit seines Buches von der arabischen Vorlage zu verschleiern. Diesem Ziel wurde er durch die Assimilierung ursprünglich arabisch-islamischer Inhalte an einen syrisch-christlichen Kontext in so hervorragender Weise gerecht, daß sie entscheidend dazu beitrug, die Quellenforschung bis auf den heutigen Tag fehlzuleiten und von der bloßen Vermutung einer direkten arabischen Vorlage der EE abzulenken. Insbesondere trifft dies zu

66 Budge xxvi.

auf einige Geschichten, in denen Bar Hebräus durch geschickten Verweis auf eine passende Bibelstelle oder durch souveränes Ersetzen eines Koranzitates durch ein entsprechendes der Bibel den Eindruck erwecken konnte, als seien diese Erzählungen in ihrer typischen Pointierung einem ursprünglich christlichen Kontext entnommen.

Dieses Prinzip der Textredaktion sei im folgenden an einigen ausgewählten Beispielen durch Gegenüberstellung von Original und Übertragung (welche ich nach den vorliegenden Übersetzungen von Morales, Budge und Horovitz wiedergebe) aufgewiesen. Den Geschichten sind in einem kurzen Kommentar die jeweiligen Urteile zur Version der EE von Basset bzw. Horovitz beigefügt, sowie — soweit zum Verständnis der Pointe erforderlich — inhaltliche Erläuterungen. Ansonsten spricht die Gegenüberstellung der Erzählungen für sich.

***

(Zu den Erzählungen von Abū l-ʿIbar gehört: ...) Er berichtete nach Ibn az-Zunbūr, daß das erste seelenlose Ding (*awwal min al-bahā'im*), welches das Paradies betreten werde, die Laute (*ṭunbūr*) sei. Auf die Frage, weshalb er dies meine, antwortete er: »Weil ihr im hiesigen Dasein der Hals gequetscht, die Ohren gerieben und der Bauch geschlagen wird«. (Naṯr 7/201, Kap. 16, Nr. 6)

Ein anderer [Mime] sagte: wenn nur die Mühseligen ins Paradies eingehen und dort Ruhe finden, wie unser Herr gesagt hat (Matthaei XI 28), dann gibt es niemanden, der eher hineinkäme als die Zither [Budge: harp; syr: *qīṭarā*]; denn in dieser Welt hat sie eine Menge von Prüfungen zu bestehen: ihre Kehle wird gepresst, ihr Ohr gequetscht, ihr Leib geschlagen, und wenn sie abgenutzt ist, wird sie ins Feuer geworfen. (EE Nr. 488, Übers. Horovitz 64)

***

Jemand sah den Muzabbid in ar-Ruhā', wie er ein seidenes Obergewand trug; jener war vor einiger Zeit dorthin gekommen, und es war ihm gut ergangen. Da sprach er ihn an: »Muzabbid! Schenke mir dein Gewand!« — »Ich besitze nur dieses eine«, erwiderte der Angesprochene. Der Mann entgegnete: »Gott der Erhabene spricht doch: 'Sie bevorzugen (die anderen sogar) vor sich selber, auch wenn sie Mangel leiden'. (Q 59/9)«. Muzabbid aber gab zur Antwort: »Gott erbarmte sich seiner Diener, daß er diesen Vers nicht in ar-Ruhā' in (den Wintermonaten) Kānūn (al-awwal) und Kānūn (aṯ-ṯānī) offenbarte, sondern daß er vielmehr im Ḥiǧāz und zwar in (den Sommermonaten) Ḥazīrān und Tammūz geoffenbart wurde«. (Naṯr 3/234, Kap. 7, Nr. 12)

Ein anderer von den Mimen verweilte in Sebastia im Winter und hatte ein(en neuen Rock aus) feinem Tuch angezogen. Da sagte ein Mann zu ihm: gib mir diesen deinen Leibrock, und dein Mantel mag dir verbleiben, obgleich dein Christus dir befohlen hat: gib Rock und Mantel dem, der dich darum bittet (Matthaei V 40). Er erwiderte: fern sei es dem Geiste Christi, dass er diesen Befehl den Einwohnern von Sebastia für die Winterzeit gegeben hätte; aber er mag ihn den Einwohnern von Palästina für die Sommerzeit gegeben haben. (EE Nr. 499, Übers. Horovitz 68)

Komm.: Horovitz 62 sieht hier »biblische Stoffe« vertreten und führt zur Übersetzung 68, Anm. 2 an: »Aus einem christologischen Mimus!« Man mag Hovoritz hier insofern zustimmen, als die Pointe auch in der arabischen Urfassung auf der Fixierung der Monate auf bestimmte Jahreszeiten beruht; anders ausgedrückt: Bei einer Übertragung in die muslimische Zeitrechnung ginge die Pointe verloren, da die Monate hier zwar in ihrer Abfolge hintereinander festliegen, durch die kürzere Dauer des Mondjahres aber nicht eindeutig jahreszeitlich fixiert sind. —ar-Ruhā' ist ein Ort zwischen Damaskus und Mossul (s. Yāqūt, *Mu'ǧam al-buldān*, s.v.); das antike Sebastea entspricht dem heutigen Sivas, Hauptstadt der gleichnamigen türkischen Provinz im östlichen Inneranatolien.

***

Muzabbid stritt sich mit jemandem, der ihn darauf beschimpfte: »Du wagst es, mich so anzureden, wo ich doch deine Mutter ge... habe!« Da kehrte Muzabbid zu seiner Mutter zurück und fragt sie: »Mutter! Kennst du den Bulbul«? — Sie erwiderte: »Den Abū 'Ulayya?« — Da rief er aus: »Gott ist mein Zeuge, daß er dich wahrhaftig ge... hat! Ich frage dich bloß nach seinem Namen, und du kennst sogar seinen Beinamen!« (Naṯr 3/325, Kap. 7, Nr. 13)

Ein anderer Mime stritt sich mit einem Krämer, der Zakron hieß. Der sagte zu ihm: schämst du dich nicht vor mir; deine Mutter war mir wie eine Schwester, als du noch klein bei uns warst. Der Mime fühlte sich bedrückt, ging zu seiner Mutter und fragte sie: Kennst du den Krämer Zakron? Sie sagte: den Zakron, Sohn des Isak? Darauf er: so hat der Mann nicht gelogen. Ich hatte nicht geglaubt, dass du ihn überhaupt kennst und nun kennst du sogar auch seinen Vater. (EE Nr. 500, Übers. Horovitz 68)

Komm.: Horovitz 68, Anm. 8, der auf die Parallelversion in Bayhaqī, *Maḥāsin*, ed. Schwally 642 verweist, bemerkt hierzu: »Ein Semit wäre von selbst kaum auf einen solchen Einfall gekommen, da er gewohnt war, jeden nach seines Vaters Namen zu bezeichnen«. — Eben darin liegt die Pointe! Denn auch in der ursprünglichen arabischen Fassung ist ja der Beiname (*kunya*), den die Mutter kennt, die üblicherweise gebrauchte Form der Anrede.

***

(Muzabbid) kaufte einmal eine Sklavin. Als er nach ihren Eigenschaften gefragt wurde, erwiderte er: »Sie besitzt zwei der Qualitäten des Paradieses:

Kälte und Weite«. (Naṯr 3/236, Kap. 7, Nr. 25; analog auch Naṯr 2/152 u. 2/220)

Mimus alius quidam deformen viduam uxorem duxerat interrogatus, qualis sit ista femina, respondit, (vaginae?) latitudine aream Arani refert, frigiditate autem montem Libanum. Forse Deus eam mihi praeparavit, ut prophetiae secretum intellegam. (EE Nr. 505, Übers. Horovitz 69f.)

Komm.: Budge bietet — ebenso wie Horovitz — dem Leser diese Erzählung nur verschämt »relegated to the respectable obscurity of the Latin tongue« (S. viii) an. Die arabische Literatur stand derartigen Geschichten ebenso unbefangen gegenüber wie etwa die italienische Novelle.

***

Ein Christ trat zum Islam über. Als er sich später einmal schlecht verhielt, sprach Muzabbid: »Schaut euch diesen an, der den Messias erzürnte und auch Muḥammad nicht zufrieden stellte!« (Naṯr 3/237, Kap. 7, Nr. 35)

Ein anderer [Mime] sah einen Juden, der Christ geworden war und sich nicht gut führte. Er sprach zu ihm: O du, der Mose erzürnt hat und Christo nicht gefällt, geh zu Muḥammad; vielleicht stirbst du bald, nachdem du zu ihm gegangen bist, bevor du ihn ebenfalls erzürnst. Denn ich weiss, wenn du auch bei ihm lange verweilst, so wirst du auch ihn erzürnen. (EE Nr. 508, Übers. Horovitz 70)

Komm.: Es hat hier fast den Anschein, als ob der lange Nachsatz, den Bar Hebräus seiner Übertragung hinzufügt, den Charakter einer Entschuldigung habe, dafür, daß sich jetzt die Spitze der Pointe gegen den Islam richtet.

***

Muzabbid hörte, wie ein Mann zu einem anderen sagte: »Wenn dich nachts die (Straßen)köter angreifen, dann rezitiere (den Vers des Koran): 'Ihr Dschinn und Menschen! Wenn ihr durch die Regionen des Himmels und der Erde durchstoßen könnt, dann stoßt durch! (Aber) ihr werdet nicht durchstoßen, es sei denn auf Grund einer Vollmacht'. (Q 55/33)« Da sprach Muzabbid: »Mir scheint (*al-waǧhu ʿindī*), daß du besser einen Stock oder einen Stein bei dir hast: Nicht alle Hunde kennen den Koran auswendig«! (Naṯr 3/242, Kap. 7, Nr. 57)

Ein anderer [Mime] hörte, wie jemand zu seinem Freunde sagte: wenn du des Nachts ausgehst und sicher sein willst, dass die Hunde dich nicht angreifen, so ruf ihnen den Psalm entgegen, in dem der Vers steht: »und rette vom Maul der Hunde meine einzige (Seele)« (Psalm XXII 21). Da sagte er: nein, lass ihn vielmehr auch einen Stock in die Hand nehmen, weil nicht alle

Hunde die Psalmen verstehen, sondern nur die unter ihnen, die lesen können. (EE Nr. 518, Übers. Horovitz 72f.)

Komm.: Von Horovitz 62 ebenso wie EE Nr. 499 und 528 als »biblischer Stoff« angesehen.

***

Al-Ǧammāz erzählte: Ich fragte einen Mann, der an einer Augenentzündung litt: »Womit heilst du deine Augen?« Er erwiderte: »Mit dem (Rezitieren des) Koran und Bittgebeten meiner Mutter«. Da entgegnete ich: »Tu doch besser etwas von dem *ʿanzarūt* (genannten Augenbalsam) hinzu!« (Naṯr 3/254, Kap. 9, Nr. 15)

Ein anderer [Mime], der einen Mann sah, dessen Augen krank waren, fragte ihn, womit heilst du deine Augenschmerzen? Er erwiderte: mit Psalmen und den Gebeten meiner Mutter, die eine Nonne ist. Da sprach er: wenn die auch nützlich sind, so braucht man doch noch ein wenig Sarkokoll dazu. (EE Nr. 530, Übers. Horovitz 75)

***

ʿAbdarraḥmān b. abī Ḥātim war ein bedeutender und zuverlässiger Hadīṯ-gelehrter in ar-Ray. Einmal wurde vor ihm der Rechtsgelehrte Muḥammad b. al-Ḥasan erwähnt und hierzu gefragt, ob jener in ar-Ray gestorben sei. Die Antwort war: »Er kam zweimal nach ar-Ray. Ich weiß aber nicht, welches Mal er starb«« (Naṯr 7/231, Kap. 22, Nr. 37)

Ein Anderer sagte: »Mein Vater ist zweimal nach Jerusalem gereist und dort starb er und wurde begraben, nur weiß ich nicht welches Mal, ob das erste oder das zweite«. (EE Nr. 564, Übers. Morales 419)

***

Ibn Ḫalaf al-Hamaḏānī wurde gefragt: »Wie weit ist es zwischen Hamaḏān und Ruḏāward?« Er antwortete: »7 Tage hin und 3 zurück«. (Naṯr 7/235, Kap. 22, Nr. 77)

Another simpleton was asked, »How many days' journey is it between Aleppo and Damascus?« and he replied, »Twelve; six to go and six to come back«. (EE Nr. 585)

***

(Ibn al-Ǧaṣṣāṣ) begab sich des öfteren zu einem Grammatiker, um seine Aussprache (*lisān*) zu verbessern. Nach einiger Zeit fragte er ihn: »Spricht man *faras* (Pferd) mit *sin* oder *ṣīn* (*ṣād*) aus«? (Naṯr 7, Kap. 23, Ms. Köprülü 1403, fol. 412^b/3f.)

Another fool went to a grammarian that he might teach him to speak correctly, and when he had read with him for nigh upon a year, he asked the grammarian, »Do I pronounce *sūsyā* [Pferd!] with a *tsādhē* or with a *semkath?*« (EE Nr. 612)

Komm.: Basset, CR zur Textedition 348 hält diese Erzählung für »sûrement syriaque«.

***

(Ibn al-Ǧaṣṣāṣ) sagte eines Tages: »Ich erlange (den größten) Segen durch die Bücher des Aḥmad b. Ḥanbal. Nichts am Tag tue ich, ohne sie vorher (zur Übertragung des Segens auf die eigene Person) über mein Gesicht zu streichen«. Als ihm entgegenhalten wurde, wie er zum Koran stehe, erwiderte er: »(Der ist auch ganz gut), aber dieses weiß ich aus Erfahrung«! (Naṯr 7, Kap. 23, Ms. Köprülü 1403, fol. 412[a]/-12ff.)

Another simpleton said, »I love the discourses of Mâr Jacob very much indeed, so much so that I am blessed by him every day«. His companion said to him, »But why art thou not blessed by the Holy Gospel?« and he replied, »The Gospel is good, but I have found by experience that Mâr Jacob helpeth me«. (EE Nr. 618)

Komm.: Aḥmad b. Ḥanbal (gest. 241/855) ist Begründer und Namensgeber der islamischen Rechtsschule der Ḥanbaliten. Mâr Jacob wird von Budge 154, Anm. identifiziert mit dem syrischen Schriftsteller Jakob von Edessa (gest. 708), der 684-688 Bischof von Edessa war.

***

Einen Verrückten in Baṣra forderte man auf: »Zähle für uns die Verrückten von Baṣra!« Er erwiderte: »Da tragt ihr mir eine übermäßig schwere Arbeit auf! Eher kann ich euch die Vernünftigen aufzählen«! (Naṯr 3/262, Kap. 10, Nr. 17; fast identisch 3/270, Kap. 10, Nr. 57, wo zu Buhlūl al-maǧnūn [s. mein *Buhlūl* Nr. 63])

Es wurde einem Narren gesagt: »Sag uns die Zahl der Narren in Emesa«. Und er antwortete: »Ich kann die Narren wegen ihrer grossen Zahl nicht zählen, aber wenn ihr die Zahl der Verständigen wissen wollt, werde ich sie zählen, denn ihrer sind wenige«. (EE Nr. 630, Übers. Morales 419)

***

Man fragte Buhlūl: »Nimmst du einen Dirham und verfluchst dafür die Fāṭima«? Er erwiderte: »Nein, aber gebt mir einen halben Dirham, so werde ich ʿĀʾiša verfluchen und obendrein noch ihren Vater (Abū Bakr)!« (Naṯr 3/265, Kap. 10, Nr. 32)

Another lunatic was a Jacobite, and a certain Greek said to him, »Wilt thou take a *zûzâ* and curse Jacob Burdeʿâyâ [!]?« And he replied, »No, but give me the half of one and I will curse thee and Leo [wohl eher: ich will dir den Leo schmähen], who is much more honourable than Jacob, and to these I will add for the[e?] Marcianus who was an emperor«. (EE Nr. 641)

Komm.: Horovitz 62, Anm. 1 sieht diese — unbestreitbar am gekonntesten umgewandelte — Erzählung aus »alten syrischen Quellen« entlehnt. — Im arabischen Original wird vorausgesetzt, daß die schiitische Einstellung des Buhlūl bekannt ist. Als Schiit würde er nie Fāṭima, die als Tochter Muḥammads und Frau ʿAlīs besondere Verehrung genießt, schmähen. Hingegen sind abfällige Worte über ʿĀʾiša, die junge Frau des Propheten, die zeitlebens eine starke Abneigung gegen ʿAlī hegte und in der sog. »Kamelschlacht« (35/656) offen gegen ihn kämpfte, selbstverständlich. ʿĀʾišas Vater Abū Bakr wird von schiitischen Schmähungen normalerweise ausgenommen. S. hierzu mein *Buhlūl* Nr. 9, 91. — Die Übertragung in einen christlichen Kontext ist Bar Hebräus hervorragend gelungen: Jakob Baradäus, 542/43-578 Bischof von Edessa, gilt als Erneuerer der monophysitischen Kirche Syriens und ist Eponym der Jakobiten, zu denen auch Bar Hebräus selbst zählte. Papst Leo I. (440-461) trug 451/452 Streitigkeiten mit dem — von späterer jakobitischer Seite naturgemäß favorisierten — Patriarchen von Konstantinopel aus, in denen der oströmische Kaiser Marcianus (450-457) seine Partei ergriff.

6. Der volkskundlichen Forschung, zu deren Arbeitsgebiet sie gehören, sind die Ergötzlichen Erzählungen des Bar Hebräus als eines der wenigen literarischen Zeugnisse des islamischen Kulturkreises, dem sie ja letztlich zuzurechnen sind, durch die englische Übersetzung früh bekannt gewesen. Ihr Stellenwert, durch so großartige Gelehrte wie Albert Wesselski[67] und Haim Schwarzbaum[68] immer wieder hervorgehoben, wird durch die hier nachgewiesene Abhängigkeit von einer direkten arabischen Vorlage keineswegs getrübt: Denn einerseits sind sie selbst durch die vorhandene Übersetzung jedermann zugänglich, andererseits eröffnet sich durch den Verweis auf die Vorlage und mit ihr auf die in der Textedition angemerkten Parallelversionen der Ausblick auf einen Teil des erzählerischen Reichtums der arabischen Literatur.

7. Das Literaturverzeichnis gibt einen kurzen Überblick über die Literatur zu beiden besprochenen Werken. Hier nicht aufgeführte Abhandlungen und Werke, die sich nicht direkt mit dem Thema befassen, sind nur in den Anmerkungen zitiert. Der Verweis auf die Literaturgeschichten von Baumstark, Brockelmann und Graf gilt als selbstverständlich.

A. Bar Hebräus, *Ergötzliche Erzählungen*

Aßfalg, J.: Kṯāḇā ḏ-ṯunnāyē mḡaḥḥḵānē. In: KLL (dtv) 13/5404f.

67 Wesselski, A.: Der Hodscha Nasreddin. 1-2. Weimar 1911. Index: Bar-Hebraeus.

68 Schwarzbaum, H.: Studies in Jewish and World Folklore. Berlin 1968; id.: The Mishle Shuʿalim (Fox Fables) of Rabbi Berechiah ha-Nakdan. Kiron 1979; beide Index: Bar Hebraeus.

Basset, R.: Rezension zur Textedition von Budge. In: Revue des Traditions Populaire 12 (1897) 345-348.

Budge, E.A. Wallis: The Laughable Stories. coll. by Mar Gregory John Bar-Hebraeus. London 1897; bes. vii-xxvii.

Budge, E.A. Wallis: The Chronography of Gregory Abū'l-Farağ ... Bar Hebraeus. 1: English Translation London 1932, repr. Amsterdam 1976, l-lii.

Cheikho, L. (Šaiḫū, L.): al-Aḥādīṯ al-muṭriba li-bn al-ʿIbrī. In: al-Machreq (al-Mašriq) 20 (1922) 709-717, 767-779.

Degen, R.: Barhebräus. In: Enzyklopädie des Märchens 1. Berlin/New York 1979, Spalte 1238-1242.

Horovitz, J.: Spuren griechischer Mimen im Orient. Berlin 1905. Darin 55-76: IV. Ein syrischer Philogelos.

ʿĪwāṣ, Zakkā: Ibn al-ʿIbrī. In: Mağallat al-Mağmaʿ al-ʿilmī al-ʿirāqī. Hay'at al-luġa as-suryāniyya. 5 (Bagdad 1979-1980) 5-41, hier 41.

Samir, K.: Bar Hebraeus, le »Dafʿ al-Hamm« et les »Contes Amusants«. In: OrChr 64 (1980) 136-160; Zusammenfassung in: Bulletin d'Arabe Chrétien 5, 1-3 (1981) 28-30.

Segal, J.B.: Ibn al-ʿIbrī. In: EI² 3/804f., hier 805 a.

B. al-Ābī, *K. Naṯr ad-durr*

Boughanmi, O. (Būġānmī, ʿUṯmān): Studien über al-Ābī und sein Werk Naṯr ad-Durr. Phil. Diss. München 1963.

Buġānmī, Uṯmān (ed.): al-Ābī, Abū Saʿd Manṣūr b. al-Ḥusayn: Naṯr ad-durr. ... al-muğallad as-sābiʿ. Tunis 1983.

Chalidov, A.B.: Antologija al-Ābī v rukopisi Instituta Vostokovedenija Akademii Nauk SSR. In: Issledovanija po istorii kul'tury narodov Vostoka. Sbornik v čest' Akademika I.A. Orbeli. Moskau 1960, 487-491.

Mazzaoui, M.M.: Ābī, Abū Saʿd. In: Encycopaedia Iranica 1, fasc. 2, London 1982, 217f.

Owen, Ch.: Arabian Wit and Wisdom from Abū Saʿīd al-Ābī's Kitāb Nathr ad-durar. In: Journal of the American Oriental Society 54 (1934) 240-275 (unergiebig).

8.1. Übersicht zu den Entsprechungen EE/Natr

Ergötzliche Erzählungen			Entsprechungen		*Natr ad-durr*		
Kap.	Titel	Anzahl der Erzählungen	Anzahl	%	Bd./Kap.	Anzahl der Erzählungen	in EE verwertet (%)
1	Griechen	67	66	98,5	7/2	155	42,6
2	Perser	40	40	100,0	7/3	108	37,0
3	Inder	18	9	50,0	7/11	21	42,8
4	Hebräer	48	14	29,2	7/1	87	16,1
5	Christen	38	—	—	—	—	—
6	Isl. Könige	40	38	95,0	3/1-5	697	5,4
7	Gelehrte	19	19	100,0	7/5	54	35,2
8	Arab. Asketen	54	51	94,4	7/4	162	31,5
9	Ärzte	44	25	56,8	7/25	32	71,4
10	Tiere	17	17	100,0	7/14	17	100,0
11	Träume	27	20	74,1	7/12	55	36,4
12	Freigiebige	16	14	87,5	7/7	48	29,2
13	Geizige	40	39+1	100,0	3/11	100	39,0
14	Berufe	18	18	100,0	7/19	42	42,8
15	Spassmacher	46	45	97,8	7/16,17,20; 3/7-9	185	24,3
16	Dumme	88	81	92,0	7/22,23	161	50,3
17	Verrückte	32	30	93,7	3/10	80	37,5
18	Diebe	14	14	100,0	7/21	21	66,7
19	Wunder	11	10	100,0	7/26	28	35,7
20	Physiognomie	50	—	—	—	—	—
		727 (639)	551	75,8 (86,2)		2052	26,8

8.2. Konkordanztabelle

Natr ad-durr			*Ergötzl. Erz.*		Karš.	Arab.
Bd./S.	Kap./Nr.	S.	lfd.Nr.	Kap.Nr.		
7/61	2/6	7	1	1/1	+	—
	7		2	2	+	—
	2		3	3	+	+
	1		4	4	+	+
	4	7f.	5	5	+	+
	9	8	6	6	+	—
62	10		7	7	+	+
63	28		8	8	nach 17	—
62	11		9	9	+	+
	13	8f.	10	10	+	+
	14	9	11	11	+	+
	15		12	12	+	+
63	21		13	13	+	—
	22		14	14	+	—
	23		15	15	+	—

Naṯr ad-durr			*Ergötzl. Erz.*		Karš.	Arab.
Bd./S.	Kap./Nr.	S.	lfd.Nr.	Kap.Nr.		
7/63	2/24	9	16	1/16	+	—
	25		17	17	+	+
	29	9f.	18	18	+	+
	33	10	19	19	—	—
64	36		20	20	+	—
	39		21	21	+	—
	40		22	22	+	+
	41		23	23	+	—
	43	10f.	24	24	+	+
	45	11	25	25	+	+
64f.	46		26	26	+	—
65	50		27	27	+	+
	54		28	28	+	—
	56		29	29	+	—
	57		30	30	+	—
66	60		31	31	+	+
	62	11f.	32	32	+	+
	64	12	33	33	+	+
	66		34	34	+	+
67	71		35	35	+	—
	73		36	36	+	+
	74	12f.	37	37	+	—
	75	13	38	38	+	—
	76		39	39	+	+
	78		40	40	+	+
	79		41	41	+	+
68	82		42	42	+	—
	90		43	43	+	—
	92	13f.	44	44	+	—
69	96	14	45	45	+	+
	97		46	46	+	+
	98		47	47	+	+
	99		48	48	+	—
70	104	14	49	49	+	+
	107		50	50	+	—
	114	15	51	51	+	+
	116		52	52	+	—
	117		53	53	+	—
71	120		54	54	+	—
	124		55	55	+	+
	127		56	56	+	+
72	133	15f.	57	57	+	—
	136	16	58	58	+	—
	139		59	59	+	—
	140		60	60	+	—
—	—		61	61	+	—

Naṯr ad-durr			*Ergötzl. Erz.*		Karš.	Arab.
Bd./S.	Kap./Nr.	S.	lfd.Nr.	Kap.Nr.		
7/73	2/151	16f.	62	1/62	+	—
72	147	17	63	63	+	+
	148		64	64	+	+
73	149		65	65	+	+
	153		66	66	+	nach 67
	152		67	67	+	+
7/77	3/1	18	68	2/1	+	—
	5	18f.	69	2	+	—
	7	19	70	3	+	+
	9	19f.	71	4	+	+
78	11	20	72	5	+	—
	12		73	6	+	—
	13		74	7	+	—
	14		75	8	+	+
	15		76	9	+	—
	16		77	10	+	—
	18	20f.	78	11	+	+
	19	21	79	12	+	+
	20		80	13	+	—
79	23		81	14	+	—
	24	21f.	82	15	+	—
	25	22	83	16	+	+
	30	23	84	17	+	—
80	34		85	18	+	—
	35		86	19	+	—
	36		87	20	+	—
	37		88	21	+	—
	38	23f.	89	22	+	—
	39	24	90	23	+	+
	40		91	24	+	+
	42		92	25	+	+
81	44	24f.	93	26	+	—
	47	25	94	27	+	—
	48		95	28	+	—
	51		96	29	+	+
	52		97	30	+	—
82	55	25f.	98	31	+	—
83	65		99	32	+	+
82	59		100	33	—	—
83	70		101	34	+	+
84	73		102	35	+	+
	75		103	36	+	—
	76	26f.	104	37	+	+
	80	27	105	38	+	+

Naṯr ad-durr			*Ergötzl. Erz.*		Karš.	Arab.
Bd./S.	Kap./Nr.	S.	lfd.Nr.	Kap.Nr.		
7/85	3/83		106	2/39	+	+
	84		107	40	+	—
7/168	11/2	28	108	3/1	+	+
—	—		109	2	+	—
	4		110	3	+	+
	6		111	4	+	+
169	9	28f.	112	5	+	+
	10	29	113	6	+	—
	11		114	7	+	—
	12		115	8	+	+
170	17		116	9	+	—
	19		117	10	+	+
		29f.	118	11	+	—
		30	119	12	+	—
			120	13	+	—
			121	14	+	—
			122	15	+	+
			123	16	+	—
			124	17	+	+
			125	18	+	+
—	—	31	126	4/1	+	—
7/50	1/8		127	2	+	+
	10		128	3	+	+
51	18?		129	4	+	+
52	in 25		130	5	+	—
	26		131	6	+	—
53	32	31f.	132	7	+	—
—	—	32	133	8	+	—
55	52		134	9	+	+
56	55		135	10	+	—
	58		136	11	+	—
58	71		137	12	+	—
	73		138	13	+	—
59	82	33	139	14	+	—
	85		140	15	+	—
	86		141	16	+	—
			142	17	+	—
			143	18	+	—
			144	19	+	—
			145	20	+	—
			146	21	+	—
			147	22	+	—
			148	23	+	—
			149	24	+	—

Naṯr ad-durr		*Ergötzl. Erz.*			Karš.	Arab.
Bd./S.	Kap./Nr.	S.	lfd.Nr.	Kap.Nr.		
		33f.	150	4/25	+	—
		34	151	26	+	+
			152	27	+	—
			153	28	+	—
			154	29	+	—
			155	30	+	—
			156	31	+	+
			157	32	+	—
			158	33	+	—
		35	159	34	+	—
			160	35	+	—
			161	36	+	+
			162	37	+	—
		35f.	163	38	+	—
		36	164	39	+	—
			165	40	+	—
			166	41	+	—
			167	42	+	+
			168	43	+	—
			169	44	+	—
			170	45	+	—
		37	171	46	+	—
			172	47	+	—
			173	48	+	—
		38	174	5/1		
		–55	–211	–38		
3/23	1/37	56	212	6/1	+	—
24	42		213	2	nach 214	—
	41		214	3	+	—
	43		215	4	+	—
33	66	56f.	216	5	+	—
38	72	57	217	6	+	—
40	85		218	7	+	+
45	2/6		219	8	+	—
66	100?		220	9	+	—
66f.	101	57f.	221	10	+	—
73	124	58	222	11	+	—
74	127		223	12	+	+
74f.	131		224	13	+	+
78	3/3		225	14	+	+
83	17	58f.	226	15	+	—
90	44	59	227	16	+	—
99	68	59f.	228	17	+	+
102	78	61	229	18	+	—

Naṯr ad-durr			*Ergötzl. Erz.*		Karš.	Arab.
Bd./S.	Kap./Nr.	S.	lfd.Nr.	Kap.Nr.		
3/91	3/47		230	6/19	+	+
—	—		231	20	+	—
91	48		232	21	+	—
91	49?	61f.	233	22	+	—
104	83	62	234	23	+	—
108	97		235	24	+	—
	99		236	25	+	—
112	120	62f.	237	26	+	—
113	122	63	238	27	+	+
121	160		239	28	+	—
123f.	168		240	29	—	—
129	184		241	30	+	—
132	194		242	31	+	+
162	4/1	63f.	243	32	+	—
	2	64	244	33	+	+
162f.	3		245	34	+	—
163	5		246	35	+	—
164f.	7		247	36	+	—
167	13		248	37	+	+
—	—	64f.	249	38	+	—
174	29?	65	250	39	+	—
179	5/10		251	40	+	—
7/125	5/1	66	252	7/1	+	+
	2		253	2	+	—
	3		254	3	+	+
	4		255	4	+	—
126	6	66f.	256	5	+	—
	8	67	257	6	+	—
	9		258	7	+	—
	12		259	8	+	—
127	14		260	9	+	—
	17		261	10	+	—
128	20		262	11	+	+
130	30	67f.	263	12	+	—
	31	68	264	13	+	—
	32		265	14	+	+
131	40		266	15	+	—
	42		267	16	+	—
	46		268	17	+	—
	49	68f.	269	18	+	+
133	54	69	270	19	+	+
7/101	4/3	70	271	8/1	+	+
	5		272	2	+	+
	6		273	3	+	—
102	8		274	4	+	+
	11		275	5	+	+

Naṯr ad-durr			*Ergötzl. Erz.*		Karš.	Arab.
Bd./S.	Kap./Nr.	S.	lfd.Nr.	Kap.Nr.		
7/102	4/12	70f.	276	8/6	+	+
	15	71	277	7	+	—
103	17		278	8	+	+
	19!		279	9	+	+
	19!		280	10	+	—
—	—		281	11	+	—
	22		282	12	+	+
104	23	71f.	283	13	+	—
	24	72	284	14	+	+
	25		285	15	+	+
	26		286	16	+	—
	27		287	17	+	—
	28		288	18	+	—
	29	72f.	289	19	+	+
	31	73	290	20	+	—
	32		291	21	+	+
	33		292	22	+	+
105	38		293	23	+	+
—	—	73f.	294	24	+	—
106	50	74	295	25	+	—
	49		296	26	+	—
	52		297	27	+	—
107	53		298	28	+	+
	56		299	29	+	—
	58		300	30	+	—
108	63		301	31	+	—
—	—	75	302	32	+	—
	65		303	33	+	+
	66		304	34	+	+
	67		305	35	+	+
	68		306	36	+	+
	69		307	37	+	—
109	75	75f.	308	38	+	+
	76	76	309	39	+	—
	77		310	40	+	—
	80		311	41	+	+
	81		312	42	+	—
	82	76f.	313	43	+	—
	83	77	314	44	+	+
110	89		315	45	+	—
	91		316	46	+	—
	92		317	47	+	+
	93!	77f.	318	48	+	—
	93!	78	319	49	+	+
113f.	117		320	50	+	+
115	128		321	51	+	—

Naṯr ad-durr Bd./S.	Kap./Nr.	S.	*Ergötzl. Erz.* lfd.Nr.	Kap.Nr.	Karš.	Arab.
7/115	4/129		322	8/52	+	—
117	in 140	78f.	323	53	+	—
118	148	79	324	54	+	—
7/247	25/10	80	325	9/1	+	—
246	2		326	2	+	—
	3		327	3	+	—
	4		328	4	+	—
	7	80f.	329	5	+	+
247	8	81	330	6	+	—
			331	7	+	—
			332	8	+	—
			333	9	+	—
			334	10	+	—
		81f.	335	11	+	—
		82	336	12	+	—
			337	13	+	—
			338	14	+	—
		82f.	339	15	+	—
		83	340	16	+	—
			341	17	+	—
			342	18	+	—
			343	19	+	—
247	13	83f.	344	20	nach 352	—
		84	345	21	+	—
			346	22	+	—
			347	23	+	+
			348	24	+	—
			349	25	+	—
		84f.	350	26	+	—
247	11	85	351	27	+	—
	12		352	28	+	—
248	19		353	29	nach 357	—
247	15		354	30	+	—
	16	85f.	355	31	+	—
248	17	86	356	32	+	—
	18		357	33	+	—
	20		358	34	+	+
	21	86f.	359	35	+	—
	22	87	360	36	+	—
249	25		361	37	+	—
	26	87f.	362	38	+	+
	27	88	363	39	+	+
	28		364	40	+	—
	29		365	41	+	—
	30		366	42	+	—

Naṯr ad-durr			*Ergötzl. Erz.*		Karš.	Arab.
Bd./S.	Kap./Nr.	S.	lfd.Nr.	Kap.Nr.		
7/249	25/31	89	367	9/43	+	—
	32		368	44	+	—
7/192	14/1	90	369	10/1	+	+
	2		370	2	+	—
	3		371	3	+	+
	4	91	372	4	+	—
	5		373	5	+	—
	6		374	6	+	—
	7		375	7	+	—
193	8		376	8	+	—
	9	91f.	377	9	+	—
	10	92	378	10	+	+
	11		379	11	+	—
	12		380	12	+	+
	13	92	381	13	+	+
193f.	14	93	382	14	+	—
194	15	93f.	383	15	+	—
	16	94	384	16	+	+
	17		385	17	+	+
7/171	12/1	95	386	11/1	+	—
	3		387	2	+	—
	4	95f.	388	3	+	—
172	8	96	389	4	+	—
	9		390	5	+	—
172f.	10	96f.	391	6	+	—
173	11	97	392	7	+	—
	12	97f.	393	8	+	—
174	15	98	394	9	+	—
176	23		395	10	+	—
177	27	98f.	396	11	+	—
179	31	99	397	12	+	—
	32	99f.	398	13	+	nach 478
	33	100	399	14	+	—
	35		400	15	+	—
180	36		401	16	+	—
	38	100f.	402	17	+	—
181	45	101	403	18	+	—
182	48	101f.	404	19	+	—
182f.	51	102	405	20	+	—
			406	21	+	—
			407	22	+	—
			408	23	+	—
		102f.	409	24	+	—
		103	410	25	+	—

Naṯr ad-durr		*Ergötzl. Erz.*			Karš.	Arab.
Bd./S.	Kap./Nr.	S.	lfd.Nr.	Kap.Nr.		
		103f.	411	11/26	+	—
		104	412	27	+	—
—	—	105	413	12/1	+	—
7/138	7/3		414	2	+	+
139	7	105f.	415	3	+	+
	8	106	416	4	+	—
	9		417	5	+	+
140	11		418	6	+	+
	12	107	419	7	+	—
	14		420	8	+	—
	16		421	9	+	—
	17	107f.	422	10	+	—
140f.	18	108	423	11	+	—
141	19		424	12	+	—
	20	108f.	425	13	+	—
	21	109	426	14	+	+
143	32		427	15	+	+
—	—	109f.	428	16	+	—
3/275	11/1	111	429	13/1	+	+
	2		430	2	+	—
	3	111f.	431	3	+	—
275f.	5	112	432	4	+	—
276	10		433	5	+	—
276f.	11		434	6	+	+
278	19	112f.	435	7	+	—
	20	113	436	8	+	—
279	21		437	9	+	—
	22		438	10	+	+
	23	113f.	439	11	+	—
279f.	25	114	440	12	+	—
280	28		441	13	+	+
	26		442	14	+	—
281	30	114f.	443	15	nach 444	+
280f.	29	115	444	16	+	—
281	31		445	17	+	—
	33		446	18	+	—
282	34	115f.	447	19	+	—
	35	116	448	20	+	+
	37		449	21	+	—
	38		450	22	+	+
283	41		451	23	+	+
	42	116f.	452	24	+	—
	44	117	453	25	+	—
	45		454	26	+	—

Naṯr ad-durr Bd./S.	Kap./Nr.	S.	*Ergötzl. Erz.* lfd.Nr.	Kap.Nr.	Karš.	Arab.
3/284	11/48		455	13/27	+	+
285	55		456	28	+	—
	57	117f.	457	29	+	—
	58	118	458	30	+	—
	59		459	31	+	+
286	61		460	32	+	+
	63	118f.	461	33	+	+
	65	119	462	34	+	+
286f.	66		463	35	+	+
287	69	119f.	464	36	+	—
288	78	120	465	37	+	+
291f.	93		466	38	+	—
294	99		467	39	+	+
—	—	120f.	468	40	+	—
7/211	19/1	122	469	14/1	+	+
212	3		470	2	+	—
	4		471	3	+	—
	5	123	472	4	+	—
	6		473	5	+	—
	8		474	6	+	—
213	10-11!		475	7	+	—
	12		476	8	+	+
	13	123f.	477	9	+	—
	17	124	478	10	+	+
	18		479	11	+	—
214	21	124f.	480	12	+	—
	22	125	481	13	+	+
	23		482	14	+	+
	24		483	15	+	—
215	30	125f.	484	16	+	—
217	42	126f.	485	17	+	—
211f.	2	127f.	486	18	+	—
7/200	16/4	129	487	15/1	+	—
201	in 6		488	2	+	—
202	13	129f.	489	3	+	—
203	17/1	130	490	4	+	+
	2		491	5	+	—
	3		492	6	+	+
219	20/9	130f.	493	7	+	—
221	15	131	494	8	+	—
	16	131f.	495	9	+	—
—	—	132	496	10	+	—
3/232	7/4		497	11	+	—
233	6		498	12	+	—

Naṯr ad-durr			*Ergötzl. Erz.*		Karš.	Arab.
Bd./S.	Kap./Nr.	S.	lfd.Nr.	Kap.Nr.		
3/234	7/12	132f.	499	15/13	+	—
235	15	133	500	14	+	—
	18		501	15	+	—
	19		502	16	+	—
	20	133f.	503	17	+	—
	21	134	504	18	+	—
236	25		505	19	+	—
	29		506	20	—	—
237	31		507	21	+	—
	35	134f.	508	22	+	—
238	39	135	509	23	+	—
	40		510	24	+	+
	41		511	25	+	—
	42		512	26	+	—
	43		513	27	+	+
241	52	135f.	514	28	+	—
241f.	53	136	515	29	+	—
242	54		516	30	+	—
	55		517	31	+	—
	57	137	518	32	+	+
243	59		519	33	+	—
	61		520	34	+	—
244	72		521	35	+	—
246	81	137f.	522	36	+	+
247	8/1	138	523	37	+	—
	3		524	38	+	+
248	9		525	39	+	—
252	9/1		526	40	+	—
252f.	5	138f.	527	41	+	+
253	8	139	528	42	+	—
254	14		529	43	+	+
	15		530	44	+	+
	17		531	45	+	
255	25		532	46	+	—
7/227	22/5	140	533	16/1	+	+
	7		534	2	+	+
228	8		535	3	+	—
	9		536	4	+	—
	10		537	5	+	—
	15	140f.	538	6	+	+
229	20	141	539	7	+	—
	23		540	8	+	+
—	—		541	9	—	—
230	24		542	10	+	—
	25		543	11	+	—
	27		544	12	+	—

Naṯr ad-durr		*Ergötzl. Erz.*			Karš.	Arab.
Bd./S.	Kap./Nr.	S.	lfd.Nr.	Kap.Nr.		
7/230	22/28	142	545	16/13	vor 533	—
	30		546	14	+	—
	31		547	15	+	+
	32		548	16	+	—
R 7/176 a/6	|		549	17	+	+
176 b/6	|		550	18	+	—
177 a/–3	|		551	19	+	+
177 a/–2	|	142f.	552	20	+	+
177 b/3	|	143f.	553	21	+	+
177 b/6	|		554	22	+	—
177 b/–4	|		555	23	+	—
177 b/–1	|		556	24	+	+
178 a/2	|	143f.	557	25	+	+
178 a/4	|	144	558	26	+	+
178 a/6	|		559	27	+	+
178 b/–5	|		560	28	+	—
178 b/–2	|		561	29	+	—
179 a/1	|		562	30	+	—
179 a/6	|	144f.	563	31	+	—
231	37	145	564	32	+	+
	38		565	33	+	—
	40		566	34	+	—
	41		567	35	+	—
	43		568	36	+	—
231f.	46	145f.	569	37	+	—
232	47	146	570	38	+	—
	48		571	39	+	—
	50		572	40	+	+
	52		573	41	+	+
	55		574	42	+	—
233	60	147	575	43	+	—
—	—		576	44	+	—
	64		577	45	+	+
—	—		578	46	+	—
—	—		579	47	+	—
234	66	147f.	580	48	+	—
	67	148	581	49	+	—
	70		582	50	+	—
	71		583	51	+	—
	73		584	52	+	—
235	77		585	53	+	—
	78	149	586	54	+	+
	79		587	55	+	—
	80		588	56	+	+
	84		589	57	+	—
236	89		590	58	+	+
237	91		591	59	+	—

Naṯr ad-durr			*Ergötzl. Erz.*		Karš.	Arab.
Bd./S.	Kap./Nr.	S.	lfd.Nr.	Kap.Nr.		
7/237	22/92	149f.	592	16/60	+	—
	93	150	593	61	+	—
	95		594	62	+	+
	99		595	63	+	+
238	101		596	64	+	—
	102		597	65	+	+
	106		598	66	+	+
	107		599	67	+	+
239	111	151	600	68	+	+
	114		601	69	+	—
	115		602	70	+	—
	116		603	71	+	—
	117	151f.	604	72	+	—
240	121	152	605	73	+	+
	122		606	74	+	—
	124		607	75	+	—
242	134	153	608	76	+	—
	136		609	77	+	—
411 b/–4	23/12		610	78	+	—
412 a/3	16		611	79	+	—
412 b/3	31		612	80	nach 620	—
—	—	154	613	81	nach 612	nach 615
—	—		614	82	+	—
412 a/9	18		615	83	+	+
—	—		616	84	+	—
412 a/–13	23		617	85	+	—
/–12	24		618	86	+	—
/–7	26	154f.	619	87	+	—
/–5	27	155	620	88	+	
—	—	156	621	17/1	+	—
3/260	10/5		622	2	+	—
	6		623	3	+	+
	8		624	4	+	+
	9	157	625	5	+	—
	10		626	6	+	—
260f.	11		627	7	+	—
261	12		628	8	+	nach 648
	13	157f.	629	9	+	—
262	17	158	630	10	+	+
	18		631	11	+	+
	20		632	12	+	—
	21		633	13	+	—
—	—	159	634	14	+	+
263	23		635	15	+	—

Naṯr ad-durr			*Ergötzl. Erz.*		Karš.	Arab.
Bd./S.	Kap./Nr.	S.	lfd.Nr.	Kap.Nr.		
3/263	10/24		636	17/16	+	—
264	27	159f.	637	17	+	—
	29	160	638	18	+	—
	30		639	19	+	—
	31		640	20	+	—
265	32	160f.	641	21	+	—
	33	161	642	22	+	—
	37		643	23	+	—
267	44	161f.	644	24	+	nach 628
	45	162	645	25	+	—
268	47		646	26	+	—
	48		647	27	+	+
271	65	162f.	648	28	+	+
272f.	71	163	649	29	+	—
273	72		650	30	+	—
274	76	163f.	651	31	+	—
	77	164	652	32	+	—
7/223	21/1	165	653	18/1	+	—
	3		654	2	+	+
	4		655	3	+	—
	5	165f.	656	4	+	+
	6	166	657	5	+	—
224	8		658	6	+	+
	9		659	7	+	—
	10	167	660	8	+	—
	12		661	9	+	—
	13		662	10	+	—
	14		663	11	+	—
	17		664	12	+	+
225	18	167f.	665	13	+	—
	19	168f.	666	14	+	—
7/250	26/1	170	667	19/1	+	—
—	—	170f.	668	2	+	—
251f.	10	171f.	669	3	+	—
252f.	11	172f.	670	4	+	—
253	12	173	671	5	+	—
	13		672	6	+	—
256	19	173f.	673	7	+	—
	22	174	674	8	+	—
256f.	23	174f.	675	9	+	—
258	26	175	676	10	+	—
	28	175f.	677	11	+	—
		176 –185	678 –727	20/1 –50		

SIDNEY H. GRIFFITH

The Gospel in Arabic: An Inquiry into its Appearance in the First Abbasid Century

I. *Apologetics and the First Abbasid Century*

With the success of the Abbasid revolution, and its espousal of the principle of the social equality of all Muslim believers, conversion to Islam became an attractive option to large numbers of upwardly mobile Christians in the conquered territories[1]. Prior to that time many Jews, Christians and Muslims altogether seem to have thought of Islam as the religion of the conquering Arabs, which made no special appeal for conversion to the "scripture people" (*ahl al-kitāb*), who theoretically were to become "protected people" (*ahl adh-dhimmah*) in return for their payment of a special tax (*al-ğizyah*), and the maintenance of a low social profile (*at-Tawbah* (9):29)[2]. It was Abbasid policy on the other hand, with roots stretching back to the programs of the Umayyad caliph ʿUmar II (717-720), actively to summon the subject populations to Islam, and to promise full political and social participation to converted Jews, Christians and Magians[3]. Accordingly, it was in response to these inducements to convert to Islam, during the first Abbasid century, that the first Christian apologetic treatises in Syriac and Arabic appeared, having controversy with Muslims as their primary concern. Between the years 750 and 850 controversialists such as Theodore bar Kônî, Nonnus of Nisibis, Theodore Abū Qurrah, Ḥabīb ibn Ḫidmah Abū Rā'iṭah and ʿAmmār al-Baṣrī produced the apologetic essays that set the agenda for years to come in the Christian/Muslim religious dialogue[4]. In large part

1 Cf. M.A. Shaban, *The Abbasid Revolution* (Cambridge, 1970), esp. p. 168.

2 Cf. Claude Cahen, "Note sur l'accueil des chrétiens d'orient a l'islam", *Revue de l'Histoire des Religions* 166 (1964), pp. 51-58; Armand Abel, "La djizya: tribute ou rançon?" *Studia Islamica* 32 (1970), pp. 5-19.

3 Daniel C. Dennett, *Conversion and the Poll Tax in Early Islam* (Cambridge, Mass., 1950). Cf. H.A.R. Gibb, "The Fiscal Rescript of ʿUmar II", *Arabica* 2 (1955), pp. 1-16.

4 Cf. Sidney H. Griffith, "The Prophet Muḥammad, His Scripture and His Message, According to the Christian Apologies in Arabic and Syriac from the First Abbasid Century", in *La vie du prophète Mahomet; un colloque, Université des Sciences Humaines de Strasbourg, 23-24 Octobre 1980* (Strasbourg, 1982), pp. 99-146.

their effort was simply to translate Christianity into Arabic, the *lingua franca* of the new body politic.

We have ample evidence that contemporary Muslim *mutakallimūn* such as Ḍirār b. ʿAmr, ʿĪsā b. Ṣubayḥ al-Murdār, and Abū l-Hudhayl al-ʿAllāf, were deeply involved in the ensuing controversy. These three early Muʿtazilites all wrote refutations of Christianity, the latter two addressing their treatises by name against Abū Qurrah and ʿAmmār al-Baṣrī respectively[5]. So annoying did the campaign to explain Christianity in Arabic become to many Muslims that al-Ǧāḥiẓ was led to complain in his *Refutation of Christians*:

> This community has not been so tried at the hands of the Jews, the Maǧūs, or the Sabaeans, as it has been tried at the hands of the Christians ... And due to the trial, every Muslim thinks that he is a *mutakallim*, and that there is no one more entitled to argue with these deviants[6].

Perhaps it was in response to this Christian apologetic offensive in Arabic that, in some of the renditions of the "Covenant of Umar" dating from the first Abbasid century, we find among the conditions which the Christians should observe, the agreement that they would not use the language of the Muslims[7]. Under the caliph al-Mutawakkil (d. 861) this stipulation was at least theoretically strengthened to the point of prohibiting Christians even from teaching Arabic to their children[8].

It is natural to suppose that the translation of the Gospels and the other Christian scriptures into Arabic would have been an important part of the first Christian apologetic campaign in that language. After all, it is the *Qur'ān*'s injunction that says, "Let the people of the Gospel judge by what God has sent down it it" (*al-Mā'idah* (5):47). Accordingly, the Christian apologists did make the Gospel the focal point of their attempts to demonstrate the credibility of the Christian doctrines in Arabic[9]. So it is not surprising to discover that the earliest unambiguous documentary evidence for the translation of the Gospel into Arabic dates from this era.

The scope of the present inquiry is to highlight the circumstances which fostered the translation of the Gospels into Arabic, with reference both

5 Cf. Bayard Dodge, *The Fihrist of al-Nadīm* (2 vols.; New York, 1970), vol. I, pp. 386-389, 393-395, 415-417.

6 J. Finkel, *Three Essays of Abu ʿOthman ʿAmr ibn Baḥr al-Jaḥiẓ* (Cairo, 1926), pp. 19-20.

7 Cf. A.S. Tritton, *The Caliphs and their Non-Muslim Subjects; a Critical Study of the Covenant of ʿUmar* (London, 1930), p. 7.

8 Cf. Antoine Fattal, *Le statut légal des non-musulmans en pays d'islam* (Beyrouth, 1958),

9 Cf. Sidney H. Griffith, "Comparative Religion in the Apologetics of the First Christian Arabic Theologians", *Proceedings of the PMR Conference* 4 (1979), pp. 63-87.

to the liturgical and to the apologetical requirements of the Christian community. Within the Islamic context the inquiry necessarily involves the definition of the Gospel involved, as well as a discussion of the references to the Gospel in Christian and Muslim sources prior to the ninth century. Inevitably the question of the translation of the Gospel into Arabic prior to the rise of Islam presents itself. The hypothesis suggested by the results of the present inquiry is that prior to the ninth century, no texts of the Gospel in Arabic were available to either Muslims or Christians. They became available for the first time, for both liturgical and apologetical purposes, in the ninth century, in Palestine, under Melkite auspices. Any earlier versions which may have been made in Arabia prior to Islam have left only faint traces behind them, and were unknown to Christians in the conquered territories.

II. *The Gospel in Arabic*

A. What is the Gospel?

Following the usage of the *Qur'ān*, the ordinary Arabic word for 'Gospel' is *al-inǧīl*. In all likelihood it derives from the Greek τὸ εὐαγγέλιον, through the possible influence of the Ethiopic word *wangēl*[10]. As such the term occurs some dozen times in the *Qur'ān*, to designate what God has sent down to Jesus for the guidance of the "Gospel people" (*ahl al-inǧīl*). "We gave him the Gospel", God says, and "in it is guidance and light, and it is a confirmation of the Torah that was before it" (*al-Mā'idah* (5):46). As a matter of fact, according to the *Qur'ān*, the Torah, the Gospel, and the *Qur'ān* itself are on a par as God's announcements of His reliable promise (*at-Tawbah* (9):111). Jesus, to whom God gave the Gospel, is a messenger of God (*an-Nisā'* (4):171), the Messiah, who is not God (*al-Mā'idah* (5):17), who is as human and as creaturely as Adam (*Āl 'Imrān* (3):59), and whom the Jews did not crucify (*an-Nisā'* (4):157).

Such has never been a Christian view of the Gospel. In the course of his Arabic apology in favor of the Christian doctrine of human redemption through Jesus' passion and death on the cross, Theodore Abū Qurrah undertook to explain more clearly the Christian understanding of the Gospel. It is Jesus' summons (*ad-da'wah*), he explains in Islamic flavored Arabic.

10 Cf. Arthur Jeffrey, *The Foreign Vocabulary of the Qur'ān* (Baroda, 1938), pp. 71-72; Carra de Vaux & G.C. Anawati, "Indjīl", *EI*², Vol. III, p. 1205.

"His summons is named a Gospel (*inǧīl*), i.e., an announcement of good news (*bišārah*), because it has announced to people Christ's salvation of them from what no one else could have saved them"[11]. Accordingly, in the Christian view, the Gospel is an announcement of what God has accomplished for mankind in Christ, written down under divine inspiration by the four canonical evangelists. To some of the Muslim scholars of Abbasid times and later, however, such a view seemed to be a distortion of the original facts, as reported in the *Qur'ān*. And the *Qur'ān* itself, originally in connection with the Torah, and the Jews' observance of its prescriptions, suggested what had happened. "A group of them used to attend to God's word. Thereafter they distorted it (*yuḥarrifūnahu*), after they had understood it. And they know it" (*al-Baqarah* (2):75).

The charge of *at-taḥrīf*, or 'distortion', that is brought against the scripture people already in the *Qur'ān*, has a long history of exegesis which it is not to the present purpose to rehearse here[12]. However, one of the consequences of the charge has to do with the proper identification of the authentic Gospel. As is evident from what has already been said, for Muslims the Gospel is the divine revelation which God gave to Jesus, and for Christians it is the good news of what God has done for mankind, written in Greek by four inspired evangelists. Accordingly, Christians speak of the Gospel in four Gospels. For some Muslims, however, the four Gospels in Greek already represent a distortion. By the first Abbasid century someone must already have formulated what was to be clearly described later by the great Muʿtazilite scholar, ʿAbd al-Ǧabbār al-Hamdhānī (d. 1025), viz., the conviction that God originally delivered the Gospel to Jesus in Hebrew, his presumed native language, since, as ʿAbd al-Ǧabbār points out, Jesus belonged to the Hebrew community. According to ʿAbd al-Ǧabbār's logical conclusion, therefore, Jesus' fractious later followers must have been responsible for the Greek versions of the Gospels. The evidence he offers for this contention is the manifest difference in detail, and even the contradictions that are evident in the four Greek narratives of Matthew, Mark, Luke and John[13]. What makes one suspect that some earlier Muslim scholars

11 Constantin Bacha, *Les œuvres arabes de Théodore Aboucara* (Beyrouth, 1904), p. 90.

12 Cf. I. Goldziher, "Ueber muhammedanische Polemik gegen Ahl al-kitāb", *ZDMG* 32 (1878), pp. 341-387; I. Di Matteo, "Il *taḥrīf* od alterazione della Bibbia secondo i musulmani", *Bessarione* 38 (1922), pp. 64-111, 223-260; W. Montgomery Watt, "The Early Development of the Muslim Attitude to the Bible", *Glasgow University Oriental Society Transactions* 16 (1955-1956), pp. 50-62; J.-M. Gaudeul & R. Caspar, "Textes de la tradition musulmane concernant le *taḥrîf* (falsification) des écritures", *Islamochristiana* 6 (1980), pp. 61-104.

13 Cf. the English version of ʿAbd al-Ǧabbār's views in S.M. Stern, "ʿAbd al-Jabbār's Account of How Christ's Religion Was Falsified By the Adoption of Roman Customs", *JThS*

shared ʿAbd al-Ǧabbār's conviction about the status of the Greek Gospels is the fact that already in the first Abbasid century such a writer as ʿAlī ibn Rabbān aṭ-Ṭabarī, from whom ʿAbd al-Ǧabbār quoted some of his information about Christians, as S.M. Stern has shown, was already busily pointing out some of the same inconsistencies in the four Gospels, and calling attention to the distorting influence of Paul, another theme that ʿAbd al-Ǧabbār himself was to follow up later[14].

While it is not within the purview of the present article to discuss the complicated Islamic doctrines of *at-taḥrīf*, or even to trace the history of the Islamic teaching about the original Gospel which the *Qur'ān* says that God gave to Jesus, it is important at the outset to make clear the ambiguity that adheres to the very term 'Gospel' in Arabic. In reading Islamic texts one must always ask himself which sense of the word is to be understood, the Gospel as Christians have it in the four Gospels, or the Gospel as Jesus received it from God, according to the Islamic view? The purpose of the present article is to search for the first Arabic version of the canonical four Gospels of the Christian community. Muslims were certainly well aware of these Gospels, as will become abundantly clear below. As for the Gospel which Muslims believe that God gave to Jesus, and the conviction of ʿAbd al-Ǧabbār and others that its original language was Hebrew, one may conclude only that the *Qur'ān* is the sole witness for the existence of such a Gospel. The suggestion of some Muslim scholars that it was originally in Hebrew is an obvious conclusion for them to draw from the data contained in their own divine revelation. Furthermore, given this notion of the Gospel revealed in the *Qur'ān* it is not surprising that in commenting on Christianity in the *Qur'ān* Abū Ǧaʿfar Muḥammad ibn Ǧarīr aṭ-Ṭabarī (d. 923) paid virtually no attention at all to what Christians would recognize as the Gospel according to Matthew, Mark, Luke or John. Rather, he was concerned only with the no longer available Gospel that the *Qur'ān* says God gave to Jesus[15].

19 (1968), pp. 133-137. Cf. also S.M. Stern, "Quotations From Apocryphal Gospels in ʿAbd al-Ǧabbār", *JThS* 18 (1967), pp. 34-57. T. Baarda, "Het ontstaan van de vier Evangelien volgense ʿAbd al-Djabbār", *Nederlands Theologisch Tijdschrift* 28 (1974), pp. 215-238. For the original text, cf. ʿAbd al-Ǧabbār ibn Aḥmad al-Hamdhānī, *Tathbīt dalā'il an-nubuwwah* (2 vols.; Beirut, 1966). In a recent article Patricia Crone proposes that ʿAbd al-Ǧabbār here records the views of a group of Judeo-Christians. Cf. P. Crone, "Islam, Judeo-Christianity and Byzantine Iconoclasm", *Jerusalem Studies in Arabic and Islam* 2 (1980), pp. 59-95.

14 Cf. A. Khalifé et W. Kutsch, "Ar-Radd ʿAla-n-Naṣārā de ʿAlī aṭ-Ṭabarī", *MUSJ* 36 (1959), pp. 115-148. Another, later Islamic scholar, Ibn Ḥazm (d. 1064), a younger contemporary of ʿAbd al-Ǧabbār, employed a similar line of argument. Cf. Gaudeu & Caspar, *art. cit.*, pp. 78-82.

15 Cf. A. Charfī, "Christianity in the *Qur'ān* Commentary of Ṭabarī", *Islamochristiana* 6 (1980), pp. 107-109.

There was, of course, the "Gospel of the Hebrews", once current in Hebrew, i.e., Aramaic, as the scripture of a group of Jewish Christians sometimes known as Ναζωραῖοι, the Arabic form of whose name is probably *an-Naṣārā*, the *Qur'ān*'s name for Christians. There is a record of the presence of Ναζωραῖοι in Syria, and it is not impossible that they were known in Mecca, and ultimately to Muḥammad himself[16]. However, after the Islamic conquest the religious conflict of the Muslims was with the Christians of the patriarchal sees of Constantinople, Antioch, and Jerusalem, whose Gospel was in Greek, or in Syriac derived from Greek, according to the Gospels of the four evangelists. While it is not inconceivable that the Ναζωραῖοι and their "Hebrew" Gospel somehow lie behind the *Qur'ān*'s view of the Gospel, it is unquestionable that the canonical Gospels were the focus of controversy in and after the first Abbasid century, and it is their first appearance in Arabic that is the subject of the present inquiry.

B. The Earliest Documentary Evidence

The ninth Christian century is the earliest time from which we have unambiguous, documentary evidence of Arabic versions of the four Gospels. The evidence is in the form of the actual manuscripts which contain these versions, which, as we shall see, have been transmitted in close association with anti-Muslim, Arabic apologies for Christianity; and reports, from both Christians and Muslims, dealing with the subject of Gospel translations into Arabic, or quoting passages from the Gospels in Arabic. We shall briefly survey both forms of this evidence.

1. Arabic Gospel Manuscripts

The oldest known, dated manuscripts containing Arabic translations of the New Testament are in the collections of St. Catherine's monastery at Mt. Sinai. Sinai Arabic MS 151 contains an Arabic version of the Epistles of Paul, the Acts of the Apostles, and the Catholic Epistles. It is the oldest of the dated New Testament manuscripts. The colophon of this

16 Regarding the Ναζωραῖοι, cf. the sources cited in G.W.H. Lampe, *A Patristic Greek Lexicon* (Oxford, 1961), p. 897. For the Greek name and its Syriac connections, cf. H.H. Schaeder, "Ναζαρηνός, Ναζωραῖος", in G. Kittel (ed.), *Theological Dictionary of the New Testament* (Trans. G.W. Bromiley, vol. IV; Grand Rapids, Mich., 1967), pp. 874-879. For "The Gospel of the Nazoraeans", cf. Edgar Hennecke, *New Testament Apocrypha* (W. Schneemelcher, ed., R. McL. Wilson, trans.; Philadelphia, 1963), vol. I, pp. 139-153. For the connection of the Arabic word *an-naṣārā* with οἱ Ναζωραῖοι, via the Syriac *naṣrāyê*, cf. A. Jeffery, *The Foreign Vocabulary of the Qur'ān* (Baroda, 1938), pp. 280-281. A recent writer has proposed a connection between Islam and the Ναζωραῖοι, viz., J. Dorra-Haddad, "Coran, prédication nazaréenne", *POC* 23 (1973), pp. 148-151. Cf. also M.P. Roncaglia, "Éléments Ébionites et Elkasaïtes dans le Coran", *POC* 21 (1971), pp. 101-126.

MS informs us that one Bišr ibn as-Sirrī made the translation from Syriac in Damascus during Ramaḍān of the Hiğrah year 253, i.e., 867 A.D.[17] The oldest, dated manuscript containing the Gospels in Arabic is Sinai Arabic MS 72. Here the text of the four canonical Gospels is marked off according to the lessons of the temporal cycle of the Greek liturgical calendar of the Jerusalem church. A colophon informs us that the MS was written by Stephen of Ramleh in the year 284 of the Arabs, i.e., in 897 A.D.[18]. Although this MS remains unpublished, we know that its text belongs to a distinct family of some half dozen Arabic Gospel manuscripts which contain a version of the Gospel rendered from the original Greek[19]. A recent study of the text of the Gospel according to Mark in these MSS shows that Sinai Arabic MS 72 is in all likelihood the latest of them all, textwise, featuring numerous improvements and corrections of earlier readings[20].

Vatican Arabic 13, which originally contained an Arabic version of the Psalms, the four Gospels, the Acts of the Apostles, and all of the Epistles, now has only Paul's Epistles and portions of the Gospels in what remains of the manuscript. It comes originally from the monastery of Mar Sabas in Judea. Modern scholars consider it to be one of the oldest surviving Arabic New Testament manuscripts. It carries no date, but is now generally reckoned to have been written in the ninth century[21].

There are, of course, many other manuscripts of the Gospels rendered into Arabic. We have mentioned here only the most notable early ones[22].

17 The Pauline epistles have been edited and translated into English. Cf. Harvey Staal, *Mt. Sinai Arabic Codex 151; I, Pauline Epistles* (CSCO, 452, 453; Lovanii, 1983). On Bišr ibn as-Sirrī, cf. J. Nasrallah, "Deux versions melchites partielles de la Bible du ixe et du xe siècles", *OrChr* 64 (1980), pp. 203-206.

18 Cf. the published photograph of this colophon in Constance E. Padwick, "Al-Ghazali and the Arabic Versions of the Gospels", *Moslem World* (1939), pp. 134ff.

19 For a description of these MSS cf. Graf, vol. I, pp. 142-147.

20 Cf. Amy Galli Garland, "An Arabic Translation of the Gospel According to Mark", (Unpublished M.A. Thesis, The Catholic University of America; Washingtonu 1979). M. Samir Arbache has a doctoral dissertation in preparation at Louvain on the Sinai Gospel MSS. Cf. *Bulletin d'arabe chrétien* 1 (1977), p. 82.

21 Cf. Graf, vol. I, pp. 115 & 138.

22 Cf. the list of Bible versions in Arabic in J. Blau, *A Grammar of Christian Arabic* (CSCO, vols. 267, 276, 279; Louvain, 1966-1967), vol. 267, pp. 29-34. For a general overview of the Arabic versions of the Gospels, cf. Ignazio Guidi, "Le traduzioni degli Evangelii in arabo e in etiopico", in *Reale Accademia dei Lincei* 285 (1888), pp. 5-37; Graf, vol. I, pp. 138-170; Bruce M. Metzger, *The Early Versions of the New Testament; their Origin, Transmission and Limitations* (Oxford, 1977), pp. 257-268. André Ferré, of the Pontifical Institute of Arabic Studies in Rome, is at work on a new survey of Arabic Gospel versions. Cf. *Bulletin d'arabe chrétien* 1 (1977), p. 84.

An interesting fact about the Sinai Gospel manuscripts in this group is that they were written by the same people who have transmitted some of the earliest Christian Arabic controversial treatises to us, and it is to them that we shall now turn our attention.

Stephen of Ramleh, the scribe who wrote Sinai Arabic MS 72, included two short treatises at the end of his Gospel text. One is an inspirational homily, attributed to Mar Basil. The other is a short apologetic treatise composed by Theodore Abū Qurrah. It is a dialogue between a Christian and a Muslim, about the alleged Jewish responsability for Christ's crucifixion[23]. This same Stephen of Ramleh also wrote a major portion of the British Museum MS Or. 4950. This important manuscript, written in the year 877/8, contains two long Christian Arabic apologetic treatises. One is a still largely unpublished treatise in 25 chapters that discusses and defends the major Christian doctrines about God and Christ. The other is Theodore Abū Qurrah's defense of the Christian practice of venerating images, against the objections to this practice generally voiced by Muslims and Jews[24].

Sinai Arabic MS 154 is another New Testament manuscript written in the ninth century that also contains the text of an apologetic treatise. In addition to Arabic versions of the Acts of the Apostles and the Catholic Epistles, the scribe has included an anonymous treatise in defense of the doctrine of the Trinity. A remarkable feature of this treatise is the large number of quotations from the *Qur'ān* which the author employs, in addition to his citation of the standard biblical testimonies that one usually finds cited in support of the doctrine[25].

From the little evidence we have presented here it is already clear that the earliest datable copies of the Gospel in Arabic are from Syria/Palestine,

23 Cf. Sidney H. Griffith, "Some Unpublished Arabic Sayings Attributed to Theodore Abū Qurrah", *Le Muséon* 92 (1979), pp. 29-35.

24 A page of MS 4950 is published in Agnes Smith Lewis and Margaret Dunlop Gibson, *Forty-One Facsimiles of Dated Christian Arabic Manuscripts* (Studia Sinaitica, XII; Cambridge, 1907), pp. 2-4. A portion of the first apologetic treatise was published in Louis Ma'luf, "The Oldest Christian Arabic Manuscript", (Arabic) *al-Machriq* 6 (1903), pp. 1011-1023. Cf. Graf, vol. II, pp. 16-19. For Abū Qurrah's treatise, cf. Ioannes Arendzen, *Theodori Abu Kurra de cultu imaginum libellus e codice arabico nunc primum editus latine versus illustratus* (Bonn, 1897); German translation: Georg Graf, *Die arabischen Schriften des Theodor Abū Qurra* (Paderborn, 1910), pp. 278-333. The present writer has prepared a new edition and English translation of Abū Qurrah's treatise, to appear soon, and is at work on Georg Graf's unfinished edition of the first apologetic treatise in BM Arabic MS 4950, the *Summa Theologiae* in 25 chapters.

25 Cf. Margaret Dunlop Gibson, *An Arabic Version of the Acts of the Apostles and the Seven Catholic Epistles From an Eighth or Ninth Century MS in the Convent of St. Catherine on Mount Sinai* (Studia Sinaitica, VII; Cambridge, 1899). Cf. also Graf, vol. I, pp. 172-173; vol. II, pp. 27-28.

largely from St. Catherine's and Mar Sabas' monasteries, in the ninth century. Furthermore, there is a clear relationship in the manuscript traditions between these earliest discoverable Arabic versions of the Gospel, along with the other New Testament writings, and the earliest Christian, apologetic treatises in Arabic — notably those of Theodore Abū Qurrah, himself a monk of Mar Sabas. These and other sources of information which we shall consider below support the conclusion that it was in the ninth century, or late eighth century, that a full edition of the Gospel appeared in Arabic, when this language became the common language for public affairs, even among the subject, non-Muslim populations in the Fertile Crescent whose original languages were Syriac, Greek or Coptic.

Here is the place to note in passing that the earliest extant manuscripts of the Old Testament in Arabic also date from Abbasid times. Perhaps the earliest surviving, integral manuscript is the Arabic version of the Wisdom of Jesus ben Sirach, contained in Sinai Arabic MS 155, which may date from the ninth century, and which is itself the product of re-copying[26]. But even more interesting than this Sinai MS, for reasons that will appear below, is the dual language MS fragment from Damascus which contains a large portion of Psalm 78 (LXX,77), vv. 20-31, 51-61, in the Greek of the LXX, accompanied by an Arabic version that is written in Greek script[27]. The fragment was discovered by Bruno Violet in Damascus, in the Umayyad mosque. Greek paleographical considerations show that the text was written in Syria at the end of the eighth century, or in the early ninth century[28].

Anton Baumstark, who was a notable proponent of the theory that the Gospel was translated into Arabic in pre-Islamic times, at one time also suggested that the Psalter was translated then too, even as far back as the fifth century, perhaps when Euthymius (377-473), the Palestinian monk, began his missionary work among the Arabs[29]. Baumstark based his proposal on what he took to be the archaic form of the Arabic text of a Psalter preserved as Zurich Or. MS 94. However, now one is in a position to recognize that this ninth or tenth century manuscript, which has been little studied beyond the small portion of it which Baumstark published (viz.

26 Cf. Richard M. Frank, *The Wisdom of Jesus ben Sirach (Sinai ar. 155. ixth/xth cent.)* (CSCO, vols. 357 & 358; Louvain, 1974).

27 Cf. B. Violet, "Ein zweisprachiges Psalmfragment aus Damaskus", *Berichtigter Sonderabzug aus der Orientalistischen Literatur-Zeitung, 1901* (Berlin, 1902). The text of the Psalm is also available in P. Kahle, *Die arabischen Bibelübersetzungen. Texte mit Glossar und Literaturübersicht* (Leipzig, 1904), pp. 32-35.

28 Cf. Violet, *art. cit.*, and Graf, vol. I, pp. 114-115; Blau, *op. cit.*, vol. 267, p. 31.

29 A. Baumstark, "Der älteste erhaltene griechisch-arabische Text von Psalm 110 (109)", *OrChr* 31 (1934), p. 62.

Ps. 110, LXX 109), actually seems to exhibit an Arabic text that is comparable to that which was written in southern Palestine in the ninth and tenth centuries[30].

Not only are the earliest dated biblical Arabic manuscripts from the ninth century, but even a cursory glance through Graf's or Blau's lists of manuscripts shows that this century witnessed a fairly prodigious amount of other non-biblical Christian writing in Arabic, especially in Palestine. However, one should not immediately conclude that the ninth century is the earliest time when Christians wrote in Arabic. Some works doubtless date back to the eighth century. Many of the ninth century manuscripts seem to be copies of works written earlier. As noted above, Sinai Arabic MS 72, the earliest dated manuscript of the Gospel in Arabic, is clearly an improvement on the text of the Gospel in the other manuscripts in its family. This fact argues that the text in the other manuscripts had an earlier origin[31]. The earliest date so far attested in a documentary source for Christian writing in Arabic is the report in British Museum MS or. 5019, written in the tenth or eleventh century, that the martyrology contained in the text was translated into Arabic in the year 772[32].

2. References to the Arabic Gospel

a. Christian References

The earliest occasion which later Christian writers remembered as concerned with a project to translate the Gospel into Arabic was originally described in an early 8th century Syriac chronicle, which reports an encounter between a Muslim official named ʿAmr, and the Jacobite Patriarch John I (d. 648), in the course of which the Muslim is said to have made inquiries about the contents of the Gospel[33]. According to Michael the Syrian, a twelfth century Jacobite chronicler, it was as a consequence of his meeting with ʿAmr[34] that the Patriarch John made arrangements for the first translation of the Gospel from Syriac into Arabic, with the con-

30 Cf. Graf, vol. I, p. 115. Cf. also the fragmentary, triglot Psalter, in Greek, Syriac, and Arabic published by N. Pigulevskaya, "Greco - Siro - Arabskaia Rukopis IXv", *Palestinskii Sbornik* 1 (63) (1954), pp. 59-90.

31 Cf. n. 20 above. Even one of the earliest dated Christian manuscripts in Arabic, viz., British Museum Or. MS. 4950, copied in 877, testifies that its text of Theodore Abū Qurrah's treatise on images was copied from an earlier manuscript.

32 Cf. Joshua Blau, *The Emergence and Linguistic Background of Judaeo-Arabic* (Oxford, 1965), pp. 5-6.

33 Cf. M.J. Nau, "Un colloque du patriarche Jean avec l'émir des agaréens et faits divers des années 712 a 716", *Journal Asiatique* 11th Series, 5 (1915), pp. 225-279.

34 Probably ʿAmr ibn Ṣaʿd ibn Abī Waqqāṣ, cf. J. Spencer Trimingham, *Christianity Among the Arabs in Pre-Islamic Times* (London & New York, 1979), p. 225.

sultation of men from those Christian, Arab tribes of Mesopotamia who knew both Syriac and Arabic. Following Michael's account, the Muslem official gave the patriarch clear orders to this effect.

> Thereupon he commanded him, "Translate your Gospel for me into the Saracen language, i.e., Arabic[35]; but do not mention Christ's name, that he is God, or baptism, or the cross." Fortified by the Lord, his Beatitude said, "Far be it that I should subtract a single *yod* or stroke from the Gospel[36], even if all the arrows and lances in your camp should transfix me." When he saw that he would not be convinced, he gave the order, "Go, write what you want". So, he assembled the bishops, and he brought help from the Tanûkāyê, the ʿAqûlāyê, and the Ṭuʿāyê, who were knowledgeable in both the Arabic and in the Syriac language, and he commanded them to translate the Gospel into the Arabic language[37].

Michael the Syrian's list of the three Christian Arab tribes, whose members understood both Arabic and Syriac, calls one's attention to the fact that there were many Arab Christians prior to the rise of Islam, including not only these three groups in Mesopotamia, but also the many Christians among the Arabic speaking populations in Arabia proper, in the Sinai, and in Syria/Palestine, from at least as early as the fifth century[38]. However, Michael the Syrian's statement that the three groups in Mesopotamia were bilingual reminds the modern reader that every one of these Arabic speaking Christian communities, who were tribally organized and at least semi-noma-

35 Michael's Syriac expression is *lešānâ sarqāyâ awkēt ṭayyâyâ*. *Sarqāyâ* is simply an adjective derived from the transliteration of the enigmatic Greek word Σαρακηνοί, which originally designated nomadic Arabs, and in later Byzantine writers meant 'Muslims'. Cf. V. Christides, "The Names ΑΡΑΒΕΣ, ΣΑΡΑΚΗΝΟΙ etc., and their False Byzantine Etymologies", *ByZ* 65 (1972), pp. 329-333. It is curious that Christides does not seem to know of John Damascene's ideas about the etymology of Σαρακηνοί. Cf. Daniel J. Sahas, *John of Damascus on Islam; the "Heresy of the Ishmaelites"* (Leiden, 1972), p. 71. Cf. also Trimingham, *op. cit.*, pp. 312-313; and Louis Cheikho, "Al-ʿarab aw as-sarḥiyyūn", *Al-Machriq* 7 (1904), pp. 340-343, where the author suggests that the term might ultimately come from the name of the Yemenite province *as-Sarḥah*, whose inhabitants the sea-faring Greeks may have encountered, and whose name they may eventualy have applied to all Arabians, and all Arab nomads. The Syriac adjective *ṭayyāyâ* comes from the name of the Arab tribe, *aṭ-Ṭayy*, and it was widely used in Syriac texts of Byzantine times to designate Arabic speaking, bedouin nomads. Cf. Trimingham, *op. cit.*, pp. 146-312.

36 Cf. Mt. 5:18.

37 J.-B. Chabot, *Chronique de Michel le Syrien; patriarche jacobite d'Antioche (1166-1199)* (4 vols.; Paris, 1899-1910), vol. II, p. 432, vol. IV, p. 422.

38 Cf. the extensive bibliography in Trimingham, *op. cit.*, and particularly the work of Professor Irfan Shahid (Kawar). Of special interest for the present inquiry are his recent works: *The Martyrs of Najrān: New Documents* (Subsidia Hagiographica, 49; Bruxelles, 1971); "*The Martyrs of Najrān*: Miscellaneous Reflexions", *Le Muséon* 93 (1980), pp. 149-161; "Byzantium in South Arabia", *Dumbarton Oaks Papers* 33 (1979), pp. 25-94. Of decisive importance for the whole field of inquiry into Christianity among the pre-Islamic Arabs, will be Prof. Shahid's forth-coming three volumes, *Byzantium and the Arabs Before the Rise of Islam: from Constantine to Heraclius.*

dic, lived in association with a larger, ecclesiastically more dominant group, whose church language was either Greek, Syriac, or, in one known instance where a vernacular was employed in the liturgy, Palestinian Aramaic. The official Christian scriptures of the Arab tribes most likely remained in these ecclesiastical languages of the completely settled communities. If among the tribes any Arabic versions of the Gospel ever were made prior to the rise of Islam, an accomplishment that is not to be considered *a priori* impossible or even unlikely, all mention and all unambiguous evidence of them disappeared later.

As for what became of Patriarch John's Arabic version of the Gospel, no other mention of it seems to have survived. Presumably the patriarch used it in his discussions with Muslims. As for the Christian community, it was not yet that they had Gospel, liturgy and theology in Arabic.

b. Muslim References

i. Ibn Isḥāq

The earliest known extended quotation from the Gospel in an Islamic Arabic text, apart from some earlier allusions to Gospel stories which we shall mention below, is undoubtedly the passage from John 15:23 - 16:1 which Abū ʿAbd Allāh Muḥammad ibn Isḥāq (d.c. 767) included in his biography of the prophet Muḥammad, and which has been preserved in the later biography by Abū Muḥammad ʿAbd al-Malik ibn Hišām (d. 834). It is worth quoting Ibn Isḥāq's passage at some length, in order to appreciate the significance of his reference to St. John's Gospel[39].

> Ibn Isḥāq said, "Here is what has come down to me about the description of God's messenger, God's prayer and peace be upon him, in what Jesus, son of Mary, set down in the Gospel, for the people of the Gospel, which came to him from God, as Yuḥannis the apostle established it for them when he copied the Gospel for them at the commission of Jesus, son of Mary, peace be upon him; he said: (15:23) "Whoever has hated me, has hated the Lord. (15:24) Had I not performed in their presence such works as no one has performed before me, they would have no sin. But now they have become proud and they think that they will find fault with me and even with the Lord[40]. (15:25) However, it is inevitable that the saying concerning *an-Nāmūs* will be fulfilled, "They have hated me for nothing, i.e., in vain". (15:26) Had *al-Munaḥḥ*[e]*mānâ*, he whom God will send, already come to you from the Lord, and the spirit of truth[41], he who comes from God, he would have been a witness for me, and you too,

39 Abū Muḥammad ʿAbd al-Malik ibn Hišām, *Sīrat an-nabī* (ed. Muḥammad Muḥyī d-Din ʿAbd al-Ḥamīd, 4 vols.; Cairo, 1356), vol. I, p. 251; F. Wüstenfeld (ed.), *Das Leben Muhammeds nach Muhammed Ibn Ishâk* (Göttingen, 1858), pp. 149-150.

40 For this rendition of the enigmatic *y-ʿ-z-w-n-n-y*, cf. below.

41 Reading *wa rūḥi l-qisṭ* with Wüstenfeld, cf. the explanation below.

because you have been with me from the beginning. (16:1) I have said this to you so that you may not be in doubt."

Al-Munaḥḥ^emānâ in Syriac is Muḥammad, and in Greek it is *al-baraqlitis*, God's prayer and peace be upon him.

The first thing that must strike the reader of this passage is the fact that Ibn Isḥāq is citing St. John's Gospel as a scriptural testimony to the future divine mission of Muḥammad. Indeed, in context in the *Sīrah* the passage occurs at the end of the first part of the book, just prior to the accounts of the first revelations to Muḥammad, in company with a number of other testimonies from Jews and Christians to Muḥammad's prophethood, culminating in the story of Waraqah ibn Nawfal, to which we shall return below. Secondly, it is easily recognizable that Ibn Isḥāq's idea of the Gospel is the Islamic, in fact the Qur'anic view that the Gospel is something which God gave to Jesus. Ibn Isḥāq says that the apostle John had merely copied it down on Jesus' commission. Furthermore, with reference to any known Christian version of the Gospel according to John, it becomes clear from what Ibn Isḥāq offers us here that he must also have been convinced that John's text as Christians have it has been altered[42]. For, in his quotation of John 15:23 - 16:1 there are a number of telling variants. The three occurrences of the phrase "my Father" in the passage as it appears in Christian texts, have here all become "the Lord," in accordance with the *Qur'ān*'s insistence that God has no son (*al-Iḫlāṣ* (112)), and that Jesus, son of Mary, is only God's messenger (*an-Nisā'*(4): 171), whom, as the Messiah, the Christians have said to be God's son, "imitating the doctrine of those who disbelieved earlier. ... They have taken their own scholars and their own monks as lords, in spite of God, or the Messiah, the son of Mary" (*at-Tawbah* (9):30-31). Clearly then, Ibn Isḥāq must have felt that he had ample divine authority in the *Qur'ān* to set matters aright in his quotation from the Gospel of John.

Both A. Baumstark and A. Guillaume, the two modern scholars who have most assiduously studied Ibn Isḥāq's quotation, have shown that the Christian text that underlies the quotation as we have it here in undoubtedly the version preserved now in the so called Palestinian Syriac Lectionary[43]. Their evidence for this conclusion is principally the un-

42 It is noteworthy that in Ibn Isḥāq's account of the conversion of the Persian Salmān, which just precedes the quotation of the John passage, Salmān was informed by his first respected Christian master that "men have died and have either altered (*baddalū*) or abandoned most of their true religion". Cf. ʿAbd al-Malik ibn Hišām, *op. cit.*, vol. I, p. 236.

43 Cf. A. Baumstark, "Eine altarabische Evangelienübersetzung aus dem Christlich-Palastinensischen", *ZSem* 8 (1932), pp. 201-209; A. Guillaume, "The Version of the Gospels Used in Medina c. A.D. 700", *Al-Andalus* 15 (1950), pp. 289-296. For the Palestinian text of the

mistakable appearance of the singular term *al-munaḥḥ^{e}mānâ*, the Comforter, in Ibn Isḥāq's quotation, as a rendering of the original ὁ Παράκλητος. The term is unique to the Palestinian Syriac version. Then there is the phrase, "the spirit of truth", in vs. 26, the original Arabic version of which in Ibn Isḥāq's quotation betrays its debt to the same Palestinian Syriac text[44]. Both scholars also mention a number of other, smaller pointers to the Palestinian version which it is not necessary to repeat here. Rather, what is important now is to call attention to those places in the text where Baumstark and Guillaume detected further deliberate Islamic alterations, or corrections to the Christian text, or where mistakes or textual corruptions seem to them to have crept into the quotation.

15:24b, "But now they have become proud and they think that they will find fault with me, and even with the Lord."

Both Baumstark and Guillaume argue that the Arabic text of Ibn Isḥāq is corrupt in this verse. They correct the rare word *baṭirū'*, "they have become proud," to *naẓarū'*, "they have seen", to agree with both the Greek and the Palestinian Syriac readings, and they mention the easy mistake it would have been to confuse the consonants of these two words in the Arabic script[45]. Further, Baumstark proposed a fairly complicated double textual corruption in Syriac to account for the last part of the verse, involving the introduction into the original text of a form of the Syriac root *ḥ-w-b*, "to be guilty", which he then supposed was subsequently misread to be a form of the root *ḥ-s-n*, "to be strong, to overcome", yielding the final reading, "they think that they will overcome me ..."[46], which, on Baumstark's view, Ibn Isḥāq would have found before him. Both Baumstark and Guillaume, therefore, understood Ibn Isḥāq's verb, *y-ʿ-z-w-n-n-y*, to be a form of the root *ʿ-z-z*, and Baumstark offered what seemed to him to be a plausible explanation of how a misunderstanding of the underlying Syriac could issue in such an errant Arabic version of John 15:24b.

The readings of Guillaume and Baumstark make sense of Ibn Isḥāq's quotation of vs. 15:24b by measuring it against the Palestinian Syriac *Vorlage*, and ultimately against the Greek original. This approach assumes that Ibn Isḥāq's intention was accurately to reproduce an Arabic version

passage under discussion, cf. A. Smith Lewis & M. Dunlop Gibson, *The Palestinian Syriac Lectionary of the Gospels* (London, 1899), pp. 24 & 187.

44 Wüstenfeld, following a better MS, preserves the original *wa rūḥi l-qisṭ*. Cf. Baumstark, *art. cit.*, p. 201; ʿAbd al-Malik ibn Hišām, on the other hand, follows the later 'correction' of the phrase to *rūḥi l-qudus*, *op. cit.*, p. 251. Cf. Guillaume, *art. cit.*, p. 293.

45 Baumstark, art. cit., p. 205; Guillaume, *art. cit.*, p. 294.

46 Baumstark, art. cit., pp. 205-206.

of the Palestinian Syriac text. However, on the evidence of his alteration of 'father' to 'Lord' throughout the passage, we have already seen that Ibn Isḥāq must rather have intended accurately to quote from John's copy of the Gospel as it would have been originally, when God gave it to Jesus, according to the *Qur'ān*'s teaching, and not to reflect what in his view would have to be instances of textual alterations introduced later by the Christian community in support of their unique doctrines about God and Jesus. Religious accuracy, and hence scriptural accuracy, for Ibn Isḥāq, would have been measured by the *Qur'ān*'s teachings, and not by Christian manuscripts in Greek, Syriac or Arabic.

Accordingly, in John 15:24b one should look for the religious accuracy which Ibn Isḥāq meant to reflect. In this connection one's attention is drawn immediately to the fact that the root *b-ṭ-r*, in the sense of "to be proud, vain," appears twice in the *Qur'ān*, in *al-Anfāl* (8):47 and *al-Qaṣaṣ* (28):58, and in both places it describes the state of mind of those who have in the past turned aside from God's way, or who have rejected His messenger. Clearly, this sense fits an Islamic understanding of the context of John 15:24. Furthermore, if the reader understands Ibn Isḥāq's verb, *y-ʿ-z-w-n-ny*, to be a form of the root *ʿ-z-w*, it may be understood to mean "to charge, to incriminate, to blame", in the first form, and "to comfort, to console" in the second and fourth forms. The first alternative fits well with an Islamic understanding of the present verse, and the second meaning, of course, is perfect for the Christian Palestinian understanding of the important term, *al-munaḥḥᵉmānâ* in 15:26. In fact, the ninth century Christian Arabic translator of St. John's Gospel chose precisely the root *ʿ-z-w* to render the term in question, as we shall see below.

15:25, "The saying concerning *an-Nāmūs* will be fulfilled."

The translation of this phrase reflects the Islamic understanding of the term *an-Nāmūs* as referring not to the Torah, or to a law of Moses (*nāmûsâ dᵉMôšê* in Syriac, e.g., in Luke 2:22), but to Gabriel, who brought it to Moses. As aṭ-Ṭabarī said, "By *an-Nāmūs* one means Ǧibrīl, who used to come to Moses"[47]. The evidence that such was also Ibn Isḥāq's understanding of *an-Nāmūs* is to be seen in his omission of the participle 'written' and the third person plural pronominal suffix from his Arabic rendering of the Palestinian Syriac reading, "The saying written in their law(s)"[48]. While Baumstark did not think that the omission of the pronoun or the participle was significant enough to warrant one's understanding Ibn Isḥāq to mean an-Nāmūs in the Islamic sense here, his cavil seems actually

47 M.J. De Goeje (ed.), *Annales quos Scripsit Abu Djafar Mohammed ibn Djarir at-Tabari* (Leiden, 1882-1885), 1st series, vol. III, p. 1151.

48 Lewis and Gibson, *op. cit.*, pp. 24, l. 22 and 287, l. 12.

to stem from his method of measuring Ibn Isḥāq's version of this passage of John's Gospel against Christian texts, rather than against Ibn Isḥāq's own Islamic understanding of what the Gospel should say. Baumstark confined his discussion to the missing pronoun and simply ignored the missing participle[49]. Guillaume, on the other hand, clearly recognized that "one cannot escape the conclusion that the alteration is deliberate"[50].

15:26, "*Al-Munaḥḥ^emānâ*, he whom God will send to you."

The Palestinian Syriac version of John 15:26, following the original Greek, speaks of "*al-munaḥḥ^emānâ*, whom I shall send to you". There are two subjects for discussion in this verse, the identity of *al-munaḥḥ^emānâ* himself, and the identity of the sender. In both instances Ibn Isḥāq's Islamic construction of the Gospel text is evident.

As all commentators on the Palestinian Syriac lectionary have observed, and as Baumstark and Guillaume have both rehearsed it, the term *al-munaḥḥ^emānâ*, which Ibn Isḥāq simply transliterated into Arabic characters, is a unique rendering of the original Greek term in John 15:26, ὁ Παράκλητος, in a sense unique in Syriac to the Palestinian Syriac deployment of the root *n-ḥ-m*, to mean "the comforter"[51]. For Christians, the Paraclete, the Comforter, is the Holy Spirit, or as St. John calls him, "the Spirit of truth", whom Jesus promises to send after his return to the Father.

For Ibn Isḥāq and the Muslims this idea is an instance of the distortion (*at-taḥrīf*) which Christians have introduced into the Gospel text, particularly at places where the coming of Muḥammad was foretold. According to the report of a Christian controversialist of the first Abbasid century, his Muslim interlocutor explicitly made this charge against John and his disciples after Christ's ascension. The Muslim said to the Christian:

49 A. Baumstark, "Eine altarabische Evangelienübersetzung ..., *art. cit.*, p. 206. In an earlier article Baumstark admits the Islamic understanding of *an-Nāmūs*, in connection with the story of Waraqah ibn Nawfal, as found in the *Sīrah* of Ibn Isḥāq/Ibn Hišām, and in support of it he cites some passages from the eastern liturgy in which the Greek ὁ νόμος seems to have an almost anthropomorphic, or angelomorphic sense. Cf. A. Baumstark, "Das Problem eines vorislamischen christlich-kirchlichen Schrifttums in arabischer Sprache", *Islamica* 4 (1929-1931), pp. 565-566.

50 Guillaume, *art. cit.*, p. 294.

51 As all the commentators have mentioned, the Palestinian Syriac use of the root *n-ḥ-m* to mean 'to give comfort' is comparable to the Jewish Aramaic deployment of the root. Cf., e.g., Guillaume, *art. cit.*, p. 293. However, the meaning 'comforter' for Παράκλητος, instead of the more likely 'advocate', poses yet another lexical problem, which need not detain us here. Cf. J. Behm, "Παράκλητος", in G. Kittel & G. Friedrich (eds.), G.W. Bromiley (trans. & ed.), *Theological Dictionary of the New Testament* (10 vols.; Grand Rapids, Mich., 1964-1976), vol. V, pp. 800-814.

> What you have said, you report only from your Gospel and your new books. But we have the original, genuine Gospel. We have gotten it from our prophet, and it stands in opposition to what is in your possession; for John and his associates, after Christ's ascension to heaven, revised the Gospel and set down what is in your possession, as they wished. So has our prophet handed it down to us[52].

Ibn Isḥāq knew very well, on the authority of the *Qur'ān* itself, that Jesus said, "O Sons of Israel I am a messenger of God to you, confirming what was before me of the Torah, and announcing a messenger who will come after me, whose name is *aḥmad*" (*aṣ-Ṣaff* (61):5). Consequently, what John originally wrote down of the Gospel at Jesus' commission could only have been in accordance with what the *Qur'ān* says. So Ibn Isḥāq presented John 15:26 in an Islamically correct fashion which makes the Paraclete, the Comforter, a designation for Muḥammad, as he says explicitly at the end of the long passage translated above. Nor is he troubled by any necessity to explain the relationship between *aḥmad* and ὁ Παράκλητος/*al-munaḥḥ^{e}mānâ*[53]. The unquestionable assumption for Ibn Isḥāq was that Jesus predicted the coming of Muḥammad. John 15:26 says that Jesus said that the Paraclete will come. Therefore, the Paraclete designates Muḥammad. As for who will send the Paraclete/Muḥammad, it is clear that God is the one who sends His own messengers (cf., e.g., *G͟hāfir* (40):78: *arsalnā rusulan*). Therefore, the undistorted Gospel must have described *al-Munaḥḥ^{e}mānâ* as "He whom God will send", and so Ibn Isḥāq reports it. Baumstark's proposal that Ibn Isḥāq's report in this instance was based on a corruption of the Syriac phrase for "Whom I shall send"[54] once again, and not without ingenuity, measures Ibn Isḥāq's quotation against Christian texts, rather than against his own Islamic understanding of the matter in hand.

16:1, "So that you may not be in doubt."

The Palestinian Syriac lectionary, along with the original Greek, says "So that you might not be tripped up", that is to say, "scandalized", as the expression has universally been interpreted in Christian circles. Ibn Isḥāq has simply supplied an easily understood Islamic phrase here, the recognition of which removes the necessity to follow Guillaume in his search for dialectical understandings of the root *š-k-k* to mean 'to limp', or 'to fall'[55].

52 K. Vollers, "Das Religionsgespräch von Jerusalem", *ZKG* 29 (1908), p. 62.

53 Western scholars have long attempted to interpret *aḥmad* as a reflection of παράκλητος, misread as περικλυτός. Cf. Theodor Nöldeke, *Geschichte des Qorans* (vol. I, 2nd ed., F. Schwally; Leipzig, 1909), p. 9, n. 1. In all probability the *Qur'ān* passage has no reference to any particular Gospel passage. As for the relationship between *al-m^{e}naḥḥ^{e}mānâ* and Muḥammad/Aḥmad, one scholar has proposed that "this identification is based only on the assonance between the Aramaic word and the name Muḥammad, and seems to have been suggested by Christian converts to Islam". J. Schacht, "Aḥmad", *EI*^{2}, vol. I, p. 267.

54 Baumstark, "Eine altarabische Evangelienübersetzung...", *art. cit.*, pp. 206-207.

55 Guillaume, *art. cit.*, p. 295.

In the *Qur'ān*, the people to whom prophets have been sent, who have spoken against their prophets, are often said to be "*fī šakkin ... murībin*", i.e., "in suspicious doubt", as were the people to whom Ṣāliḥ was sent (*Hūd* (11):62), the people to whom Moses was sent (*Hūd* (11):110), and even the people to whom Muḥammad was sent (*Sabā'* (34):54). Indeed, at one place in the *Qur'ān* there is this specific advice: "If you are in doubt about what we have sent down to you, ask those who were reading scripture before you. The truth has come to you from your Lord, so do not be among the doubters" (*Yūnus* (10):94). Ibn Isḥāq's Islamic understanding of John 16:1 is, therefore, easily intelligible, as are the apologetical reasons for which he searched out this whole passage from the Gospel according to John[56].

Quite clearly Ibn Isḥāq's Arabic version of John 15:23 - 16:1 is dependent upon the version of the Gospel preserved in the Palestinian Syriac lectionary. There is every reason to believe that he found it in Syriac, and that he alone, or with the help of an Arabic speaking Christian, put it into an Arabic idiom that would be both comprehensible and doctrinally reinforcing to Muslim readers. There is no reason to believe that Ibn Isḥāq's quotation is dependent upon a pre-existent, Christian, Arabic version of the Gospel. He himself twice refers to his Syriac source, once to explain that Syriac *maǧǧānan* means *bāṭilan*, and once to claim that *al-Munaḥḥemānâ* is Syriac for Muḥammad.

There is certainly no reason to propose a connection between Ibn Isḥāq's quotation from John, and the Palestinian Arabic Gospel text that is represented in the family of Arabic manuscripts mentioned above, which originate from the first Abbasid century[57]. A comparison between Ibn Isḥāq's quotation and the text of John 15:23 - 16:1 in Sinai Arabic MSS 72 and 74 makes this conclusion crystal clear. The one connection between the two versions of the passage from John is that both of them depend upon a Gospel text of the type that now remains only in the Palestinian Syriac lectionary. The translator of the texts in the Sinai MSS understood the Paraclete to be 'the ʿComforter', and he rendered this understanding into Arabic with a form of the root *ʿ-z-w*, viz., *al-muʿazzī*[58]. Below we shall discuss further the relationship between the Palestinian Arabic Gospel text and the Palestinian Syriac lectionary.

56 Cf. John Wansbrough, *The Sectarian Milieu; Content and Composition of Islamic Salvation History* (Oxford, 1978).
57 Cf. nn. 19 & 20 above.
58 Sinai Arabic MS 72, f. 110r, l. 18, and Sinai Arabic MS 74, f. 238, l. 5.

ii. Waraqah ibn Nawfal

The story of Waraqah ibn Nawfal includes not so much a claim to the existence of an early Arabic version of the Gospel, as it does a testimony to the religious association and linguistic knowledge of Waraqah himself.

Waraqah ibn Nawfal was a cousin of Ḫadīǧah, the wife of Muḥammad. Waraqah was a Christian, according to tradition, one of the handful of Meccans in the prophet's time who became monotheists prior to the preaching of Islam. He is remembered in Islamic tradition for his knowledge of the scriptures, both the Torah and the Gospel. It is in connection with him that we find in Islamic historical sources the only mention of the Gospel in Arabic in any form in pre-Islamic times.

In the several renditions in which it has come down to us, the constant features in Waraqah's story are that he had become a Christian in the *Ǧāhiliyyah*, that he was learned in the scriptures, and that when the prophet had his inaugural revelation (*bad' al-waḥy*) and described the experience to Waraqah at Ḫadīǧah's instigation, Waraqah recognized immediately Muḥammad's prophetic vocation.

The details are not exactly the same in any two of the ten or so accounts of Muḥammad's meeting with Waraqah that are preserved in early Islamic sources. The most common form of the story, found in three places, may be quoted here from al-Buḫārī's collection of traditions. The scene is set as just following Muḥammad's disclosure of his first visionary experience to Ḫadīǧah.

> Ḫadīǧah hurried off with him until she brought him to Waraqah ibn Nawfal. He was the son of Ḫadīǧah's uncle, her father's brother. He was a man who had professed Christianity in the time of ignorance. He used to write *al-kitāb al-ʿarabī*, and he would write down from the Gospel *bi l-ʿarabiyyah* whatever God wanted him to write. He was a very old man, now gone blind. Ḫadīǧah said, "Uncle, listen to your brother's son". Waraqah said, "O son of my brother, what is it you see?" So the prophet, God's prayer and peace be on him, gave him the report of what he had seen. Waraqah said, "This is an-Nāmūs that was sent down to Moses"[59].

Two points in this account attract our attention, viz., that Waraqah copied passages from the Gospel, and that he told Muḥammad that an-Nāmūs had come to him. We shall discuss each of them in turn, citing the significant variations that occur in the other reports of this incident.

All of the sources insist that Waraqah was knowledgeable about the scriptures. In the form of the story about him that we have quoted above, it is his ability to write in Arabic that is emphasized. A slightly different

59 Abū ʿAbd Allāh Muḥammad ibn Ismāʿīl al-Buḫārī, *Kitāb al-ǧāmiʿ aṣ-ṣaḥīḥ* (M. Ludolf Krehl, ed., 4 vols.; Leiden, 1862), vol. III, pp. 380-381. Cf. also vol. IV, pp. 347-348, and Muslim b. al-Haǧǧāǧ, *Ṣaḥīḥ Muslim* (8 vols.; Cairo, 1334), vol. I, pp. 97-98.

wording of this story says simply, "He used to read the Gospel *bi l-ʿarabiyyah*"[60]. Ibn Hišām, on the other hand, is content to say in his edition of Ibn Isḥāq's *Sīrah* of the prophet, "Waraqah had professed Christianity, and he read the scriptures, and heard from the people of the Torah and the Gospel"[61]. The striking variant in the telling of the story, however, is what we find in another place in al-Buḫārī's collection of traditions, as well as in the *Kitāb al-aghānī*. It says of Waraqah, "He used to write *al-kitāb al-ʿibrānī*, and he would write down from the Gospel *bi l-ʿibrāniyyah*"[62].

Already in the last century A. Sprenger noticed this discrepancy concerning the language in which Waraqah is said to have read and copied from the Gospel. Sprenger proposed that the "Hebrew" in question was actually the Aramaic script employed by Jews, and that in this story it means that Waraqah was writing Arabic in the Aramaic script. So in his view there is no real conflict between the two versions of the story. Nor is there, in his judgment, any unlikelihood that someone would write Arabic in non-Arabic characters. Historically there is not only the example of Arabic speaking Jews writing Arabic in "Hebrew" characters. Syriac speakers also employed their own alphabet to write Arabic, a writing called *Garšūnî* in Syriac[63]. But Waraqah, a Meccan and a native Arabic speaker, and not a Jew but an alleged Christian, would hardly have had any need to borrow the "Hebrew" script. By his time the north Arabic script, albeit with an obvious debt to the Syriac script in its origins, would certainly have been available to Waraqah[64].

There is nothing *a priori* unlikely about the arrival of Christianity in the environs of Mecca in the time of Waraqah ibn Nawfal. Indeed, in the sixth century the Ḥiǧāz was virtually surrounded by Christian areas in Sinai, Syria/Palestine, the Syriac and Arabic speaking areas of Mesopotamia and Iraq, al-Ḥirā, Naǧrān to the south of the Ḥiǧāz, and across the sea in

60 Al-Buḫārī, *op. cit.*, vol. II, p. 352.

61 Ibn Hišām, *op. cit.*, vol. I, p. 256.

62 Al-Buḫārī, *op. cit.*, vol. I, p. 5; Abū Faraǧ al-Isbahānī, *Kitāb al-aghānī* (20 vols.; Cairo, 1285), vol. III, p. 14.

63 A. Sprenger, *Das Leben und die Lehre des Mohammad nach bisher grösstentheils unbenutzten Quellen* (3 vols.; Berlin, 1861-1865), vol. I, pp. 124-134.

64 Cf. Nabia Abbott, *The Rise of the North Arabic Script and its Kurʾānic Development, With a Full Description of the Kurʾān Manuscripts in the Oriental Institute* (Chicago, 1939), pp. 5-11; J. Starcky, "Petra et la Nabatene", *Dictionnaire de la bible. Supplement*, vol. VII, cols. 932-934; Janine Sourdel-Thomine, "Les origines de l'écriture arabe, à propos d'une hypothèse récente", *Revue des Études Islamiques* 34 (1966), pp. 151-157; *idem.*, "Khaṭṭ", *EI*², vol. IV, pp. 113-1122. Regarding the hypothesis that Christian literary use of Arabic was widespread before the rise of Islam, usually associated with the name of Louis Cheikho, cf. Camille Héchaïme, *Louis Cheikho et son livre "le christianisme et la littérature chrétienne en Arabie avant l'islam", étude critique* (Beyrouth, 1967).

Ethiopia[65]. Furthermore, the merchants of Mecca travelled in all of these areas and had commercial relations with them. Early Islamic tradition as well as Christian sources testify to the presence of Christians in the area, even among the nomadic tribes. So there is no reason to doubt the basic veracity of the reports that Waraqah ibn Nawfal was a Christian, and that he was familiar with both the Torah and the Gospel, as Ibn Isḥāq/Ibn Hišām have said, even given the evidently apologetical character of the *Sīrah*, and its requirement to present Muḥammad as affirmed by the scripture people[66].

The question before us concerns the language in which the Gospel arrived in Mecca, and the language in which Waraqah would have been likely to "write down from the Gospel ... whatever God wanted him to write". Two questions are actually involved here.

The straightforward answer to the first question is that in all likelihood the bearers of Christianity in the Ḥiǧāz had their Gospel in Syriac, not because it would have been impossible for them to have had it in Arabic (or even in Greek), but because there is no evidence to support the conclusion that they did have it in Arabic, and what evidence there is points to Syriac. The answer to the second question is that in all likelihood Waraqah ibn Nawfal copied from the Gospel (and the Torah) in his own native, Arabic language, this accomplishment being among his notable achievements remembered in Islamic tradition. The answers to both questions require further elucidation.

The evidence that Syriac was the scripture language of the Christian Arabs in Muḥammad's lifetime is first of all the large number of expressions with a Syriac origin, having to do with Biblical and Christian religious concepts that are to be found in the *Qur'ān*, beginning with this very word itself, and extending to many other distinctive locutions[67]. Secondly, in

65 Cf. the studies and bibliographies in Trimingham, *op. cit.*, n. 34 above, and the works of I. Shahid, n. 38 above.

66 On the apologetic character of the *sīrah*, cf. J. Wansbrough, *op. cit.*, n. 56 above.

67 For the relationship between *qur'ān* and *qeryānâ*, cf. Arthur Jeffrey, *The Foreign Vocabulary of the Qur'ān* (Baroda, 1938), p. 234; R. Blachère, *Le Coran* ("Que sais-je?" no. 1245; Paris, 1966), pp. 15-16. For an extended lexical discussion of Quranic terms, cf. K. Ahrens, "Christliches im Qoran", *ZDMG* 84 (1930), pp. 15-68, 148-190. For historical considerations and analyses of Quranic passages in relationship to Christian diction in Syriac, cf., esp., Tor Andrae, *Les origines de l'islam et le christianisme* (Trans. J. Roche; Paris, 1955). Andrae originally wrote this study in German in 1923-1925, and published it in the journal, *Kyrkohistorisk Årsskrift*, which is not available to me. Regarding the Syriac origins of the *Qur'ān*'s name for Jesus, i.e., *'Isā al-Masīḥ*, cf. M. Hayek, "L'origine des terms 'Isâ-al-Masîḥ (Jésus-Christ) dans le Coran", *OrSyr* 7 (1962), pp. 227-254, 365-382. Cf. also John Bowman, "The Debt of Islam to Monophysite Syrian Christianity", in E.C.B. Mac Laurin (ed.), *Essays in Honour of Griffithes Wheeler Thatcher 1863-1950* (Sydney, 1967), pp. 191-216, and in *Nederlands Theologisch Tijdschrift* 19 (1964/5), pp. 177-201. For some relation-

Muḥammad's time Syriac speaking Christians seem to have exerted the strongest formative influence on the established Christian community nearest to the Ḥiğāz to the south, viz., Nağrān, with its ties to the church at al-Ḥirā; while to the north and east the Arabic speaking tribes which included Christians customarily moved freely in and out of the Syriac speaking areas, or had contacts with the churches of Syria/Palestine[68]. As we shall see below, the language of the vernacular scriptures in much of Syria/Palestine prior to the rise of Islam was the Aramaic dialect known as Palestinian Syriac.

The *Qur'ān* itself insists some dozen times that it is an Arabic *Qur'ān* (e.g., in *Yūsuf* (12); 2), as opposed to the lessons of the Jews and the Christians, which are in other languages. In his commentary on this verse, aṭ-Ṭabarī explains that it is as if God said about Muḥammad's Ḥiğāzī audience, "because their tongue and their speech is Arabic, we sent down this scripture in their own tongue so that they could understand it and gain knowledge from it"[69]. Presumably, among others, Christian preachers were about in the Mecca/Medina area whose scriptures were not in Arabic. Indeed, there is evidence of their presence in the *Qur'ān* itself, when it records the reaction of those members of Muḥammad's audience who doubted that it was really God's message that the prophet was preaching, but rather the teaching of someone else. They referred to the presence of some un-named person whose speech the *Qur'ān* says was not Arabic. Of the doubters *an-Naḥl* (16):103 says, "We know very well what they say, 'Only a mortal is teaching him'. The speech of him at whom they hint is barbarous; and this is speech Arabic, manifest" (Arberry). In his commentary on this verse, aṭ-Ṭabarī explains that Christians were the people at whom the suspicious Arabs were hinting. He records traditions that identify their barbarous speech as Byzantine Greek[70]. However, this identification may simply reflect the later Islamic awareness that the original Gospel as the Christians have it is Greek. In the Ḥiğāz, in the late sixth and the early seventh centuries, the barbarous, or non-Arabic (*a'ğamī*) speech of Christian monks and preachers was most likely Syriac.

What was remarkable about Waraqah ibn Nawfal's acquaintance with the scriptures was the fact that he copied from them in Arabic. The language in which he was able to write the scriptures is thus a focal point of the story

ships between passages from the *Qur'ān* and the Syriac liturgy, cf. Erwin Graf, "Zu den christlichen Einflüssen im Koran", in *Al-Bāḥith, Festschrift Joseph Henninger zum 70. Geburtstag am 12. Mai 1976* (Studia Instituti Anthropos, vol. 28; Bonn, 1976), pp. 111-144.

68 For Nağrān cf. the studies of Prof. Irfan Shahid, cited in n. 38 above; for the rest, cf. Trimingham, *op. cit.*, with a complete bibliography of earlier works.

69 Abū Ğa'far Muḥammad ibn Ğarīr aṭ-Ṭabarī, *Tafsīr al-Qur'ān* (30 vols. in 13; Cairo, 1321), vol., 12, p. 84.

70 *Ibid.*, vol. 14, pp. 109-111.

that is preserved about him. The fact that this language, or writing, is said to be "Hebrew" in some tellings of Waraqah's story underlines this point. As for the "Hebrew" itself, it is most easily explained as a later correction of the narrative, contributed by someone who thought he knew not only that the language of the Torah was Hebrew, but that Jesus' native language, and hence the language of the original, undistorted Gospel must also have been Hebrew[71]. For, it would have been a necessity for Islamic apologetic purposes, given Waraqah's role in recognizing Muḥammad's prophethood, that he have his testimony from the original, undistorted Gospel.

As for Waraqah's statement about the source of Muḥammad's revelations, viz., "This is *an-Nāmūs* that was sent down to Moses", one must recognize in this report the classical Islamic understanding of *an-Nāmūs* as a designation for the angel Gabriel, as discussed above[72]. Indeed this understanding of *an-Nāmūs* is clear in one version of Waraqah's story as preserved by al-Buḫārī, where an additional phrase explains that *an-Nāmūs* is "the master of the mystery, who would inform him (i.e., Moses) of what he would conceal from anyone else"[73].

It is understandable how Gabriel was thought of in association with the moment of revelation. There are Jewish traditions which record instances of Gabriel visiting Moses[74]. The *Qur`ān* too mentions Gabriel's role in the revelation to Muḥammad, "He is the one who brought it down to your heart, by God's permission, confirming what was prior to it, as guidance and good news for the believers (*al-Baqarah* (2):97). What is mysterious is how *an-Nāmūs* came to designate Gabriel. While it is not to the present purpose to pursue this question at any length, one cannot help but to observe the obvious similarity of the Arabic word to the Syriac *nāmôsâ*, the ordinary word for "law, ordinance, usage", as in a law of Moses (*nāmôsâ dᵉMôšê*, e.g., in Luke 2:22 *Peš*). Anton Baumstark, as we have seen, wondered if the identification of *an-Nāmūs* with Gabriel could have been due to an almost anthropomorphic, or angelomorphic, sense of the Greek word ὁ νόμος in the eastern liturgy[75]. While it is unlikely that a Greek liturgical phrase *per se* would have influenced the Islamic interpretation of *an-Nāmūs*, it is notable that in Syriac texts one finds a similar 'personalization' of *nāmôsâ*. In his *Sermon on Our Lord*, for example, Ephraem set a scene of punishment among the women in the Exodus who had given their jewelry

71 Cf. n. 13 above, and the attendant discussion in the text.

72 Cf. n. 47 above, and the attendant discussion in the text.

73 Al-Buḫārī, *op. cit.*, vol. II, p. 352.

74 Cf. the instances cited in Louis Ginzberg, *The Legends of the Jews* (7 vols.; Philadelphia, 1913-1938), vol. VII, pp. 173-174.

75 Cf., 49 above; M. Plessner, "Nāmūs", *EI*[1], vol. III, pp. 902-904.

for the manufacture of the golden calf (Ex. 32:15-29). According to the story, Moses crushed the calf, mixed its remains with water and forced them to drink it. Later he commanded the Levites to slay the men in the camp (vs. 27). Ephraem called these Levites 'avengers', and he pictured them as slaying the people who had given their jewelry for the calf. He said, "He made it (i.e., the community) drink the water of the trial so that the sign of the adultresses might appear. Thereupon this *nāmôsâ* assailed the women who had drunk the testing water"[76]. Perhaps it is not farfetched to think that Syrian preachers among the Arabs would have followed Ephraem's lead in speaking of *nāmôsâ* as virtually an avenging angel, and someone identified him as Gabriel.

There remains one more Christian, and probably Syriac element in Waraqah's story. In the version of his encounter with Muḥammad that we find in the *Sīrah*, Waraqah begins his testimony to Muḥammad's prophetic vocation with the exclamation, *quddūs quddūs*[77]. The expression puts one in mind of the triple *qadîšâ* one finds in the Syriac *Trishagion*. The form of the word, i.e., *quddūs*, comes from the *Qur'ān* (e.g., *al-Ḥašr* (59):23), but the exclamatory usage of it here recalls the Christian liturgy, a point already made by Baumstark[78].

iii. Wahb ibn Munabbih (d. 732)

Among the Muslim scholars of the first century of the *Hiğrah* there were those, notably Wahb ibn Munabbih, who were renowned for their knowledge of the traditions and scriptures of the ancients, including the Jews and Christians. Wahb himself, in his accounts of the earlier prophets, alluded to the Torah, the Psalms, and once or twice to the Gospel, including a long paraphrase of Jesus' sermon on the mount, following along the lines of Matthew 5-7[79]. R.G. Khoury has most recently studied these citations and allusions in the works of Wahb and others, and has signalled the two issues which they raise, viz., the obvious Islamicization of the accounts, and the question of their sources.

As a result of our previous study of Ibn Isḥāq's quotation from John 15:23 - 16:1, and the story of Waraqah ibn Nawfal, it comes as no surprise to learn that Wahb ibn Munabbih's accounts of the narratives in Torah

76 E. Beck, *Des heiligen Ephraem des Syrers Sermo de Domino Nostro* (CSCO, vol. 270; Louvain, 1966), p. 6.

77 Muḥammad 'Abd al-Malik ibn Hišām, *Sīrat an-Nabī* (4 vols.; Cairo, 1356), vol. I, p. 256.

78 Cf. Baumstark, "Das Problem ...", *art. cit.*, p. 565.

79 Cf. the reference in R.G. Khoury, "Quelques réflexions sur les citations de la Bible dans les premières générations islamiques du premier et du deuxième siècles de l'hégire", *Bulletin d'Études Orientales* 29 (1977), p. 272, n. 13.

and Gospel are presented in a manner which accords with what the *Qur'ān* teaches about their message.

As for Wahb's sources, Khoury points particularly to early converts to Islam from Judaism for the Torah and Psalms, such as Ka'b al-Aḥbar and 'Abd Allāh b. Salām[80]. There is also the report from Mālik ibn Dīnār (d. 748) that he took a book that interested him from a Christian monastery. In reference to this report Khoury says, "If one can believe such texts, and basically what could be more natural than to think of such encounters all across the centuries, he could have come upon an Arabic version of the Old and of the New Testaments, or at least of a part"[81].

In the absence of any positive evidence to the contrary, however, the most likely construction to put upon the reports that have come down to us about scriptures in Christian monasteries, or in the possession of monks, even in pre-Islamic Arabia[82], is that they were in languages other than Arabic, most probably Syriac, and possibly some Greek. The people who read them in these languages would have transmitted their contents to inquiring early Muslims, possibly in writing; or Muslims with a scholarly inclination could have learned to read them for themselves, and to make their own notes. They certainly presented their references to Torah and Gospel, as we have seen, dressed in an Islamic guise. What is still lacking, with the dubious exception of Waraqah's story, is any explicit reference to Torah or Gospel in Arabic, even in the form of scholarly notes, prior to the first Abbasid century. Accordingly, it seems reasonable to assume that early Muslim writers learned of the contents of Torah or Gospel from Jews or Christians *viva voce*, without reference to an Arabic text, against which to measure the accuracy of their reference to them. Accuracy would have been measured, as we have seen, against the requirements of Islamic dogmatic ideas[83].

80 *Ibid.*, p. 272.

81 *Ibid.*, pp. 275-276.

82 Pre-Islamic poets refer to monks and their scriptures. Cf. the references in Tor Andrae, *Les origines*, *op. cit.*, pp. 42ff.

83 There is support for the idea that Muslims in the early eighth century learned about the Gospel from Christians *viva voce*, in a story about al-Aṣbagh, the son of 'Abd al-'Azīz ibn Marwān, the governor of Egypt. In his *History of the Patriarchs*, Severus ibn al-Muqaffa' described the anti-Christian behavior of al-Aṣbagh, and said of him: "At that time a deacon, named Benjamin, became attached to him and grew intimate with him; and al-Aṣbagh loved him more than all his companions. And he treacherously revealed to al-Aṣbagh the secrets of the Christians, and even expounded the Gospel to him in Arabic as well as the books of alchemy. For al-Aṣbagh sought out books that they might be read to him, and so for instance he read the Festal Epistles, in order that he might see whether the Muslims were insulted therein or not". B. Evetts, "History of the Patriarchs of the Coptic Church of Alexandria (III, Agathon to Michael I (766)", *PO* 5 (1910), p. (305), 51.

iv. The First Abbasid Century

From the first Abbasid century onward there is evidence of the existence of Arabic versions of the Gospels with which Muslims were familiar. In the first place there is the earliest explicit mention of a translation of them in the *Fihrist* of Ibn an-Nadīm (d. 995/8), concerning the work of Aḥmad ibn ʿAbd Allāh ibn Salām, a scholar of the time of Harūn ar-Rašīd (786-809). According to Ibn an-Nadīm, Salām said, "I have translated ... the Torah, the Gospels, and the books of the prophets and disciples from Hebrew, Greek and Sabian, which are the languages of the people of each book, into Arabic, letter for letter"[84]. Whether or not one is prepared to credit the extent of this claim, what is important for the present inquiry is the clear reference to a translation project for the scriptures in the late eighth century.

More important than this notice of Ibn Salām's translation project, however, are a number of Muslim writers from the late eighth and the ninth centuries, who quote from the Torah and the Gospel with a fidelity which shows that they must have had Arabic versions of these scriptures before them, to which they referred for their quotations, and from which they learned at first hand how the Christian account of the Gospel message differs from the Islamic one. As we have mentioned, this is the same period of time to which the available documentary evidence allows one to date the Christian program to translate the Gospel into Arabic.

The earliest Muslim scholar whose quotations from the Bible suggest that he had an Arabic version before him is Abū ar-Rabīʿ Muḥammad ibn al-Layth. He wrote a *risālah*, a letter-treatise, in the name of Harūn ar-Rašīd (786-809), addressed to the Byzantine emperor, Constantine VI (780-797), arguing in favor of the truth claims of Islam[85]. He quoted from the Old Testament and the New Testament, and it is particularly in his quotations from the former that it is clear that he was working with a version. Unfortuneately, his quotations from the Gospels of Matthew and John are too few, too allusive, and too fragmentary to allow the conclusion that he had an Arabic version of the Gospel before him[86]. But it is notable that these few references show no trace of the Islamicization one finds in the earlier Muslim references to the Gospel.

Other Muslim apologists and polemicists against Christianity in the ninth century quoted freely from the Gospels in Arabic. ʿAlī Rabbān aṭ-Ṭabarī,

84 Cf. Dodge, *op. cit.*, vol. I, p. 42.

85 Cf. D.M. Dunlop, "A Letter of Harūn ar-Rashīd to the Emperor Constantine VI", in Matthew Black & Georg Fohrer (eds.), *In Memoriam Paul Kahle* (Beiheft zur *ZAW*, no. 103; Berlin, 1968), pp. 106-115.

86 *Ibid.*, pp. 113-114.

who converted to Islam at an advanced age, was already well acquainted with the Gospels during his life as a Christian. He quoted extensively from them in his apologies for Islam [87]. But there were other Muslim apologists of the period who had no known Christian background, who made an equally copious use of Gospel quotations in their treatises. We may mention in this connection an anonymous early ninth century Muslim refutation of Christians, and the polemical treatise of the Zaydī scholar, al-Qāsim ibn Ibrāhīm [88].

By the end of the ninth century there were well known Muslim scholarly writers, such as Ibn Qutaybah (d. 889), and the historian al-Ya'qūbī, who were well acquainted with the Gospels and quoted from them in their works [89]. It is clear that they had versions before them, and did not have to rely solely on Islamic doctrines about the contents of the original Gospel before, in the Islamic view, it was distorted at the hands of the Christian evangelists [90].

By the tenth century, Muslim scholars were taking note of Arabic versions of the scriptures done by Christians. Ibn an-Nadīm, for example, reports that a priest named Yūnus informed him of the Christian writings available in Arabic, listing the books of the Old and New Testaments, along with collections of canons and the *synodicon* [91]. And al-Mas'ūdī (d. 956), in his *Kitāb at-tanbīh wa l-išrāf*, recorded it as his opinion that of the versions of the Torah in Arabic, the one by Ḥunayn ibn Isḥāq (d. 873) was the best according

87 Cf. Max Meyerhof, "'Alī ibn Rabbān aṭ-Ṭabarī, ein persischer Arzt des 9. Jahrhunderts n. Chr.", *ZDMG* 85 (1931), pp. 38-68; A. Khalifé et W. Kutsch, "Ar-Radd 'Alā-n-Naṣārā de 'Alī aṭ-Ṭabarī", *MUSJ* 36 (1959), pp. 115-148. Scripture quotations and their interpretation are the essence of the author's *Book of Religion and Empire*. Cf. A. Mingana (ed.), *Kitāb ad-Dīn wa d-Dawlah* (Cairo, 1923), Eng. trans. (Manchester, 1922). But the authenticity of this work has been questioned. Cf. Maurice Bouyges, "Nos informations sur 'Aliy ... at-Tabariy", *MUSJ* 28 (1949-1950), pp. 67-114.

88 Cf. Dominique Sourdel, "Un pamphlet musulman anonyme d'époque 'Abbasīde contre les chrétiens", *Revue des Études Islamiques* 34 (1966), pp. 1-34; Ignazio Di Matteo, "Confutazione contro i Cristiani dello Zaydita al-Qāsim b. Ibrāhīm", *Rivista degli Studi Orientali* 9 (1921-1923), pp. 301-364.

89 Cf. G. Lecomte, "Les citations de l'ancien et du nouveau testament dans l'œuvre d'Ibn Qutayba", *Arabica* 5 (1958), pp. 34-46. For Ibn Qutayba and the Old Testament, cf. also G. Vajda, "Judaeo-Arabica : observations sur quelques citations bibliques chez Ibn Qotayba", *Revue des Études Juives* 99 (1935), pp. 68-80. For al-Ya'qūbī cf. Dwight M. Donaldson, "Al-Ya'qūbī's Chapter About Jesus Christ", in *The Macdonald Presentation Volume* (Princeton, 1933), pp. 89-105; André Ferré, "L'historien al-Ya'qūbī et les évangiles", *Islamochristiana* 3 (1977), pp. 65-83.

90 Arthur Vööbus proposed that the Old Syriac version of the New Testament text lay behind the Arabic translations found in the works of these Muslim authors, as well as in those of some early Christian Arabic writers. Cf. A. Vööbus, *Early Versions of the New Testament; Manuscript Studies* (Stockholm, 1954), pp. 276-287.

91 Dodge, *op. cit.*, vol. I, pp. 45-46.

to most people[92]. Clearly by this time Christianity had found its tongue in Arabic, to the point that even the Muslims were noticing the fact.

One should not think that the scholarship displayed in the ninth century by Ibn Qutaybah or al-Ya'qūbī in regard to the text of the Christian Gospels brought an end to the Islamic dogmatic approach to the message of the Gospel, or the life and teaching of Jesus. Indeed, the textual approach of these two scholars to the subject was the exception. Such major figures as Abū Ǧa'far aṭ-Ṭabari and al-Mas'ūdī still wrote fairly extensively of Jesus and Christianity without any reference at all to the Gospels of the Christians, or any evidence that they had consulted them[93]. The point to be made here is simply that by the ninth century it is clear for the first time from Muslim sources that Arabic versions of the Christian scriptures were available.

III. *The Gospel in Arabia Prior to Islam*

A number of prominent scholars have argued that it is likely that pre-Islamic, Christian Arabs would have been anxious to render the Gospels and other liturgical compositions from Greek and Syriac into their native Arabic. Given what can be discovered about the status of Arabic as a literary language prior to Islam, these scholars argue that it is probable that such a Gospel translation was in fact produced. There are two headings in particular under which to review these arguments. The one is the Palestinian Arabic Gospel text discussed earlier, which some scholars have considered to be pre-Islamic in its origins. The other is the history of Christianity in Arabia, in search of which at least one modern scholar considers that some clues for the existence of a pre-Islamic Gospel in Arabic can be found, particularly in Naǧrān.

A. The Palestinian Arabic Gospel Text

Anton Baumstark was the first scholar to put forward the claim that the Palestinian Gospel text preserves an old, pre-Islamic version of the Gospel in Arabic. His hypothesis was that the translation was made in one of the Syrian centers of Christian Arab life, either in Ghassanid Sergiopolis, or in al-Ḥirā to the east, and that this version was subsequently borrowed by the monks of Mar Sabas and St. Catherine's monasteries for use in the liturgy of the Word among the Palestinian Christian Arabs. After the rise of Islam, according to Baumstark's hypothesis, most of the Arabs on the

92 Abū al-Ḥasan 'Alī ibn al-Ḥusayn ibn 'Alī al-Mas'ūdī, *Kitāb at-tanbīh wa'l-ischrāf* (M.J. De Goeje (ed.), *Bibliotheca Geographorum Arabicum*, 8; Lugduni-Batavorum, 1894), p. 112.

93 Cf. Ferré, *art. cit.*, pp. 81-82.

borders of Palestine became Muslims and so the Arabic Gospel lectionaries became literary curiosities preserved by the monks, who were themselves Greek speaking[94].

The motivating factor in Baumstark's argument seems to have been his conviction that once the church was established in Arabic speaking areas, it would have been inconceivable that at least the lessons to be read at the divine liturgy would not have been translated into the Arabic language. Accordingly, at the beginning of his article on this subject he cited the practice of Christian missionaries in other areas, whereby the translation of the scriptures into the native language was the first order of business. For the rest, Baumstark's evidence consists of the following observations. He points to the report in Islamic traditions that the Meccan Waraqah ibn Nawfal, just prior to Muḥammad's call to prophecy, had become a Christian and was conversant with the scriptures. Secondly, he points to some phrases in the *Qur'ān* which seemed to him to be remarkably faithful renderings of some passages in the Psalms. Finally, and most importantly, he refers to the Arabic versions of the Gospels, marked with rubrics that indicate when they are to be read in the liturgy, which came originally from Palestine, but which were available to Baumstark in two different manuscripts, viz., Vatican Borgia Arabic MS 95, and Berlin Or. Oct. MS 1108, along with a few leaves from another, otherwise unknown manuscript. It was the rubrics in these manuscripts that interested Baumstark. He pointed out that they reflect the liturgical usage of the Jerusalem church prior to the rise of Islam, and not the Byzantine usage which became common after the Arab conquest. Therefore, Baumstark argued, it is probable that the Arabic Gospel text in these manuscripts itself comes from the same time as the rubrics — i.e., from before the time of Islam. More specifically, he argued that this Arabic version of the Gospels was probably made in the environs of the Arab city of al-Ḥirā in the sixth century[95].

Since Baumstark wrote his articles about the Palestine Gospel text it has become evident that his two manuscripts are members of the family of manuscripts from Palestine which contains basically the same Arabic version of the Gospels, made from a Greek *Vorlage*. Other members of the family, as mentioned earlier, are Sinai Arabic MSS 72 and 74. Sinai MS 72, as we have seen above, is the earliest dated Gospel MS known. It was written in 897. The other dated MS in the family is Berlin 1108. It was copied in 1046/47. Serious textual study of these MSS began in 1938, when the texts of Matthew

94 Anton Baumstark, "Das Problem eines vorislamischen christlich-kirchlichen Schrifttums in arabischer Sprache", *Islamica* 4 (1929-1931), pp. 562-575.

95 Anton Baumstark, "Die sonntägliche Evangelienlesung im vor-byzantinischen Jerusalem", *ByZ* 30 (1929/1930), pp. 350-359.

and Mark from Vatican Borgia 95 and Berlin 1108 were published and compared[96]. The Sinai MSS have not yet been published, but the researches of a number of scholars are sufficient to inform us of the general relationship of the manuscripts in the family.

What is immediately clear upon an examination of these texts is the care of the original translators and the subsequent copyists constantly to remain faithful to the original Greek, with a literalness that often makes the Arabic baffling. The practice of improving the Arabic text persists from copyist to copyist in such a way that it allows one to propose a relative chronology for the manuscripts. The texts of Vatican Borgia MS 95, Sinai MS 74, and Berlin MS 1108 most often agree with one another. While Sinai MS 72, which carries the earliest date of any known Arabic Gospel MS, shows most evidence of improvement in terms of Arabic expression, and corrections in many of the readings. Some marginal glosses that occur in Sinai MS 74 have even found their way into the text of Sinai MS 72. Therefore, one concludes that in terms of the relative age of the Gospel version in Arabic it offers, the earliest dated MS actually contains a later recension of the version in its manuscript family. And the latest dated MS and its allies contain an earlier exemplar of this particular translation tradition[97]. As if to underline the fact that this family of manuscripts played a definite role in a concerted attempt to render the Gospel into an intelligible Arabic, suitable to the sensitivities of the Arabic speakers within the *dar al-islām*, it appears that the considerably improved and corrected Arabic version of the Gospels in Sinai Arabic 75 is what Georg Graf called an *Ableger* from the text found in the family of manuscripts we have been discussing[98]. Sinai Arabic MS 75 thus represents the culmination of the attempt on the part of a group of Palestinian Christians to achieve an Arabic version of the Gospel in the early Islamic period which could pass for literary Arabic.

The milieu of these Gospel manuscripts is decidedly Palestinian. They reflect the Greek of the Caesarean Gospel text one should expect there. There is even an occasional reading reflecting expressions unique to the so-called Palestinian Syriac version of the Gospels, which also rests on a Greek *Vorlage*[99]. Consider, for example, the addition to Mt. 6:34, found only in our family of Arabic Gospel manuscripts and the Palestinian Syriac version : "Let the day's own trouble be sufficient for the day, and the hour's

96 Bernhard Levin, *Die griechisch-arabische Evangelien-Übersetzung; Vat. Borg. ar. 95 und Ber. orient. oct. 1108* (Uppsala, 1938).

97 Cf. Joshua Blau, "Über einige christlich-arabische Manuscripte aus dem 9. und 10. Jahrhundert", *Le Muséon* 75 (1962), pp. 101-108. Cf. also the study by Amy Galli Garland, cited in n. 20 above.

98 Graf, vol. I, p. 146.

99 Metzger, *op. cit.*, pp. 75-82.

difficulties for the hour". The last phrase is an *agraphon*, found in no Greek manuscript of the Gospel[100].

More to the point for the purpose of the present inquiry is the fact that the Arabic of these Gospel manuscripts, along with the Arabic of the many theological treatises coming from Palestinian monasteries in the same period, to which we alluded above, from the point of view of grammar, syntax, and even lexicography, is what Joshua Blau designates as a form of Middle Arabic. It represents a popular pattern of Christian Arabic speech which was at home in southern Palestine beginning in the eighth century. It is significant that the earliest date Blau can assign to any of the texts written in this veritable dialect, both biblical and non-biblical, as mentioned earlier, is the year 772[101]. So the conclusion must be that the early Palestinian Arabic Gospels are indigenous to Palestine, and a product of the Palestinian Christians' adjustment to the arrival of Arabic as a *lingua franca* within *dar al-islām*, probably beginning in their area with the reforms of ʿAbd al-Malik (685-705), as we shall argue below. The evidence of the language itself thus precludes a pre-Islamic date for the origin of the Palestinian Arabic Gospel text[102].

Baumstark's choice of al-Ḥirā as a likely place for the translation of the Gospels into Arabic, even prior to Islam, was not a completely groundless surmise on his part. Christianity was certainly well established there by the end of the sixth century[103]. By that time in al-Ḥirā written Arabic had achieved a sufficiently high degree of development to be capable to serve as a vehicle for the translation of the Gospels. Christian Arabs themselves probably used this written Arabic language at this early time[104]. The problem is that if they ever thought of translating the Gospels into Arabic, and we have no documentary evidence to support the surmise that they ever entertained such a thought, they almost certainly would have translated them from Syriac, which was the ecclesiastical language of the Nestorian and Jacobite Christian communities of the area. Thc early Palestinian Arabic Gospels on the other hand are definitely translated from Greek. The persons and monasteries with which they are associated are Melkite. The likelihood of an

100 The addition appears in Sinai Arabic MSS 72 and 74, Vatican Borgia Arabic MS 95, and Berlin Orient. Oct. 1108. It is absent in Sinai Arabic MS 75. Cf. Agnes Smith Lewis and Margaret Dunlop Gibson, *The Palestinian Syriac Lectionary of the Gospels* (London, 1899), p. 71. Cf. Metzger, *op. cit.*, p. 267.

101 Blau, *A Grammar of Christian Arabic*, *op. cit.*, vol. 267, pp. 19-38, esp. p. 20, n. 7.

102 Cf. J. Blau, "Sind uns Reste arabischer Bibelübersetzungen aus vorislamischer Zeit erhalten geblieben?" *Le Muséon* 86 (1973), pp. 67-72.

103 Cf. J. Spencer Trimingham, *Christianity Among the Arabs in Pre-Islamic Times* (London, 1979), pp. 188-202, including references to earlier bibliography.

104 Cf. the studies cited in n. 64 above.

Arabic Gospel text originating in al-Ḥirā and finding its way to widespread acceptance in the monasteries of Palestine prior to the rise of Islam is highly improbable. Not only is the earliest dated manuscript which contains the early Palestinian Gospel text from the late 9th century; but all of the manuscripts in the family of them which carries the same Gospel text tradition are examples of the Christian Arabic dialect of the eighth and ninth centuries that was a stage in the rise of middle Arabic.

As for the evidence of the rubrics contained in the Palestinian manuscripts, which reflect the liturgical usage of the pre-Islamic Jerusalem church, and which were Baumstark's only plausible reason for assigning the Palestinian Gospel versions to pre-Islamic times, they need not be considered an obstacle to the later date of the Gospel text. As Georg Graf pointed out, the persistence of these rubrics, even after the time when the liturgical practices were supposed to have changed in Palestine, may only testify to the tenacity of earlier liturgical practices in Palestinian monasteries, as they affected the Arabic speaking, non-monastic population[105]. Furthermore, there is now evidence to suggest that Palestine, along with the other Oriental patriarchates, was virtually sealed off from effective direct communication with Constantinople from about 750 until the tenth century[106]. So the liturgical changes in question probably did not occur in Palestine until long after they were mandated in Byzantium.

B. Naǧrān

Himyarite Naǧrān is a likely place to look for a pre-Islamic, Arabic version of the Gospels. Christianity flourished there, due in no small part to the efforts of Simeon of Bêt Aršām who was active as a missionary during the first half of the sixth century[107]. It was Simeon in any case who furnished the evidence that may be construed as supportive of the surmise that there was in Naǧrān a pre-Islamic, Arabic version of the Gospels. Simeon wrote a letter in Syriac in 518/19 in which he tells the story of the Christian martyrs of Naǧrān who had been killed by the Jewish king of Himyar, Dhu Nuwās, around the year 517. The letter speaks of reports of the massacre which circulated in documents written in the Naǧrānite language. Professor Irfan Shahid, who has edited, translated and extensively studied Simeon's letter and related documents, argues that this Naǧrānite language (*seprâ*

105 Cf. Graf, vol. I, pp. 143-146; Vööbus, *op. cit.*, p. 293.

106 Cf. Sidney H. Griffith, "Eutychius of Alexandria on the Emperor Theophilus and Iconoclasm in Byzantium: a Tenth Century Moment in Christian Apologetics in Arabic", *Byzantion* 52 (1982), pp. 154-190.

107 Cf. Trimingham, *op. cit.*, pp. 169, 195, 289, 294-307.

nîgrānāyâ) was Arabic[108]. The significance of this fact in regard to the present topic may be stated in Professor Shahid's words.

> The fact that these letters dispatched from Najrān were written in Arabic illuminates the obscurity which shrouds the problem of an Arabic liturgical language and Bible translation in pre-Islamic times. These letters are perhaps the single most important evidence that can be adduced in favor of an affirmative answer to this question[109].

Others may argue that Syriac was the ecclesiastical language of the Christians in Arabia. Professor Shahid does not deny its official presence there. But, on the basis of the geographical distance of Nağrān from the Syriac speaking areas, he presses his point, "For the devotional purposes of the Najrānites, Arabic must have been their principal language"[110]. No small part of his readiness to reach this conclusion is his conviction that "the feeling of the Arabs for their language and the spoken word was such as to make it completely incomprehensible that they would not have desired to express their religious sentiments through their own language, which had been so highly developed and refined by the great poets of pre-Islamic Arabia"[111]. When it comes to the specific point which most interests us here, Professor Shahid says, "The case for a pre-Islamic Arabic translation of the Bible or part of it is as strong as the case for the use of Arabic in church service and rests upon the same arguments that have been adduced above"[112].

What confirms the argument for Professor Shahid is aṭ-Ṭabarī's mention of the story that one of the Christians of Nağrān escaped the massacre of his people by Dhu Nuwās, and came with the report of it to the king of Abyssinia, bringing along with him a partly burned Gospel book[113]. "What is important in the reference", says Professor Shahid, "is its reflection of the fact that there was a Gospel in South Arabia around 520. Whether the whole of the Bible or only a part of it was translated is not clear; it is safe to assume that of the books of the Bible, the Gospels and the Psalms, and possibly the Pentateuch, were the first to be translated"[114].

108 Irfan Shahid, *The Martyrs of Najrān, New Documents* (Subsidia Hagiographica, 49; Bruxelles, 1971), pp. 242-250. Prof. Shahid has defended his argument that Arabic was the language of Nağrān, against the attack of G. Garbini in his review of *The Martyrs of Najrān* in *Rivista degli Studi Orientali* 52 (1978), pp. 111-112. Cf. Shahid, "*The Martyrs of Najran*: Miscellaneous Reflections", *Le Muséon* 93 (1980), pp. 154-157.

109 Shahid, *Martyrs*, *op. cit.*, p. 247.

110 *Ibid.*

111 *Ibid.*, p. 248.

112 *Ibid.*, p. 249.

113 Cf. Th. Nöldeke, *Geschichte der Perser und Araber zur Zeit der Sasaniden aus der arabischen Chronik des Ṭabari* (Leyden, 1879), p. 188.

114 Shahid, *op. cit.*, pp. 249-250.

C. The Argument for a Pre-Islamic Gospel in Arabic

Professor Shahid and Anton Baumstark share the conviction that it is inconceivable that Arab Christians prior to the rise of Islam should not have had an Arabic version of the Gospels, if for no other purpose, for use in the liturgy of the divine word. The arguments rest not so much on documentary evidence for the existence of any such Arabic versions, although some bits of evidence have been put forward, but on the above mentioned inconceivability, and on the fact that the Arabic language of the sixth century was certainly sufficiently well developed, in more than one place, to serve such a purpose. Furthermore, in his forthcoming *Byzantium and the Arabs before the Rise of Islam : from Constantine to Heraclius*, Professor Shahid will unfold a panorama of Arab Christian history which dates from the fourth century[115]. Naturally, he will argue that Arabic was the language of this Christianity.

Opposing the views of Professor Shahid are those of Professor J. Spencer Trimingham. Noting the lack of documentary evidence for the existence of a pre-Islamic, Arabic version of the Gospels and other scriptures, Professor Trimingham reaches the following conclusion :

> The fact that Aramaic was so widely understood hindered the translation of Christian writings into Arabic ... The Arab Church had no focus that could provide that sense of Christian-Arab unity that the Syriac Church had in its Syriac Bible and liturgy. The many translations of Christian writings from Syriac into Arabic that exist are all subsequent to the Muslim Arab conquest[116].

It becomes clear in his review of Professor Trimingham's book, that Professor Shahid will argue that documentary evidence for Christianity in Arabia will in large part come from the hints and clues of it which remain in the works of the pre-Islamic, Christian Arabic poets[117]. One can only await the publication of Professor Shahid's projected three volume study before any more can be said on the subject.

As for the thesis of the present study, it is that in the first Abbasid century an abundant Christian literature, including versions of the Gospels, began to appear in Arabic, without reference to any previous Arabic ecclesiastical archive. Rather, as mentioned above, the determining factor for this development was the arrival of Arabic as a *lingua franca* within *dar al-islām*. When the language of the *Qur'ān* became the language of empire, the Gospels were translated into Arabic. The project was first inaugurated in the monastic communities of Palestine.

115 Cf. Shahid, "... : Miscellaneous Reflections", *art. cit.*, p. 160.
116 Trimingham, *op. cit.*, pp. 225-226.
117 Irfan Shahid, review of J. Spencer Trimingham, *op. cit.*, *JSSt* 26 (1981), pp. 150-153.

IV. *Palestine and the Gospel in Arabic*

At the beginning of the present inquiry it was noted that the impetus to assimilate the subject peoples into the Islamic community was a feature of the Abbasid revolution, with roots in the policies of the Umayyad caliph, ʿUmar II (717-720). Even earlier, the impetus to Arabicize the administration of affairs in all the domains of the caliph began in the reign of ʿAbd al-Malik (685-705)[118]. The Arabicization involved not only a change of the language in which records were kept among the subject populations. An important feature of this administrative reformation was the public and official proclamation in Arabic of the basic tenets of Islam. No where is this more evident than in ʿAbd al-Malik's monetary reform. The iconographical formulae of his coinage went through a process of development whereby all notations in languages other than Arabic disappeared, along with their associated religious or imperial designs. No trace of Greek, or of Christian crosses and figural representations remained once the development found its conclusion. The new coinage carried only epigraphic designs, proclaming the truths of Islam, and claiming the authority of the caliph[119]. The same is to be said even for road signs; from the time of the reign of ʿAbd al-Malik one finds them in Arabic, announcing the *šahādah*[120]. As if to put the point clearly, in a Greek papyrus document from the time of ʿAbd al-Malik one finds the *basmallah* and the *šahādah* in Arabic, followed by a Greek translation[121]. And, of course, ʿAbd al-Malik's truly monumental statement of the truths of Islam in Arabic, in the public forum, is the Dome of the Rock in Jerusalem, with its emphatically Islamic inscriptions composed of phrases from the *Qurʾān*[122].

118 On this caliph and his reign, cf. ʿAbd al-Ameer ʿAbd Dixon, *The Umayyad Caliphate 65-86/684-705; a Political Study* (London, 1971).

119 Cf. Philip Grierson, "The Monetary Reforms of ʿAbd al-Malik, their Metrological Basis and their Financial Repercussions", *Journal of the Economic and Social History of the Orient* 3 (1960), pp. 241-264. Grierson's study is metrological and not iconographical, but he provides a full bibliography along with some important comments on iconography. For the latter concern cf. J. Walker, *A Catalogue of the Arab-Byzantine and Post-Reform Umaiyad Coins* (London, 1956); G.C. Miles, "The Iconography of Umayyad Coinage", *Ars Orientalis* 3 (1959), pp. 207-213; A. Grabar, *l'iconoclasme byzantin: dossier archéologique* (Paris, 1957), pp. 67-74.

120 Cf. Moshe Sharon, "An Arabic Inscription from the Time of the Caliph ʿAbd al-Malik", *Bulletin of the School of Oriental and African Studies* 29 (1966), pp. 367-372.

121 Cf. L. Mitteis & U. Wilcken, *Grundzüge und Chrestomathie der Papyruskunde* (2 vols. in 4; Leipzig-Berlin, 1912), vol. I, pt. 1, p. 135.

122 Cf. Oleg Grabar, "The Dome of the Rock in Jerusalem", *Ars Orientalis* 3 (1959), pp. 33-59, reprinted in the author's *Studies in Medieval Islamic Art* (London, 1976); K.A.C. Creswell, *Early Muslim Architecture: Umayyads A.D. 622-750* (2nd ed. in two parts, vol. I, part II; Oxford, 1969); E.C. Dodd, "The Image of the Word", *Berytus* 18 (1969), pp. 35-79;

The message was clear and unmistakable. The official deployment of Arabic in the conquered territories stated the religious and imperial claims of Islam. As if to leave no doubt about the effect of this policy on the Christian community, ʿAbd al-Malik, in what may be taken as a gesture symbolic of the new resolution publicly to promote Islam, attempted to expropriate the church of St. John in Damascus, to incorporate it into the mosque beside it[123]. In the spirit of these same affairs one must understand the caliph Yazīd's (720-724) reaction against the public declarations of Christian faith in the open display of crosses and icons[124]. It is no wonder that later Christian historians dated the beginnings of anti-Christian policies in Islamic government to the reign of ʿAbd al-Malik[125], in spite of this caliph's well documented benevolence to many individual Christians in his entourage, as well as in his administration[126].

The Arabicization of the Islamic government was not without its effects within the conquered Christian populations outside of Arabia. The policy effectively required the caliph's subjects to learn Arabic for the sake of their own civic protection, as well as in pursuit of upward social mobility. Eventually, within a century of the institution of ʿAbd al-Malik's policies, Christians were producing their own literature in Arabic.

It is not surprising that the earliest exemplars of Christianity in Arabic appeared in the Palestinian area. Here the ecclesiastical language had been Greek, with the exception of the local Syro-Palestinian dialect of Aramaic, often called Palestinian Syriac, which appears to have been used in church principally for the liturgy, but also for the more popular genres of religious writing, such as homilies and saints' lives[127]. After the Islamic conquest, and during the initial period of military occupation in Syro-Palestine, church life in the area doubtless continued as before, having adjusted itself to the new facts of civic life. With ʿAbd al-Malik's reforms and innovations, however,

C. Kessler, "ʿAbd al-Malik's Inṣcription in the Dome of the Rock: a Reconsideration", *The Journal of the Royal Asiatic Society* (1970), pp. 2-14.

123 Dixon, *op. cit.*, p. 23. Cf. the references to this and to a similar affair involving columns from the Basilica of Gethsemane, which ʿAbd al-Malik wanted to incorporate into the mosque at Mecca; in J. Nasrallah, *Saint Jean de Damas, son époque, sa vie, son œuvre* (Harissa, 1950), pp. 54-55.

124 A.A. Vasiliev, "The Iconoclastic Edict of the Caliph Yazīd II, A.D. 721", *Dumbarton Oaks Papers* 9 & 10 (1956), pp. 25-47.

125 J.B. Chabot, *Denys de Tell Maḥrē: Chronique* (Paris, 1895), vol. II, pp. 474-475.

126 Cf. Nasrallah, *op. cit.*, pp. 37-55.

127 Cf. the brief survey, with bibliography, in B.M. Metzger, *The Early Versions of the New Testament* (Oxford, 1977), pp. 75-82. Cf. also the comments and bibliography of M. Goshen-Gottstein, *The Bible in the Syropalestinian Version; Part I: Pentateuch and Prophets* (Jerusalem, 1973), pp. viii-xv.

the seeds were sown for an eventual ecclesiastical adaptation to the new linguistic, and the novel religious milieu in Arabic.

A fact that would have hurried the pace of adaptation in Syria/Palestine was that Greek had been the language of participation in the life of Byzantium. It had suited Melkite church life in the area, helped by the indigenous Aramaic dialect, as long as Palestine had been a province of the Byzantine empire, with strong ties to Constantinople. Afterwards, however, Syro-Palestinians, largely Melkite in religious confession, like their brothers in Alexandria, were left without the comforts of a full church life in an indigenous language, i.e., in Coptic or Syriac, as enjoyed by the largely Monophysite communities in Egypt and Syro-Mesopotamia, the Maronites in Syria, or the Nestorians and others in the Persian territories. This fact must have aided the Arabicization of Christianity in Palestine.

It was as an eventual consequence of the policies inaugurated by ʿAbd al-Malik that John Damascene, Palestine's greatest ecclesiastical writer in Greek, retired to the monastery of Mar Sabas, probably between 718 and 720, during the caliphate of ʿUmar II[128]. His scholarly achievement is still recognized as a major exponent of Byzantine Christianity. But a symbol of what was really happening in Palestine is to be seen in the fact that after 750, in the next generation of scholarship at Mar Sabas, John Damascene's disciple, Theodore Abū Qurrah, was writing in Arabic. One cannot be sure that Abū Qurrah ever wrote in Greek. Among the forty-three Greek *opuscula* preserved under his name, one of the longer ones was translated from Arabic[129], and one now has evidence that one of the shorter ones also circulated originally in Arabic[130].

Greek, of course, did not simply disappear from the Melkite church of Palestine. It was a language of liturgy and high church-manship. But not even all the monks of Mar Sabas could understand it by the end of the eighth century[131]. The time was ripe for the full appearance of Christianity in Arabic, obviously, by now, the daily language of many Christians in Palestine. The liturgy, and the pastoral effort to produce effective apologetical information in the new vernacular were the two areas in which Arabic first appears in the manuscript tradition.

128 Cf. Nasrallah, *op. cit.*, p. 81.

129 Abū Qurrah originally wrote his epistle-treatise against the "heretics" of Armenia in Arabic, at the behest of Patriarch Thomas of Jerusalem. The patriarch's *synkellos*, Michael, translated it into Greek, and it is preserved as Abū Qurrah's Greek *opusculum* IV. Cf. *PG*, vol. 97, col. 1504D.

130 Cf. Sidney H. Griffith, "Some Unpublished Arabic Sayings Attributed to Theodore Abū Qurrah", *Le Muséon* 92 (1979), pp. 29-35.

131 Cf. S. Vailhé, "Le monastère de saint Sabas", *Échos d'Orient* 3 (1899-1900), p. 22. On the swift Arabicization of life in Palestine beginning in the eighth century, cf. R.P. Blake, "La littérature grecque en Palestine au viiie siècle", *Le Muséon* 78 (1965), pp. 376-378.

A. The Liturgy

From as early as the fourth century there is evidence that in Palestine there was a need for the translation of the scripture lessons of the divine liturgy from Greek into the Aramaic vernacular. Both Eusebius and the western pilgrim, Etheria, provide the documentation for the employment of Aramaic translators in the liturgy, even in Jerusalem, at this early date[132]. This practice was presumably the situation which eventually gave birth to the Palestinian Syriac Version of the scriptures, a version which is preserved in notably liturgical manuscripts. While the date of the origin of this version is uncertain, with likely estimates ranging from the fourth century to the sixth[133], it is clear that the Melkite community of Palestine was its original home. Melkite groups in Egypt and Syria, perhaps refugees from Palestine, were still employing it as late as the twelfth century. Two of the most important manuscripts of the Gospel lectionary in this version were written in this century by Palestinian scribes, in a place called "Antioch of the Arabs"[134]. But the manuscripts themselves were found in the monastery of St. Catherine at Mt. Sinai[135]. The most plausible hypothesis is that this version of the Gospels grew out of the liturgical need for translations of the lessons in the vernacular, reaching back into the circumstances described by Eusebius and Egeria[136].

As it happens, the Arabic Gospel text of the family of manuscripts which includes Sinai Arabic MSS 72 and 74, along with Vatican Borgia MS 95 and Berlin Orient. Oct. MS 1108, as mentioned earlier, has marked affinities with the text of the Syro-Palestinian lectionary[137]. Here is not the place to pursue this relationship further, a task which must await the full scholarly edition of these important Arabic manuscripts. However, it is important to recall that these manuscripts present the four Gospels in a continous text, and not in a lectionary format. Nevertheless, the text is marked off with liturgical rubrics, assigning pericopes to the appropriate days in the temporal cycle of the liturgy. These circumstances argue that the origin of this text of the Gospel in Arabic, *mutatis mutandis*, answered the same need as did the earlier Syro-Palestinian version, and that in a certain sense it can be considered its successor.

132 Cf. the relevant passages noted and quoted in Vööbus, *Early Versions*, *op. cit.*, p. 126, nn. 2 & 3.

133 *Ibid.*, pp. 123-128.

134 Cf. Metzger, *op. cit.*, p. 79, and n. 1.

135 Cf. Agnes Smith Lewis & Margaret Dunlop Gibson, *The Palestinian Syriac Lectionary of the Gospels* (London, 1899).

136 Cf. M.-J. Lagrange, "L'origine de la version syro-palestinienne des évangiles", *Revue Biblique* 34 (1925), pp. 481-504.

137 Cf. n. 100 above, and B. Levin, *op. cit.*, p. 42.

It is striking that all of the early Arabic versions of the Bible from the ninth century which are actually extant, including the fragment of Psalm 78 in Greek characters from Damascus, come from the Syro-Palestinian area, and were seemingly all accomplished under Melkite auspices. The most likely hypothesis is that the reforms instituted by ʿAbd al-Malik eventually produced the circumstances which made necessary the first Arabic versions of the scriptures. The Melkites in Syria/Palestine, who had earlier experience with the necessity of providing for liturgical lessons in a vernacular language, met this new necessity in a similar spirit, and thus became the first Christian community to publish an Arabic Bible. A western pilgrim to Jerusalem, who around 808 A.D. wrote a *Memorandum on the Houses of God and Monasteries in the Holy City*, listed among the clergy of the church of St. Mary at Mt. Olivet, one "qui Sarracenica lingua psallit"[138].

B. Apologetics

At the beginning of the present article attention was called to the fact that the earliest Arabic manuscripts which contain Gospel texts often also contain apologetic tracts. The connection is not accidental. The Gospel in Arabic was a necessity in the first Abbasid century not only for liturgical purposes, but also for the purpose of defending Christian doctrines and practices against challenges to them coming from Muslims.

Since it was the conviction of the Islamic community that "the people of the Gospel should pass judgment according to what God has sent down in it" (*al-Māʾidah* (5):47), one is not surprised that the first Christian apologists to write in Arabic were concerned to set out in their treatises a careful explanation of how the Gospel provides testimonies to the truth of the standard Christian doctrines. In the first place the effort required a clear statement of what the Gospel is, in Christian eyes. As we have seen, the *Qurʾān* has it simply that God gave Jesus the Gospel, "confirming what was in the Torah before it" (*al-Māʾidah* (5):46). Secondly, the apologists had to explain their principles of exegesis, especially in regard to the relationship between the Torah and the Gospel. And finally, they had to argue that the Gospel alone, of all the sacred books, is the only one that warrants human faith, and that it sustains the religious doctrines propounded by Christians.

Here is not the place to examine these arguments. The central position which the Gospel holds in the apologetical treatises of the time may be

138 T. Tobler & A. Molinier, *Itinera Hierosolymitana et Descriptiones Terrae Sanctae* (Genevae, 1879), p. 302.

shown by two quotations from the works of Theodore Abū Qurrah, some of whose writings were transmitted by the same scribes who wrote the Biblical manuscripts described earlier[139]. The first quotation includes a neat description of a Bible in hand, with the Gospel in the central position. He says, "Christianity is simply faith in the Gospel and its appendices, and the Law of Moses and the books of the prophets in between"[140]. The Gospel's appendices are the books of the Acts of the Apostles, the Epistles, and Revelation — the books that make up the remainder of the New Testament. The books of the prophets "in between" are all the Old Testament books from Joshua to Malachi.

In his stylistically more popular tract "On the Existence of the Creator, and the True Religion", Abū Qurrah leaves no doubt about the Gospel's central position. He says,

> Were it not for the Gospel, we would not have acknowledged Moses to be from God. Rather, on reflection, we would have vigorously opposed him. Likewise, we have acknowledged the prophets to be from God because of the Gospel. It is not on the basis of reason, since we have acknowledged them because Christ has informed us that they are prophets. Also, because we have knowledge of Christ's whole economy, and having read their books and discovered that they had previously described his whole economy just as he accomplished it, we have acknowledged that they are prophets. At this point in time we do not acknowledge Christ and his affairs because of the books of the prophets. Rather, we acknowledge them because of Christ's saying that they are prophets and because of our own recognition that his economy is written in their books[141].

Earlier in this article Abū Qurrah was quoted as saying that the Gospel is Jesus' summons (*ad-da'wah*)[142] to people to accept the good news of the salvation he won for them. In this connection it is pertinent ro recall that both Abu Qurrah and other Christian apologists who wrote in Arabic were accustomed to argue that one of the motives for accepting the credibility of Christianity is that, alone among the messengers of the world's religions, Christian evangelists saw to it that the good news about Christ was proclaimed to each people in their own language[143].

139 Cf. nn. 22 & 23 above. See Sidney H. Griffith, "Stephen of Ramleh and the Christian Kerygma in Arabic, in Ninth Century Palestine", *Journal of Ecclesiastical History* 36 (1985), pp. 23-45.

140 Constantin Bacha, *Les œuvres arabes de Théodore Aboucara, évêque d'Ḥarān* (Beyrouth, 1904), p. 27.

141 Louis Cheikho, "Mīmar li Tādurus Abī Qurrah fī wuǧūd al-ḫāliq wa d-dīn al-qawīm", *al-Machriq* 15 (1912), p. 837.

142 Cf. n. 11 above.

143 Cf. Theodore Abū Qurrah's deployment of this argument in I. Dick, "Deux écrits inédits de Théodore Abuqurra", *Le Muséon* 72 (1959), p. 64; 'Ammār al-Baṣrī in M. Hayek, *'Ammār al-Baṣrī, apologie et controverses* (Beyrouth, 1977), pp. 128 & 131.

V. *Conclusion*

The conclusion to be drawn from our inquiry into the appearance of the Gospel in Arabic in the first Abbasid century is that it was in this century, in Syria/Palestine, as a pastoral project under Melkite auspices, that the first translation was made for general use in the church. Michael the Syrian's report of an earlier Arabic version of the Gospel made at the command of the Jacobite patriarch, John I, if it is reliable, concerns only a translation made in the seventh century for the consultation of a Muslim official. It had no discernible influence in the life of the church.

As for quotations from the Gospels in Islamic sources, it is clear from the foregoing inquiry that prior to the first Abbasid century Muslim writers spoke of the Gospel and it's message, primarily from the point of view of Islamic ideas about it's contents, and they worded their quotations accordingly. Only from the ninth century does one find evidence that allows the conclusion to be drawn that some Muslim writers had Arabic translations of the Gospels at their service, which they could use to document their references. Even then, as we have seen, only a few writers made use of the new resources. Earlier scholars, even someone of the stature of Ibn Isḥāq, apparently were dependent upon Christian informants about the Christian Gospels, or themselves learned enough of the requisite languages to find the places in the Christian scriptures which interested them. There is no evidence in their works of an existent Arabic version in the hands of Christians. Rather, the quotations in Arabic are all such as to betray the work of an Islamic interpreter, who most likely rendered only certain passages into Arabic, and then on an *ad hoc* basis, and in accordance with Islamic ideas about what is religiously correct. Such a procedure does not suggest that these writers were working with an Arabic version of the Bible. Rather, it suggests that there was no such version yet available.

All one can say about the possibility of a pre-Islamic, Christian version of the Gospel in Arabic is that no sure sign of it's actual existence has yet emerged. Furthermore, even if some unambiguous evidence of it should turn up as a result of more recent investigations, it is clear that after the Islamic conquest of the territories of the oriental patriarchates, and once Arabic had become the official and *de facto* public language of the caliphate, the church faced a much different pastoral problem than was the case with the earlier missions among the pre-Islamic Arabs.

The new pastoral problem asserted itself first in Syria/Palestine because it was here, in the Melkite community, that by the ninth century Arabic had become the only common language among Christians. In Mesopotamia and Iraq, on the other hand, the translation of the Bible into Arabic, at the hands of savants such as Ḥunayn ibn Isḥāq, appears to have been essentially a scholarly and apologetical activity. The Christian liturgy remained in Syriac, even as the apologists were beginning to write in Arabic. In Syria/Palestine, however, there was a pressing liturgical, as well as an apologetical need for the Gospel in Arabic. The dozen or so earliest manuscripts of the Christian scriptures translated into Arabic from Syriac and Greek all appeared in this milieu, as we have sketched it above. A symbol of the circumstances which evoked these first versions may be seen in the old bilingual fragment of Mt. 13:46-52 found at Sinai[144]. The text is in both Greek and Arabic, in eloquent testimony to the need which in Palestine prompted the first appearance of the Gospel in Arabic in the first Abbasid century. It was not until sometime later, even in the twelfth century, that a similar need was felt in other, linguistically more homogenous churches within *dār al-islām*.

144 Cf. Agnes Smith Lewis, *Catalogue of the Syriac MSS in the Convent of S. Catherine on Mount Sinai* (Studia Sinaitica, no. 1; London, 1894), pp. 105-106.

KHALIL SAMIR, S.J.

Note sur le médecin Zāhid al-ʿUlamāʾ, frère d'Elie de Nisibe

Dans notre récente étude synthétique sur Elie de Nisibe[1], nous avions rencontré trois fois un frère de cet évêque, sans cependant l'identifier ; en effet, les manuscrits aussi bien que les éditeurs avaient estropié son nom, l'appelant tantôt Abū Saʿīd Ibn Manṣūr[2] et tantôt Abū Saʿd Manṣūr Ibn ʿĪsā[3]. Peu après, nous nous sommes rendu compte qu'il s'agissait en réalité d'Abū Saʿīd Manṣūr Ibn ʿĪsā, et que ce médecin était signalé par Ibn Abī Uṣaybiʿah dans son *Histoire des Médecins*[4]. Bien plus, Georg Graf consacre une brève notice à ce personnage, dans son histoire de la littérature arabe chrétienne[5].

Le but que nous nous proposons ici est de tirer un peu de l'ombre ce personnage, sans pour autant prétendre à une étude exhaustive sur lui. Pour ce faire, nous nous baserons essentiellement sur l'*Histoire des Médecins* d'Ibn Abī Uṣaybiʿah, mais aussi sur certains renseignements glanés chez Elie de Nisibe lui-même, ainsi que d'une allusion trouvée dans l'*Histoire des patriarches nestoriens* de Ṣalībā Ibn Yūḥannā.

I. *Texte d'Ibn Abī Uṣaybiʿah*

Ibn Abī Uṣaybiʿah est mort en 1296, et est donc postérieur de deux siècles et demi à Elie de Nisibe (mort en 1046). Bien que ce texte soit postérieur à ceux d'Elie que nous citerons dans la deuxième section, nous avons préféré commencer par celui-ci, parce qu'il donne une vue d'ensemble du personnage.

Voici tout d'abord la traduction de la notice d'Ibn Abī Uṣaybiʿah :

1 Cf. Khalil Samir, *Bibliographie du dialogue islamo-chrétien. Elie de Nisibe (975-1046)*, in *Islamochristiana* 3 (1977), p. 257-286.

2 Cf. *Ibidem*, p. 273. A la p. 267, il est appelé simplement : al-šayḫ Abū Saʿīd, sans autre précision.

3 Cf. *Ibidem*, p. 278.

4 Cf. Muwaffaq al-Dīn Abū al-ʿAbbās Aḥmad b. al-Qāsim ... al-maʿrūf bi-Ibn Abī Uṣaybiʿah, *ʿUyūn al-Anbāʾ fī ṭabaqāt al-aṭibbāʾ*, ed. Nizār Riḍā (Beyrouth. Dār Maktabat al-Ḥayāt, 1965, 792 pages), p. 341. Nous citons cet ouvrage selon cette édition, avec le sigle IAU.

5 Cf. Graf II (1947), p. 180, N° 16.

1 «Zāhid al-ʿUlamāʾ[6]. C'est Abū Saʿīd Manṣūr Ibn ʿĪsā. Il était chrétien nestorien, et son frère était le métropolite de Nisibe célèbre pour sa vertu[7].

2 «Zāhid al-ʿUlamāʾ a été au service de Naṣr al-Dawlah[8] Ibn Marwān[9], pour lequel Ibn Buṭlān[10] a composé son *Banquet des Médecins*[11], et y a

6 Ce titre signifie «l'ascète parmi les savants», ou mieux «le savant ascète par excellence». Il ne s'agit pas cependant d'un qualificatif, mais bien d'un *laqab*, d'un surnom honorifique. En effet, Ibn Abī Uṣaybiʿah emploie ce surnom six fois dans cette notice, et n'emploie jamais d'autre nom ou *kunyah*. Il est probable que son *zuhd*, sa totale indifférence par rapport aux affaires du monde, ait frappé ses contemporains, qui lui ont donné ce surnom. Cela explique aussi qu'il ait été enterré à l'intérieur de l'église de Mayyāfāriqīn, comme nous l'apprend le texte de Ṣalībā Ibn Yūḥanna que nous verrons dans la troisième section (*infra*, p. 178-179).

7 Le texte arabe porte : وأخوه مطران نصيبين المشهور بالفضل On aurait pu traduire la phrase : «Et son frère est le métropolite de Nisibe, connu sous le nom d'al-Faḍl». Mais, comme il n'est dit nulle part qu'Elie s'appelait auparavant al-Faḍl, et eu égard à la réputation de sainteté d'Elie de Nisibe, nous pensons qu'il s'agit ici plutôt d'un simple substantif, et non pas d'un surnom.

8 Dans l'ouvrage d'IAU, du moins dans l'édition utilisée, on lit partout (une dizaine de fois) Naṣīr al-Dawlah. Il s'agit évidemment d'une erreur graphique (*taṣḥīf*), qui nous a malheureusement égaré quelques temps. Nous corrigeons systématiquement cette erreur.

9 Sur l'émir Naṣr al-Dawlah le Marwanide, voir plus loin p. 181-183.

10 Al-Muḫtār Yuʿannis b. al-Ḥasan b. ʿAbdūn b. Saʿdūn Ibn Buṭlān est un médecin, philosophe, homme de lettres et théologien chrétien de Bagdad, disciple d'Abū al-Farağ ʿAbdallāh b. al-Ṭayyib (m. 1043). Après avoir enseigné la médecine et la philosophie à Bagdad, il quitta sa ville natale en février 1049 pour entreprendre un long voyage : Raḥbah, Ruṣāfah, Alep, Antioche, Laodicée, Jaffa et enfin le Caire où il arriva en novembre 1049. Il y séjourna 3 ou 4 ans, et eut une remarquable controverse médico-philosophique avec son antagoniste ʿAlī b. Raḍwān. De là il se rendit à Constantinople, où il arriva au cours de l'été 1054, et à cette occasion il rédigea son traité sur l'emploi du pain fermenté pour l'Eucharistie, en réponse aux Latins. Il resta à Constantinople probablement quelques années; du moins y achève-t-il en septembre 1058 son ouvrage intitulé le *Banquet des Médecins*. Par la suite, nous le retrouvons alternant entre Alep et Antioche, où il fut quelques temps au service d'Abū al-Mutawwağ Muqallad b. Naṣr b. Munqiḏ (mort en 1059). En 1063, il surveille la construction de l'hôpital d'Antioche et s'occupe de travaux littéraires. Après quoi il se fait moine dans un monastère d'Antioche, où il meurt le 2 septembre 1066. Sa production littéraire, scientifique et théologique est de valeur, mais ne peut être mentionné dans ce contexte. On se réfèrera à Joseph Schacht, *Ibn Buṭlān*, in EI[2] III (1971), p. 763a-764b (avec bibliographie); Graf II (1947), p. 191-194; Manfred Ullmann, *Die Medizin im Islam* (Leiden 1970), p. 157-158.

11 Le *Daʿwat al-Aṭibbāʾ* est une «satire piquante sur les charlatans, leur ignorance et leur arrogance, avec des remarques sur l'éthique de la profession médicale» (J. Schacht, in EI p. 764a). L'ouvrage comprend douze chapitres. Il a été publié (assez mal) par Bišārah Zalzal, *Kitāb Daʿwat al-Aṭibbāʾ ʿalā maḏhab Kalīlah wa-Dimnah* (Alexandrie, 1901). Une étude avec résumé a été publiée par le Dr. Mahmoud Sedky Bey, *Un banquet de médecins au temps de l'émir Nasr et-Dawla ibn Marwān (Daâwat el Atibba d'Ibn Batlane)*, Le Caire 1928; cf. *Comptes Rendus du Congrès International de Médecine et d'Hygiène Tropical* (Le Caire 1929). M. Ullmann (cf. note 10) signale dix manuscrits de cet ouvrage (cf. p. 224 note 4) conservés à Beyrouth, Berlin, Le Caire, Istanboul et Mossoul. Il faut y ajouter un onzième, le plus beau de tous : *Milan Ambrosienne A 125 inf.*, copié à Alexandrie par Muḥammad b. Qayṣar al-Iskandarī en 1273 A.D., qui l'illustra de onze jolies miniatures. Sur ce manuscrit, cf. Oscar Löfgren et Renato Traini, *Catalogue of the Arabic Manuscripts*

exercé l'art de la médecine. Et Naṣr al-Dawlah avait beaucoup de respect pour Zāhid al-ʿUlamāʾ, s'appuyant sur lui en ce qui concerne son art, et lui prodiguant ses largesses.

3 «C'est Zāhid al-ʿUlamāʾ qui a construit l'hôpital de Mayyāfāriqīn. Le *šayḫ* Sadīd al-Dīn Ibn Raqīqah[12], le médecin, m'a raconté que le motif de la construction de l'hôpital de Mayyāfāriqīn est le suivant. Alors que Naṣīr al-Dawlah Ibn Marwān se trouvait à Mayyāfāriqīn, une de ses filles tomba malade, et il l'aimait beaucoup. Il fit alors serment que, si elle guérissait, il ferait aumône de l'équivalent en *dirham* du poids de sa fille. Quand donc Zāhid al-ʿUlamāʾ la soigna et qu'elle fut en bonne santé, il suggéra à Naṣīr al-Dawlah de consacrer l'ensemble des *dirham* qu'il allait donner en aumône à la construction d'un hôpital, afin que les gens en tirent profit. Par là, il mériterait une grande récompense [divine], et acquerrait une belle réputation.

4 «[Sadīd al-Dīn] dit : Il lui donna alors l'ordre de construire l'hôpital, pour lequel il dépensa une immense fortune, et il donna en legs pieux (*waqf*) des propriétés pour subvenir aux besoins de l'hôpital. Il le dota de très nombreux instruments et de tout ce qui était nécessaire. L'hôpital devint ainsi inégalable pour sa qualité.

5 «Voici les ouvrages composés par Zāhid al-ʿUlamāʾ :

1. *Le livre des hôpitaux.*
2. *Le livre des aphorismes, des questions et des réponses.* Il comprend deux parties : la première contient ce que al-Ḥasan Ibn Sahl[13] avait rédigé et que [Zāhid al-ʿUlamāʾ] a trouvé dans sa bibliothèque, qu'il s'agisse de notes[14], de cahiers, ou de rouleaux écrits[15], et autres questions et réponses; la deuxième partie contient, sous la forme

in the Bibliotheca Ambrosiana, I. Antico fondo and medio fondo (Vicenza, Neri Pozza ed., 1975), p. 50-51 (N° LXX), ainsi que la reproduction de 7 miniatures en couleurs aux planches I-VI. Sur ces miniatures, cf. Ǧamāl al-Dīn Miḥriz, *Min al-taṣwīr al-mamlūkī : nusḫah min Daʿwat al-Aṭibbāʾ li-Ibn Buṭlān*, in *Maǧallat Maǧmaʿ al-Maḫṭūṭāt al-ʿArabiyyah* 7 (Le Caire 1961), p. 75-80; et R. Ettinghausen, *Arab Painting* (Genève 1962), p. 143-147.

12 Il s'agit de Sadīd al-Dīn Abū al-Ṯanāʾ Maḥmūd b. ʿUmar b. Muḥammad b. Ibrāhīm b. Šuǧāʿ al-Šaybānī al-Ḥānawī, surnommé Ibn Raqīqah, qui mourut à Damas en 635/1238, alors qu'IAU se trouvait à Ṣarḫad au service de l'émir ʿIzz al-Dīn al-Muʿaẓẓamī. Voir IAU p. 703-717, qui rapporte plusieurs de ces poèmes entendus de lui.

13 Je n'ai pu identifier ce Ḥasan b. Sahl. Il ne s'agit évidemment pas de l'homonyme qui fut chargé du Trésor au temps d'al-Maʾmūn (786-833) et dont parle IAU p. 189.

14 *Riqāʿ*, pluriel de *Ruqʿah*, signifie «pièce de papier sur laquelle on écrit quelque chose» (assez souvent une formule pour protéger l'individu, mais pas nécessairement). Le sens semble être ici des «notes éparses sur des bouts de papier».

15 *Karārīs*, pluriel de *kurrāsah*, signifie «cahier pour écrire, feuilles reliées ensemble». *Adrāǧ* est ici le pluriel de *darǧ* (et non pas de *durǧ*), qui signifie un rouleau de papier écrit. On voit qu'il s'agit ici de trois termes techniques en usage dans les scriptoria.

d'aphorismes et de questions, des réponses que [Zāhid al-ʿUlamāʾ] avait fournies, lors des séances scientifiques qui se tenaient à l'hôpital de Mayyāfāriqīn.

3. *Livre des songes et des visions.*
4. *Livre sur ce que les étudiants dans l'art de la médecine doivent apprendre en premier lieu.*
5. *Livre sur les maladies des yeux et leur traitement*».

Voici le texte arabe d'Ibn Abī Uṣaybiʿah[16] :

زاهد العلماء

1 هو أبو سعيد منصور بن عيسى. وكان نصرانيّاً نسطوريّاً، وأخوه مطران نصيبين المشهور بالفضل.

2 وخدم زاهدُ العلماء بصناعة الطبِّ نَصْرَ[17] الدولة بن مروان، الذي ألَّف له ابنُ بُطلان «دعوة الأطبّاء» وكان نصرُ الدولة محترمًا لزاهد العلماء، معتمدًا عليه في صناعته، مُحسِنًا إليه.

3 وزاهد العلماء هو الذي بنى بيمارستان ميّافارفين. وحدَّثني الشيخ سديدُ الدين بن رقيقة الطبيب أنَّ سببَ بناء بيمارستان ميّافارقين هو أنّ نصرَ الدولة بن مروان، لّمّا كان بها، مَرِضَت ابنةٌ له، وكان يرى لها كثيرًا. فآلى على نفسه أنّها (*sic*)، متى بَرِئت، أنْ (*sic*) يتصدَّقَ بوزنها دراهم. فلمّا عالَجَها زاهدُ العلماء وصلحت، أشار على نصر الدولة أنْ يجعلَ جملةَ هذه الدراهم التي ينصدَّقُ بها تكون (*sic*) في بناء بيمارستان ينتفع الناسُ به. ويكون له بذلك أجرٌ عظيمٌ، وسُمْعةٌ حسنة.

4 قال [سديدُ الدين بن رقيقة]: فأمره ببناء البيمارستان. وأنفق عليه أموالاً كثيرة، ووقَّف[18] له أملاكاً تقوم بكفايته. وجعل فيه من الآلات، وجميع ما يُحتاج إليه، شيئاً كثيرًا جدًّا. فجاء لا مزيد عليه في الجودة.

ولزاهد العلماء من الكتب:

16 Cf. IAU p. 341, lignes 1-17.

17 Dans l'édition, Naṣīr. Nous corrigeons systématiquement le texte, sans plus avertir le lecteur. Voir plus haut, note 8.

18 Dans l'édition : وقف.

١ – كتاب البيمارستانات.

٢ – كتاب في الفصول والمسائل والجوابات. وهي جزءان:

الأول، يتضمّن ما أثبته الحسن بن سهل، ممّا وجده في خزانته، [من] رقاع وكراريس وأدراج، وغير ذلك من المسائل والجوابات.

والجزء الثاني، على جهة الفصول والمسائل، جوابات[19] أجاب عنها في مجلس العلم المقرَّر في البيمارستان الفارقي.

٣ – كتاب في المنامات والرؤيا.

٤ – كتاب فيما يجب على المتعلّمين لصناعة الطبّ تقديم علمه.

٥ – كتاب في أمراض العين ومداواتها.

II. *Allusions chez Elie de Nisibe*

A trois reprises, Elie de Nisibe fait allusion à son frère Abū Sa'īd. Cela a lieu dans trois œuvres différentes, que nous présenterons ici chronologiquement :

a) dans la réfutation d'al-Ǧāḥīẓ au sujet de la chasteté,
b) dans la septième séance avec le vizir al-Maġribī,
c) dans le traité sur le sens des mots *kiyān* et *ilāh*.

1. Réfutation d'al-Ǧāḥiẓ au sujet de la chasteté

Le *Traité de la Chasteté* était déjà rédigé en juillet 1026, quand eut lieu la rencontre entre Elie de Nisibe et le vizir Abū al-Qāsim al-Ḥusayn b. 'Alī al-Maġribī, comme nous le montrons ailleurs[20]. Il a été fort mal édité en 1968 dans la revue *al-Mašriq*[21]. En réalité, c'est une épître adressée par Elie à son frère «le noble šayḫ Abū Sa'īd Manṣūr Ibn 'Īsā» (إلى الشيخ الجليل أبي سعيد منصور بن عيسى), comme l'affirme le titre de l'ouvrage dans tous les manuscrits[22].

19 Dans l'édition : وجوابات.

20 Nous affirmons cela sur la base de la *Correspondance entre Elie de Nisibe et le vizir al-Maġribī* que nous avons préparée pour l'édition. Nous ne pouvons ici démontrer ce détail.

21 Cf. Georges Raḥmah, *Risālah fī faḍīlat al-'afāf li-Īliyyā al-Naṣībīnī*, in *al-Mašriq* 62 (1968), p. 3-74. Sur cet ouvrage, voir Samir, *Bibliographie* (supra, note 1), p. 278-279, où l'on trouvera beaucoup de renseignements.

22 L'éditeur a lu partout *Sa'd* au lieu de *Sa'īd*; cf. p. 14 de son édition, ainsi que sa note 2. De là notre propre erreur signalée plus haut (note 3).

La circonstance est indiquée par Elie, au début de sa réfutation d'al-Ǧāḥiẓ. La voici[23] :

وففتُ على كتابك (حرس اللّهُ حياتك!)، وعلى الفصل من «كتاب الحيوان» للجاحظ (رحمه الله!) المتضمِّن خبر أبي المبارك الصابي، الذي خصى نفسَه واعترف في آخِرِ عمره (وقد تجاوز المائة سنة) أنّ شهوةَ النساء معه قويَّة، إلى الحدّ الذي، إذا سمع نغمة امرأة، يظنُّ أنّ كبدَه قد ذابت أو عقلَه قد اختلس؛ و[على] احتجاج الجاحظ به وقوله: إنّه ليس في الاستطاعة ولا في صفة الإمكان أن يحتجزَ محتجزٌ عن إرادة النساء، ومعه من الحاجة إليهنَّ والشهوة لهنَّ هذا المقدار.

Voici la traduction de ce texte :

«J'ai pris connaissance de ta lettre (que Dieu te garde en vie!), et du chapitre du *Livre des Animaux* d'al-Ǧāḥiẓ (que Dieu le prenne en miséricorde!) qui contient le récit d'Abū al-Mubārak al-Ṣābī[24] qui s'était châtré et qui a avoué à la fin de sa vie (alors qu'il avait dépassé les cent ans!) que le désir des femmes était si fort en lui que, s'il entendait le timbre de la voix d'une femme, il lui semblait que son foie fondait en lui et que son esprit lui était ravi; [j'ai pris aussi connaissance] de l'argument qu'al-Ǧāḥiẓ en tire, pour dire qu'il est absolument impossible qu'un homme s'abstienne de désirer les femmes, alors qu'il y a en lui un tel besoin et un tel désir d'elles»[25].

Tel est le motif pour lequel Elie de Nisibe compose son traité. Ainsi donc, le šayḫ Abū Sa'īd Manṣūr, ayant lu le *Livre des Animaux* d'al-Ǧāḥiẓ, et y ayant trouvé un chapitre niant la possibilité pour un homme de vivre dans la chasteté (ce qui est indirectement une attaque du christianisme et de la vie monastique tenue en grande estime par les Chrétiens), écrit à son frère l'évêque

23 Nous avons refait l'édition critique de plusieurs pages de ce traité. Ici nous nous basant sur le plus ancien manuscrit connu (non utilisé par G. Raḥmah), le *Sbath 1130* (transcrit par un Copte en 1231 A.D.), fol. 20v.

24 Le récit d'Abū al-Mubārak le Sabéen se trouve au chapitre intitulé : *Ḏikr mā ya'tarī al-insān ba'd al-ḫiṣā', wa-kayfa kān qabl al-ḫiṣā'*. On le trouve dans l'édition du *Kitāb al-Ḥayawān* du Caire (chez Muṣṭafā al-Bābī al-Ḥalabī, 1325 H/1907 A.D.), au tome I, p. 57/2 à 58/20.

25 Elie de Nisibe cite, dans ce texte, les passages les plus significatifs d'al-Ǧāḥiẓ, notamment la fin du récit d'Abū al-Mubārak le Sabéen. Voici ce texte (p. 58, lignes 12-18) :

قال [أبو المبارك]: «فإنّي، بعد جميع ما وصفتُ لكم، لَأَسمع نغمةَ المرأة، فأظنّ مرّةً أنّ كبدي قد ذابت، وأظنّ مرّةً أنّها قد انصدعت، وأظنّ مرّةً أنّ عقلي قد اختلس. وربّما اضطرب فؤادي عند ضحك إحداهنّ، حتّى أظنّ أنّه قد خرج من فمي. فكيف ألوم عليهنّ غيري؟».

فإن كان (حفظلك اللّهُ تعالى!) قد صدق على نفسه في تلك الحال، بعد أن اجتمعت فيه هذه الخصال، فما ظنّكَ بهذا قبل هذا الوقت بنحو ستّين سنة أو سبعين سنة؟ وما ظنُّك به قبل الخصاء بساعة؟ وليس في الاستطاعة، ولا في صفة الإمكان، أن يحتجزَ عن إرادة النساء، ومعه من الحاجة إليهنّ والشهوة لهنّ هذا المقدار.

de Nisibe, lui demandant de réfuter ce chapitre du fameux polygraphe muʿtazilite, auteur par ailleurs d'une *Réfutation des Chrétiens*.

2. Septième entretien avec le vizir al-Maġribī

Dans une lettre adressée à son frère, le šayḫ Abū al-ʿAlāʾ Ṣāʿid Ibn Sahl, Elie de Nisibe rend compte des sept entretiens qu'il eut à Nisibe, en juillet 1026, avec le vizir Abū al-Qāsim al-Ḥusayn Ibn ʿAlī al-Maġribī[26]. A la fin de son compte-rendu, Elie résume ce qui eut lieu plus tard, lors de la deuxième visite du vizir à Nisibe, du jeudi 15 décembre 1026 au 7 février 1027; et lors de la troisième visite du vizir, du 25 juin au 4 juillet 1027. Cette partie constitue le chapitre cinquième du septième entretien[27].

C'est le résumé de ces deux dernières visites qui nous intéressent. Ce texte avait été publié par le P. Louis Cheikho en 1920, sur la base de deux manuscrits récents de Beyrough appartenant à la «famille melkite» des Entretiens, et de manière peu critique[28]. Nous en donnons ici une édition plus critique, basée sur 4 manuscrits, et signalons toutes les variantes de l'édition précédente[29]. Ce texte n'ayant pas encore fait l'objet d'une traduction, nous le traduisons par la suite.

Voici donc le texte arabe en question :

ثمَّ عاد إلى نَصِيبِين، بعَوْدِ[30] الحَضْرةِ النَّصْريَّة[31] (حَرَسَ اللّٰهُ * عِزَّها!)، يومَ الخميسِ الثاني[32] من ذي[33] القَعْدَة. وأقام بها خمسةَ وخمسين[34] يومًا. A 82

وجرى[35] فيها * مُذاكراتٌ ومسائلُ عدَّةٌ: في اعتقاد اليهود؛ وفي[36] تاريخِ آدَمَ، P 161

26 Sur ces sept *Entretiens*, voir l'analyse et la bibliographie dans Samir, *Bibliographie*, p. 259-267.

27 Sur ce chapitre, voir Samir, *Bibliographie*, p. 267.

28 Cf. Luwīs Šayḫū, *Maǧālis Īliyyā muṭrān Naṣībīn* (suite), in *al-Mašriq* 20 (1922), p. 425-433, ici p. 431/-4 à 432/14.

29 Voici les sigles utilisés :
A = *Beyrouth, Bibliothèque Orientale 564* (copié en 1826 sur le *Borgia arabe 21*, lui-même copié sur le *Vatican arabe 645* qui date de 1242 A.D.).
B = *Beyrouth, Bibliothèque Orientale 676* (daté de 1715).
P = *Paris arabe 206* (daté de 1371/2 A.D.).
V = *Vatican arabe 143* (non daté, transcrit au début du 13e siècle).
Š = édition de Šayḫū signalée en note 28.

30 P بعون.

31 V النصيريه.

32 ABŠ الثامن.

33 ABPV دو.

34 ABŠ وعشرين.

35 Š *add.* لي معه.

36 ABŠ و.

وغيرِه * من التواريخ القديمة، وتعييرِ اليهودِ لها، وفي الآثار العُلْويَّة، وغيرِ ذلك ممَّا يطولُ شرحُه. B 65

* وعاد أيضًا[37] إلى نَصِيبِينَ[38] * دُفْعةً أخرى. ودخلها يومَ الأحدِ السابع عشر[39] مِن جُمادَى[40] الأولى[41] من هذه السنة، وهي سنةُ ثمانيةَ[42] عَشَرَةَ[43] وأربعمائةٍ. Š 432 V 120r

واجتمَعْتُ معه، فقال لي: «اِعلَمْ أنّي أحسُّ بوَجَعٍ في أحشائي. والشيخُ أبو سعيدٍ[44] أخوكَ كان قديمًا يُراعي أمري، ثمَّ أهملني[45]. فأُريد[46] أنْ تعاتِبَه[47] على[48] فعْلِه».

ولمَّا اجتمعتُ مع الأخ أبي[49] سعيد[49] (حَرَسَه اللّٰهُ!)، عرَّفتُه * ذلك[50]. P 161v

فقال لي: «اِعلَم أنَّني كنتُ أُراعي أمرَ هذا الرجل ⌐مُراعاةً * تامَّةً[51]. ثمَّ[52] رأيتُ في منامي، في بعض الليالي[53]، كأنّي قد[54] دخلتُ إليه على الرسم، ووصفتُ له ما * يستعملُه، وخرجتُ مِن عِندِه. V 120v B 66

«وإذا[55] في صَحْن داره ستَّةُ أشخاصٍ[56] أو سبعةٌ، من لابِسي الصوف، بزيِّ الأساقفة. وكان[57] أحدُهم، وهو رجلٌ شيخٌ، يقول[58] لي[59]: «أتعرفني؟». قلتُ: «لا». قال: «أنا شمعون كيفا[60]. اللّٰهُ ليس[61] يُريد أنْ[62] يشفي هذا الرجلَ، وأنت[63] تُريد[64] أنْ[65] تشفيَه بشدَّةٍ؟». قلتُ[66]: «لا، ⌐يا مار[67]!»[68]. وانتبَهْتُ.

37 P *om.*
38 P *add.* ايضا.
39 V والعشرين.
40 PV جمدى.
41 AB الاول.
42 PV ثمان.
43 V عشر.
44 ABŠ سعد.
45 AB اهملته ; Š اهملني.
46 AB واريد.
47 B اتعتبه ; V تعتبه.
48 B عن.
49 ABŠ *om.*
50 P بذلك.
51 ABŠ *om.*
52 AŠ *add.* انني.
53 B اليالي.
54 AŠ *om.*
55 V *add.* انا.
56 V نفر.
57 Š فقال لي.
58 AB قال ; Š *om.*
59 Š *om.*
60 AB كافاك ; P كافا ; Š (*sic*) وانّ.
61 Š لا.
62 ABV *om.*
63 ABPŠ *om.*
64 AB اتريد ; BP *add.* انت ; Š افتريد.
65 PV *om.*
66 AB *om.*
67 P déchiré et recopié en marge.
68 Š *add.* شمعون.

«ومُنذُ[69] ذلك اليوم، لم * أتجاسَرْ على مُلازمَتِه، لعِلْمي * بأنَّه[70] ليس[71] تطولُ[72] V 12
مُدَّتُه». P 16

* * *

و[73] بعدَ * أنْ أقامَ[74] بنصيبين عشرة أيَّام، عاد إلى ميَّافارِقين[75].
وبعدَ مدَّةٍ قريبةٍ، قَوِيَ مَرَضُه وتُوُفِّيَ[76] يومَ الأحد الحادي عشر من شهر رمضان[77].
أَنْسى[78] اللّٰهُ[79] في[80] أَجَلِكَ، وجعل لك أطوَلَ[81] الأعمار، مع أحسَنِ الأحوال[82]
وأجمَلِ[83] الأفعال.

Traduction

Puis [le vizir] retourna à Nisibe, à l'occasion du retour de Son Altesse[84] Naṣr [al-Dawlah] (que Dieu protège sa puissance!), le jeudi 2[85] de Ḏū al-Qa'dah[86], et y demeura cinquante-cinq jours.

Pendant ces jours, eurent lieu plusieurs entretiens [et furent soulevées plusieurs] questions concernant: la croyance des Juifs, l'histoire d'Adam et d'autres histoires anciennes et les changements que les Juifs y introduisirent, les phénomènes météorologiques[87], et d'autres sujets qu'il serait trop long d'exposer.

[Le vizir] revint encore à Nisibe une autre fois. Il y entra le dimanche dix-sept[88] Ǧumādā I de cette année[89], à savoir de l'année 418[90].

69 ABŠ ومن ; P ومنه.
70 AŠ انه.
71 Š لا.
72 P يطول.
73 Š *add.* قد تمّ الامر ايها الأخ الجليل كما ذكر. فإنّ الوزير.
74 ABŠV قام.
75 B ما نحن مفارقين (*sic*).
76 PV وتَوَفًّا.
77 V *add.* رحمه الله.
78 A انشى ; B انشا ; V وانسا.
79 V *om.*
80 P *om.*
81 B طول.
82 P الاعمال.
83 ABŠ واكمل.

84 Littéralement: «de la Présence Naṣrienne».
85 Dans les manuscrits AB et dans Š, on lit: «le jeudi 8». Mais le 8 Ḏū al-Qa'dah tombe un mercredi!
86 Cette date correspond au 15 décembre 1026 A.D.
87 Sur cette expression, voir par exemple Bernard Lewin, *Athār (al-) al-'Ulwiyyah*, in *EI*² I (Leyden-Paris 1960), p. 758b-759b.
88 Dans V on lit: «le dimanche 27». Mais le 27 Ǧumādā I tombe un mercredi, non un dimanche!
89 C'est donc qu'Elie de Nisibe a rédigé ce compte rendu pour son frère en l'année 418 de l'hégire (= du 11 février 1027 au 30 janvier 1028).
90 Cette date correspond au 25 juin 1027.

J'eus une rencontre avec lui, et il me dit : «Sache que j'éprouve des douleurs aux intestins. Or ton frère, le šayẖ Abū Saʿīd, prenait autrefois soin de moi, mais ensuite il m'a négligé. Je voudrais donc que tu le réprimandes sur sa manière d'agir».

[Plus tard,] j'eus une rencontre avec [mon] frère Abū Saʿīd (que Dieu le protège!), et je lui fis part de la chose. Il me dit alors :

«Sache que je prenais soin de cet homme de la manière la plus parfaite. Puis il advint qu'une nuit je vis un songe : j'entrai chez lui comme de coutume, et lui prescrivis ce qu'il devait prendre, et je sortis de chez lui.

«Et voici que, dans la cour de sa maison, [je vis] six ou sept personnes de ceux qui sont vêtus de laine à la manière des évêques. Et l'un d'entre eux, un homme âgé, me dit : 'Me reconnais-tu?'. Je dis : 'Non!'. Il dit : 'Je suis Simon Kephas. Dieu ne veut pas guérir cet homme, et toi tu veux le guérir par force?'. Je dis : 'Non, Seigneur!'. Et je me réveillai.

«Depuis ce jour, je n'ai plus osé lui tenir compagnie, sachant qu'il ne lui restait plus longtemps à vivre».

*
* *

Après que [le vizir] eut séjourné à Nisibe dix jours, il retourna à Mayyāfāriqīn. Puis, après peu de temps, sa maladie s'aggrava, et il mourut le dimanche 11 Ramaḍān [91]. Que Dieu oublie de te faire mourir, et qu'il t'accorde la plus longue vie possible, dans la meilleure situation et la plus belle des actions!

3. Traité sur le sens des mots «kiyān» et «ilāh»

En 1973, nous avons découvert à l'Archevêché Maronite d'Alep, sous le numéro 258, un petit traité d'Elie de Nisibe encore inconnu (fol. 86ᵛ-90ʳ) et dont l'attribution à Elie ne fait aucun doute. Nous en avons préparé l'édition et la traduction, et l'avons analysé en détail en 1976 en attendant la publication [92].

Elie a composé ce traité en réponse à une question de son frère Abū Saʿīd, comme l'indique la suscription que voici :

جواب مار إليّا القدّيس الطاهر النفيس، مطران نصيبين، عن مسألة [93] أخيه، زاهد [94]

91 Le onze Ramaḍān 418 de l'hégire correspond au 15 octobre 1027 A.D., qui tombe effectivement un dimanche. Il faut rectifier la date du 17 octobre indiquée dans l'article *Maghribī (al-)*, rédigé par K.V. Zetterstéen, dans *EI*¹ III (Leyde-Paris 1936), p. 114b.

92 Sur ce traité, voir Samir, *Bibliographie* (*supra*, note 1), p. 272-274.

93 Manuscrit : مسله

94 Manuscrit : راس [Le nom زاهد est étrange dans ce contexte pour un copiste non spécialisé].

العلماء أبي سعيد عيسى بن منصور (*sic*) مُجَدِّد البيمارستان الفارقي، في معنى لفظة «كيان»[95] ولفظة «إله»، في لغة السريانيّين على ما يقعان ويَدُلاَّن.

Traduction :

Réponse de Mār Iliyyā, le saint, le pur, l'incomparable[96], le métropolite de Nisibe, à la question de son frère Zāhid al-ʿUlamāʾ Abū Saʿīd ʿĪsā Ibn Manṣūr[97], le rénovateur de l'hôpital de Mayyāfāriqīn, sur le sens du mot *kiyān* et du mot *ilāh* dans la langue des Syriens, pour savoir à quoi ils s'appliquent et ce qu'ils désignent.

III. *Témoignage de Ṣalībā Ibn Yūḥannā (1332)*

En 1332, Ṣalībā Ibn Yūḥannā composa une vaste encyclopédie intitulée *Asfār al-Asrār* = Livres des Mystères[98]. De cette œuvre n'a été édité jusqu'à présent que le chapitre (*faṣl*) premier de la deuxième partie (*aṣl*) du livre (*sifr*) cinquième, qui traite de l'histoire des patriarches orientaux, c'est-à-dire nestoriens. Ce chapitre constitue en réalité un beau volume, édité et traduit en latin par le P. Enrico Gismondi[99].

Dans ce chapitre, parlant d'Elie Ier élu le 16 juin 1028 et mort le 6 mai 1049[100], Ṣalībā mentionne Elie de Nisibe, disant[101] :

95 Manuscrit : كيانًا

96 Peut-être faut-il corriger le texte arabe en *al-ṭāhir al-nafs* (au lieu de *al-nafīs*), et traduire donc : «le saint à l'âme pure».

97 On notera l'interversion des deux noms dans ce manuscrit : phénomène assez fréquent en arabe.

98 Sur cet ouvrage, voir Graf II, p. 216-218. Cependant, nous sommes en désaccord avec beaucoup de points affirmés par Graf dans cette notice :
a) En ce qui concerne l'Auteur, il considère que Ṣalībā Ibn Yūḥannā a plagié ʿAmr Ibn Mattā Ibn Bahnām. A notre avis, ceci n'est pas vrai.
b) En ce qui concerne la Date de Rédaction, il pense que l'ouvrage a été antidaté à dessein, pour couvrir le plagiat; et qu'il appartient en réalité à la seconde moitié du XIVe siècle. Nous avons la preuve, au contraire, que la date de 1332 indiquée dans tous les manuscrits comme étant la date de rédaction du *Asfār al-Asrār*, est exacte.
c) En ce qui concerne le Titre, il appelle notre ouvrage *Kitāb al-Miǧdal*, ce qui est particulièrement malheureux. Il crée ainsi une confusion nouvelle avec le vrai *Kitāb al-Miǧdal*, écrit par Mārī Ibn Sulaymān, et décrit dans Graf II, p. 200-202. Notre ouvrage s'appelle dans tous les manuscrits *Asfār al-Asrār*.

99 Cf. Henricus Gismondi, SJ, *Maris Amri et Slibae De patriarchis Nestorianorum Commentaria.* Pars altera, *Amri et Slibae textus et versio* (Rome, 1896-97).

100 Sur ce patriarche et sur son œuvre en langue arabe, voir Graf II, p. 159-160.

101 Cf. Gismondi (note 98), texte arabe, p. 99/2-6.

وفي أيَّامِهِ، استناح الأبُ القدّيس: مارُ إيليَّا مطرانُ نصيبين [...]، في نهار الجُمُعةِ لِعَشْرٍ خَلَوْنَ[102] من المُحَرَّم، سنةَ ثمانٍ وثلاثين وأربعمائةٍ هلاليَّة. ودُفن في بيعة ميَّافارقين[103] إلى جانب قبر أخيه أبي سعيد (رضي اللّه عنهما!).

Traduction :

«De son temps, mourut le père saint Mār Īliyyā, métropolite de Nisibe [...], dans la journée du vendredi 10 Muḥarram de l'année 438 de l'Hégire[104]. Il fut enterré dans l'église de Mayyāfāriqīn, à côté du tombeau de son frère Abū Saʿīd. La complaisance de Dieu soit sur eux deux[105]!

IV. *Synthèse des renseignements*

En partant des cinq sources reproduites plus haut, nous chercherons à corriger et à compléter les données les unes par les autres, pour ne retenir que les éléments utiles et sûrs.

1. Le *nom* de notre médecin comprend trois éléments :
- un *laqab* (titre honorifique) : ZĀHID AL-ʿULAMĀ'[106];
- une *kunyah* (nom honorifique, assez courant) : ABŪ SAʿĪD, que nous retrouvons dans les cinq sources;
- un *ism* (nom personnel) : MANṢŪR IBN ʿĪSĀ[107].

2. Il fut le médecin personnel du prince marwānide Naṣr al-Dawlah Abū Naṣr Aḥmad Ibn Marwān, dont il guérit (à Mayyāfāriqīn) une fille très chère au cœur de Naṣr al-Dawlah.

3. Il convainquit alors le prince Naṣr al-Dawlah de construire un hôpital moderne parfaitement équipé, comme œuvre pie en remerciement de la guérison de sa fille. Le prince le chargea de diriger cette construction, qui fit l'admiration de tous pendant longtemps. De là vient l'épithète de *Muǧaddid*

102 Edition Gismondi : خلوان
103 Edition Gismondi : ميافرقين
104 Littéralement : «438 [des années] lunaires». L'expression *li-ʿašrin ḫalawna* signifie le 11 de Muḥarram 438, qui correspond au 18 juillet 1046 A.D., lequel tombe effectivement un vendredi.
105 Voici la traduction de Gismondi (note 98), p. 57/35-39 : «Eius tempore e vivis excessit pater sanctus Mār Elias metropolita Nisibis [...] feria sexta 10 [*sic*!] mensis muḥarram anno lunari 438 et sepultus est in ecclesia Majāpharāqīn a latere sepulcri fratris sui Abu Saʿid, utrumque Deus gratum habeat».
106 Voir le texte d'IAU et notre note 6. Voir aussi le Traité d'Elie de Nisibe sur *Kiyān* et *Ilāh* (*supra*, II 3).
107 Voir IAU et *Traité sur la Chasteté* d'Elie de Nisibe (*supra*, II 1). Dans le *Traité sur Kiyān et Ilāh* (II 3), les deux éléments du nom ont été inversés.

al-Bīmāristān al-Fāriqī (rénovateur de l'hôpital de Mayyāfāriqīn) que lui donne la suscription du traité d'Elie de Nisibe sur les mots *kiyān* et *ilāh*[108]. C'est probablement aussi à cette occasion qu'il rédigea son *Livre des hôpitaux*, mentionné par Ibn Abī Uṣaybiʿah[109].

4. Il fut aussi le médecin personnel du vizir Abū al-Qāsim al-Ḥusayn Ibn ʿAlī al-Maġribī pendant toute sa vie; mais il renonça à s'en occuper, peu de temps avant la mort du vizir, à la suite d'une vision qu'il eut de saint Pierre. C'est peut-être à la suite de cette vision qu'il composa précisément un *Livre des songes et des visions*[110].

5. Il a probablement enseigné aussi la médecine à Mayyāfāriqīn, comme on peut le supposer par le fait qu'il composa un *Livre sur ce que les étudiants dans l'art de la médecine doivent apprendre en premier lieu*[111]. Il tenait aussi régulièrement des *séances scientifiques* à l'hôpital de Mayyāfāriqīn, répondant à des consultations d'autres médecins, et dont on trouve un écho dans la deuxième partie de son *Livre des Aphorismes* signalé par Ibn Abī Uṣaybiʿah[112].

6. Il semble s'être spécialisé en ophtalmologie, comme l'atteste son ouvrage *sur les maladies des yeux et leur traitement*[113].

7. Au plan culturel, il dispose d'une bonne bibliothèque et s'intéresse à l'histoire de la médecine, comme l'atteste Ibn Uṣaybiʿah parlant de la première partie de son *Livre des Aphorismes*[114]. Il s'intéresse visiblement aussi aux questions de théologie et d'apologétique chrétienne. C'est en effet lui qui écrit à son frère Elie, le savant évêque de Nisibe, lui envoyant le texte d'al-Ǧāḥiẓ sur l'impossibilité de vivre dans la continence, lui demandant de le réfuter[115]. C'est aussi lui qui interroge son frère Elie sur le sens exact des termes *kiyān* (nature générale) et *ilāh* (dieu)[116].

8. Il composa au moins cinq ouvrages de médecine, qu'Ibn Abī Uṣaybiʿah mentionne à la fin de sa notice[117].

9. Au plan religieux, son titre honorifique de *Zāhid al-ʿUlamāʾ* (le plus ascète des savants) suggère qu'il vivait d'une manière particulièrement ascétique pour un médecin et un savant de son rang, qui frappa ses contemporains[118].

108 Voir plus haut, II 3.
109 Voir plus haut, I, dernier paragraphe, N° 1.
110 Voir plus haut, I, dernier paragraphe, N° 3.
111 Voir plus haut, I, dernier paragraphe, N° 4.
112 Voir plus haut, I, dernier paragraphe, N° 2.
113 Voir plus haut, I, dernier paragraphe, N° 5.
114 Voir plus haut, I, dernier paragraphe, N° 2.
115 Voir plus haut, II 1.
116 Voir plus haut, II 3.
117 Voir plus haut, I, dernier paragraphe.
118 Voir plus haut, note 6.

10. C'est très probablement lui qui parla au vizir Abū al-Qāsim al-Maġribī de son frère l'évêque Elie de telle manière qu'il suscita en lui un vif désir de le rencontrer, ce que fit le vizir se rendant trois fois à Nisibe pour rencontrer Elie, entre juillet 1026 et juillet 1027.

11. Il mourut après l'an 1027, date de rédaction des *Entretiens* avec le vizir par Elie de Nisibe[119], et avant le 18 juillet 1046, date de la mort d'Elie[120].

12. Il fut enterré dans l'église de Mayyāfāriqīn, comme nous l'apprend Ṣalība[121], probablement parce qu'il en était un bienfaiteur insigne, comme aussi à cause de la sainteté de sa vie. Plus tard, son frère Elie sera aussi enterré près de lui dans l'église.

VI. *Appendice sur le prince Naṣr al-Dawlah*

Nous avons vu plus haut[122] que Zāhid al-ʿUlamāʾ était le médecin privé du prince marwānide Naṣr al-Dawlah, qui lui confia la construction de l'hôpital de Mayyāfāriqīn. Nous voudrions présenter rapidement ici la figure de ce prince, et notamment dans sa relation aux hommes de lettres et aux médecins.

»Naṣr al-Dawla Abū Naṣr Aḥmad b. Marwān, troisième et le plus important prince de la dynastie marwānide de Diyār Bakr. Il accéda à la souveraineté provinciale à la mort de son frère aîné, Mumahhid al-Dawla Abū Manṣūr Saʿīd, en 401 (1010-11), après une lutte avec le meurtrier de ce dernier, et fut la même année reconnu formellement par le ʿabbāside al-Ḳādir, de qui il reçut en même temps son *laḳab*, et par l'*amīr* būyide Sulṭān al-Dawla»[123].

Ce prince marwānide[124] mourut à l'âge de 84 ans, le 24 šawwāl 453, correspondant au 11 novembre 1061 A.D. Son long règne, qui dura plus de 50 ans, fut un des plus heureux. Mayyāfāriqīn, qui fut capitale du royaume de Diyār Bakr durant un siècle (de 380/990 à 479/1087 et aussi en 486/1093) divint une des villes les mieux équipées du monde arabe, avec l'eau potable courante amenée de Ra's al-ʿAyn ainsi que beaucoup d'autres aménagements[125].

119 Voir plus haut, note 89. De plus, le *Traité sur kiyān et ilāh* (II 3) semble bien postérieur aux *Entretiens* (II 2).
120 Voir plus haut, note 104.
121 Voir plus haut, III.
122 Voir plus haut, I (tout le récit d'IAU, et note 9); voir aussi IV 2-3.
123 Harold Bowen, art. *Naṣr al-Dawla*, in *EI*[1] III (Leyde-Paris, 1936), p. 935a-936a, ici 935a.
124 Sur la dynastie des Marwānides, voir l'article *Marwānides* de K.V. Zetterstéen, in *EI*[1] III (Leyde-Paris, 1936), p. 356b-357a. Sur Naṣr al-Dawlah, la nouvelle EI n'a pas encore d'article; mais on trouvera quelque allusion dans l'art. *Djahīr (Banū)* de Claude Cahen, II 394b; et dans l'art. *al-Djarrāḥ b. ʿAbd Allāh* de Marius Canard, II 496b.
125 Voir V. Minorsky, art. *Maiyāfāriḳīn*, in *EI*[1] III (1936), p. 166a-170a, notamment p. 168a.

«Naṣr al-Dawla fut sagace, ou heureux, dans son choix des trois vizirs qui le servirent successivement [...]. Il n'est pas douteux que c'est en partie à leurs capacités que fut due la remarquable tranquillité dont bénéficia Diyār Bakr pendant son règne, qui produisit ses effets et amena aussi une remarquable prospérité. Naṣr al-Dawla y contribua aussi en réduisant l'impôt, et en renonçant à la pratique de mettre les riches à l'amende pour augmenter les revenus du Trésor. Néanmoins, sa cour (dit-on) surpassa celle de tous ses contemporains par son luxe, et l'on cite plusieurs exemples de sa libéralité et de sa générosité.

«Maiyāfāriḳīn devint pendant son règne un centre de savants, de poètes et d'ascètes, et aussi un asile pour les réfugiés politiques. Il y eut, parmi ces derniers, le prince būyide al-Malik al-ʿAzīz, qui fut évincé de l'amīrat en 436 (1044-45) par son oncle Abū Kālīdjār, et le prince héritier du ʿabbāside al-Ḳāʾim (ensuite al-Muḳtadī) qui fut éloigné de Baghdād avec sa mère lors de l'occupation de cette ville en 450 (1058) par al-Basāsīrī»[126].

Parmi les réfugiés politiques qu'il accueillit, il faut mentionner celui qui fut son deuxième vizir, Abū al-Qāsim al-Ḥusayn Ibn ʿAlī al-Maġribī, qui fut en charge de 415/1025 à sa mort le 11 Ramaḍān 418 (= 15 octobre 1027)[127]. C'est avec ce vizir qu'Elie de Nisibe eut sept échanges durant le mois de juillet de l'année 1026, échanges consignés dans les *Entretiens* rédigés par Elie de Nisibe et dans sa *Correspondance* avec le vizir.

Parmi les savants qui jouirent de l'aide et de la protection de Naṣr al-Dawlah, mentionnons quatre médecins chrétiens signalés par Ibn Abī Uṣaybiʿah dans son *Histoire des médecins*, en les classant par ordre chronologique :

1. Zāhid al-ʿUlamāʾ Abū Saʿīd Manṣūr Ibn ʿĪsā, médecin privé de Naṣr al-Dawlah, constructeur de l'hôpital de Mayyāfāriqīn, mort entre 1027 et 1046. Nous avons vu sa relation au prince Naṣr al-Dawlah[128].

2. Abū Saʿīd ʿUbayd Allāh Ibn Ǧibrāʾīl Ibn ʿUbayd Allāh Ibn Baḫtīšūʿ, qui vivait aussi à Mayyāfāriqīn et mourut peu après 450/1058. Il était l'ami d'Ibn Buṭlān[129]. Il composa le *Livre des Caractères et les caractéristiques des animaux* (*Kitāb Ṭabāʾiʿ al-Ḥayawān wa-ḫawāṣṣuhā*) pour l'émir Naṣr al-Dawlah, comme le dit Ibn Abī Uṣaybiʿah[130].

126 Bowen (*supra*, note 123), p. 936a.

127 Sur le vizir al-Maġribī, voir :
a) K.V. Zetterstéen, art. *al-Maghribī* N° 2, in *EI*^{1} III (1936), p. 114;
b) Ḫalīl Samīr, *Īliyyā al-Naṣībīnī (975-1046) wa-al-wazīr Abū al-Qāsim*, in *Risālat al-Kanīsah* 6 (Minia, 1974), p. 51-57;
c) Samir, *Bibliographie* (*supra*, note 1), p. 259, avec bibliographie.

128 Voir la note 122.

129 Cf. Manfred Ullmann, *Die Medizin im Islam*, coll. *HO*, Ergänzungsband VI, 1 (Leiden 1970), p. 110-111 (N° 7) et note 5.

130 Cf. IAU p. 214 au bas.

3. Abū al-Ḥasan al-Muḫtār Ibn ʿAbdūn IBN BUṬLĀN, le disciple d'Abū al-Farağ ʿAbdallāh Ibn al-Ṭayyib (mort en 1043). Il eut aussi un échange de lettres avec Elie de Nisibe, encore inédit[131]. En 1049, il quitta Bagdad, et entreprit un long voyage vers Alep, Antioche, Laodicée, Jaffa, Le Caire et Constantinople où il composa en 1054 son traité sur l'Eucharistie, et où il acheva en septembre 1058 son ouvrage fameux intitulé le *Banquet des Médecins (Daʿwat al-Aṭibbāʾ)*. Cet ouvrage est dédié à l'émir Naṣr al-Dawlah, et la scène du banquet se passe précisément à Mayyāfāriqīn[132].

4. Al-Faḍl Ibn Ğarīr al-Takrītī, le frère d'Abū Naṣr Yaḥyā Ibn Ğarīr al-Takrītī l'auteur de la fameuse encyclopédie religieuse chrétienne intitulée *al-Muršid* (= Le Guide)[133]. Après la mort de Zāhid al-ʿUlamāʾ Abū Saʿīd, il lui succéda comme médecin auprès de Naṣr al-Dawlah[134].

131 Nous avons préparé l'édition critique de cette correspondance.

132 La bibliographie sur Ibn Buṭlān est assez développée. Nous indiquons ici les quatre références les plus importantes, qui fournissent aussi une bibliographie :
a) Graf II (1947), p. 191-194;
b) Ullmann (*supra*, note 129), p. 157-158;
c) Joseph Schacht, art. *Ibn Buṭlān*, in EI² III (1971), p. 763a-764b;
d) Roger Arnaldez, art. *Buṭlān (Ibn)*, in *Dictionary of Scientific Biography* II (New York, 1981), p. 619a-620a.

133 Sur Yaḥyā Ibn Ğarīr et son *al-Muršid*, voir Graf II (1947), p. 259-262.

134 Sur Al-Faḍl Ibn Ğarīr al-Takrītī, cf. Graf II (1947), p. 262-263; et IAU 328.

SIEGBERT UHLIG

Otto Plöger zu seinem 75. Geburtstag
am 27. November 1985 gewidmet

Zur Überlieferungsgeschichte des äthiopischen Henochbuches[1]

Kaum ein anderes Buch der intertestamentarischen Literatur erfreut sich gegenwärtig eines so lebhaften Interesses wie der äthiopische Henoch. Dafür gibt es mehrere Gründe.

Ein wesentliches Motiv ist die Entdeckung von Henochfragmenten in Qumrān, von denen die ältesten bis zum Beginn des 2. Jahrhunderts oder gar Ende des 3. Jahrhunderts v.Chr. zurückreichen[2]. Damit steht fest, daß die apokalyptischen Grundvorstellungen nicht erst während der Bedrängnis der Juden durch die Seleukiden aufkamen: sie sind wesentlich älter und haben spätestens zum Beginn der hellenistischen Periode Gestalt angenommen. Einer der ältesten — vielleicht gar *der* älteste — Apokalyptiker ist der oder sind die Verfasser etlicher Teile des Henochbuches[3].

Demgegenüber muß erwähnt werden, daß das christliche Abendland erst relativ spät von der Existenz dieses Buches erfuhr. So fehlt z.B. bei dem Begründer der Äthiopistik, Hiob Ludolf, also noch gegen Ende des 17. Jahrhunderts, in mehreren seiner Listen der biblischen oder pseudepigraphischen Bücher das in der äthiopischen Kirche kanonische Henochbuch, obgleich Ludolf zu erkennen gibt, daß er um das Vorhandensein einer »Prophetia Enochi« weiß[4]; und dies, obwohl seit 1606 die ersten griechischen Fragmente abgedruckt vorlagen[5]. Der europäischen Öffentlichkeit ist erst im Jahre 1821 eine Übersetzung und 1838 der äthiopische Text auf der Grundlage *einer* Henochhandschrift zugänglich gemacht worden[6].

1 Vortrag, auf dem XXII. Deutschen Orientalistentag in Tübingen (21.-26. März 1983) gehalten.

2 *J.T. Milik*, The Books of Enoch (Oxford 1976) 140.

3 *K. Koch*, »Adam, was hast du getan?« Erkenntnis und Fall in der zwischentestamentlichen Literatur = *T. Rendtorff* (Hrsg.), Glaube und Toleranz. Das theologische Erbe der Aufklärung (Gütersloh 1982) 216; *P.D. Hanson*, Rebellion in Heaven, Asazel and euphemeristic Heroes in 1. Enoch 6-11 = J(ournal of) B(iblical) L(iterature) 96 (1977), 195-213; *G.W.E. Nickelsburg*, Apocalyptic and Myth in 1. Enoch 6-11 = JBL 96 (1977) 343-405.

4 *H. Ludolf*, Historia aethiopica (Frankfurt a. M. 1681) III 4,49.

5 Herausgegeben von *J. Scaliger* in: Thesaurus temporum... libri duo (Lugduni Batavorum 1606).

6 *R. Laurence*, The Book of Enoch the Prophet (Oxford 1821); Ders., Libri Enoch Versio Aethiopica (Oxford 1838).

In den orientalischen Kirchen war dagegen die Henochtradition seit der frühchristlichen Zeit lebendig, wie Bruchstücke von syrischen, koptischen und griechischen Versionen belegen[7]. In der äthiopischen Kirche hat dieses Buch, das zusammen mit den anderen biblischen Schriften zwischen dem 4. und dem 7. Jahrhundert übersetzt worden ist, allerdings erst im 15. Jahrhundert durch den Einfluß von Kaiser *Zar'a Yā'qob* (1434-68) unangefochtene kanonische Geltung erlangt[8]. Beweise dafür finden wir bei Zar'a Yā'qob; in seinen Reformschriften Maṣḥafa milād und Maṣḥafa sellāsē[9] verteidigt er die Kanonizität des äthiopischen Henoch sowohl gegenüber jüdischen wie auch christlichen Widerstand. Offensichtlich lehnten die Juden das Buch wegen seiner Messianologie und die Christen wegen der jüdischen Herkunft ab. Vor allem zwei Argumente begründeten nach Ansicht dieses Kaisers die kanonische Geltung:

1. Henoch als prophetisches Buch des Alten Testaments steht im Rang neben Daniel und wird in den heiligen Schriften wiederholt erwähnt[10] und zitiert[11];
2. ohne die astronomische Darlegung Henochs ist die Berechnung des Kalenders unmöglich, so auch die Berechnung der Monate, der Jahre und der Feste: »Höre, o Leugner, Christ oder Jude, ohne das Buch Henoch vermagst du doch nichts zu sein, kannst nicht Christ und kannst nicht Jude sein! Woran erkennt ihr beide denn, Jude und Christ, euer Ostern, euer Passah, den Anbruch eures Monats, eure Feste und Jahre, eure Wochen und alle Zeichen des Himmels, daß du sie weißt? Woran kannst du sie erkennen ohne das Buch Henoch?«[12] Diese Behauptung ist erstaunlich, da die henochschen Berechnungen für den äthiopischen Kalender nie Bedeutung hatten: das äthiopische Jahr kennt weder vier Jahreszeiten zu je 91 Tagen noch die zwischen 30 und 31 Tagen wechselnde Zahl von Monatstagen; außerdem liegt der Schwerpunkt der äthiopischen Kalendertraktate eindeutig auf der Berechnung der beweglichen Feste. Dennoch, ohne die Kanonisierung durch die äthiopische Kirche hätte der Henoch das Dasein mancher nur in Fragmenten erhaltenen Schriften aus jüdisch-hellenistischer und christlicher Zeit stammenden Bücher teilen müssen.

7 Einzelheiten bei *S. Uhlig*, Das äthiopische Henochbuch = *W. G. Kümmel* (Hrsg.), Jüdische Schriften aus hellenistisch-römischer Zeit V6 (Gütersloh 1984) 477-79, 482 f.

8 Vgl. *K. Wendt*, Der Kampf um den Kanon heiliger Schriften in der äthiopischen Kirche der Reformen des XV. Jahrhunderts = JSSt 9 (1964) 107-13.

9 Herausgegeben von *K. Wendt* in CSCO 221 (1962) = 222 (1962); 235 (1963) = 236 (1963).

10 CSCO 221, 123 = 222, 108.

11 CSCO 221, 58 = 222, 51; er wird der »erste Prophet« genannt (CSCO 221, 14 = 222, 12f.).

12 CSCO 221, 67 = 222, 59 (Übersetzung nach Wendt).

Die äthiopische Orthodoxie rettete dieses Buch, das sonst während des Prozesses der dogmengeschichtlich belegten Abkehr von der Apokalyptik in Vergessenheit geraten wäre, vor dem sicheren Untergang.

Die gegenwärtige Diskussion bemüht sich vor allem um die Klärung zweier Fragen:

1. Welche traditionsgeschichtlichen Motive und Vorstellungen führten zur Abfassung dieser Apokalypse?
2. Was läßt sich über die ursprüngliche Textgestalt des Henoch ermitteln?

Die zweite Frage muß zuerst beantwortet werden, da andernfalls die Basis für alle weiterführenden Arbeiten fehlt. Seit über einhundert Jahren bemühen sich Orientalisten und Theologen um die Wiederherstellung des Archetypus, und diese Untersuchungen sind bislang keineswegs abgeschlossen.

Ein großer Fortschritt war die Veröffentlichung der aramäischen Fragmente 1976. *Milik* hat sie in einer breit angelegten und zum Teil heftig umstrittenen Arbeit vorgelegt, die — gewollt oder ungewollt — den Eindruck erweckt, als sei mit dem Abdruck der aramäischen Fragmente und ihrem Vergleich mit dem griechischen und dem äthiopischen Text die Hauptarbeit auf dem Gebiet der Textkritik geleistet. Doch der Umfang des aramäischen Textes läßt eine so weitreichende Bewertung nicht zu: die Qumrānfragmente decken nur ca. fünf Prozent des äthiopischen Henoch ab[13]. Milik hat zwar viele Lücken im Aramäischen durch Textrekonstruktionen geschlossen, doch manche dieser Vorschläge sind nur geniale Versuche, die auf einer Rückübersetzung des Griechen basieren; den Text, der diese Schrift durchgehend repräsentiert, die äthiopische Version, scheint Milik dagegen für einen weniger bedeutenden Zeugen zu halten. Es ist unbestritten, daß die aramäischen Fragmente für die Überlieferungsgeschichte sowie für viele Einzelfragen der Textkritik von epochaler Bedeutung sind. Wir können heute davon ausgehen, daß der »Ur-Henoch«, richtiger: die meisten seiner Einzelschriften, in Aramäisch abgefaßt wurden. Die Qumrānfragmente führen uns in die Nähe des Archetypus dieser Schrift zurück; es ist jedoch sicher, daß mit diesen Texten sekundäre Kopien einer vermutlich noch losen Henochsammlung und nicht die Originalschriften selbst vorliegen. Der uns heute zur Verfügung stehende aramäische Henoch ist nicht der Archetypus des Textes. Das ergibt sich schon aus einer Reihe von Textabweichungen von Fragment zu Fragment.

13 Anders *Milik* S. 5, der auch die durch seine Rekonstruktion belegten Texte mitzählt; vgl. dagegen die Rezension von *E. Ullendorff* und *M. Knibb* in Bulletin of the School of Oriental and African Studies 40 (1977) 601; vgl. auch *M. Knibb*, The Ethiopic Book of Enoch II (Oxford 1978) 12.

Die griechischen Stücke repräsentieren ca. dreißig Prozent des Gesamttextes und sind in mehreren Fragmenten erhalten, von denen der Chester-Beatty-Papyrus, der 97,6-107,3 bietet, aus dem 4. Jahrhundert stammt, während seine Vorlage dem 3. Jahrhundert angehören dürfte. Jünger ist der Codex Panopolitanus, der zwei Texte enthält (zusammen: 1,1-32,6), die dem 5. oder 6. Jahrhundert zuzurechnen sind. Auch die Synkellosstücke sind jüngeren Datums (9. Jahrhundert); sie wurden in drei abweichenden Fragmenten überliefert und enthalten (zusammen) 6,1-16,1; sie gehen vermutlich auf die Chronik des Mönchs *Panodoras* (5. Jahrhundert) zurück.

Die griechischen Texte bilden — trotz ihres recht unterschiedlichen Wertes für die textkritische Arbeit — die zweite überlieferungsgeschichtliche Stufe. Sie lassen die Vermutung zu, daß wesentliche Teile der Henochsammlung in frühchristlicher Zeit ins Griechische übersetzt wurden, als die apokalyptische Erwartung noch lebendig war[14].

Die dritte Stufe der Überlieferungsgeschichte des Henochbuches, die äthiopische Übersetzung, ist drei bis vier Jahrhunderte später geschaffen worden. Aus dieser Zeit gibt es keine Handschriften; die ältesten äthiopischen Zeugen sind ca. 1000 Jahre später anzusetzen; von der alten äthiopischen Bibelübersetzung, der »Versio Antiqua«, die eine freie Übersetzung mit der Tendenz zu vereinfachender Ausdrucksweise bietet und eine Reihe von Gräzismen enthält[15], ist jedoch kein Henochbuch erhalten[16]. Wenn auch die älteste erhaltene Henochhandschrift (Ṭānāsee 9) erst dem frühen 15. Jahrhundert angehört, so zeigt doch dieser Textzeuge noch deutliche Spuren des variantenreichen »Altäthiopen«.

In der Zeit vom 14. bis 16. Jahrhundert wurde eine Revision der äthiopischen Bibel vermutlich nach arabischen Vorlagen vorgenommen. Die Handschriften, die diesen Text bieten (= Aeth I), sind für Henoch zuletzt vor ca. 80 Jahren (von *Flemming* und *Charles*) als Grundlage von Textausgaben und Übersetzungen herangezogen worden, obgleich uns inzwischen fast die doppelte Zahl dieser wichtigen Zeugen zur Verfügung stehen. Daß die Arbeit gerade mit ihnen mühselig ist, wird dem deutlich, der sich die Vielzahl bedeutender Varianten in Aeth I vor Augen führt[17]. Aus der Zeit dieser Bibelrevision sind heute neun Handschriften zugänglich. — Interessant ist in diesem Zusammenhang, daß die zum Teil umfangreichen Zitate aus Henoch, die in die äthiopischen Homilien Aufnahme gefunden haben und überwiegend aus dem

14 Allein schon aus diesem Grunde ist es m.E. nicht möglich, Miliks These (S. 77) zu akzeptieren, wonach die christliche Henochsammlung vor dem 5. Jahrhundert undenkbar sei.

15 Vgl. *A. Dillmann* in Theologische Literaturzeitung 1892, 444; auch *H.F. Fuhs*, Die äthiopische Übersetzung des Propheten Hosea (1971) 114-17.

16 Vgl. dagegen die Nachweise für die Evangelien, so z.B. das Abbā-Gārimā-Evangeliar I (12. oder 13. Jahrhundert).

17 Übersichten bei *Flemming*, *Charles* und *Knibb*. Zu den Bibelrevisionen vgl. *E. Ullendorff*, Ethiopia and the Bible (London 1968) 31-72.

15. Jahrhundert stammen, fast ausnahmslos dem Text dieser Rezensionsstufe angehören, woraus zu schließen ist, daß sich dieser Texttypus bereits vor dem 15. Jahrhundert herausgebildet hat.

Vom 16. bis 18. Jahrhundert wurde in Äthiopien eine weitere Bibelrevision vorgenommen, bei der man für das Alte Testament Einflüsse des hebräischen Textes sowie des griechischen Textes von *Lukian* meinte beobachten zu können. Diese Rezension hat meines Erachtens auch in politischen Ereignissen ihre Ursache, bzw. diese haben sie beeinflußt: Zum einen machte die Verwüstung weiter Gebiete Äthiopiens durch *Aḥmad ibn Ibrāhīm al-Ġāzi* (1527-40), der Klöster, Kirchen und also Bücher zum Opfer fielen, die Herstellung neuer Handschriften erforderlich, wobei man zugleich den Text revidierte; zum anderen hat die fehlgeschlagene jesuitische Mission Impulse für die nationale literarische Tradition vermittelt. Da eine Henochhandschrift (Cambridge Add. 1570, bisher leider ebenfalls nicht beachtet), die im Jahre 1588-89 geschrieben wurde, einen Mischtext von Aeth I und Aeth II bietet, ist für Henoch die Revision in dieser Zeit gesichert.

Nach dem bisher Festgestellten läßt sich für die Überlieferung des Henochtextes folgendes Stemma vermuten:

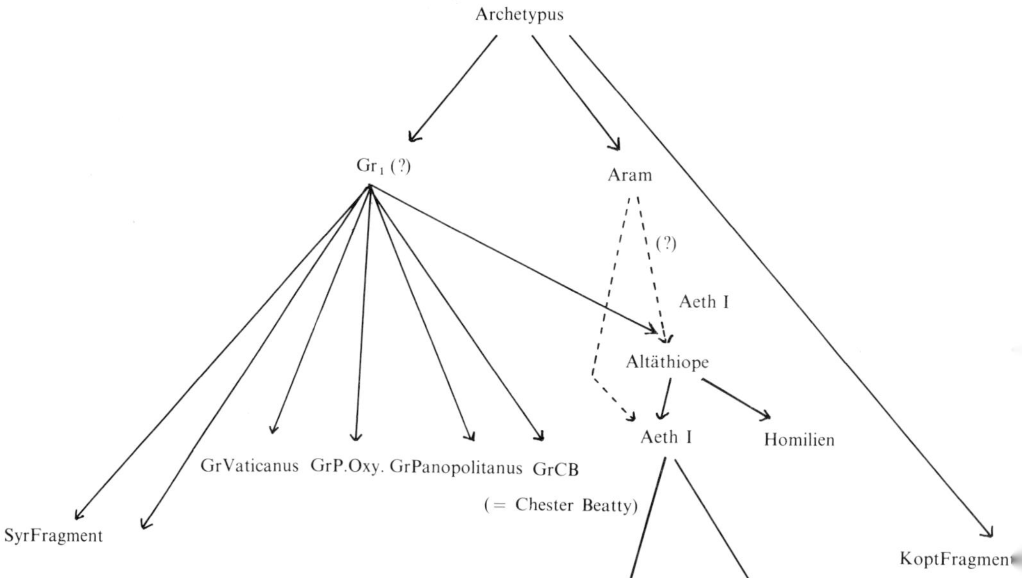

Ausgangspunkt ist der aramäische Archetypus, von ihm stammen 1. Stufe; die uns vorliegenden aramäischen Qumrānfragmente, aber auch

die griechische Version ab — 2. Stufe;
von der griechischen Zwischenstufe ist — wahrscheinlich ohne den direkten Einfluß einer semitischen Vorlage — der »Altäthiope« übersetzt worden — 3. Stufe;
auf seiner Grundlage wurden die Rezensionsstufen Aeth I und Aeth II geschaffen — 4. Stufe.

Nachdem die meisten äthiopischen Handschriften katalogisiert oder wenigstens provisorisch erfaßt wurden, sind wir in der Lage, einen textkritisch einigermaßen sicheren äthiopischen Text zu kollationieren[18]. Leider aber wird immer noch häufig auf Textausgaben und Übersetzungen zurückgegriffen, die auf Aeth II basieren. Um das Verhältnis von Aeth II zu Aeth I beurteilen zu können, sollen im folgenden einige Beispiele für die Abweichungen aufgezählt werden, die sich in großer Zahl erweitern ließen. Die textkritischen Ergebnisse dieser Rezensionsstufe lassen sich dabei in verschiedene Rubriken gliedern.

1. Aeth II hat offensichtliche Fehler bereinigt:
   a) In 5,1, wo im Kontext das Schöpfungswerk besprochen ist, steht: »(Beobachtet, wie sich die Bäume... bedecken...) erkennt, wie das alles *der gemacht hat*, der da lebt in Ewigkeit«, so Ṭānāsee 9, was ursprünglich gestanden haben dürfte;
      Aeth I dagegen: »Wie *ihr* alle diese Dinge *gemacht habt*«;
      die Korrektur von Aeth II gegenüber Aeth I ist berechtigt: »Wie das alles *der für euch gemacht hat*...«.
   b) In Kapitel 80 steht die Änderung der kosmischen Ordnung durch die Sünde im Mittelpunkt: Saat und Ernte verspäten sich;
      Vers 2 nach Aeth II: »Und werden *nicht* zu ihren Zeiten erscheinen«;
      der Ausfall von »*nicht*« in Aeth I stört die Argumentation.
   c) Nach 87,3 zeigen Engel dem Henoch einen Turm (= das Paradies), »höher als die Erde; und alle Hügel *waren niedrig* (dagegen)«;
      Aeth I liest **ኀነጹ** ፡ statt **ሕፁፀ** ፡ »und alle Hügel *waren gebaut*«, was offensichtlich auf ein Versehen zurückzuführen ist.

2. Daneben bietet Aeth II eine Fülle von unbedeutenden Zusätzen:
   a) In 72,35 wird die Sonne »dieses große Licht« genannt;
      Aeth II erweitert: »dieses große *ewige* Licht«.

18 Etwa 60 äthiopische Handschriften sind bekannt; vgl. die Einleitung bei *S. Uhlig*, Das äthiopische Henochbuch = *W.G. Kümmel* (Hrsg.), Jüdische Schriften aus hellenistisch-römischer Zeit V 6 (Gütersloh 1984), 472-76.

b) 89,37: »Und ich schaute, bis das Schaf, das jenem Schaf begegnet war, das *sie* führte, entschlief«;
Aeth II: »... begegnet war, das *die Schafe* führte«.

c) Nach 90,42 sagt der Apokalyptiker: »... erinnerte ich mich des ersten Traumes«;
Aeth II: »... *meines* ersten Traumes«.

3. Hinzu kommen (meist verstärkende) Erweiterungen:

a) So steht z.B. häufig statt »der Engel Michael« oder ähnlich in Aeth II: »der *heilige* Engel...« (vgl. 40,9; 60,4; 68,3 u.ö.).

b) Nach 14,19 kommen Feuerströme »unterhalb des Thrones hervor«;
Aeth II: »... unterhalb des *großen* Thrones«.

c) Typisch ist die Tendenz zur Emphase, wie sie sich in 80,1; 81,1 zeigt: statt der Anrede »Henoch« liest Aeth II: »*o* Henoch«.

d) In 89,69 berichtet der Schreiber: »Und ich fing an zu weinen und zu klagen«;
Aeth II: »... zu weinen und *sehr stark* zu klagen«.

4. Auch sachliche und z.T. nicht unbedeutende Interpretationen sind festzustellen:

a) 43,4: »Das sind die Namen der *Heiligen*, die auf dem Festland wohnen«;
Aeth II: »... die Namen der *Gerechten*, die ...«.

b) In 80,2 sagt Henoch von sich: »Ich beobachtete *die himmlischen Tafeln*«;
Aeth II: »Ich beobachtete *alles auf den himmlischen Tafeln*«.

c) Das interpretierende Element findet sich auch in 90,21: »Der Herr rief jene sieben ersten *weißen Männer* (= Engel)«;
Aeth II tilgt »Männer«: »... sieben ersten *Weißen*«.

5. Schließlich haben Mißverständnisse und Fehler Eingang in Aeth II gefunden:

a) In Kapitel 40 werden die Angesichtsengel als die beschrieben, »die nicht schlafen« (ኢይነውሙ፡), Aeth II liest aber ይቀውሙ ፡ »die (da-) standen«.

b) Nach 73,6 wird von der Zunahme des Mondlichtes um »ein Siebentel der Hälfte von seinem Licht« (= ein Vierzehntel) gesprochen, was für die Berechnung der lunaren Monate wichtig ist, aber von Aeth II nicht verstanden wurde: »den siebenten Teil *und die Hälfte*...«.

c) 77,8 nach Aeth I: »im Ērtreïschen Meer« (በባሕረ ፡ ኤርትራ ።): Aeth II liest dagegen: »im großen Meer« (በባሕር ፡ ዐቢይ ።); das könnte durchaus richtig sein, wenn nicht ein griechisches Fragment (P. Oxy. XVII 2069, 3v) böte: τῇ ἐρυθρᾷ θ[αλάσσῃ], was Sammelbezeichnung für Rotes Meer, Arabisches Meer und Persischen Golf ist.

Eine Edition des äthiopischen Textes, die die aramäischen und griechischen Stücke textkritisch wertet und nicht nur abdruckt, ist überfällig. Auch die Arbeit am äthiopischen Text ist keineswegs abgeschlossen. *Michael Knibb* hat zwar 1978 einen äthiopischen Text herausgegeben und übersetzt, doch leider druckte er eine Handschrift der jüngeren Gruppe Aeth II fotographisch ab und ordnete dieser die Abweichungen aller anderen Handschriften im Apparat zu. Mit einer solchen Arbeitsmethode ist eine textkritische Erschließung der ältesten Stufe des äthiopischen Henoch aber nicht zu leisten[19]. Vielmehr muß sich jede Textausgabe und Übersetzung an den Textzeugen orientieren, die dem »Altäthiopen« oder gar dem Archetypus nahestehen, also Aeth I. Vor allem die überragende Bedeutung von Ṭānāsee 9 für die Textgeschichte muß noch deutlicher in den Mittelpunkt gerückt werden. So hat *Ephraim Isaac* für die jetzt in den USA erschienene amerikanische Übersetzung die von *Ernst Hammerschmidt* katalogisierte Handschrift Ṭānāsee 9[20] zur Grundlage seiner Bearbeitung gemacht. Wenn dies meines Erachtens wegen der vielen Varianten aller alten Handschriften auch zu weit geht, so lassen sich doch Beispiele dafür nennen, daß diese Handschrift an manchen Stellen der glaubwürdigste Zeuge des ursprünglichen Textes sein dürfte[21]:

a) Bisher wurde nach Aeth in 1,9 gelesen: »Damit er Gericht über sie halte«, doch ist Ṭānāsee 9 und zwei anderen alten Zeugen (Paris Abb. 55 und EMML 2080) zu folgen: »... Gericht über sie *alle* halte«; so auch der Codex Panopolitanus und Jud 14 (ποιῆσαι κρίσιν κατὰ πάντων).
b) Die äthiopischen Handschriften bieten in 21,6: »... bis zehntausend *Äonen*... vollendet sind«; Ṭānāsee 9 und zwei Fragmente des Panopolitanus, nach denen bisher emendiert wurde, beweisen, daß die äthiopischen Kopisten einer Verwechslung erlegen sind: statt ʿāmat lesen sie ʿālam; Ṭānāsee 9 bietet den richtigen Text: »... bis zehntausend *Jahre* ...«.
c) In 90,28 berichtet der Apokalyptiker: »Ich stand auf, um zu sehen, bis er jenes alte Haus *entfernte* (ሜጥዎ ፡, so nach Ṭānāsee 9). Dieser Satz war bisher eine Crux für die Übersetzer, da die anderen Handschriften ጠምየ ፡

19 Das Argument von *Knibb*, die abgedruckte Handschrift (Rylands Ethiopic Ms. 23) biete die »Koine« des Henochtextes, mag an sich stimmen, aber sie spiegelt lediglich die historisch gewiß wichtige, für die textkritische Erforschung des Henoch jedoch nur begrenzt relevante Überlieferungsstufe wider, die aber auch in sich nicht homogen ist; vielmehr lassen sich Textfamilien innerhalb von Aeth II nachweisen.

20 Vgl. *E. Hammerschmidt*, Äthiopische Handschriften vom Ṭānāsee 1 = Verzeichnis der orientalischen Handschriften in Deutschland XX 1 (Wiesbaden 1973) 107f; *Ephraim Isaac*, Ethiopic Apocalypse of Enoch = *J.H. Charlesworth* (Hrsg.), The Old Testament Pseudepigrapha (Garden City 1983) I, 5-89.

21 *Epraim Isaac* erwähnt in einem Artikel, daß etwa 175 Lesarten von Ṭānāsee 9 für die textkritische Arbeit von Bedeutung sind: New Light Upoh the Book of Enoch from Newly-Found Ethiopic Mss = The Journal of the American Oriental Society 103 (1983) 400.

'eintauchen' boten: »... jenes Haus *einwickelte*«; allerdings kann diese Lesung nach einigen Texten auch als »verschwinden lassen« gedeutet werden (Hinweis von Bairu Tafla) und wäre dann wie Ṭānāsee 9 zu interpretieren.

d) Nach 106,13 klagt Henoch: »Sie haben das Wort des Herrn vom Bund des Himmels übertreten«, so Ṭānāsee 9 (እምሥርዐት ፡ ሰማይ ።) und der Chester-Beatty-Papyrus (ἀπὸ τῆς διαθήκης); nach den anderen äthiopischen Handschriften[22] lautet die Wendung: »... das Wort des Herrn aus der Höhe ...«. Vermutlich hat ursprünglich קימא 'Bund' statt קומתא 'Höhe' gestanden, was der Übersetzer verlas[23].

Doch nicht nur der Wortlaut des äthiopischen Textes, sondern auch sachlich relevante Fragen sind durch alte Handschriften wie Ṭānāsee 9 zu klären. Dafür zwei Beispiele:

1. Milik hat in seiner Textausgabe (S. 97f.) die Spätdatierung der Bilderreden in die christliche Ära u.a. mit der Wendung in 61,1 begründet: »Und sie (= die Engel) *nahmen Flügel* und flogen davon«. Er meint: Weil mit Ausnahme der Seraphim und Kerubim in der frühjüdischen Literatur Engel keine Flügel hätten, müßten die Bilderreden christlichen Ursprungs sein. Doch Ṭānāsee 9 und British Library Orient. 485, ebenfalls eine alte Handschrift aus Aeth I, lesen nicht ክንፈ ፡ 'Flügel', sondern ክፍለ ፡ 'Teil, Aufgabe' (Ṭānāsee 9 im Plural): »Die Engel *übernahmen ihre Aufgabe* und flogen davon«. Damit ist zumindest vom Text her die Frage weiterhin offen, ob die Bilderreden erst in christlicher Zeit abgefaßt wurden.
2. Der fünfte Traktat, Henochs Epistel, beginnt nach den bisherigen Dispositionen der Übersetzer und Kommentatoren mit 91,1: »Und nun, mein Sohn Methusala, rufe mir alle deine Brüder...«. Es ist schon längere Zeit unbestritten, daß die Kapitel 91-93 Dislokationen aufweisen; möglicherweise ging sogar ein längeres Textstück in 91 verloren. Für diese schwierige Stelle bietet Ṭānāsee 9 eine wertvolle Hilfe: die Handschrift enthält beim Beginn von Kapitel 92 eine eindeutige Zäsur: Außerhalb des Schriftspiegels steht die Ziffer 5 (entsprechend den Ziffern 2 bis 4 bei 37,1; 72,1 und 83,1); außerdem ist nach dieser Handschrift zu lesen: »(Buch) fünf, das von Henoch geschrieben ist, dem Schreiber aller Unterweisung«[24]. Damit steht meines Erachtens der Beginn der Epistel bei Kapitel 92 fest.

22 Ausnahme: die Handschrift EMML 6281, die auch zu Aeth I gehört.
23 Vgl. auch Knibb II, 246.
24 Einzelheiten bei *S. Uhlig*, Das äthiopische Henochbuch = *W.G. Kümmel* (Hrsg.), Jüdische Schriften aus hellenistisch-römischer Zeit V 6 (Gütersloh 1984) 674, 708f.

Dennoch lassen sich mit den äthiopischen Handschriften allein keineswegs alle Probleme des Textes klären. Für viele Stellen steht die Verderbnis dieser dritten Traditionsstufe fest, und der Übersetzer ist auf Emendationen oder Konjekturen angewiesen. Allerdings verhilft in der Regel eine der beiden anderen Versionen zum Verständnis. Dafür ein (extremes) Beispiel: In 101,5 ist Aeth schwerfällig und mit Sicherheit verderbt: »Und deshalb fürchten sie (sich), weil ihre beste Habe mit ihnen ins (oder: aufs) Meer geht, und Gutes ahnen sie nicht in ihren Herzen, (nämlich) daß das Meer sie verschlinge und sie in ihm vertilgt würden«. Glatt ist dagegen die Lesung des Chester-Beatty-Papyrus: »Und deshalb fürchten sie sich, und sie werden alle Güter und all ihr Vermögen ins Meer werfen, und sie argwöhnen in ihrem Herzen...«. Dem Griechen ist zu folgen. Aber wie kann die Entstehung von Aeth erklärt werden? Hier eine hypothetische Rekonstruktion der Aussage:

1. Statt **ይወፅእ ፡** 'geht' lesen Berlin, Ṭānāsee 9 **ይወፅኡ ፡** 'sie gehen', (selten) auch kausativ: 'sie werfen hinaus', oder es ist kausatives **ያወፅኡ ፡** (vgl. Dillmann, Lexicon 945f.) zu setzen, wobei allerdings die sich anschließende Präposition **ውስተ ፡** schwerfällig bleibt.
2. Das »Gut ... bei ihnen« ist verderbt und vielleicht als »ihr Gut« zu deuten: **ወሠናየ ፡ ምስሌሆሙ ።** (dabei wäre gegen Aeth I an der Konjunktion **ወ** vor »Gut« festzuhalten), doch die Schwerfälligkeit bleibt auch hier erhalten.
3. Die Negation **ኢ**, die beim Sprechen oft kaum zu hören ist, könnte von einem Glossator oder Kopisten eingefügt worden sein (British Library Orient. 485_2 positiv: »und sie ahnen...«); oder wurde im Griechischen ursprünglich mit Negation gelesen (καὶ οὐκ ὑποπτεύουσιν ...)?
4. Mit British Library Orient. 485_2 müßte mit »und« angeschlossen werden: »und sie ahnen...«.
   So wird rekonstruiert: **እስመ ፡ ኵሉ ፡ ንዋዮሙ ፡ ሠናይ ፡ ያወፅኡ ፡ ውስተ ፡ ባሕር ፡ ወሠናየ ፡ ምስሌሆሙ ፡ ወይሔልዩ ፡** »(Und deshalb fürchten sie), daß sie ihre kostbare Habe und ihr Gut ins Meer werfen werden, und sie ahnen...«.

Gerade mit dem zuletzt angeführten Beispiel wird deutlich, daß noch längst nicht alle Schwierigkeiten auf dem Gebiet der Henochforschung ausgeräumt sind. Es bleibt zu wünschen, daß der wissenschaftlichen Öffentlichkeit bald ein textkritisch zufriedenstellender Henochtext zugänglich gemacht wird. Auf diese Weise würde der Grund für weitere Untersuchungen dieser Apokalypse gelegt, und mancher Spekulation wäre der Boden entzogen.

MARTIROS MINASSIAN

Norayr N. Biwzandacʿi et ses archives

1. *Norayr N. Biwzandacʿi*

Les arménistes versés dans l'étude de la littérature arménienne du cinquième siècle ou de ses textes, reconnaissent en Norayr N. Biwzandacʿi[1] un solide philologue au sens large du mot, et H. Ačaṙean, auteur de deux grands dictionnaires, l'appréciait notamment pour son *Dictionnaire français-arménien* (ancien). Il fut d'abord l'un de ces prêtres érudits formés à l'école des Pères Mkhitaristes de St. Lazare à Venise, puis laïc adonné entièrement à la philologie arménienne. Ses inédits, conservés en partie dans ses archives, révèlent d'autres aspects de ses recherches profondes.

Stepʿan Gazēzean-Čizmēčean-Tʿērzean est né à Istanbul en 1845 et mort le 25 décembre 1915 à Venise (selon la communication de la Fondation Fredrika Bremer-Förbundet de Stockholm). Il était issu d'une famille catholique nombreuse : il a eu trois sœurs et deux frères. Il est envoyé au couvent de St. Lazare en 1854, y est sacré *Père Yarutʿiwn Tʿerzoncʿ* en 1866, un peu malgré lui, comme nous l'ont appris son journal inachevé de séminariste et un cahier de lettres adressées à ses parents et amis, tous écrits de 1868 à 1871 et conservés dans ses papiers. Comme tout prêtre de sa congrégation, il avait fait vœu de chasteté. Lui, il confesse franchement son très vif penchant pour la nature féminine dès son adolescence. Il était devenu d'ailleurs un bel homme, grand et débordant de santé physique. Nous n'aurions pas insisté, pour la première fois, sur ce «mal» dont il a tant souffert durant ses dix années de vie religieuse, sans scandale d'ailleurs, s'il n'était pas pour beaucoup dans sa décision de redevenir un homme comme les autres et de se marier.

Il est professeur d'arménien, de littérature arménienne et de français au Collège Murat des PP. Mkhitaristes à Venise de 1866 à 1868, lorsqu'il est rappelé au couvent pour rédiger un dictionnaire français-arménien-turc, mettre de l'ordre dans la bibliothèque et diriger la revue *Bazmavēp*. Il lit intelligemment, et en prenant beaucoup de notes, toute la littérature ancienne. Il sait, outre sa langue maternelle, les deux langues classiques,

1 Il n'a jamais omis le *N.* dans sa signature qu'il réduisait souvent à *Norayr*. Il signait en français *Néandre de Byzance Norayr*.

le turc, le français, l'italien et l'anglais. A force de recherche, il devient le seul partisan, à St. Lazare, de l'arménien classique proprement dit (406-460), découvert par les Mkhitaristes de Vienne en 1838-1840; et il ose blâmer de ce point de vue les dictionnaires et les ouvrages de grammaire d'arménien ancien et les textes sans apparat critique parus à St. Lazare, ce qui ne plaît pas du tout aux autres membres de la communauté. Plus tard, il leur reprochera toujours ce manque de compréhension. Il publie en 1867 deux courts textes relatifs à l'élevage des chevaux en Arménie, en insistant sur la nécessité d'étudier les termes de médecine et d'élevage conservés dans la littérature médiévale.

Le «mal» dont il souffrait malgré ses multiples occupations lui inflige dès 1868 la maladie d'apathie et de mélancolie profondes. Le Père supérieur n'y comprend rien, mais conseillé par un vieux médecin italien, il l'envoie à Istanbul en avril 1868. Il revoit pour la première fois sa famille qu'il avait quittée à l'âge de neuf ans. Après les premières effusions de joie, tout retombe dans l'ordinaire. Le jeune prêtre est rattaché à la paroisse de son cousin le P. Garegin Zarbhanalian. Tout prêtre catholique qu'il est, il est agacé par les agissements trop zélés de prosélytisme du patriarche arménien catholique Hassoun; il se range du coté de «sa nation» (comme il l'a écrit), il est condamné, avec d'autres, comme «hérétique» et assigné à résidence au Collège Mkhitariste de Kadeköy en tant qu'enseignant et surveillant. Il ressent durement ce coup venant s'ajouter au mal qui le rongeait et lui donnait des envies de «jeter le froc aux orties» (d'après ses propres termes en français dans une lettre), mais c'est l'argent qui lui faisait défaut. Le médecin arménien du collège qu'il consulte lui conseille soit de se marier, soit de rendre certaines visites «à ces dames». Mais il ne se prête ni à l'un, ni à l'autre. Un riche marchand arménien, le père de ses deux élèves de leçons privées après les cours du collège, lui propose d'accompagner ceux-ci en Europe pendant leurs études. C'est là une occasion de se faire des économies, car il serait nourri et habillé, mais pas de quitter la soutane, car le marchand est très à cheval sur les questions de religion. En tant que prêtre donc, il est pédagogue et tuteur, de 1872 à 1876, à Lausanne et à Paris. Tenu injustement pour cause de la maladie de son élève cadet à Paris, il est congédié brutalement et privé de sa dernière mensualité lorsqu'il le ramène chez ses parents sur l'avis du médecin traitant. Il fait une dette pour rentrer à Paris, prend le nom de *Norayr N. Biwzandac'i*, abandonnant définitivement et sans annonce son état religieux. Durant toutes ces années, il n'a jamais négligé ses études : «mangeant de la vache enragée» (ce sont ses propres termes en français dans une lettre au P.N. Akinian), il termine de rédiger son *Dictionnaire français-arménien*, et, fréquentant assidûment la Bibliothèque Nationale, il a écrit un petit ouvrage de philologie,

Haykakan bařak'nnut'iwn («Critique arménienne de mots»). Il rentre à Istanbul au printemps 1879, cherchant à publier ses deux travaux. Le petit livre, 128 pages, paraît en 1880, grâce au prix du concours gagné, et il est offert aux souscripteurs de son dictionnaire; mais ceux-ci sont rares. Le 18 juin 1881, Norayr épouse la suédoise Mlle Selma Jacobsson, photographe de la Maison royale de Suède, qu'il avait connue à Paris en 1875 ou 1876. Elle est de confession israélite, mais pour épouser l'homme qu'elle aime et apprécie hautement, elle se fait baptiser à l'église arménienne catholique, où est célébré d'ailleurs le mariage, car Norayr est resté bon chrétien. Une lettre de la sœur de Selma, adressée à Norayr à Paris, nous apprend que la famille des Jacobsson était contre ce mariage avec un homme qui «ne savait rien faire pour gagner de l'argent et nourrir sa future femme, de santé fragile et sollicitant des soins médicaux coûtant cher». Le *Dictionnaire* de Norayr est dédicacée à sa femme, car c'est elle qui a fourni les 15.000 francs indispensables pour les frais d'édition, et, à la mort de l'auteur, il y en avait encore 1.000 exemplaires d'invendus, disparus depuis 1915. Norayr est rejeté par sa famille et ses amis à cause de ce mariage non seulement avec «une étrangère», mais pire encore, avec «une juive»!

Après une lune de miel de deux mois passés à Stockholm, dans la ville de sa femme, Norayr rentre à Istanbul pour mettre au point la parution de son *Dictionnaire*, gros volume de 1.298 pages, et dès septembre 1882, il s'installe avec son épouse à Stockholm, comme prévu sans doute, pour se consacrer uniquement à ses recherches philologiques. Ainsi Mme Norayr sera le seul être qui rendra Norayr entièrement heureux, homme de grandes qualités de cœur et érudit de science profonde dans les études des anciens textes, de l'arménien ancien et de la poésie du Moyen Age, comme le prouvent ses inédits. Il enrichit sa bibliothèque indispensable, publie des articles dans des revues arméniennes; mais cela ne lui suffit pas : pour faire connaître les fruits de ses recherches, il publie ses articles dans son propre bulletin autographié qu'il appelle *K'nnasēr* («Le critique»), et qu'il cesse après le deuxième fascicule, chacun de 64 pages, car il n'arrive pas, en fin de compte, à en écouler 100 exemplaires pour rentrer dans ses frais (mai et décembre 1887). Son seul article philologique en français, *De l'urgence d'une édition critique des textes arméniens* (Rome, 1892), est toujours d'actualité. Il se fait naturaliser Suédois et participe, en tant que tel, en 1896, à une conférence philarménienne organisée par des Suédois condamnant les massacres des Arméniens (à Zeytoun et ailleurs); il publie deux articles et offre ses honoraires au comité de soutien (2.000 couronnes). Il participe également à des congrès d'orientalistes dont il est un membre permanent (sa carte est conservée); il voyage avec sa femme, visite St.-Pétersbourg et Moscou, lie des amitiés avec les arménistes qui le consultent dans toute l'Europe, il a le temps de répondre par écrit à tout le monde, en recopiant leurs lettres et les siennes dans un gros régistre, se trouvant actuellement, on ne sait comment, au Maténadaran à Erévan. Il annonçait dans le fascicule II de son *K'nnasēr* qu'il avait proposé d'offrir sa bibliothèque, ses inédits et une grande somme d'argent pour la création d'un centre d'études et de publications critiques des anciens textes sous sa surveillance, si d'autres se joignaient à lui. Mais resté isolé, il avait entrepris tout seul la révision de tous les textes publiés : quelques-uns, revus et corrigés par lui, sont dans ses archives, mais mutilés et incomplets à cause de la perte de centaines de feuilles. Il a emprunté des manuscrits et la première édition du livre d'Eznik, Izmir, 1762-1763, pour les copier dans des cahiers solidement reliés et bien conservés. Afin de pouvoir publier ces textes, il les met en vente pour des sommes plus que modiques. Il en fera de même pour son *K'nnadatut'iwn Haybusaki* («Critique de la Botanique arménienne» du P.Ł. Ališan) que le lexicographe Guidon Lusinean (Paris) achètera et l'offrira aux Mkhitaristes de Vienne, le P.N. Akinian le publiera dans la revue *Handes Amsorya* de 1921 à 1925, avec un tiré à part., 215 pages.

Madame Norayr quitte ce monde le 30 mars 1899, livrant son mari à un désespoir infini. Celui-ci restera plongé dans une tristesse inconsolable pour le restant de sa vie, tristesse qu'il exprimera dans ses ouvrages inédits, soit par quelques mots ou quelques lignes, soit par des prières en arménien ancien ou en français. Stockholm n'a plus de charme pour lui, et il sent tout à coup qu'il y fait un froid glacial. Il laisse la fortune de sa femme en banque, vit de ses intérêts et se retire sous le soleil d'Italie, à Venise, tout près de St. Lazare dont il n'a pas fini d'étudier les manuscrits pour achever son «Recueil de poésie arménienne» du Moyen Age (*Hatəntir talaran*), conservé dans ses archives, plusieurs centaines de pages en textes critiques avec leurs variantes, notes et explication des mots. C'est vers la fin de 1903, après avoir refusé l'invitation du Catholicos d'Ējmiacin, Mkrtič' Xrimean, comme en 1899, pour publier en édition critique la Bible et puis d'autres textes. Il est accompagné de la fidèle servante de la maison. Il se réconcilie avec ses anciens frères, vers la fin de 1905 sans doute, fréquente la bibliothèque des manuscrits. Il entreprend la publication d'une longue étude critique sur certains auteurs anciens dans *Bazmavēp*, sa maladie ne lui permet pas de la continuer. Il subit une intervention chirurgicale, mais il ne s'en remettra jamais et souffrira atrocement. Il est de plus en plus alarmé pour ses inédits. On lui rend visite, on discute, il attend, mais rien ne se fait; on fait la sourde oreille, pensant sans doute que «De toute façon ou aurait tout après sa mort : quel est l'intellectuel arménien qui n'a pas légué à sa nation ses inédits, s'il en a!» Mais Norayr avait pour principe la parole de l'Évangile qu'il aimait citer dans ses lettres : «L'ouvrier mérite son salaire»

(Luc, 10.7). C'est la première guerre mondiale. Norayr est oublié plus que jamais; il disparaît, on ne sait à quelle date précise, et assisté par qui, à part sa gouvernante qui l'a soigné avec abnégation et à laquelle Norayr léguera 20.000 francs. Il n'a pas eu d'enfant.

2. Pourquoi recherchions-nous les archives de Norayr?

Lorsque nous préparions une édition critique du livre d'Eznik dit «Contre les sectes» ou *Ełc ałandocʿ* [2], nous pensions que Norayr n'aurait pas pu s'empêcher de s'intéresser à ce texte en arménien classique. Nous avons entrepris des recherches. A la p. 3 du fasc. II de son *Kʿnnasēr* (15 mai 1887), il promettait de publier dans l'éventuel cahier III un article intitulé *Eznik Kołbacʿi ew iwr gruacn Ǝnddēm ałandocʿ* («Eznik Kołbacʿi et son écrit *Contre les sectes*»), où il montrerait «Qu'il y avait un désordre dans le livre d'Eznik à la suite d'un déplacement de feuillets». Dans sa lettre du 9 février 1897 [3], il annonçait au P. Gr. Galēmkʿearean, auteur d'une étude sur les sources de l'ouvrage d'Eznik, parue dans *Handes Amsorya* de 1893 à 1896 (en tiré à part en 1919), qu'il était en train d'en préparer le texte critique, il le terminerait vers l'automne et le mettrait en vente pour 1.500 francs. Il en avait corrigé deux passages dans son *Haykakan bařakʿnnutʿiwn* en 1880, et un mot dans son article (le dernier) paru en 1911 à Vienne. Il faisait savoir également qu'il en avait copié l'édition princeps en l'empruntant à la bibliothèque d'Upsal. Mais le fasc. III de son bulletin, son article projeté et son texte critique ne virent jamais le jour, et il faudrait rechercher tout au moins ce dernier afin d'en inclure les lectures, avec la signature de l'auteur, dans notre édition.

3. Le P. Nersēs Akinian à la recherche des archives de Norayr

N. Akinian avait été l'ami (par correspondance) de Norayr habitant à Venise et avait publié quelque-unes de ses notes philologiques dans la revue *Handes Amsorya* dont il était alors le rédacteur. Il fut le premier à parler de lui après la guerre, dans son article *Norayr N. Biwzandacʿi* (*Handes Amsorya*, 1921,

2 L'apparat critique de cette édition, en collaboration avec le P. Nersēs Tēr Nersēsean de St. Lazare, fournira les lectures du Ms (Erévan), de six éditions jugées principales et toutes les corrections textuelles proposées jusqu'à nos jours.

3 Cette lettre est parmi 40 d'autres, adressées par Norayr aux PP. Mkhitaristes de Vienne. Nous remercions l'Abbé général Mgr Gr. Manian pour son aimable autorisation de recherche et de photocopie de ces lettres pour publication (à Beyrouth), ainsi que le conservateur le P. O. Sékoulian pour son aide inestimable.

p. 85-96). Il prodiguait à sa mémoire des éloges qu'il n'avait pas écrites auparavant en évoquant le souvenir d'un arméniste disparu. En parlant des inédits de Norayr, il ne citait que l'article mentionné déjà. Il ignorait la date exacte de la mort du savant et l'adresse de ses inédits. Il avait continué sans doute ses recherches. En effet, parmi les lettres qu'il a reçues de lui de 1908 à 1911, il y a une feuille de papier dactylographiée, intitulée d'abord «Lista dei Manoscritti del filologo fu Norair», puis au dernier quart, «La biblioteca di Norair di Bizanzio», et une lettre en arménien oriental, mêlé de dialecte iranien, d'un certain Gurgēn qui était sans doute un homme peu lettré. Sa lettre est datée du 1/VII 1938, postée sans doute à Stockholm, où, suivant les instructions du P. Akinian, il a recherché les inédits de Norayr. Il découvre finalement l'adresse de l'association de dames charitables *Fredrika*[4] *Bremer Stiftelse*, Klarabergsgat., 48, à Stockholm, qui a hérité de Norayr tout ce qu'il possédait, mais qui ne disposait plus de sa bibliothèque ou de ses manuscrits; le seul livre, un dictionnaire français-arménien (ou arménien-français?) avait été envoyé au Caire, par valise diplomatique, à l'évêque arménien dont on ignorait le nom; d'ailleurs il est possible que Norayr aie offert ses écrits à des gens à Stockholm ou ailleurs. Peut-être les dames de l'association ne savaient plus rien, car vingt-trois ans s'étaient écoulés depuis la mort de Norayr. Gurgēn réussit à parler à Mlle Signe Jacobsson, la fille du frère de Mme Norayr: elle raconte quelques souvenirs, sans pouvoir en dire plus, car les deux familles ne se fréquentaient plus à cause de ce mariage indésirable; mais Norayr avait été à Paris le professeur de «deux princes arméniens, et il a pu offrir ses écrits à une bibliothèque ou à ceux-là même»: nous savons que les «deux princes» n'étaient autres que les deux élèves de Norayr. Et puis, dit Mlle Signe, un monsieur est venu la trouver ces jours-ci pour lui vendre quelques photos de Norayr et de sa femme: elle les a refusées en disant que Mme Norayr elle-même était photographe et la famille avait leurs photos. Qui était cet homme mercantile?

La seconde guerre mondiale vint sans doute interrompre les investigations de N. Akinian. D'autre part, il y eut du nouveau en 1949.

4. S. Lorelli[5] *«découvre» les archives de Norayr*

La revue *Ējmiacin* publiait dans son numéro de mars-avril 1949, p. 64-68, une lettre et une communication intitulées *Norayr Byuzandacʿu antip grakan*

4 Dans la lettre, «Frederika».

5 D'après le «Dictionnaire biographique» (*Kensagrakan bar̄aran*) de G. Stepʿanyan, S. Lorelli n'était autre que Sourēn Erznkean (1881-1963), universitaire, révolutionnaire exilé par le

žaṙangutyunə («L'héritage littéraire inédit de Norayr Biwzandacʻi»), la lettre étant datée du 8 juillet 1947 et envoyée de Stockholm au Caire, à Mgr Mambrē Sirunean, qui avait fait parvenir au Catholicos la lettre et la communication pour une publication éventuelle. La rédaction de la revue les avait publiées avec «certaines petites coupures». Elles comportent des redites et plusieurs imprécisions; en voici l'essentiel.

Se trouvant à la bibliothèque *Carolina Rediviva* d'Upsal dès novembre 1945, Lorelli s'est mis à rechercher «les héritiers suédois» de Norayr et «son héritage littéraire». Grâce à l'aide du directeur de la bibliothèque, il apprend que cet héritage se trouve en Suède depuis 1915, l'année de la mort du philologue. Il avait joint à sa lettre une copie du testament en français de Norayr, écrit par lui-même, mais la rédaction d'*Ējmiacin* n'a pas jugé bon sans doute de le publier : le défunt avait légué tout son bien à l'association de bienfaisance *Fredrika Bremer-Förbundet* : *1.* la somme de 125.000 couronnes suédoises[6] rapportant par an 5.000-6.000 c.s.; *2.* sa bibliothèque personnelle comptant 1.000 ouvrages en diverses langues; *3.* 1.000 exemplaires de son *Dictionnaire français-arménien*; *4.* ses inédits entièrement prêts à la publication. — Le corps de Norayr avait été transporté en Suède en décembre 1924 et reposait dans le caveau qu'il avait fait construire selon son goût[7]. Ses écrits étaient conservés dans des caisses entreposées au sous-sol de la Bibliothèque municipale de la ville de Göteborg depuis 1923, après avoir séjourné dans celui des bureaux de l'association, de 1915 à cette date. Lorelli ne révèle pas la raison de ce changement d'adresse. Il envoie une lettre de plainte au directeur de la bibliothèque, Seth Hallberg (il fut en poste de 1927 à 1947) : celui-ci s'excuse par écrit et, accédant à sa demande transmise sans doute par la bibliothèque d'Upsal, il envoie à celle-ci les inédits (ou tous les papiers?) de Norayr, et Lorelli les «consulte durant plusieurs mois» : il les trouve dans un piteux état, traités comme un «fatras de papiers», laissant «couler une pluie de sable», réduits «en brouillamini au nom d'un classement par un étudiant, La-Fontaine, de l'université de Lund, qui ignorait tout de l'arménien, et il faudrait presque un an pour les classer, alors qu'ils sont cachés, sans inventaire, à la science». Et Lorelli de blâmer tout le monde dans sa communication : Norayr pour son acte «non patriotique et insensé, alors que nous avions Ējmiacin, Jérusalem, l'UGAB et d'autres organisations arméniennes»; les dames de l'association «pour leur ingrati-

gouvernement du tsar, rédacteur de journaux arméniens à Tiflis après 1917, ancien diplomate du consulat soviétique en Finlande, transfuge en 1930; après un long silence, il avait publié des articles en faveur de l'Arménie Soviétique. Il est auteur d'un livre en finlandais sur le révolutionnaire Kamo ou Hayk Bžškean.

6 S. Lorelli a fait publier dans la presse arménienne de l'époque des variantes nuancées de sa communication, comme dans *Sion*, 1950, p. 50, où cette somme est de 150.000 c.s.

7 S. Lorelli a omis de dire que cette condition avait été posée par Norayr.

tude envers leur bienfaiteur», Seth Hallberg, docteur en philologie, pour son «incompétence et son ignorance de ce qui se passe dans la bibliothèque qu'il est censé diriger»; par conséquent il formule un appel adressé à l'épiscopat arménien du Caire : «Il est souhaitable que celui-ci organise un *Comité de publication de l'héritage littéraire inédit de Norayr Biwzandac'i*», car dit-il, «Il faut qu'il exige de l'association de bienfaisance des femmes suédoises la restitution et l'envoi des manuscrits de Norayr Biwzandac'i, passés illégalement à la bibliothèque de Göteborg». Une autre raison de son langage dur est le fait que «Tous les manuscrits ne sont pas découverts, et il y a de grandes pertes». Néanmoins, «J'ai feuilleté, dit-il, 130 manuscrits grands et petits portant divers titres», mais pour en donner une idée il n'en a cité que 30.

S. Lorelli a le mérite d'avoir «découvert» pour les Arméniens les inédits de Norayr, mais on pourrait lui reprocher les points suivants tout au moins : *a*) Pendant qu'il «consultait durant des mois» ces papiers il pouvait en dresser l'inventaire. *b*) Il a compris peu de chose aux manuscrits qu'il a étudiés, les prenant tous pour des études ou des ouvrages «prêts à la publication», au nombre de 130, sans discerner de simples notes de lecture, des notes personnelles de recherche, des listes de mots, des brouillons, des textes copiés pour usage personnel, etc., et présentant ainsi un chiffre erroné, publiant une liste erronée de 30 titres. *c*) S'il a osé blâmer Norayr, c'est qu'il ignorait ses raisons profondes et ses désillusions amères, son principe moral d'ouvrier méritant sa récompense. *d*) Ses autres blâmes se réduisent à des calomnies, car il avait une copie du testament de Norayr (que la rédaction d'*Ējmiacin* a eu tort de ne pas publier), et il avait appris sans doute que Fredrika Bremer-Förbundet *avait vendu* les papiers et la bibliothèque de Norayr à la Bibliothèque municipale de Göteborg, qui ignorait sans doute, il est vrai, la valeur des manuscrits achetés, parce que personne n'y lisait l'arménien.

5. *Une liste des inédits de Norayr selon Yov. Petrosian*

Dans son ouvrage *Hay gitnakanner, hraparakaxosner, žuṙnalistner* («Savants, publicistes, journalistes arméniens»), Erévan 1960, p. 66, il déclarait que les inédits de Norayr avaient disparu après son décès, et il n'en citait que neuf titres avec des erreurs, trahissant ainsi une source par ouïe-dire et son ignorance de la lettre de S. Lorelli.

6. *Les inédits de Norayr selon G. Abgarian*

Philologue bien connu à Érévan, celui-ci a signé un article à ce sujet: *Norayr Byuzandac'u antip erkerə* («Les œuvres inédites de Norayr Byuzandac'i») dans le numéro 8-9, 1964, p. 35-40, de la revue *Ējmiacin*[8]. Il rappelle d'abord la vie de Norayr dans une demie page où il a commis les erreurs suivantes : *a*) La date de naissance de Norayr serait 1844 (p. 35), qu'il emprunte à N. Akinian; cependant des documents signés par Norayr et conservés dans ses archives attestent 1845. *b*) Norayr aurait été le rédacteur de la revue *Bazmavēp*, alors qu'il en a été le directeur (*tesuč'*). *c*) Norayr «a traduit en arménien l'histoire de la langue sémitique de Renan, etc.» : on sait bien qu'on a *des* langues sémitiques, et E. Renan a publié (deux fois) un ouvrage intitulé *Histoire générale et système comparé des langues sémitiques* : or, nous certifions, pour l'avoir vue, que cette «traduction» de 60 pages n'en est pas une au sens propre du mot : elle est constitutuée de notes de lecture que Norayr prenait en arménien et en français, pour les utiliser et parfois citer dans son étude inédite *Pawstosi Biwzanday Patmut'iwn Hayoc' t'argmaneal yasorwoyn* («Histoire d'Arménie de P'awstos Biwzand, traduite du syriaque», deux variantes en brouillon et une mise au propre, 120 p.). *d*) Norayr «est mort en 1915, dans un grand besoin matériel» (p. 35) : cette date n'était pas encore confirmée, mais ce qui est plus grave et absolument faux, c'est que Norayr n'est pas mort dans la misère. *e*) «Dans les années 1882-1903, ce savant de mérite a vécu en Suède *avec* sa femme, *peintre* royale de Suède, *Selman* Norayr (Jacobsson)» (p. 35-36) : le lecteur peut déjà réfuter les erreurs de cette phrase. Pour ce qui est des inédits, G. Abgarian se réfère souvent à la lettre et à la communication de S. Lorelli pour affirmer qu'ils sont conservés «dans la ville d'Uppsala» (p. 36), «à l'université d'Uppsala, selon la communication de S. Lorelli» (p. 40); il est induit ainsi en erreur parce que celui-ci avait omis de dire que ces écrits *avaient été prêtés* à la bibliothèque universitaire de cette ville pour sa consultation. Il lui fait même dire, en arrangeant certains mots de sa communication, que les écrits «sont conservés actuellement à la célèbre bibliothèque universitaire Carolina Rediviva de la ville d'Uppsala en Suède» (p. 40). G. Abgarian a repris à son compte le chiffre de 130 manuscrits «d'ouvrages grands et petits» et 14 titres de sa liste. Il a repris aussi les titres d'études annoncées par Norayr dans son *K'nnasēr*, comme N. Akinean.

Ce qu'il y a de nouveau dans l'article de G. Abgarian, c'est sa déclaration que «Les microfilms d'une partie des œuvres inédites découvertes ont été envoyés[9] en Arménie et sont conservés actuellement à la bibliothèque de

8 G. Abgarian a signalé les erreurs de Yov. Petrosian commises dans son ouvrage.

9 Ces microfilms ont été offerts sans doute par la Fondation Calouste Gulbenkian de Lisbonne, qui avait mandé à Göteborg H. Berberian en 1964, dont nous avons remarqué la signature datée sur un document d'archives. D'autre part, à notre question relative au texte d'Eznik, il nous fut répondu par la Fondation que tout a été envoyé à Erévan et c'est là qu'il faudrait s'adresser.

l'académie des sciences et en partie au Maténadaran Maštoc'». Ainsi la première bibliothèque posséderait les microfilms de 13 ouvrages, la seconde, ceux de deux œuvres, et l'on attendait à l'époque, d'après une lettre de feu Haïk Berberian[10], celui de l'exemplaire personnel de Norayr du famaux dictionnaire *Bargirk' haykazean lezui*, chargé d'annotations, ainsi que celui d'une nouvelle variante inédite de son ouvrage *Koriwn vardapet ew norin t'argmanut'iwnk'* (Tiflis, 1900, grâce à un mécène). La seconde nouveauté de G. Abgarian, c'est sa description des ouvrages d'après leurs microfilms. Il fait remarquer avec raison qu'il y a des divergences de titres inscrits dans les listes établies jusqu'ici. Cette confusion provient en partie de Norayr qui ne donnait pas toujours le même titre à ce qu'il voulait écrire ou avait écrit, mais pour la plupart la faute en incombe à S. Lorelli, qui a établi la première liste, à H. Berberian, qui a commandé les microfilms des «ouvrages» qu'il a trouvés intéressants, et à G. Abgarian, qui a commis des fautes d'appréciation en ce qui concerne certains microfilms, comme nous le montrerons ci-dessous.

7. Les inédits de Norayr selon A.A. Abrahamian

Celui-ci décrit la vie de Norayr et analyse brièvement ses principales publications dans son article *Norayr Byuzandac'u kyank'n u gitakan gorcuneut'yunə* (*Patma-banasirakan Handes*, 1965, 3, p. 19-34), écrivant: «Le nombre des manuscrits se trouvant en Suède (à Göteborg) est de 130[11] ... Quelques uns ont été microfilmés et envoyés en Arménie au Maténadaran Maštoc' et à la bibliothèque de l'académie des sciences»[12] (p. 22). Pour ce qui est de Göteborg, il a su lire entre les lignes de S. Lorelli, à la différence de G. Abgarian, faisant confiance à tous les deux pour le reste.

8. Les archives de Norayr vues et inventoriées par M. et A. Minassian

Nous avions tout lieu de rechercher un texte d'Eznik dans les inédits de Norayr, car S. Lorelli citait «*Eznik Kołbac'i.* — 235 pages» et G. Abgarian

10 D'après G. Abgarian (p. 39), H. Berberian aurait annoncé par lettre que la Fondation Calouste Gulbenkian publierait en photocopie l'ouvrage *Naxnik'* de Norayr, mais cette publication n'a pas paru encore.

11 Avec renvoi au cahier de la revue *Ējmiacin* où a paru la communication de S. Lorelli, sans mentionner ce nom tabou.

12 Avec renvoi à l'article de G. Abgarian.

décrivait, d'après le microfilm, «*Eznəkay Kołbacʻwoy Čaṙkʻn ənddēm alandocʻ*», 234 pages.

Nous avons prié l'arméniste M. Bo Johnson, Docent à l'Université de Lund (Suède), rencontré à la Conférence internationale d'arménologie tenue en début de novembre 1982 à Philadelphie, de vérifier pour nous si les archives de Norayr étaient à Upsal ou à Göteborg (plus vraisemblablement). La réponse précise de notre ami ne tarda pas : les manuscrits et la bibliothèque personnelle de Norayr étaient conservés à *Göteborgs Universitetsbiblioteket, Centralbiblioteket*, Renströmsgatan 4, les premiers étant sous la responsabilité de Mme Karin Wessman, qui répondit aussitôt et favorablement à notre demande de consulter les inédits afin de retrouver le texte d'Eznik. Subventionné par la Fondation des frères Ghoukassiantz, dont nous sommes le chargé de recherche à l'Université de Genève, nous étions sur place le 6 décembre 1982, accompagné de notre épouse comme aide, car les archives manquant d'inventaire, il fallait tout voir pour retrouver ce que nous cherchions parmi les quatre gros chariots de cartons et de gros cahiers reliés, tenant cinq mètres de rayonnage. Puisque nous y étions, nous avons préféré dresser le premier inventaire des archives de Norayr (du 6 au 9 décembre, en 32 heures de travail intense), à paraître en arménien dans *Bazmavep*. Nous n'avons pas eu le temps de voir la bibliothèque personnelle de Norayr, mais Mme K. Wessman voulut bien nous envoyer une photocopie du catalogue où les titres arméniens sont transcrits et traduits en suédois, nous ignorons par qui.

Ce que nous avons inventorié est conservé dans le département des manuscrits de la bibliothèque universitaire; nous l'appelons les *Archives de Norayr*, car on y trouve aussi des documents de famille, des souvenirs, comme des feuilles d'arbres et de plantes séchées, des comptes bancaires, des enveloppes de lettres et d'envois d'imprimés, des cartes postales et des lettres, des photos d'amis (mais pas une de Norayr, ni de sa femme), un journal non suivi des dépenses de Norayr à Venise, avec les noms de certains visiteurs, des notes de lectures, des ébauches de recherche, des listes de mots, des brouillons barrés ou non, des copies de textes, des pages mises au propre, etc., et des études ou des ouvrages inédits bien sûr.

On remarque dans les archives des bouts de papier de toutes dimensions, des feuilles de papier de petit, de moyen et de grand formats, de petits et de grands cahiers, de gros cahiers bien reliés et des boîtes contenant des bouts de papier, des cartes postales et des lettres ou des photos. Tout ce qui n'est pas relié, est entassé dans des caryons ou des boîtes. Les cartons sont numérotés d'après un système de format, in-4 ou in-8, les unités contenues ont leurs numéros, avec très peu de titres sur certains papiers, mais ceux-ci portent un seul titre, alors qu'en réalité il s'agit de plusieurs choses. Les unités sont réunies trop souvent au hasard, sans aucun classement logique, et une seule unité contient très souvent plusieurs sujets dont on se rend compte en la feuilletant et lisant attentivement, ce qui n'est pas toujours facile en cas de brouillon ou de pages surchargées de notes. Des papiers qui se complètent sont souvent dans des cartons différents. On voit bien qu'un classement est absolument indispensable, mais cela impliquerait une connaissance profonde de la vie et de l'œuvre de Norayr, et qui serait fait par quelqu'un d'initié à la langue et aux sujets traités. En plus des cartons et des boîtes, 22 gros cahiers sont reliés et numérotés, portant encore le nom de la Bibliothèque municipale de Göteborg (qui a eu d'abord les archives en sa possession).

Pour ce qui est des choses écrites par Norayr, on y trouve des notes personnelles et préliminaires de recherche, comme le ferait chacun de nous avant d'écrire quelque chose, un article, une étude ou bien un ouvrage entier. Norayr écrivait surtout à l'encre, mais parfois au crayon devenant de plus en plus illisible. Son écriture est facile à lire lorsqu'il s'agit d'une copie propre ou d'une lettre, mais moins et même difficile en cas de notes ou de brouillons. Il avait l'habitude de dater presque tout ce qu'il écrivait, donnant un titre à chaque sujet, rédigé ou ébauché, à toutes ses notes personnelles. On trouve plusieurs titres dans un même cahier, écrit très souvent avec des pages blanches en réserve. Il nous semble que c'est tout cela, vu sans étude profonde, jugé superficiellement, qui a fait croire que Norayr avait laissé «130 ouvrages petits et grands». A cela s'ajoute le fait que des feuilles, relatives au même sujet lu ou traité, se sont dispersées, et une étude seule peut les réunir. Un même sujet traité par Norayr a parfois plus d'une variante en brouillon, ce qui fait augmenter le nombre «des ouvrages». Les choses se compliquent par les listes de mots et les copies de textes qu'il a reçues, par les copies de textes effectuées par lui-même, comme ces fameux 22 cahiers que tous ont pris pour des textes prêts à être publiés. Toute conclusion hâtive était donc à éviter, et c'est ce que S. Lorelli, H. Berberian et même G. Abgarian, philologue averti, n'ont pas su toujours éviter. En plus de notre examen sur place, nous avons acheté des milliers de pages en photocopie pour la Bibliothèque Ghoukassiantz et nous avons pu vérifier ainsi le vrai et le faux des listes publiées par S. Lorelli et G. Abgarian. Voici quelques remarques.

9. *Remarques à propos des déclarations et de la liste de S. Lorelli*

Au lieu d'une copie du testament de Norayr, que Fredrika Bremer-Förbundet nous a accordé finalement, nous avons découvert dans les archives une copie d'une lettre de Norayr où il tâche de convaincre cette association d'accepter tous ses biens, à la seule condition de ne pas laisser ses ossements dans le cimetière de Venise. Pour ce qui est de la grosse somme d'argent, il argumente qu'elle appartenait à son épouse suédoise, elle-même membre d'une association charitable féminine suédoise, et dont les intérêts ont suffi à le nourrir depuis sa disparition, et il offre 20.000 francs à sa servante très fidèle. Il est miné par la maladie et n'a pas longtemps à vivre. Quant à ses livres et à ses écrits, personne n'en a voulu de son vivant pour une récompense symbolique et une promesse ferme de publications. Son testament confirme sa lettre avec plus de détail. Ainsi Fredrika Bremer-Förbundet était donc légataire universelle de Norayr et n'avait rien àréstituer, ni à rendre compte de quoi que ce soit, ni à qui que ce soit. Et S. Lorelli n'avait donc aucune raison de formuler une blâme à son adresse, comme il l'a fait gauchement. Il a également déclaré que les manuscrits et les livres de Norayr avaient passé *illégalement* à la Bibliothèque municipale de Göteborg.

Disons d'abord que l'association pouvait disposer librement de ce qui lui appartenait légalement. D'autre part, répondant à notre question relative à la présence des livres et des archives de Norayr à la bibliothèque universitaire, Mme K. Wessman nous a lu et traduit les lignes écrites à ce sujet par Seth Hallberg, l'ancien directeur de la Bibliothèque municipale de Göteborg, dans son ouvrage en suédois *Göteborgs Stadsbibliotek, 1891-1940*, p. 58 : il y est dit que Fredrika Bremer-Förbundet avait hérité de Norayr ses manuscrits et sa bibliothèque en 1915, et en 1922 elle les avait vendus à la Bibliothèque municipale de Göteborg; en 1927, un licencié de 'lUniversité de Lund, C. Lafontaine, avait essayé de classer les manuscrits. En 1960, cette bibliothèque avait cédé tout à la Bibliothèque centrale de l'Université de Göteborg, comme tout ce qui était orientalisme d'ailleurs. Ils y sont actuellement conservés avec le plus grand soin.

Le chiffre de 130 ouvrages, repris par d'autres qui ne les ont pas vus, est absolument faux, la réalité étant bien au-dessous. D'ailleurs pour pouvoir dire exactement ce qui est bon à publier, il faudrait tout étudier très soigneusement, sauf quelques ouvrages qui se distinguent nettement des autres et ont une valeur réelle pour les études arméniennes. Sur les 30 titres cités par S. Lorelli, sont de véritables ouvrages : un dictionnaire d'arménien moyen, une étude de 120 pages sur l'*Histoire d'Arménie* de P'awstos Biwzand, des textes de poésie médiévale, et *Naxnik'* ou collection de passages textuels corrigés par Norayr. Les autres sont des textes copiés par Norayr, dont celui de la première édition du livre d'Eznik, des notes, le brouillon d'un article paru dans *Bazmavēp* en 1905. En outre, S. Lorelli a commis des fautes en copiant des titres, comme «*Pawsta Biwzandac'woy Patmut'iwn Hayoc' t'argmaneal yAstwoyn*» (N° 7 de sa liste) au lieu de *P'awstosi Biwzanday* ...

yasorwoyn, ou «*Vardananc'*» (N° 18) au lieu de *Vardanay*, ou «*i talagirn*» au lieu de *i tpagirn* (N° 27), etc. C'est pourquoi en reproduisant certains titres de sa liste, G. Abgarian en a corrigé (tacitement) les erreurs qui se devinaient facilement pour un philologue. S. Lorelli a fait de faux commentaires sur certains «ouvrages»: ainsi à propos de *Haybusak* (N° 11) il a dit: «Norayr en préparait une nouvelle édition», alors que la première fut posthume.

10. Remarques à propos de la liste de G. Abgarian

Celui-ci a brièvement décrit les «ouvrages» dont les microfilms se trouvent à Erévan. Il a commis des erreurs de copie et d'appréciation. Ainsi, son premier «ouvrage» est «*Pawstosi Biwzanday Patmut'iwn Hayoc' t'argmaneal yasorwoyn. Greac' Norayr Biwzandac'i*, 1-122 pages». Notons d'abord que le *N.* du nom de l'auteur est omis délibérément. Comme nous possédons les photocopies de cette étude, qui en est réellement une, nous avons remarqué qu'en citant entièrement la page 6 (sans en dire le numéro), G. Abgarian a commis cinq fautes de copie, sans compter les guillemets supprimés et d'autres ajoutés à son gré. Il en a commis 6 autres en citant une vingtaine de lignes de la p. 41 (toujours sans le numéro de la page) et une septième plus bas. Selon lui, l'étude s'arrête à la p. 112, car le 6e point du ch. III n'est pas traité. Mais l'étude s'est arrêtée en réalité à la p. 108, car aux pages 109-112, on a «Les syriacismes chez Biwzand», et à la p. 112, «Les hellénismes chez Biwzand», deux sujets qui ont été traités plus haut. Et la suite, paginée de 1 à 6, et non de 113 à 118, porte le titre de «P'awstos Biwzand et les traductions du syriaque: Similitudes de mots et de tournures», sans constituer une partie de cette étude. Le point 6 du ch. III se retrouve dans le brouillon à 60 pages de l'étude (il y en a un premier en 40 pages aussi).

Nous avons fait savoir que Norayr avait copié dans un cahier relié le texte de la première édition de l'ouvrage d'Eznik. Or, à la suite de S. Lorelli, G. Abgarian le décrit comme un texte établi: «Dans un cahier de 234 pages, Norayr Byuzandac'i a copié l'ouvrage «*Ełc ałandoc'*» d'Eznik Kołbac'i et l'a préparé ainsi pour la publication. Il a effectué la copie sur la base de la première édition de Kołbac'i (Zmyuŕnia, 1762), il l'a comparée aussi avec d'autres éditions», etc. (p. 37). Or, s'il avait pris la peine de lire l'avant-propos de Norayr, il aurait vite compris que ce cahier n'était que la *copie exacte* de l'édition d'Izmir, avec la correction des errata et la signalisation de quelques lectures des éditions de 1826 et de 1863 de Venise. Mais Norayr avait réellement établi un texte critique de cet ouvrage à partir des trois premières éditions et son propre jugement, et c'est ce qui nous avait amené à

Göteborg. Nous l'avons trouvé, mais dans quel état! Différents cartons et une boîte contiennent le quart du texte copié au propre, la moitié du texte en brouillon, quelques remarques et quelques notes personnelles; ainsi le reste du texte, toutes les notes et tous les commentaires, dont seuls les numéros sont indiqués au bas des pages, sont perdus, car tout était sur des feuilles non reliées! La direction de la bibliothèque nous a offert les photocopies de ce qui restait du brouillon et de la mise au net. Comme Norayr disait parfois dans ses lettres qu'il avait corrigé telle ou telle faute dans son propre exemplaire bien avant la date de l'établissement du texte, nous avons eu l'idée de demander la photocopie de son exemplaire conservé dans sa bibliothèque : ses marges sont chargées de notes au crayon, qui ne sont pas toujours nettes pour un autre que Norayr; néanmoins nous les avons utilisées avec précaution et sa signature, sans être toujours affirmatif.

G. Abgarian cite 7 autres «textes prêts à être publiés», mais qui ne sont que de simples copies que Norayr a effectuées en une belle écriture lisible, à partir d'un gros Ms d'historiens, que lui avait prêté son ami le philologue G. Ezeancʿ, de St.-Pétersbourg.

11. Pertes et valeurs des archives de Norayr

S. Lorelli avait raison de faire remarquer amèrement que les inédits de Norayr avaient subi des pertes. L'étude ou la lecture de certaines unités vient confirmer ceci de plus en plus. Nous avons remarqué que certaines unités ont disparu de leurs cartons respectifs même après le classement existant, car elles ne répondent plus à leurs numéros qu'on a oublié d'effacer. Cette disparition tardive fut signalée à Mme K. Wessman qui l'ignorait. Les autres disparitions s'expliquent par les multiples déplacements et les conditions de conservation. Il y a d'autres textes que celui d'Eznik établis par Norayr, mais mutilés par des disparitions. Ainsi celui de Koriwn a perdu ses notes et commentaires à partir de la p. 18. Le grand dictionnaire de l'arménien moyen à six volumes en a perdu le dernier qu'on pourrait rétablir en partie à partir de certains brouillons barrés par l'auteur. Norayr annonçait dans le 2ᵉ fasc. de son *Kʿnnasēr* qu'il avait préparé une critique de la *Grammaire de l'arménien moderne* d'A. Aydenyan et qui prendrait de 300 à 400 pages : nous n'en avons trouvé que 145 pages de brouillon et 8 pages de mise au propre, cependant le plan, indiqué dans les pages d'introduction, laissait prévoir un grand ouvrage. Nous n'avons cité que quelques exemples de pertes.

Néanmoins les archives de Norayr contiennent de véritables trésors pour la philologie arménienne. A part quelques études, nous citerons :

1) *Naxnikʿ* : c'est une sorte de collection de toutes les fautes que les scribes ont commises lors des copies de manuscrits, et une collection de

corrections de passages altérés dans toute la littérature ancienne, y compris parfois la Bible. Nous en avons formé deux gros volumes de 1500 pages chacun : le premier est bien lisible et forme un tout, mais surchargé d'addenda, comme toujours, et le second est composé de pages propres et en brouillon, souvent barrées, donc recopiées. L'auteur a deux ou trois plans ou tables des matières de cet ouvrage.

2) *Bar̈agirk' storin hayerēni i matenagrut'eanc' ŽA-ŽĒ daruc'* («Dictionnaire du moyen arménien des œuvres des XI-XVII siècles»), en six volumes dont seuls les cinq premiers subsistent, en tout 5872 pages, seuls les quatre sont reliés, mais les cuirs du dos sont arrachés. Cet ouvrage est unique en son genre et complète les dictionnaires d'arménien ancien. Les sens des mots sont appuyés par des témoignages textuels. Les addenda et les reports signalés par l'auteur rendent indispensable un travail préliminaire avant publication.

3) *Hatəntir taɫaran* ou «Choix de poèmes du Moyen Age», auquel Norayr a consacré notamment sa vie à partir de 1903, celle de Venise. Ce sont des centaines et des centaines de pages, sans compter les simples copies et les brouillons, de poèmes recopiés avec leurs variantes principales, avec des notes et des explications de mots. Norayr a toujours été un admirateur de cette poésie dite «populaire». Son «Dictionnaire du moyen arménien» donne la clé des mots incompréhensibles de cette littérature médiévale, pas assez connue ni publiée encore.

Les trois grands travaux de géant que nous venons de citer, et des études choisies avec circonspection constituent tout ce qu'il y a de précieux dans les archives de Norayr et méritent une publication sans trop tarder, mais celle-ci devrait être confiée à des spécialistes de ces questions. Les textes établis par Norayr pourraient être utilisés soit dans des publications (si elles ne sont pas encore faites), soit dans des articles pour les faire connaître en collation avec les textes déjà publiés, comme ceux des historiens. Les textes copiés par lui à partir de manuscrits prêtés sont d'une grande valeur, si ceux-ci ont disparu ou sont inaccessibles. Toute note de Norayr pourrait être utile, car il fut le plus grand connaisseur des textes anciens et médiévaux. Il est donc indispensable que ses archives soient classées et inventoriées avec des annotations. Ceci demande beaucoup de temps, de la patience et de la compétence. On pourrait distinguer les documents de famille, la correspondance, les photos, son journal intime, les notes de lectures, les copies de textes brefs, les grandes copies de manuscrits prêtés, les brouillons, les travaux ébauchés, les corrections de textes, les dictionnaires et listes de mots, les textes revus et corrigés, la poésie médiévale, etc., études et travaux achevés. Les archives de Norayr font découvrir d'autres aspects de la grandeur du philologue et lexicographe Norayr N. Biwzandac'i.

KONGRESSBERICHTE

Symposium in Rende (Cosenza) vom 3. bis 7. September 1984

Vom 3. bis 7.9.1984 veranstaltete das Centro interdipartimentale di Scienze religiose der Universität von Kalabrien in Rende ein internationales Symposium über den Codex Manichaicus Coloniensis (CMC). Insbesondere sollten seine Beziehungen zu Judentum, Judenchristentum und Gnosis untersucht werden. Der Initiator war Prof. L. Cirillo von der Universität von Kalabrien, der selbst bereits Studien zum Gegenstand vorgelegt hatte und auch als Referent einen Beitrag lieferte. Besonderer Dank gebührt ihm für die unermüdliche Arbeit an der Vorbereitung und Durchführung des Symposiums, wobei er von anderen italienischen Wissenschaftlern aktiv unterstützt wurde. Daß aber ein so interessantes Symposium in so angenehmer Atmosphäre und so schöner Umgebung stattfinden konnte, lag nicht zuletzt an dem Interesse und der Beihilfe der kommunalen und regionalen Verwaltungen. Weil das Symposium keine Klausurtagung, sondern eine öffentliche Veranstaltung war, hatte man sogar für Simultanübersetzung gesorgt.

20 Referate wurden vom 3. bis 6.9. gehalten, wobei Prof. A. Böhlig (Tübingen) mit dem Präsidium betraut war. Der 1. Tag, an dem die offiziellen Eröffnungsveranstaltungen stattfanden, bot 3 Rahmenvorträge: Prof. U. Bianchi (Rom) führte mit seinem Referat über religionsgeschichtliche Aspekte des CMC in die Problematik des Tagungsgegenstandes ein; Prof. M. Mazza (Neapel) gab ein Bild von den kulturellen und sozialen Verhältnissen im Zweistromland des 2. und 3. Jh's n.Chr. Über das Judentum und seine Probleme im gleichen Raum und zur gleichen Zeit sprach Prof. J. Maier (Köln). Der 2. Tag war speziellen Referaten zur Täufertradition im CMC gewidmet. Prof. K. Rudolph (Sta. Barbara) behandelte »Jüdische und christliche Täufertraditionen im Spiegel des Mani-Codex«, Prof. G. Strecker (Göttingen) »Das Judenchristentum und der Mani-Codex«, Prof. L. Cirillo Elchasaiten und Täufer bei Mani: die Grenzen für einen Vergleich der Quellen, Prof. A.F.J. Klijn (Groningen) Elchasai und CMC, Prof. G. Stroumsa (Jerusalem) Esoterische Züge in Manis Hintergrund und J.C. Picard (Paris) Trennung von Rein und Unrein: vom Misthaufen des Hiob zu den Gärten des Elchasai (vom Testament des Hiob zur antielchasaitischen Polemik des CMC 82-85).

Der 3. Tag begann mit der Darstellung eines grundlegenden ethischen Problems durch Prof. J. Ries (Louvain): Die Lehre der drei Signacula in der Auseinandersetzung Manis mit den Elchasaiten. Prof. A. Henrichs (Harvard), einer der Editoren des CMC, behandelte das Timing der übernatürlichen Ereignisse im CMC und zeigte, daß auch die biographischen Daten im Rahmen des großen Erlösungsgeschehens stehen. Dr. W. Sundermann (Akademie der DDR, Berlin), Bearbeiter manichäischer Handschriften aus Turfan, sprach über Manis erste Berufung nach dem CMC und anderen manichäischen Quellen. Auch die Stellung des Apostels Paulus im CMC war zu untersuchen; das geschah durch Prof. H.D. Betz (Chicago). Das Perlenlied der Thomasakten und der Manichäismus im Lichte des CMC war Gegenstand des Referats von Prof. P.H. Poirier (Laval), der sich mit diesem Hymnus bereits in einer ausführlichen Arbeit befaßt hatte. Frau Prof. Sfameni Gasparro (Messina) sprach über Tradition und religiöse Neuschöpfung im Manichäismus: der Syzygos und die prophetische Mission Manis.

Der 4. Tag wurde eingeleitet vom anderen Editor des CMC, Prof. L. Koenen (Ann Arbor), der die apokalyptischen Vorstellungen des Manichäismus im Lichte iranischen, ägyptischen, jüdischen und christlichen Denkens analysierte. Frau C. Römer (Köln) versuchte Mani als den neuen Urmenschen zu erweisen. J.M. Rosenstiehl (Straßburg) lieferte einen Beitrag zur apokryphen Paulusapokalypse, von der im CMC die Rede ist, die aber den beiden bisher bekannten Apokalypsen dieses Namens nicht entspricht, sondern auf eine andere Spekulation zurückgeht. Prof. S. Giversen (Kopenhagen) berichtete über seine Editionstätigkeit am koptisch-manichäischen Psalmbuch aus der Sammlung Chester Beatty und gab eine Probe aus einem historischen Fragment der gleichen Sammlung. Das letzte Referat hielt Frau Prof. C. Giuffre' Scibona (Messina) über Gnosis und Erlösung im CMC.

Der 5. Tag war einem Ausflug der Teilnehmer nach Reggio di Calabria gewidmet.

Das Symposium faßte sehr gut den gegenwärtigen Forschungsstand zusammen. Die Diskussionen zeigten, daß durchaus offene Fragen vorhanden sind, z.B. in der Problematik, wer nun eigentlich die Täufer waren, bei denen Mani aufwuchs, ob es wirklich Elchasaiten waren etc.

Alexander Böhlig

IV. Symposium Syriacum in Groningen/Oosterhesselen vom 9.-13. September 1984

Das IV. internationale Symposium Syriacum, Rijksuniversiteit Groningen-Oosterhesselen/Holland vom 9.-13. September 1984[1] stand unter dem Rahmenthema : Literarische Gattung, Form und Rhetorik in der syrisch-christlichen Literatur. Die Beiträge waren so zahlreich, daß sie in zwei parallelen Sektionen vorgetragen wurden : sie dokumentierten eindrücklich die Verflechtung mit der hellenistisch-abendländischen Kultur.

Für die Textgeschichte des griechischen Neuen Testamentes ist nach Barbara ALAND/Münster, der kritische Apparat der Harklensis, der zeitlich spätesten Übersetzung des NT ins Syrische aus dem Jahre 616, von erheblicher Bedeutung. In mit Akribie vorgetragener Analyse deutete Frau ALAND die kritischen Zeichen bzw. die Versetzung von Lesarten an den Rand als Mittel zur Athetierung von Varianten. Ferner konnte überaus wahrscheinlich gemacht werden, daß das so athetierte Material nicht aus einzelnen, im ganzen unrekonstruierbaren griechischen Handschriften stammt, zu denen der Übersetzer Zugang gehabt hätte, sondern aus syrischer Tradition, wie es sich beispielsweise in den reichen neutestamentlichen Zitaten der syrischen Kirchenväter niedergeschlagen hat. Damit sind bedeutungsvolle Konsequenzen insbesondere für die bekannten und wichtigen Randnotizen in der Apostelgeschichte angedeutet, die Frau ALAND weiter zu verfolgen versprach. — Mit den verschiedenen literarischen Formen, die P. YOUSIF/Rom, für den Diatessaron-Kommentar von Ephräm hervorhob, stellt er zwar nicht die Einheit des Werkes in Frage, glaubt aber, daß der Text Retuschen erfahren haben kann, ja daß sogar die beiden letzten Kapitel von einem anderen Autor ergänzt worden sein könnten. — P. FÉGHALY, Beyrouth/Libanon, bemüht sich um eine Differenzierung gegenüber der Feststellung, daß Ephräm in seinem Genesiskommentar unter dem Einfluß der Targume stünde. Er insistiert vor allem auf Ephräms Kommentar zu Gen 49 mit der wörtlichen und geistlichen Interpretation und entfaltet die Aktualität des biblischen Textes im Lichte der Zeitgeschehnisse des 4. Jh. So kommt er zu dem Ergebnis, daß Ephräm den Inhalt aus christlicher Sicht nach einer Tradition erklärt, deren konstitutive Elemente wahrscheinlich auf alte palästinensische Quellen zurückgehen. — Frau Corrie MOLENBERG, Groningen/Holland,

1 Vgl. den früheren Bericht von M. Schmidt in : Oriens Christianus 61 (1977) 131-135.

stellte ein Handbuch aus dem 8. Jh., »Fragen und Antworten« von Išoʿ bar Nun als Vertreter einer Gattung vor, das Abdišoʿ (10. Jh.) als ein 2bändiges Werk kennt. Es lassen sich nur Spuren syrischer Vorläufer erkennen. Ferner hat das Werk einige gemeinsame Merkmale mit anderen »Fragen- und Antwortbüchern«, obwohl die Antworten verschieden sind. Mit zeitgenössischen exegetischen Werken teilt es den Charakter einer Kompilation. Das größere Interesse für das Buch der Genesis stammt nach Frau MOLENBERG eher aus einer apologetischen Absicht als aus mangelndem Interesse für die Auslegung dieses Buches, wie es Bardy den Autoren der christlichen Bücher der »Fragen und Antworten« vorwirft. — Erik ten NAPEL, Nijenrode/Holland, weist in seinen »Bemerkungen über die syrische 'Hexaëmeron-Literatur'« auf den Unterschied zwischen dem monophysitischen und nestorianischen Hexaëmeron hin. Das monophysitische Hexaëmeron ist aus byzantinisch gefärbter Umgebung, — wo die kappadokischen Schriften sowohl großen theologischen als auch literarischen Einfluß besaßen —, vom profanen und wissenschaftlich-kulturellen Erbe geprägt. Das nestorianische Hexaëmeron übernahm ursprünglich viel zögernder diese weltlichen Themen. Dennoch befaßten sich nestorianische Schulen aus exegetischen Gründen schon bald mit der profanen Tradition und wurden später hierfür sogar empfänglicher. So kam es dazu, daß das monophysitische Hexaëmeron von größerem theologischen, speziell christologischem, Gewicht ist, da hier die profanen Gesichtspunkte immer den biblisch-exegetischen Aspekten untergeordnet wurden. In beiden Fällen jedoch wird die Form eines Hexaëmeron in keiner Weise berührt. — Th. HURST, Baltimore/USA, stellt »Briefabhandlungen« als ein apologetisches Mittel heraus. Er zeigte die antimoslemische Apologetik des 34. Briefes von Timotheos I., vor allem im Hinblick auf das Verständnis der traditionellen Titel des (Gottes)Knechtes, die in der Koraninterpretation angefochten sind. — Zum besseren Verständnis der Judenpolemik bei Ephräm dem Syrer gibt R. DARLING, Washington/USA, folgendes zu bedenken: man müsse ein hiermit verwandtes Anliegen Ephräms sehen, um seine sehr harte Judenpolemik richtig einzuschätzen, wenn er die Juden als »Götzendiener«, »Kreuziger« und »Ungläubige« bezeichnet. Der Begriff: ʿammā d-men ʿammē: »Das Volk der Völker« wurde benutzt, um hervorzuheben, daß alle Völker, die kultivierten oder barbarischen, zur Kirche gehörten; daß das Heilsgeheimnis auch für jene Völker gilt, die vom Alten Bund ausgeschlossen waren; daß die Chronologie der Völker eine Vorbereitung auf das Heil hin wäre. Alle drei Aspekte dienten als Argument zu Gunsten der Großkirche des Reiches und gegen die Schattenkirchen der Arianer, Manichäer und Juden. — Für die Entwicklung der syrischen Theologie zwischen Ephräm († 373) und Philoxenos von Mabbug († 523) ist nach J. MARTIKAINEN, Göttingen, die Datierung der Schriften des Johannes von

Apamea (ca. 420-450) aufschlußreich. In dem noch nicht publizierten Kohelet-Kommentar beschreibt Johannes seine hellenistisch geprägten Bildungsideale: Die Ordnung der Form des schönen Wortes, eine zusammenhängende Behandlung des Themas und eine anziehende Darstellungsweise. Daher ist die theologische Darbietung seiner Schriften eine Weiterentwicklung des Ephrämschen Erbes. — Für die alte Formulierung »Er zog seinen Leib an« in den ältesten armenischen Glaubensbekenntnissen wies Gabriele WINKLER auf den Einfluß des Syrischen hin. Die archaische syrische Formulierung *lbeš pagrā* (»er zog einen Leib an«) wurde zu Beginn des 5. Jhs. in *etgaššam* umgewandelt, ein sprachlicher Prozeß, dem sich die Armenier anschlossen: das armenische *zgec'aw marmin* (»er zog einen Leib an«) wurde in der ersten Hälfte des 5. Jhs. ebenso in *marmnac'aw* umgeformt, um das nicänische σαρκωθέντα wiederzugeben. Zu Beginn des 6. Jhs. haben die Syrer dann *hwā barnāšā* (»er wurde Mensch«) in Angleichung an das nicänische ἐνανθρωπήσαντα in *etbarnaš* umgeprägt. Auch dieser Umwandlung folgten die Armenier, wobei sich die Frage ergibt, wann sich dieser Wandel vollzogen hat. Nach Frau WINKLER ist das armenische *mardac'aw* möglicherweise bereits im ausgehenden 5. Jh. in der pers.-armenischen Kirche gebräuchlich geworden, womit sich die Hypothese ergäbe, daß vielleicht auch in Syrien *etbarnaš* bereits Ende des 5. Jhs. aufgekommen ist und nicht, wie bisher angenommen worden war, erst zu Beginn des 6. Jhs. — A. DE HALLEUX, Löwen/Belgien, berichtete über seine erste Sondierung von syrischen Kommentaren der »Rede« des Gregor von Nazianz. Diese Kommentare haben die Form einer Scholie, von denen zwei mit einem Florilegium biblischer, patristischer und klassischer Zitate verbunden sind, die genauer untersucht werden müßten. Obgleich die drei Kommentare untereinander verschieden sind, spiegeln sie die gleiche hermeneutische Tradition wieder, die des Athanasius von Balad, des Benjamin von Edessa und seines Schülers Daniel, Autoren rabbinisch-abendländischer Herkunft des 8. und 9. Jhs., das heißt Autoren aus einer hellenistisch orientierten Schule, die uns wahrscheinlich Zugang zu verlorenen griechischen Quellen erschließen könnten. Die näheren Ausführungen hierüber erscheinen in: Le Muséon 1985. — Zur Gattung der syrischen 'Didaskalie' stellt G. SCHÖLLGEN, Bonn, fest, daß von wenigen Ausnahmen abgesehen (bes. Connolly), die aus dem 3. Jh. stammende syrische 'Didaskalie' der Gattung »Kirchenordnung« zugewiesen und dann als »eine ziemlich vollständige Zusammenfassung des im 3. Jh. geltenden Kirchenrechts« (Plöchl) verstanden wird. — Dieser Meinung widerspricht SCHÖLLGEN und zeigt auf, daß die Schrift formal nicht ein corpus von Geboten und Verboten sei, die nur 1/10 des Umfanges der Schrift ausmachen. Da die im predigtartigen Stil vorgetragene Lehr- und Mahnrede überwiegt, ist sie nach SCHÖLLGEN als eine pastorale Mahn- und Lehrschrift zu aktuellen und latenten Fragen und

Mißständen in den Gemeinden des 3. Jhs. im Gewande einer Apostellehre anzusehen. — P.J. CHEIKO, Rom, zeigt für die beiden Homilien (ca. 459) des Isaak von Antiochien über die Eroberung von Bet Ḥur durch die Araber, wie politische Ereignisse in einen besonderen theologischen Rahmen gestellt werden. Sie sind zugleich in religionshistorischer Hinsicht aufschlußreich, da der Autor über noch herrschende pagane Kulte der Araber, Perser, Qadišäer, Chaldäer und anderer Völker berichtet. — A. SUERMANN, Bonn, skizziert ausgewählte syrische Apokalypsen des 7. Jhs., die des Pseudo-Ephräm, des Pseudo-Methodius und des Pseudo-Johannes. In diesen Apokalypsen ist die Interpretation der Gegenwart vorrangig und nicht eine Deutung über das Ende der Welt und das Jenseits. Die Araber werden als Vorläufer des Antichrist betrachtet. Auch die Bibel dient als Quelle für eine Gegenwartsinterpretation, so daß der Referent zusammenfaßt: mittels der historischen Prognose können biblische Berichte zu Deutungen der Gegenwart werden. Die Ausführungen stützen sich auf dessen noch unveröffentlichte Dissertation: 'Die geschichtstheologische Reaktion auf die einfallenden Muslims in der edessenischen Apokalyptik des 7. Jahrhunderts', Bonn 1984. — F.J. MARTINEZ, Madrid/Spanien, ergänzt in seinem Beitrag: »Die Welt des Pseudo-Methodius« diese Aussage. So antwortet die Apokalypse des Ps.-Methodius auf die moslemische Invasion mit der wiederaufgenommenen Tradition der Frage der Reichsnachfolge. Die von der Forschung oft übergangene syrische Apokalyptik verdiente aufgrund ihres eigentümlichen Charakters mehr Beachtung. — Eschatologische Fragen schneidet auch der Beitrag von J.H. CORBETT, Toronto/Canada, an unter dem Thema: Die paulinische Tradition bei Aphraat, dessen 'Demonstrationes' eine urchristliche Tradition in einzigartiger Abhängigkeit von Paulus bewahren. Aphraats bedeutender Beitrag für unser Paulus-Verständnis sei die Darlegung der Beziehungen zwischen Bund, Keuschheit und Auferstehung, eine Lehre, die Aphraat wahrscheinlich über das altsyrische neutestamentliche Targum zugeflossen ist. — D.J. LANE, Yorkshire/England, stellt Šubhalmarans »Buch der Gaben« als eine Abhandlung über monastische, koinobitische und Eremitenleben vor, das vom Metropoliten von Karka de Bēt Selōk im 7. Jh. verfaßt worden ist. Dieses Werk veranschaulicht das zyklische Erfassen eines Gegenstandes, eine Form, die dem syrischen Christentum vertrauter ist als dem abendländischen, so daß in Wirklichkeit hier eine Anthologie vorliegt, die biblische, liturgische und patristische Referenzen aufgreift. — R.A. KITCHEN, Northampton, Massachusetts/USA, modifiziert die Auffassung von Robin Scrogg, daß der 'Liber Graduum', eine anonyme Sammlung von 30 syrischen mēmrē aus dem späten 4. Jh., die soziologische Charakterisierung einer Sekte sei, indem er zu bedenken gibt, daß hinter dem Text vielmehr die

Funktion eines Kanons oder die eines Handbuches der Frömmigkeit für das Gemeinschaftsleben zum Ausdruck kommt.

Für die *Liturgie* aufschlußreich ist die sorgfältig belegte Formanalyse von S. BROCK, Oxford, über »Dramatische dialogische Gedichte«. BROCK klassifiziert in fünffacher Weise : 1. Der formale Dialog in Form alternierender Stanzen als einer alten mesopotamischen Gattung. 2. Streitgespräche, bei denen die Teilnehmer nicht mehr in alternierenden Stanzen sprechen. 3. Eine knappe Rahmenerzählung wird hinzugefügt. 4. Der Dialog erhält mehr die Form einer Rahmenerzählung. 5. Homiletisches wird noch hinzugefügt. Die Typen 1 und 3 zeigen Stanzenform wie madrāšē und sogyātā, während die Typen 2,4 und 5 couplets (mēmrē) sind. Der abschließende Vergleich mit ähnlichen griechischen dramatischen Dialogen aus frühen Kontakia legt nahe, daß Paul Maas recht hatte, als er meinte, daß der madrāšā und nicht der mēmrā die syrische Versform ist, welche sehr wahrscheinlich die frühesten Kontakia inspiriert hat. — Liturgiebezogen ist auch das Thema von G. ROUWHOST, Utrecht/Holland : Das Frühlingsmotiv in den Osterhymnen Ephräms. Dessen ausführliche poetische Beschreibung des Frühlingsmonats Nisan hat nach ROUWHORST sehr genaue Parallelen bei einigen nichtsyrischen Autoren. Diese deutlichen Parallelen verleiten zu dem Schluß, daß die genannten Texte auf eine gemeinsame Vorlage zurückgehen könnten, etwa auf einen »Kanon« mit Frühlingsmotiven, was die spätbyzantinische »Anthologia byzantina« nahe legt. Da sich in der jüdischen Literatur hierüber keine Spuren finden, sollte man die Herkunft dieses »Kanon« weiterhin in der hellenistischen Welt suchen. Wahrscheinlich habe die Verbreitung eines solchen hellenistischen »Kanons« mit Frühlingsmotiven innerhalb des syrischen Christentums bis nach Nisibis und Edessa mit den Ausschlag für die Entscheidung des Konzils von Nicäa gegeben, daß Ostern nicht vor dem Frühlingsaequinoctium, also immer nur im Frühling, gefeiert werden sollte. — Ein anderes bemerkenswertes Ereignis für die Marienliturgie brachte E.R. HAMBYE S.J., Delhi/Indien, zur Sprache. Der Referent entdeckte jüngst in Kerala/Indien ein aus dem Jahre 1761 stammendes Gebetbuch oder Rituale, das dem Metropoliten Paulos Mar Philoxenos gehört und von ihm noch benutzt wird. Neben zwei sehr alten Gebeten aus dem 5. und 6. Jh. ist u.a. am beachtenswertesten eine Art Muttergottes-Litanei, p. 83-97, mit 45 Anrufungen. Eine Durchmusterung ergab, daß sich bisher keine derartige Muttergottes-Litanei auffinden ließ. Ein Vergleich mit dem Hymnos Akathistos der byzantinischen Liturgie und mit der lauretanischen Litanei ergaben keinerlei Verwandtschaft, ausgenommen einige wenige Marientitel, die der allgemeinen. Marienfrömmigkeit angehören. HAMBYE folgert hieraus : bevor nicht weitere Informationen bekannt werden, zeigt dieses »Anrufen der Muttergottes«, daß diese Litaneiform nicht nur ein ursprüngliches Produkt der westsyrischen Kirche ist, sondern eine absolute Ausnahme bildet. Die Schrift auf dem Silbereinband der Handschrift verweist auf westsyrischen Ursprung, der Schreiber jedoch dürfte seine Arbeit in Kerala getan haben.

Eine Reihe von Vorträgen widmen sich im engeren Sinne dem Thema der Rhetorik, die den Einfluß der griechischen Bildung erhellen. I.W. WATT, South Glamorgan/England, zeigt die nahe Verwandtschaft der rhetorischen Figuren in dem einzig dastehenden Werk 'Über die rhetorischen Wissenschaften« des Mönches Anton von Tagrit aus dem Jahre 825 mit der griechischen Rhetorik. Ferner beweise die armenische 'Progymnastica' des Moses Khorenatsi, daß die griechischen rhetorischen Schriften den Orient tatsächlich erreicht haben. — Sehr eindrücklich skizzierte A. BÖHLIG, Tübingen, wie die 30 mēmrē des 'Liber Graduum' als Rede nach dem Schema der griechisch-lateinischen Rhetorik aufgebaut sind. Von den drei Genera der antiken Rhetorik wurde hier das genus deliberativum, einst der Musterfall für die politische Rede, nun als Vorbild für die Sermones und die theologische Diskussion angewandt. Im Gegensatz zur Politik werden aber nicht quaestiones finitae, sondern infinitae, »allgemeine Probleme« behandelt, die bereits Cicero den Philosophen zuweist. Der rhetorische Charakter wurde an den drei Sermones 12, 19, 23 dargestellt. In ihnen soll wie in der Politik so auch in den kirchlichen Problemen Tatsache und Emotion in das rechte Verhältnis gesetzt werden, so daß der Leser zur richtigen Entscheidung hingeführt wird. — Grundsätzliche Fragen der Rhetorik und des Stils behandelte F. RILLIET-MAILLARD, Rom, für die Homilien des Jakob von Sarugh, 5.Jh.; G.J. REININK in dem reich gegliederten Beitrag 'Rhetorik in der Homilie zu Jes 52,13; 53,12 des Katholikos Mar Aba II. — H.J.W. DRIJVERS vermittelte die vielfältige Bedeutung der Weisheit bis hin zur christologischen Aussage unter dem vielbeachteten Thema 'Solomon as Teacher. Early Syriac Didactic Poetry'. — Bei der Analyse der 'Schatzhöhe' stellte RI SU-MIN, Quebec/Canada, die Frage nach den Textauslassungen in den orientalischen Hss. Eine neue Ausgabe des syr. Textes der 'Schatzhöhle' mit französicher Übersetzung soll in Kürze erscheinen. — M. BREYDY, Witten/Herdecke, verglich das syr. Fragment aus dem Brief des Gregor von Nyssa an Mönch Philippus mit einer lat. Übersetzung, die Kardinal G. Mercati 1939 veröffentlicht hatte (s. G. Mercati, Codici latini PicoGrimani ... Studi e Testi 75, S. 194-196). Die Übereinstimmung beider Rezensionen beweist in den einzelnen Varianten die Abhängigkeit des lateinischen Textes von einer früheren syrischen Version. Diese ist in der maronitischen Hs. noch korrekter zu lesen. Als erste Schlußfolgerung ergibt sich die Authentizität des Briefes, der nicht in die Briefsammlung Gregors aufgenommen wurde. Ausführliche Darlegungen über die Bewertung syrischer Fragmente finden sich in 'Parole de l'Orient XI,

1983, S. 349-362 und aus dem vermißten 'Peri arkhon' des Basilius, in Oriens Christianus 70 (1986).

Aus dem Gebiet der *Hagiographie* kontrastierte A.N. PALMER, Cambridge, zwei Heiligenleben: Elijah über Johannes von Tella (538) und Joseph über Theodotos von Amida (698) und begründete den Unterschied nicht ausschließlich mit den anderen historischen Umständen der Abfassung, sondern auch mit dem unterschiedlichen Bildungsstand. Beide Texte jedoch sind für ihre Gattung atypisch, da sie das geläufige Modell der Hagiographie nicht übernehmen, das dahin verstanden werden könnte, daß es in Richtung auf eine Mitte hin sowohl für den Gebildeten als auch Nichtgebildeten annehmbar war. Die extremen Formen in der Darstellungsweise der beiden 'Leben' beleuchten die unterschiedliche Denkweise beider Autoren in der Beschreibung menschlicher Größe, welche die Hagiographie aufzeigt. Eine Textedition der Vita des Theodotos von Amida wird von PALMER und S. BROCK gemeinsam vorbereitet.

Bei der Menge und immer größer werdenden Zahl der Vorträge konnten nicht alle aufgeführt werden[2]. Die gesamten Beiträge erscheinen in den 'Orientalia Christiana Analecta', Rom.

Das nächste Symposium Syriacum findet 1988 in Löwen/Belgien unter dem Rahmenthema 'Typologie' statt.

Margot Schmidt

II. Symposium on Christian Arabic

Wie schon angekündigt (s. OrChr 1983, 221), versammelten sich in Oosterhesselen/Holland vom 13. bis 15. September 1984 die Spezialisten der christlich-arabischen Literatur zu ihrem II. Internationalen Symposium. Nicht alle angemeldeten Redner waren anwesend, und viele Mitteilungen wurden in letzter Minute abgeändert. Dennoch, die behandelten Themen waren diesmal, wie schon in Goslar, sehr interessant und trugen zu einer lebhaften Diskussion und vorteilhaften Bereicherung der Teilnehmenden bei. Am 13.9. nahmen das Wort: M. v. Esbroeck über eine arabische Handschrift aus der Leipziger Bibliothek; P. Yousif, über eine arabische Version der III. Homelie von

2 Vgl. den ausführlicheren Bericht von M. Schmidt in: Forum Kath. Theologie 1, 1985.

Aphrahat, und P. Féghali (Ghazir) über einen arabischen Kommentar zur Genesis, den man dem hl. Ephrem zuschreibt.

Prof. Michael Breydy (Witten/Herdecke) referierte über neue Erkenntnisse, die das Chronicon Maroniticum betreffen und es als Werk des Maroniten Theophilos beweisen. Die Benutzung dieses historischen Werkes bei Agapius von Manbig und bei anderen arabischen wie auch byzantinischen Historikern deutet auf das hohe Ansehen des Theophilos, der wahrscheinlich aus Emesa stammte und nicht aus Edessa, wie bisher angenommen wurde.

S. Rubenson (Schweden) teilte einige Anmerkungen über die arabischen Versionen des Briefes des hl. Antonius mit und J. Grand'Henry (Belgien) über die arabische Übersetzung der Reden des Gregor Nazianzenus. Besonders interessant erwies sich die im Programm nicht vorgesehene Mitteilung von B. Haddad (Irak) über die mehr als hundert arabischen Handschriften (auch Karshuni) in der Bibliothek der chaldäischen Mönche in Bagdad sowie über eine eventuell vollständige Kopie der Chronik von Seʿert.

M. Mistrih (Kairo) berichtete über die arabischen Handschriften zweier privater Sammlungen in Muski/Kairo und H. Homsi (Aleppo) über die neuen Publikationen in der Reihe »Patrimoine Arabe Chrétien«.

Die Redner vom Freitag (14.9.) waren: Ignace Dick (Aleppo), Traktat der Ikonen von Abu Qurra: S. Griffith (Washington) und K. Samir behandelten beide einen christlich-islamischen Dialog im XVIII. Kapitel des Werkes »Summary of the Ways of Faith«.

Ebenso, wenn auch aus verschiedenen Perspektiven, befaßten sich E. Platti, Jad Hatem (Libanon) und B. Holmberg (Schweden) mit Werken des Yahya ibn ʿAdi. Am Nachmittag sprach Wadi Abullif (Ägypten/Rom) über As-Safi b. al-ʿAssal als Apologet, G. Tartar (Frankreich) über den Vorrang Christi nach Koran 2. Sure, Vers 254, und J. Habbi (Irak) über die Quellen des Buches von Hasan bar Bahlul [1].

Am Samstag (15.9) fanden noch folgenden Mitteilungen statt: J. den Heijer (Den Haag), Neue Anmerkungen über den zweiten Teil der Patriarchengeschichte von Alexandrien; S. Labib (Hamburg), Die koptischen Wesire der Mameluken-Periode, J. Sanders (Heemstede), Some aspects of a French Translation of Graf's Geschichte der nestorianischen Literatur, und J.-M. Fiey (Beirut), über Habib Abu Raʾitah, der kein Bischof war!

Von der in Goslar beschlossenen Bearbeitung des Werkes von G. Graf konnten nur J. Sanders eine rein französische Übersetzung der nestorianischen Literatur nach Grafs Original und Prof. M. Breydy eine vollständig neu bearbeitete Literatur der Maroniten im Manuskript präsentieren. Die übrigen Beauftragten (für die Literatur der Jakobiten und Melkiten) haben verzichtet, und die Arbeit an der koptischen Literatur zieht sich noch in die Länge. Meine Arbeit ist inzwischen in der Reihe »Forschungsbereichte des Landes Nordrhein-Westfalen«, Nr. 3194 (Westdeutscher Verlag, 1985), erschienen.

Hier sei mir gestattet, die Herausgabe von zunächst einem Supplementband vorzuschlagen, in dem alle dringenden Ergänzungen und Korrekturen für das vierbändige Werk von Graf zusammengeführt werden, wie es schon für das ähnliche Werk von C. Brockelmann (GAL) geschehen ist. Die Spezialisten der einzelnen Literaturgeschichten dürften damit verschleppte Fehler vermeiden und in einem irrtumslosen Rahmen ihren eigenen Forschungen nachgehen.

Die Akten des Symposiums werden in der Reihe Orientalia Christiana Analecta publiziert. Weil die Lage im Libanon es noch nicht gestattet, die Sicherheit der Teilnehmer zu gewährleisten, findet das III. Symposium in Löwen/Belgien statt. Die früheren Einladungen nach Oxford bzw. Cambridge wurden zurückgezogen.

Mit tiefem Bedauern stellte ich fest, daß immer noch eine große Lücke herrscht in der gegenseitigen Information zwischen verschiedenen Gelehrten auf dem Gebiet der christlich-arabischen Literatur. So ist zu erklären, daß man weiter über einen Genesiskommentar des hl. Ephrem redet (sogar ein Text wurde schon von P.J. Tabet, Kaslik, 1982 ediert!), ohne wahrzunehmen, daß er aus den Glaphyren des Cyrillus von Alexandrien (PG.t. LXIX, col. 13-385) entnommen und im VI. Jh. von Moses von Agel ins Syrische übersetzt worden ist. Eine bisher unberücksichtigte arabische Version in der Hs. Kreim/ Libanon Nr. 4 ist seit 1963 im Katalog von J. Nasrallah beschrieben und dort genau identifiziert worden[2]. Die Umschreibung auf den Namen des hl. Ephrem, die in einigen Handschriften erscheint, diente nur der äußerlichen Legalisierung für den Gebrauch bei bestimmten Lesern und in bestimmten Gegenden. Es ist nicht der Mühe wert, mit akrobatischen Argumenten diese Lektionarsammlung dem hl. Ephrem oder den Maroniten in die Schuhe zu schieben.

Auch die Lage des *Bulletin d'Arabe Chrétien* gab Anlaß zur Besorgnis, denn David Bundy verließ ungemeldet Belgien und ließ das seit Jahren gesammelte Redaktionsmaterial für das erwartete Heft in einem chaotischen Zustand zurück. Nun wird Grand'Henry für das Erscheinen des letzten Heftes sorgen und zusammen mit K. Samir vielleicht auch für die Fortsetzung des Bulletin. Die Fortsetzung wäre sehr wünschenswert, denn das Bulletin hat ja viele gute Dienste geleistet und trotz einzelner Mängel verdient es, weitergeführt zu werden!

Michael Breydy

1 Die Mitteilung von J. Habbi ist inzwischen in OrChr 68 [1984], S. 210-212 erschienen: Le Livre des Signes de al-Ḥasan b. Bahlūl.

2 Cf. J. Nasrallah, Catalogue des manuscrits du Liban, vol. II- Bibliothèque des Missionnaires Libanais de Dair al-Kreim, Imprimerie S. Paul, Harissa (1963) S. 9-10.

8th International Conference of Ethiopian Studies, 26.-30. November 1984 in Addis Abeba

Zum zweiten Male und im Jubiläumsjahre des 25-jährigen Bestehens fand der Internationale Äthiopistenkongreß in Addis Abeba statt, damit also in dem Lande, dem die wissenschaftliche Arbeit der dort zusammengekommenen Gelehrten gilt. Die Addis Abeba University bot mit ihrer Aula (der Makonnen Hall) und den Hörsaalgebäuden einen angemessenen Rahmen für die große Veranstaltung. Dem lokalen Organisationskomitee gebührt Lob und Dank für den reibungslosen Ablauf und großzügige Ausstattung (dies vor allem im Hinblick auf Schreiben und Vervielfältigen der Vorträge) der Tagung. Über 200 Teilnehmer aus allen Ländern der Welt waren gekommen; hervorzuheben ist die große Beteiligung aus osteuropäischen Ländern und aus Äthiopien selbst; gerade diese Kollegen hatte man zu oft auf den beiden vorhergegangenen Kongressen vermißt. Die 263 angekündigten und letztendlich 217 gehaltenen Referate waren in sechs Sektionen gegliedert, die das weite Feld wissenschaftlicher Arbeit über Äthiopien umspannten: 1. Prehistory and Archeology. 2. History to 1800. 3. History since 1800. 4. Linguistics and Literature. 5. Anthropology. 6. Contemporary issues. Diese Gliederung soll auch für die Veröffentlichung der Proceedings beibehalten werden. Plenumsvorträge berührten denn auch so weit auseinanderliegende Themenbereiche wie die Entdeckung von »Lucy« (Australopithecus Afarensis) von Prof. Johansen und Soviet-Ethiopian Relations in recent times von Prof. A. Gromyko. In den historischen Sektionen war allgemein ein starkes Interesse an der Bearbeitung und Auswertung historischer Texte zu merken; verschiedene Beiträge behandelten unveröffentlichte Texte, die sich thematisch auf die Sozial- und Wirtschaftsgeschichte des mittelalterlichen Äthiopien bezogen. Die angeregten und zum Teil sehr kontrovers geführten Diskussionen bewiesen, daß sich die historischen Studien neben den »contemporary issues« durchaus behaupten. Allen behandelten Themen aber kam die starke äthiopische Präsenz zugute, die oft durch überraschende Argumentationen in der Lage war, der Äthiopistik einiges von ihrer »Eurozentrik« zu nehmen.

Die Veröffentlichung aller 217(!) Beiträge ist für die nächsten beiden Jahre (noch vor dem nächsten Kongreß) in Sonderbänden des Journal of Ethiopian Studies geplant. Die bisherigen zielstrebigen Vorbereitungen des publishing committee versprechen, daß dieses ehrgeizige Ziel erreicht werden wird.

Der nächste Kongreß wird auf Einladung der sowjetischen Akademie der Wissenschaften 1986 in Moskau stattfinden. Für den übernächsten Kongreß 1988 liegt eine Einladung der Société Française pour les Études Éthiopiennes nach Paris vor.

Zugleich wurde als äthiopische Initiative ein »Permanent Secretariat for International Conferences of Ethiopian Studies« mit Sitz in Addis-Abeba gegründet, dessen Aufgabenbereich gegenüber dem International Organizing Committee noch nicht recht klar geworden ist.

Manfred Kropp

MITTEILUNG

Die theologische Fakultät der Katholischen Universität Eichstätt — Forschungsvorhaben Geistliche Literatur des Mittelalters — sucht für zwei bis vier Jahre zwei graduierte wissenschaftliche Mitarbeiter mit guten Syrisch-Kenntnissen für die Arbeit am syrisch-lateinischen Ephräm-Lexikon. Interessenten mögen sich mit Frau Dr. Margot Schmidt, Katholische Universität Eichstätt, D-8078 Eichstätt, Ostenstraße 26-28, in Verbindung setzen.

PERSONALIA

Dr. P. François Graffin S.J., Paris, ehemaliger Professor für syrische Sprache und Literatur am Institut Catholique, Paris, Herausgeber der Patrologia Orientalis und Verfasser wichtiger syrologischer Arbeiten, konnte am 1. Januar 1985 seinen 80. Geburtstag feiern.

Frau Professor Dr. Gertrud Pätsch, Jena, der wir bedeutende Arbeiten zur altgeorgischen Sprache und Literatur verdanken, wurde am 22. Januar 1985 75 Jahre alt.

Dr. Dr. Peter Kawerau, em. o. Professor für Ostkirchengeschichte an der Universität Marburg, Verfasser zahlreicher Werke zur Geschichte und Theologie der Ostkirchen, beging am 13. März 1985 seinen 70. Geburtstag.

Dr. Albert Van Roey, 1949-1983 Professor an der Katholischen Universität Leuven, gründlicher Kenner der Sprachen des Christlichen Orients und Verfasser wichtiger Werke zur Patrologie und frühen Kirchengeschichte, feierte am 24. April 1985 seinen 70. Geburtstag. Aus diesem Anlaß wurde er mit einer gewichtigen Festschrift geehrt: »After Chalcedon. Studies in Theology and Church History...« ed. by C. Laga, J. Munitiz and L. Van Rompay, Leuven 1985. Dort findet sich auch die Biographie und Bibliographie des Jubilars.

Dr. Anton Schall, o. Professor für Semitistik und Islamwissenschaft an der Universität Heidelberg, feierte am 1. April 1985 seinen 65. Geburtstag. In seinen Arbeiten und Vorlesungen behandelt er auch Themen des Christlichen Orients und ihm verdanken wir unter anderem auch den wertvollen Anhang im Neudruck der Kurzgefassten syrischen Grammatik von Theodor Nöldeke.

Dr. Otto Meinardus, jetzt D-2086 Ellerau, früher Professor an der Amerikanischen Universität in Kairo, Verfasser einer Vielzahl von Werken über die Ostkirchen, besonders über die koptische Kirche, sowie soziologischer und ethnologischer Studien, vollendete am 29. September 1985 das 60. Lebensjahr.

Am 12. März 1985 wurde Herrn Professor Dr. theol. Dr.phil. Alexander Böhlig und Frau Dr.phil. Gertrud Böhlig die silberne Universitätsmedaille verliehen »in dankbarer Anerkennung der großzügigen Stiftung zur Förderung der Sprachen und Kulturen des christlichen Orients an der Universität Tübingen«. Im Rahmen einer kleinen Feier würdigte Präsident Theis den Lebensweg und das Lebenswerk beiden Gelehrten und hob dabei ihren stets selbstlosen Einsatz für den Dienst an ihrer Wissenschaft hervor, die sie entscheidend mitgeprägt haben. Die Gelehrten haben ihr gesamtes Vermögen in eine Stiftung eingebracht, deren Aufgabe es ist, wissenschaftliche Arbeiten über die »Sprachen und Kulturen« des christlichen Orients zu fördern. (Aus: Tübinger Universitätszeitung Nr. 19 vom 22.04.1985, S. 11)

Die theologische Fakultät der Universität Freiburg/Schweiz verlieh im November 1984 P. Bernard Outtier OSB, Prior der Abtei Solesmes, in Anerkennung seiner Verdienste vor allem um die armenischen und georgischen Studien die Ehrendoktorwürde.

Julius Aßfalg

TOTENTAFEL

Frater Dr. Ephräm Burkhard Eising OSB, Regular-Oblate der Abtei Niederaltaich, verstarb unerwartet am 2. Februar 1985. Er war geboren am 9. November 1939 in Münster, legte am 14. Oktober 1963 als Frater Ephräm die zeitlichen Gelübde in Niederaltaich ab und promovierte am 25. Juli 1973 an der Universität Würzburg mit der gewichtigen Dissertation »Zur Geschichte des Kanons der Heiligen Schrift in der ostsyrischen Kirche im ersten Jahrtausend« summa cum laude zum Doktor der Theologie.

Professor Dr. jur. utr. Lic. sc. bibl. Hanna Malak (Amba Joannes, Titularbischof von Dioclea) verstarb im Januar 1985 in Rom. 1916 in Oberägypten geboren, lehrte er am koptisch-katholischen Priesterseminar in Maadi bei Kairo und bereitete dann in Rom die neue Ausgabe des koptisch-katholischen Euchologions (Rom 1971) vor. Noch unveröffentlicht ist sein wichtiges Manuskript »Le Cérémonial Copte«.

Am 27. April 1985 verstarb in seiner indischen Heimat Dr. theol. Dr. phil. Dr. iur utr. Placid J. Podipara C.M.I. Geboren am 3. Oktober 1899, war er lange Jahre Professor in Kerala und seit 1954 am Päpstlichen Orientalischen Institut in Rom. Aus seiner Feder stammen zahlreiche Arbeiten über Geschichte, Liturgie und Recht der Thomaschristen (Bibliographie in: The Church I Love. A Tribute to Rev. Placid J. Podipara, ed. J. Madey - G. Kaniarakath, Kottayam/Paderborn [1984]). (Vgl. Der christliche Osten XL, 1985, 126f.)

P. Ignacio Ortiz de Urbina S.J., geboren am 4. Juli 1902, von 1933 bis 1982 Professor am Päpstlichen Orientalischen Institut, verstarb am 12. Dezember 1984 (Vgl. Nachruf und Bibliographie in OCP 51, 1985, 5-32).

Julius Aßfalg

BESPRECHUNGEN

Sebastian Brock, The Harp of the Spirit. Eighteen Poems of Saint Ephrem. Introduction and Translation by ..., London 1983^2, S. 89 (Studies Supplementary to Sobornost No. 4).

In der Einleitung weist Brock zu Recht darauf hin, daß die Ost- und Westkirche »eine wundervolle Tradition religiöser Dichtung« haben, die im Abendland zu Gunsten einer mehr gedanklichen Theologie vernachlässigt wurde. Inzwischen sei es veilleicht etwas deutlicher geworden, daß »mitunter der Dichter der beste Theologe sein kann«.

Die vorliegende englische Auswahlübersetzung enthält 18 Dichtungen des berühmten Dichter-Theologen Ephräm. Obwohl die syrisch-liturgische Tradition im Abendland weniger bekannt ist, sind dennoch zwei alte syrische Hymnen in das englische Hymnenbuch eingegangen, eine davon stammt von Ephräm. In der Einleitung mit dem knapp umrissenen Leben Ephräms deutet Brock dessen zum Teil legendäre Überlieferung als Ausdruck für das Verständnis einer tieferen Beziehung zwischen dem hl. Eprām und dem hl. Basilius in ihrem gemeinsamen Kampf gegen die intellektuelle Überheblichkeit der Arianer im Hinblick auf das Mysterium der Gottmenschheit Christi. Für das dichterische Werk weist Brock auf die erstaunliche Kunsttechnik hin, die er bereits in Einzelstudien behandelt hat. Ephräms Dichtungen, die bekannt sind als madrāšē = Hymnen mit Strophen zum Singen und den mēmrē = gebundene Rede oder Homilien zum Rezitieren, sind nach Brock eines der wenigen Zeugnisse eines noch unverbildeten semitischen Christentums, da die syrisch sprechende Kirche zu dieser Zeit noch keine nachhaltige Hellenisierung erfahren hatte und so noch von Ephräm die charakteristische semitische Vorliebe des Parallelimus und der Antithese als ausgezeichnetes Stilmittel eingesetzt wird, um die Paradoxien der christlichen Geheimnisse auszudrücken.

Brock weist auf zwei Grundgedanken Ephräms hin: einmal den seine Schriften durchziehenden Gedanken, daß die Hl. Schrift (für die Juden die Torah) und die natürliche Welt (für die Heiden die Quelle des Naturgesetzes) Zeugnisse für die Existenz Gottes und den Herrn der Schöpfung sind. Ferner ist für das Auge des Glaubens alles in der Schrift und in der Schöpfung ein Hinweis auf den Schöpfer, nämlich als »Mysterium« und »Typus«. Aus dieser Sicht der Dinge entfaltet sich Ephräms »schöpferisches Bibelverständnis«, das auf die »verborgene Anwesenheit des Geistes« hinter dem bloßen Worte baut und vor dem tötenden Buchstabensinn warnt. Sein Verständnis von »Typus« und »Symbol« (= Mysterium) bewegt sich auf zwei verschiedenen Ebenen: horizontal verbindet es das Alte Testament mit dem Neuen Testament, vertikal die irdische mit der himmlischen Welt, um in dieser sprachlichen Einkleidung etwas von der »Verborgenheit« der hier noch nicht voll offenbarten Mysterien zu entdecken.

In der englischen Übersetzung »The Harp of the Spirit«, wie Ephräm von seinen Zeitgenossen auch genannt wurde, stellt Brock den 18 ausgewählten Dichtungen jeweils eine kurze gedankliche Einleitung voran. Der Schluß des Bandes bietet für den Quellenvergleich die Angaben der jeweiligen syrischen Ausgabe (S. 86). Es folgen S. 87-89 hilfreiche bibliographische Angaben für die Übersetzungen in englisch, französisch und deutsch.

In der sorgfältig angefertigten Übersetzung von Brock haben sich zwei sinnstörende Druckfehler eingeschlichen: S. 19, Zeile 5 fehlt hinter: »The soul is: *your bride, the body*, your bridal chamber«.

S. 78, Strophe 16 muß die dritte Zeile gestrichen werden, in der zweiten Zeile sind am Schluß die Wörter »*speech and peace*« ausgefallen, so daß die Zeile richtig lautet: »let its senses, that had grown waste and useless, be filled with *speech and peace*«. Diese Zeile möge zugleich als Beispiel dafür stehen, daß Brock gelegentlich in seiner Übersetzung von der deutschen Übersetzung E. Becks abweicht, und hier offensichtlich zu Recht. Beck übersetzt: »Seine Sinne, die öde und vereinsamt waren, mögen sich (wieder) füllen *mit vertrautem Umgang*«. (Die Hervorhebung von mir). Im Syrischen (CSCO vol. 240, t. 102, S. 112, Carm. Nisib. 69, 16) stehen aber die zwei Substantive: ṣawtā w-šaynā = *Stimme* (*Sprache*) *und Friede*, so daß die englische Version von Brock dem Syrischen genauer folgt.

Für den Anfang des Hymnus 'De Resurrectione' = Nr. 3 der Übersetzung, der in der Ausgabe von Beck fehlt, benützte Brock die voll überlieferte Strophe nach der Hs. Mosul Fenqitho VI f. 163b (vgl. OrSyr XII, S. 504-14).

Für den mēmrā aus 'De Nativitate' = Nr. 12 der Übersetzung, benützte Brock die von Beck nicht verwendete bessere Lesart des Textes nach der Hs. aus Edessa, vom Jahre 823, Brit. Museum Or. 8608 (S. 86).

Jede Übersetzung ist ein Versuch, Sinn und Geist einer Sprache in eine andere zu vermitteln. Bei einem sprachlich und zeitlich so großen Abstand wie zwischen der semitischen Sprache Ephräms aus dem 4. Jahrhundert und unseren heutigen Sprachen ist jeder Übersetzungsversuch aus einer alten Sprache ein Gewinn, so daß neben den deutschen Übersetzungen des großen Ephräm-Kenners und -Herausgebers E. Beck die vorliegende neue englische Auswahlübersetzung des sachkundigen Oxforder Syrologen S. Brock auch dem deutschen Leser eine sinnaufschließende Version bietet, die er nicht übersehen sollte.

Margot Schmidt

Rabban Jausep Ḥazzaya, Briefe über das geistliche Leben und verwandte Schriften. Ostsyrische Mystik des 8. Jahrhunderts. Eingeleitet und übersetzt von Gabriel Bunge (= Sophia Bd. 21), Paulinus-Verlag Trier 1982, 408 Seiten.

Der gebürtige Perser und nestorianische Mystiker Josef der Seher verdient es, daß seine Person und sein wechselvolles Leben — soweit noch möglich — in Erinnerung gerufen und daß seine inhaltsreichen, leider nur zum Teil erhaltenen Schriften vorgestellt und in Übersetzung zugänglich gemacht werden. In Briefen, Abhandlungen und Gebeten vermittelt er mit praktisch-seelsorglicher Intention asketische und mystische Lehren, die nicht nur syrischer Tradition verpflichtet sind, sondern auch seine Verarbeitung von Gedanken griechisch-ägyptischer Provenienz zeigen.

Leider bietet die Lektüre des vorliegenden Buches keine ungetrübte Freude. Bereits beim ersten Blick auf den *Titel*, wo im Namen Jausep Ḥazzaya syr. Jod mit j bzw. mit y transskribiert wird, stößt der Leser auf eine »Spezialität« des Buches, nämlich auf die Inkonsequenz in der Form der Eigennamen. Im *Vorwort* behauptet W. Nyssen (Hrsg.), die Texte seien »reines Neuland, da auch ihre syrischen Vorlagen bisher nur in Handschriften vorliegen«. In Wirklichkeit sind mehrere von ihnen in Editionen samt Übersetzungen oder wenigstens in Übersetzungen zugänglich (vgl. u. a. S. 402f). G. Bunge (Verf.) übergeht in der *Einleitung* die wichtige Frage nach der Lebenszeit des Josef, nennt jedoch S. 58 Anm. 7 »etwa 710/13« als Zeit seiner Geburt, wobei er dem Leser die Rekonstruktion dieser Datierung überläßt. Die einzelnen übersetzten Schriften bespricht er auf ziemlich undurchschaubare Weise. Er verrät beispielsweise erst S. 196 durch die Überschrift zu den Anmerkungen, daß »Brief der drei Stufen« (S. 13-17) den Text auf S. 77-195 meint.

Bei der systematisierenden Darstellung der Stufen des geistlichen Lebens und der Gotteserkenntnis (S. 35-51) mag es u. a. befremden, daß er ohne erkennbare Logik anfangs ein

Drei-Stufen-Schema nennt, dann zunächst zwei Abwandlungen des Schemas bespricht, danach erst das Schema selbst darstellt und schließlich noch die dritte Abwandlung des Schemas anfügt.

In der *Übersetzung* liest man mit Verwunderung: »Bisweilen sehe ich die Sphäre des Mondes, dieweil auch *er* ganz voll Sterne ist« (S. 213), und: »Ich sehe die Sonne, wie sie bisweilen zum Zenit aufsteigt, und *sie* ist voller Sterne« (S. 214). Wenngleich der syr. Text dem Übersetzer unklar blieb, so hätte ihn wenigstens der Kontext darauf hinweisen müssen, daß nicht einmal der Mystiker Mond und Sonne voller Sterne sieht, sondern nur die den Mond umgebende Sphäre und die obere Region, zu der die Sonne aufsteigt. Zuweilen verdunkelt die Übersetzung den Sinn: Selbst wenn S. 214 »Leidenschaftslosigkeit der Seele« inhaltlich richtig wäre, müßte die syr. Formulierung, die R. Beulay (PO 39,503) besser mit »pureté sans passibilité de l'âme« wiedergibt, beibehalten werden, da nur so die Charakterisierung der drei Stufen deutlich ist: 1. »Reinheit«, 2. »Lauterkeit« und 3. »Reinheit und Lauterkeit«. In die Irre geführt wird der Leser, wenn S. 226 die in ihrer liturgischen Bedeutung festgelegte Vokabel »zelebrieren« falsch auf Psalmodie und Lesung angewandt wird (Beulay 511 besser: »tu dis l'office«).

Die Zahl der *Interpunktions- und Druckfehler*, für die Verlag und Druckerei wohl mitverantwortlich sein dürften, übersteigt bei weitem jedes noch vertretbare Maß. Falls einzelne Leser bereit sein sollten, häufig fünf Fehler auf einer Seite hinzunehmen, so wird die Toleranzgrenze dort überschritten, wo Druckfehler nicht als solche zu erkennen sind und einen irreführenden Sinn ergeben: S. 121 »Wachsen« statt »Wachen«, S. 224 »von ihnen her« statt »von innen her«.

Winfrid Cramer

R.E. Ebied — A. van Roey — L.R. Wickham, Peter of Callinicum. Anti-Tritheist Dossier (= Orientalia Lovaniensia Analecta 10), Leuven 1981, x + 130 Seiten.

Peter von Callinicum, von 581 bis 591 monophysitischer Patriarch von Antiochien, war bisher nur in geringem Maß Gegenstand der Forschung. Allein sein »Memra über die Kreuzigung« wurde bisher ediert. Daher ist es zu begrüßen, daß in der vorliegenden Arbeit drei qualifizierte Wissenschaftler das vorhandene Material kritisch sichten und ihre eigenen früheren Untersuchungen zusammenfassen und fortführen.

Angesichts der unbefriedigenden Quellenlage ist es wohl unvermeidlich, daß sowohl die Darstellung des Lebens des Peter v. C., der gegen seinen Willen in die Kirchenpolitik und theologische Kontroverse seiner Zeit verwickelt wurde, als auch die Besprechung seiner schlecht überlieferten und weitgehend verlorenen Schriften mit Unsicherheiten und Vermutungen belastet bleiben. der gute Überblick über den Tritheismus und die — wegen Nichtberücksichtigung der noch unveröffentlichen »Schrift gegen Damian« — leider nur provisorische Darstellung des Konflikts zwischen Peter v. C. und Damian von Alexandrien dienen als Hinführung zum »Anti-Tritheist-Dossier«, dessen Erstedition und mit informativen Anmerkungen versehene Übersetzung den wichtigsten Teil der Arbeit bilden. Peter v. C. schrieb diese Abhandlung, die vielleicht ein Abschnitt seiner zum Teil verlorenen »Schrift gegen Damian« ist (S. 19), nicht direkt gegen die Tritheisten, sondern zur Abwehr der von Damian gegen ihn erhobenen Anklagen. Da sie auch Vätertexte, Synodaldokumente und Briefe enthält, gibt sie ein sehr lebendiges Zeugnis von der Art und dem Inhalt der theologischen Auseinandersetzung jener Zeit. — Im Anhang wird ein kurzer »Brief des Peter v. C. an die Bischöfe des Ostens« ediert und übersetzt. Daran schließt sich — wie sinnvoll das ist, sei dem Urteil des Lesers überlassen — eine Übersetzung der Kapitelüberschriften des 2. Buches der »Schrift gegen Damian«, deren Veröffentlichung hoffentlich bald folgen wird.

Winfrid Cramer

Getatchew Haile, The Different Collections of Nägś Hymns in Ethiopic Literature and Their Contributions (= Oikonomia. 19.), Erlangen, 1983, 102 S.

Der Autor untersucht drei Typen von äthiopischen Hymnensammlungen auf die Heiligen jedes Kalendertags, die unter dem Titel Ǝgzi'abḥer nägśä bekannt sind. Der Titel ist eine Anspielung auf Psalm 93,1 (usw.) und wie sein hebräisches Äquivalent präsentisch zu übersetzen: »Gott herrscht, ist König«, nicht wie noch bei E. Cerulli, Storia della letteratura etiopica, S. 112 »dio regnò«. Getatchew Haile kommt aus seiner Kenntnis der äthiopischen Hss. heraus, die er im Rahmen des EMML-Projektes katalogisiert, weit über das bisher Bekannte hinaus (vgl. dazu Conti Rossini, Note per la storia letteraria dell'Abissinia, §21, S. 268; Guidi, Storia della letteratura etiopica, S. 65; Cerulli, op. cit., S. 112-114 mit Übersetzungsproben).

Die jüngste dieser Sammlungen (MF = Mäzmurä fəśśuḥan, schon Ludolf bekannt als Wəddase sämayawəyan wä-mədrawəyan; als Enc(omia synaxarii) in Dillmans Lexicon zitiert) wird in ihrer literarischen Umformung herausgearbeitet. Aus dem Werke eines unbekannten Klerikers, das wie die anderen Nägś-Sammlungen mit dem 12. Ḫədar begann, wird in verschiedenen Stufen eine dem Synaxar und dessen Hymnen angegliche Sammlung beginnend mit dem 1. Mäskäräm. Dies belegt der Verf. mit Hss. der verschiedenen Entwicklungsstufen. Deutlich wird dabei die wechselnde Auswahl und die Variationsbreite der Texte in den Hss., ein Charakteristikum für alle handschriftlich verbreiteten und vielbenutzten Werke, denen die jeweiligen Abschreiber ihre individuelle Gestalt gaben. Spekulationen über die Identität des Autors (S. 15-17) bleiben ohne zwingenden Beweis; die contributions d.h. die »Materialien zur äthiopischen Geschichte«, die sich dieser Sammlung entnehmen lassen, sind eher dürftig.

Die zweite Sammlung dieses Namens wird traditionell dem Kaiser Zär'a-Ya'qob zugeschrieben. Diese Zuschreibung wird mit reichen Beispielen, die inhaltliche und gedankliche Parallelen zwischen den Hymnen dieser Sammlung und anderen Werken des Zär'a-Ya'qob aufzeigen, belegt. Dabei ist die starke Betonung der Marienverehrung als Charakteristikum dieser Sammlung hervorzuheben. Als historisches Material ist eine Hymne über den Tod des Vaters, den Kaiser Dawit, sowie eine Anspielung auf ein Ereignis während der Regierungszeit des Zär'a-Ya'qob zu nennen, das auch — wie anderes — Eingang in verschiedene Codices der Tä'amərä Maryam fand (S. 48; vgl. E. Cerulli in: Africa Italiana. 5. 1933.) Die Abfassungszeit kann zwischen den Jahren 1461-1468 n.Chr. festgelegt werden (vom Ende einer Pestepidemie im Hoflager und dem Bau der Kirche des hl. Qirqos ebenda bis zum Tode des Zär'a-Ya'qob).

Als dritte und älteste, zudem handschriftlich selten belegte Sammlung wird die des Giyorgis von Sägla vorgestellt (vgl. Taddesse Tamrat, Church and State in Ethiopia, Oxford, 1972, S. 222-225; Kinfe Rigb Zelleke, Hagiographical Index, in: Journal of Ethiopian Studies 1. 1963. S. 76 Nr. 71). Inhaltlich fällt bei dieser Sammlung die starke Betonung der hll. Peter und Paul als verbindliche Kirchenlehrer auf, sowie die Auslassung diverser ägyptischer und äthiopischer Heiliger, die sonst im äthiopischen Synaxar erwähnt werden. Es wird nicht klar, ob Getatchew Haile dies als philo-katholische Tendenz verstehen will (so z.B. S. 59: aus welchem lateinischen (!) Werk soll Giyorgis von Sägla übersetzt haben?). Die historischen Materialien sind in Verbindung mit anderen Dokumenten gewichtiger. So ist m.E. mit guten Gründen das Jahr der Gnade 66 = 1406 äth. Stils = 1413/14 n.Chr. als das Drei-Kaiser-Jahr (Dawit — Tewodros — Yəsḥaq) nachgewiesen (anders Taddesse Tamrat: Problems of Royal succession in fifteenth century Ethiopia. International Congress of Ethiopian Studies. 4. Roma, 1974. S. 506-10). Entscheidend ist dabei die Lesung »31. Regierungsjahr des Dawit« in einer Urkunde in der Hs. Kebran 1 (vgl. S. 67 mit weiteren Angaben). Diese Ansetzung fügt sich in der Rückrechnung denn auch besser in die Chronologie der Regierungsdaten der Vorgänger von Dawit ein. Doch ist darauf hinzuweisen, daß die Chronologie der äthiopischen Herrscher von Yəkuno-Amlak bis Zär'a-

Ya'qob in den verschiedenen Quellen widersprüchlich ist. Die Chroniken und Königslisten machen allzu oft den Eindruck späterer, künstlicher Konstrukte, was die Regierungsdaten angeht. Somit sind die verläßlichsten Quellen doppelt datierte Dokumente, wie eben z.B. in der Hs. Kebran 1, mit deren Hilfe die traditionellen Daten zu überprüfen wären.

In einer zweiten Schlußfolgerung betreffend den Kolophon einer Qalemenṭos-Hs. (d'Abbadie 78; vgl. Conti Rossini, Notice, S. 65 Nr. 38) vermag ich dem Verf. nicht zu folgen. Das Problem hat er des näheren ausgeführt in OrChr. 65. 1981, S. 102-107. Bei dem dort genannten König Iyosyas handelt es sich nicht um einen bisher unbekannten Prätendenten gegen Dawit aus der Zeit des Giyorgis von Sägla; auch das genannte Jahr der Gnade 64 bezieht sich auf einen anderen Zyklus und entspricht 1487/88 n.Chr. Es handelt sich also um den König Əskəndər, für dessen Zeit ein Metropolit Yəsḥaq belegt ist (vgl. dazu E. Cerulli, Etiopi in Palestina. Roma, 1943. I. S. 388; Conti Rossini, Pergamene di Dabra Dammó, in: Rivista degli studi orientali. 19.1941. S. 48.

Die zum Teil recht schwierigen poetischen Texte werden in lateinischer Umschrift geboten. Da es sich um Offset-Druck handelt, wäre die Originalschrift in des Verf. kalligraphischer Handschrift (vgl. z.B. Rassegna di studi etiopici 29. 1982-83. S. 9-18) vorzuziehen gewesen. Zwei Bemerkungen zum Schluß: S. 25 Die Ḥanafiten sind keine Sekte, sondern eine orthodoxe Rechtsschule im Islam. S. 65f: Die Konjektur mayatä aus sämayawitä erscheint nicht angebracht. Zu übersetzen »(er bekleidete sich) mit himmlischer (Gnade)«. Tewodros ertrank nicht in einem Flusse, vielmehr konnte sein Leichenzug trotz Hochwassers einen Fluß trockenen Fußes passieren. Zu diesem zum literarischen Topos gewordenen Wunder vgl. z.B. die »Kurze Chronik« zum 31. Jahre des Ləbnä-Dəngəl (Übers. Béguinot, S. 23.)

Dem Verf. ist für seine Studie, die reiche und interessante Funde aus seiner Arbeit an den äthiopischen Hss. vorlegt, sehr zu danken.

Manfred Kropp

Siegbert Uhlig, Hiob Ludolfs »Theologia Aethiopica« (= Äthiopistische Forschungen. 14. AB), Wiesbaden, 1983, 337 S., zahlreiche Faks.

Im Jahre 1652 n.Chr. fanden am Hofe des Herzogs Ernst von Sachsen-Gotha-Altenburg in Gotha Religionsgespräche statt. Man legte dem Abba Gregorius, dem äthiopischen Gast und Freund Ludolfs, einen aus bisherigen Werken über Äthiopien exzerpierten Katalog von Behauptungen über Kirche und Christentum Äthiopiens vor, zu dem er Stellung nehmen sollte. Das hier anzuzeigende Werk ist im Grunde das Protokoll dieser Gespräche, das sich Ludolf als Arbeitsunterlage anfertigte, und dessen Ergebnisse — mit reichem zusätzlichen Material — praktisch vollständig in seinen beiden Werke Historia und Commentarius eingingen. Sachlich bietet somit der Text der »Theologia Aethiopica« kaum Neues. Interessant ist jedoch der Einblick in die Arbeitsweise Ludolfs durch den nun möglichen Vergleich der Aussagen des Gregorius und ihrer Verarbeitung bei Ludolf. Allerdings ist Ludolfs Original der Arbeitskladde nicht erhalten; in der Historia und im Commentarius finden sich jedoch umfangreiche Auszüge. Dazu hat der Hrsg. der »Theologia« aus der Sammlung Rüppell in Frankfurt/Main ein Fragment einer deutschen Übersetzung Ludolfs (Bericht des Abissiniers; S. 47-75) vorgelegt, die wohl als — interessanterweise — deutsches Konzept Vorarbeit für die anderen Werke war.

Die »Theologia« ist in vier Handschriften erhalten (s. S. 175-188). Davon stammen die ersten drei aus der Feder von Schlichting, einem Schüler Ludolfs. Der äthiopische Text der Antworten des Gregorius ist somit durch die Abschreibetradition von Europäern gegangen, die sich in der Schule Ludolfs nach dem Vorbild des Gregorius ganz die amharisierenden Eigenheiten der Orthographie des Gəʿəz zu eigen gemacht hatten. Zur Veranschaulichung dessen bedurfte es nicht langer Listen sattsam bekannter Beispiele (S. 201-204). Lediglich das Vertauschen von

ዘ und ሰ, sowie ቀ und ከ könnten als spezifisch »europäische« Fehler angesehen werden. Auch die Verzeichnung jedes Schreibfehlers (versehen mit (!) im Apparat zum äthiopischen Text ist wohl des Guten etwas zuviel. Für die Faksimile-Edition wurde aus technischen Gründen (s. S. 205-206) Hs. A. gewählt. Dies geht gegen den textkritischen Befund, dem zufolge der äthiopische Text in der Hs. B fast immer die bessere Lesart bietet (z. B. §§2,5; 22,2; 28,6; 36,12; 44,10; 46,10; 58,11; 70,14 usw.). Die Trennung der beiden textkritischen Apparate vom äthiopischen und lateinischen Text der Faksimile-Edition, die nicht die im Apparat verwandte Zeilenzählung aufweist, ist unbequem und führt zu Mißverständnissen. Für den Apparat wäre unter der jeweiligen Textseite reichlich Platz gewesen, und diese Anordnung hätte die vom Umfang nicht zu begründende Trennung in zwei Halbbände vermieden.

Die »Theologia« war von Ludolf sicherlich nie als selbständiges Werk gedacht gewesen, eher als eine skrupulöse Dokumentation seiner Informationen. Dies erklärt sich aus dem »procedere« der erwähnten Gespräche. Es wird zwar nicht überliefert, in welcher Sprache dem Gregorius die Fragen vorgelegt wurden, doch können wir annehmen, daß Ludolf dies in Gəʿəz tat, der Sprache, die er auch sonst im Umgang mit dem äthiopischen Freund benutzte. Gregorius stammelte Italienisch und Portugiesisch mehr, als daß er es sprach (vgl. FlLud I, S. 546) und Lateinisch wollte er erst von Ludolf erlernen. Gleich zu Beginn der Gespräche und während des Empfangs beim Herzog forderte er zudem Ludolf auf, Gəʿəz zu sprechen (s. S. 46). Es ist bezeichnend, daß Ludolf uns diesen von ihm übersetzten Fragentext nicht mitteilt, sondern lediglich die äthiopischen Antworten des Gregorius. Damit wird die Funktion der Originalsprache als authentische Auskunft deutlich, die trotz späterer Übersetzung und Bearbeitung immer wieder nachzuprüfen war. Somit ist wahrscheinlich, daß auch der Wortlaut im wesentlichen Gregorius' mündliche Ausdrucksweise widerspiegelt. Damit erübrigen sich die Ausführungen S. 77-81, in denen der Hrsg. Europäismen oder Germanismen im Texte nachzuweisen sucht, kranken sie doch auch daran, daß es einfach keine verbindlichen grammatikalischen, und schon gar keine stilistischen Normen des Gəʿəz gibt (was ist eine dem Gəʿəz fremde syntaktische Konstruktion, was ist holpriges Gəʿəz?). Alle angeführten Beispiele, die nicht an konkrete Erscheinungen der europäischen Sprachen zurückgebunden werden, lassen sich in den Originalbriefen des Gregorius (der selbst zugibt, zuweilen einen schlechten Stil zu schreiben; vgl. FlLud, II, 73,6) nachweisen. Daß sie auch in den Gəʿəztexten aus Ludolfs Feder auftauchen, erklärt sich daraus, daß Ludolf den lebendigen Gebrauch des Gəʿəz im wesentlichen von Gregorius erlernt hat (vgl. FlLud, I, S. 572). Die »europäisierte Syntax«, von der der Hrsg. S. 80 spricht, der die Briefe des Gregorius nicht zum Vergleich herangezogen hat, ist nicht zu erkennen. Anders hingegen steht es mit Fällen wie der »Nebenform« ቅዩም (= festgestellt) für ቅዉም (S. 239; §28,4 bei DL nicht belegt). Da Gregorius in seinen Briefen die übliche Form ቅዉም (vgl. FlLud II, 64, 31; 35) benutzt, muß man sie Ludolf oder den weiteren Kopisten zuschreiben (u.U. Kontamination mit dem häufigen und sinnverwandten ጥዩቅ) und der semitistische Hinweis auf Formen des Hebräischen und Arabischen darf wohl entfallen.

Das große Können und reiche Wissen des Hrsgs. auf theologischem Gebiete zeigen sich in den ausführlichen Anmerkungen zu seiner Übersetzung der äthiopischen und lateinischen Teile der »Theologia«. Allerdings ist zu fragen, ob zu einem Werkchen, das keine »systematische Darstellung der äthiopischen Theologie« (s. S. 164) ist und sein sollte, die oft in Feinheiten der theologischen Diskussionen in der Urkirche gehenden Erörterungen nicht disproportioniert sind. Daneben tritt der eigentliche Zweck der Bearbeitung, »der Blick in die Werkstatt Ludolfs« (s. S. 9), etwas in den Hintergrund, gemeint ist der Vergleich mit Historia und Commentarius, wo das Material verarbeitet ist, und die Darlegung der These der proprotestantischen Sichtweise Ludolfs in diesen Werken (s. S. 81).

Auf die Theologia folgen drei Anhänge: 1. Eine Zusammenfassung der Äthiopien betreffenden Nachrichten aus Ludolfs Allgemeiner Schaubühne der Welt für die Jahre 1608-1635. 2. Die zeitgenössische, an Ludolf übermittelte hochdeutsche Übersetzung des Antwortschreibens aus Surat auf den Fragenkatalog, den Ludolf dorthin hatte schicken lassen. Die englische Übersetzung des holländischen Originals mit einer Auswertung bei van Donzel, Foreign relations of Ethiopia, 1642-1700. Leiden, 1979. S. 55-60. 3. Die der »Theologia« entnommenen und ergänzten Stellen in dem Werk des Fabricius »Salutaris Lux« (Hamburg, 1731). Für seine mühevolle und mit Akribie durchgeführte Identifizierung der dort zumeist in Abkürzung genannten zeitgenössischen Spezialwerke über Äthiopien muß man dem Hrsg. Bewunderung zollen.

Einige Nachträge und Anmerkungen zu der »Theologia«:

S. 37: Der Aufseher der Höflinge als Amt des Gregorius wäre u. U. als Bəlattengeta zu deuten.

S. 41: Reichshofrat Ludolf: diese Frage hat ihre abschließende Klärung durch E. Hammerschmidt erfahren: Ludolf hatte den Titel »Kaiserlicher Rat« (vgl. E. Hammerschmidt: War Hiob Ludolf Reichshofrat?, im Druck in den Akten der 8. ICEtSt, Addis Abeba, 1984.)

S. 63: die dort in §VII angesprochene, aber nicht in »Theologia« oder Historia und Commentarius erwähnte Lehrmeinung des Traduzianismus findet ihre Bestätigung in einem Text bei Guidi in: RRAL, ser 6. vol. 2, 1926, S. 368f.

S. 67-68: Hier sind die Anm. 42-50 zu streichen. Ludolf hat hier nur in der für seine Zeit üblichen Manier für sein theologisch gebildetes Publikum die äthiopischen Begriffe mit hebräischen Buchstaben umschrieben (vgl. z.B. LuC, 330 Nr. 86). Es hat daher keinen Sinn (Anm. 45) nach einer hebräischen Wurzel NBR zu fragen. Anm. 49 l.: ይትቄደስ ፡

S. 75: Icegue. Italis d.h. für Italiener, in der italienischen Manier geschrieben.

S. 210, -7b. l. Makʷanent.

S. 212; §3,18 makbəb = ecclesiastes, noch der Titel für den Kirchenvorsteher von Atronsä-Maryam (vgl. Perruchon, Chronique de Baeda-Maryam, 122, 170).

S. 224, Anm. 27: Es gibt eine Ausgabe in Gəʿəz und Amharisch der Haymanotä Abäw, Addis Abeba, 30. Ṭərr, 1967 äth. Stils = 7. Februar 1975 n.Chr.

S. 231, Vater der Taufe, d.h. der Taufpate; dieser, nicht der Taufname, ist gemeint. Damit entfällt Anm. 40. Zum Patenverhältnis, das der Blutsverwandtschaft (z.B. als Ehehindernis) gleichgestellt ist, vgl. Fətḥa nägäśt (Ausg. Guidi) I, 157; DL 105: ተሐበየ; amharisch »Pate« = yä-krəstənna abbat.

S. 234, Anm. 49: Die nicht ganz klaren Anweisungen des Zär'a-Yaʿqob über das Aufschreiben christlicher Formeln auf Stirn und Hand (tätowiert oder etwa mit Asche?) waren für Ausnahmesituationen im Kampf gegen heidnische Bräuche gedacht.

S. 236 §24,2 l.: BCD falsch; es handelt sich um Konjunktiv. Śərʿat dürfte DL 244 mit »ritus« (s. die Übersetzung!) gut belegt sein.

S. 240 wärq sachlich für die Zeit nur mit »Gold« zu übersetzen.

S. 245 Anm. 75 (so im Index S. 332 zu berichtigen) könnte erklärt sein.

S. 246, zu 3: Der zugegebenermaßen unglücklich formulierte Satz ist wohl zu deuten: »Die (Zahl) der Kirchen ist groß = richtet sich nach der betreffenden Stadt: eine, oder mehr, zwei. Es gibt keine Vorschrift«. Schon das königliche Hoflager (hier als Stadt zu verstehen) hatte mehr als zwei Kirchen. Ludolf gibt denn auch in seinen anderen Werken keine Angabe, daß sich höchstens zwei Kirchen in einem Ort befinden sollten.

S. 248, noch zu §4: Vgl. aber die Anweisung des Zär'a-Yaʿqob über die Unterweisung der Laien in der Religion (Chronique, S. 82).

S. 248 Die in Anm. 80 zitierte Stelle aus dem Fətḥa nägäśt wäre ein gutes Beispiel für eine nur aus der Kenntnis der arabischen Vorlage zu deutenden Stelle (ǧayyidan mit einfachem Adjektiv śännayat übersetzt). Dies führte dann bei den äthiopischen Kommentatoren zu der Auslegung: »schöne« Bücher, d.h. »von der Kirche anerkannte«.

S. 249 Anm. 82 Der Abuna krönte nicht den Kaiser. Diesen Akt, den man keinesfalls mit der

Krönung in der europäischen Tradition als Herrschaftsbegründung gleichsetzen darf, nahm der Zeremonienmeister des Hofes (Ṣərağ Masäre) vor (vgl. z.B. Sər'atä mängəśt, ed. Varenbergh, §III,1). Auch die Königin wurde so gekrönt.

S. 251 Anm. 87 l. 6. ባሕታዊ

S. 252 zu §11: l. Im Kloster bezahlt der eine dafür...

S. 254, Anm. 93 »gleichzeitig nebeneinander« l. »bei sich aus Wollust haben«.

S. 256 Zum Scheidungsrecht wäre, wie auch bei anderen Fragen von Brauch und Gewohnheitsrecht, heranzuziehen: Conti Rossini, Principi di diritto consuetudinario dell'Eritrea. Roma, 1916. Dort S. 273 die Aussage des Gregorius besprochen.

S. 263,2 »gelten als« l. »betrachten sich selbst als solche, die nicht fasten«.

S. 267, §58,19: ቃሜል steht vielleicht hinter dem seltsamen ቃቄል in DL 434 nach Ludolf; es könnte sich um einen Lesefehler von Ludolf handeln.

S. 271: l.: »dieses (monatliche Fest) fällt nicht auf den 25. sondern auf den 29. (wie das Hauptfest) im Taḫśaś«. Erfragt war eben das Datum des monatlichen Festes.

S. 272 Die Wiedergabe von Däbtära als »Weltpriester« ist unglücklich. Besser stünde hier der äthiopische Begriff (s.o. Mamher) mit einer Erklärung. Weltpriester bzw. Däbtära fehlen im Index.

S. 273 zu 19 Baṣewa bzw. Batzua. Vgl. die Tigre-Form Baṣə' und die Form des alten arabischen Namens für Massawa, Bāḍi' (باضع).

S. 274, zu 21 l. »*Jetzt* ist diese Sache nicht geregelt«. እምይእዜ bedeutet im Sprachgebrauch des Gregorius zumeist »jetzt« (s.s. 120,5; 154,-1.)

S. 276 Täzkar-Daten sind: 3,4, 12, 40, 80, 180 Tage; ein Jahr und sieben Jahre; vgl. WalAb, S. 64.

S. 277 Letzter Teil der Anm. 159 noch ad rem?

S. 288, 16: l. ለእመ ፡ ይፈቅዱ ፡ ይክሉ ፡ ገቢረ ፡ ተፈቅሮ ፡ ወተዓርኮ ፡ ምስሌሆሙ ፡

S. 306, Anm. 5. Hinter der Schreibung Yasoq für Iyasu (Iyasu'; vgl. die andere Schreibung) steht eine Hyperkorrektur, die sich durch die Vermittlung der Namensform über einen arabischen Dialekt (Ägyptisch) erklären läßt, in dem ' und q zusammenfallen (freundl. Mitteilung von Herrn Prof. Schall).

Der Hrsg. hat der Äthiopistik durch die Erschließung und gehaltvolle Kommentierung des Materials der »Theologia Aethiopica« einen großen Dienst erwiesen.

Manfred Kropp

ANZEIGEN

Boyo Ockinga

Die Gottebenbildlichkeit im Alten Ägypten und im Alten Testament

(Ägypten und Altes Testament, Band 7)

1984. IX, 175 Seiten, br. DM 65,–

Das methodische Prinzip der Untersuchung sind semantische Beobachtungen zur einschlägigen Terminologie im Ägyptischen. Dabei zeigt sich, daß die Vorstellung von der Gottebenbildähnlichkeit des Königs von derjenigen einer Gottähnlichkeit des Menschen unterschieden werden muß. Die biblische Imago-Dei-Vorstellung kann im Lichte der ägyptischen Bildtheologie betrachtet werden. Die Funktion der Repräsentanz des Götterkönigs auf Erden – in Ägypten auf den König bezogen – wird im Alten Testament auf alle Menschen übertragen, die in ihrer Herrschaft über die Schöpfung mit göttlichen Fähigkeiten ausgestattet sind.

Ernst Axel Knauf

Ismael

Untersuchungen zur Geschichte Palästinas und Nordarabiens im 1. Jahrtausend v. Chr.

(Abhandlungen des Deutschen Palästinavereins)

1985. IX, 133 Seiten und 1 Karte, br. ca. DM 48,–

Redaktions- und stoffkritische Analysen der Erzählung Gen. 16 und der Liste Gen. 25,12-18 im Alten Testament und der Berichte des assyrischen Königs Assurbanipal über seine Kämpfe gegen Araber führen zu dem Ergebnis, daß „Ismael" ein altnordarabischer Stämmebund des 8. und 7. Jh. v. Chr. war, mit dem Nordarabien in das Licht der Geschichte tritt. Die Schicksale der Götter und Stämme dieser Konföderation werden weiterverfolgt, z. T. bis in unmittelbar vorislamische Zeit. Als Erben des Stämmebundes „Ismael" erscheinen die Nabatäer, die die seit der Mitte des 1. Jahrtausends v. Chr. nach Südpalästina und Transjordanien vorgedrungenen Araber vereinigten, wie sie selbst aus einem der Stämme Ismaels hervorgegangen sind.